Pertence à
Maria do Socorro Soares
de Araújo
18/06/2012

Ensopado de Design Gráfico

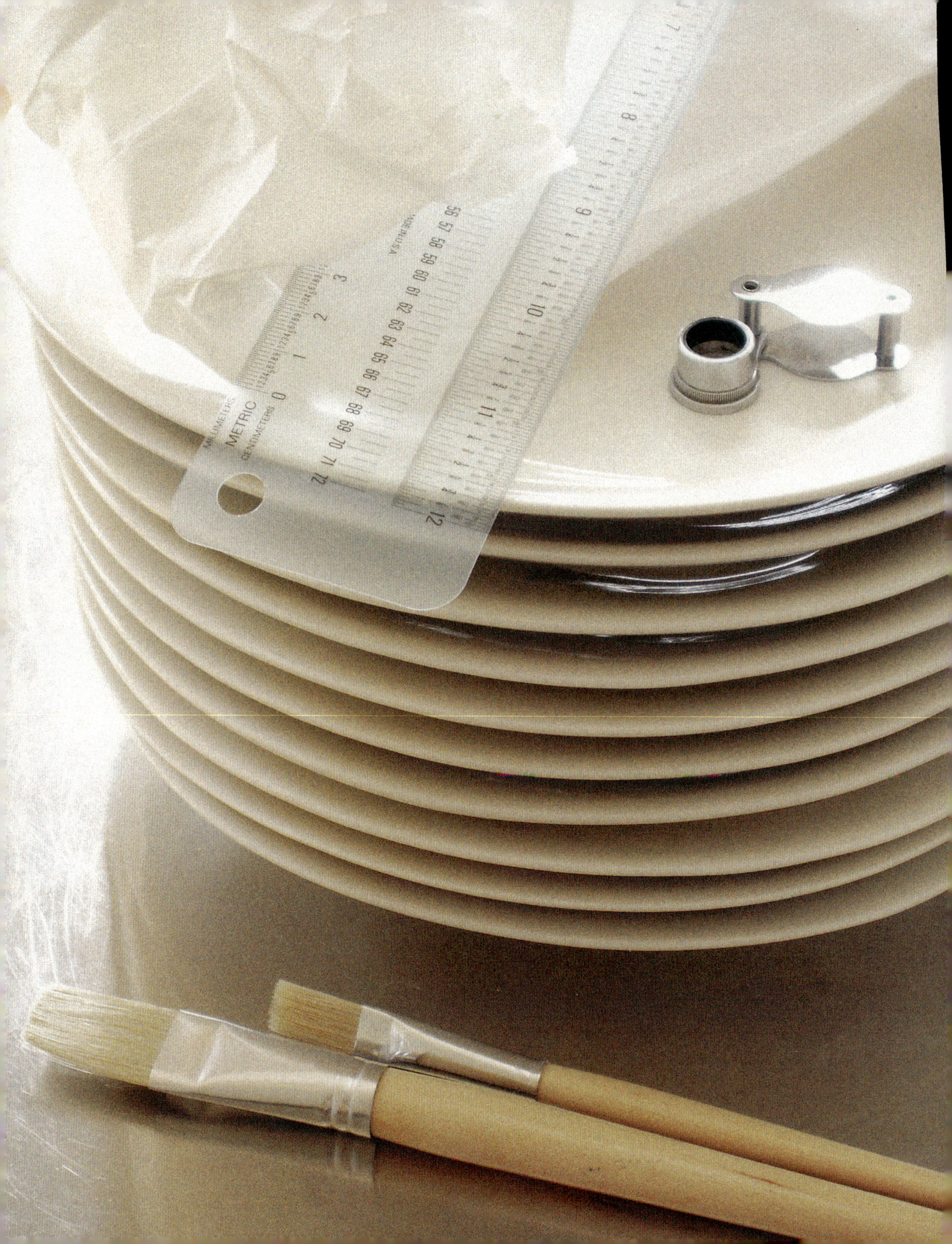
METRIC

Chef de Cozinha Gráfica

Timothy Samara

Ensopado de

Design Gráfico

Ingredientes visuais, técnicas e receitas de layouts para designers gráficos

Tradução:

Marcelo A. L. Alves

Blucher

1ª edição - 2010
Editora Edgard Blücher

Edgard Blücher *Publisher*
Eduardo Blücher *Editor*
Rosemeire Carlos Pinto *Editora de desenvolvimento*

Join Bureau *Editoração*
Lara Vollmer *Capa*
Mariana Zanini *Preparação de texto*
Vânia Cavalcanti de Almeida *Revisão de texto*
Thiago Carlos dos Santos *Revisão de provas*

Segundo Novo Acordo Ortográfico, conforme 5. ed. do *Vocabulário Ortográfico da Língua Portuguesa*. Academia Brasileira de Letras, março de 2009.

Rua Pedroso Alvarenga, 1245, 4º andar
04531-012 - São Paulo - SP - Brasil
Fax 55 11 3079 2707
Tel 55 11 3078 5366
editora@blucher.com.br
www.blucher.com.br

Dados Internacionais de Catalogação na Publicação
(Câmara Brasileira do Livro, SP, Brasil)

Samara, Timothy;
Ensopado de design gráfico: ingredientes visuais, técnicas e receitas de layouts para designers gráficos / Timothy Samara; tradução Marcelo A. L. Alves. – São Paulo : Blucher, 2010.

Título original: The designer's graphic stew: visual ingredients, techniques, and layout recipes for graphic designers.
ISBN: 978-85-212-0549-4

1. Design gráfico (Tipografia) I. Título

10-07192 CDD-745.4

Índice para catálogo sistemático
1. Design gráfico : Artes 745.4

Este livro de design pertence a

CONTEÚDO

Listas de páginas para categorias de ingredientes são encontradas no início de cada capítulo.

Apresentação

O DESIGNER ENQUANTO CHEF

Eu sempre comparei os designers gráficos e o trabalho que eles fazem – elaborar ou compor estímulos visuais e organizar este material em estruturas dinâmicas e claras – aos arquitetos e aos esforços dos regentes de orquestra. Um designer dá forma às ideias ao inventar imagens por meio da pintura e do desenho, escolhendo e manipulando fotografia, selecionando cores, formatando letras em estruturas geométricas, espaços, ritmos, camadas – do mesmo modo que os regentes fazem no seu meio artístico específico. Mas, em design, em que muito do processo é feito de forma intuitiva, eu passei a pensar na palavra "chef" como uma analogia mais adequada.

O que, afinal, um designer faz que é tão diferente do que um chef faz?

Cada um confronta um espaço vazio – a página ou uma travessa – imbuído da tarefa de produzir uma experiência memorável, significativa e, espera-se, agradável. Cada um examina atentamente seu catálogo de ingredientes, estilos, métodos e detalhes para imaginar uma mistura que dirá algo para seu público com profundidade, baseando-se na história de sua cozinha (culinária ou visual) e interpretando-a com distinção.

O processo de design espelha aquele de cozinhar. Um chef testa vários cortes de carne, combinações de vegetais e métodos de preparo para criar uma mistura culinária básica. No fogão, rapidamente ele adiciona mais deste ou daquele tempero, muda a consistência do molho, aumenta ou diminui o fogo... fazendo ajustes finos num prato à medida que este é conduzido à sua conclusão saborosa. O mesmo se aplica ao design. Ao testar convenções de estrutura de páginas, diferentes arranjos em colunas e opções pictóricas, o designer chega a uma visão para a conceitualização do conteúdo que ele deseja transmitir – e avança, por meio de numerosas tentativas, com técnicas precisas de desenho, paletas de cores mais quentes ou frias, tipos de letras mais aguçados ou suaves, campos de texto ou blocos de padrões, uma foto maior ou menor, até chegar a uma "refeição visual" que, espera-se, seja saborosa. Um bom designer, assim como um bom chef, não somente sabe qual tipo de ingrediente é semelhante ou diferente, mas também qual transmite uma mensagem em vez de outra, e quais devem ser combinados para criar experiências harmônicas ou chocantes, neutras ou metafóricas, financeiras ou médicas.

Você, enquanto designer, é o chef principal da cozinha que é o seu estúdio. Sua estante, tintas e papéis são a sua despensa; sua prancheta e o computador são a grelha e o forno. Seu projeto – seja uma embalagem de cosmético, um website ou um catálogo – é a panela onde você lançará as imagens, formas e símbolos que serão a carne do projeto; a tipografia é o seu caldo, a base na qual o sabor do cozido se forma; você vai temperar a mistura com cores, tanto cheias quanto atenuadas, e refogar toda a mistura numa composição provocativa que seja satisfatória na transmissão de sua mensagem e deliciosa aos olhos.

Como Usar este Livro

A maior parte deste livro cataloga uma variada mistura de elementos gráficos aos quais o designer pode recorrer para desenvolver soluções visuais únicas e insinuantes para os seus clientes – uma gama de elementos de composição que podem ser usados individualmente ou combinados conforme sejam necessários para se conseguir sabores mais intrigantes. Esta seção, "Ingredientes gráficos", apresenta 57 categorias de tais elementos, divididas em quatro grupos distintos: "Ingredientes pictóricos" (ícones, linguagens abstratas, texturas e padrões); "Sabores cromáticos" (paletas de cores formais e conceituais); "Preparos tipográficos" (combinações de tipos, manipulações de formas, configurações editoriais e dispositivos ornamentais); e "Apresentações espaciais" (métodos para dividir páginas e cortar, e estruturas em grelha).

Cada ingrediente ocupa duas páginas e teve designado um número; nestas páginas, os ingredientes individuais são também numerados. O número da categoria, juntamente com o número do ingrediente individual, cria um código de referência para aquele ingrediente em particular. Por exemplo, a categoria de ingredientes pictóricos "Texturas" é representada pelo número **10**. O último ingrediente nesta categoria (no canto inferior direito) é designado pelo número **072**; assim, o código de referência é **10072**.

PÁGINA DE CATEGORIA DE INGREDIENTE

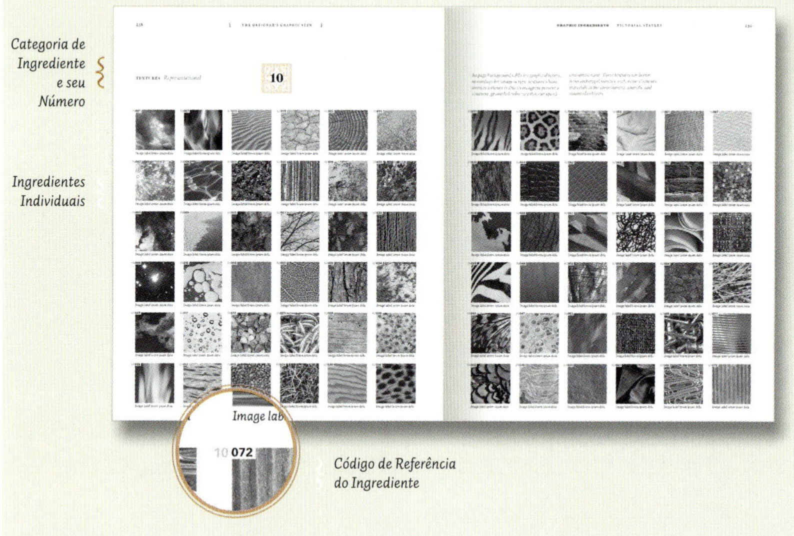

Uma vez que o designer tenha estabelecido os ingredientes que serão misturados, ele deve então ser capaz de considerar que possibilidades existem para esses itens na aplicação prática – e como ingredientes diferentes podem ser combinados para criar comunicações apropriadas. Na segunda seção principal, "Receitas de projetos", os ingredientes são usados em layouts hipotéticos para uma gama de projetos típicos – receitas de design formuladas para ilustrar objetivos específicos de concepção e conceituais. Cada receita de projeto começa com um menu de mensagem – um resumo do design que delineia os objetivos conceituais e de comunicação do projeto, para dar aos leitores um contexto para as abordagens demonstradas. A tradução da tipografia de língua inglesa que aparece na receita de projeto também é fornecida nesta introdução. Todos os ingredientes usados numa dada receita são listados por seus códigos de referência e um breve "perfil de sabor" descreve como os ingredientes interagem, tanto visualmente quanto no que diz respeito aos significados que eles evocam. Ademais, o efeito da substituição de um ou mais ingredientes numa mesma receita é mostrado como uma série de variações, de modo que os designers possam entender tanto os resultados visuais quanto os evocativos de se misturar ingredientes diferentes em tipos semelhantes de layouts. Dispersos por entre as páginas de receitas, estão exemplos reais de projetos relacionados – saborosamente preparados por alguns dos melhores chefs de cozinha gráfica do mundo.

Ainda que o catálogo de ingredientes seja abrangente e as receitas ofereçam abordagens que ajudam o designer a conceitualizar um projeto, é importante notar que nenhuma fórmula é oferecida aqui, apenas uma atitude mental – uma entrada para as possibilidades ilimitadas de combinação de layouts, imagens, tipos. Será sempre uma tarefa do designer determinar não somente quais ingredientes serão adicionados, mas também de quais modificações um ingrediente necessitará para funcionar melhor. É a ideia de usar um ícone arquetípico, em vez de uma fotografia, incorporado àquele ingrediente; o que o ícone apresenta e a qualidade de seu desenho são outras questões que precisam ser ponderadas.

Da mesma forma, as receitas apresentam metodologias – e não estabelecem procedimentos – para utilizar ingredientes gráficos, assim como as receitas funcionam para um chef de cozinha. Um bom cozinheiro sabe que frango à milanesa é a receita para um corte de ave coberto com farinha em molho de vinho branco e manteiga; mas a espessura do corte, a quantidade de farinha e ovo, a proporção entre vinho e manteiga e a duração do cozimento são todas variáveis que o cozinheiro é livre para modificar a fim de atingir a sua visão do prato. Assim, também os designers gráficos devem olhar mais adiante da receita pura e simples para determinar que aspectos dela são mais apropriados, quais precisam ser modificados para os seus propósitos particulares, e quais devem ser descartados ou combinados com outras receitas de conceito para resolver o projeto de maneira mais satisfatória e atrativa.

PÁGINA DE ABERTURA DE UMA RECEITA DE PROJETO

Cada receita é acompanhada por um **Menu de Mensagem** *que descreve o raciocínio por trás da seleção de ingredientes e decisões sobre o layout.*

Ingredientes usados numa dada receita são listados pelos seus códigos de referência, categorizados por seção e complementados por seus respectivos números de páginas.

TÉCNICAS BÁSICAS

Estratégias Essenciais Visuais

NA CULINÁRIA, MUITAS RECEITAS DE uma natureza semelhante precisam de processos básicos semelhantes para produzir o prato final – por exemplo, escaldar um peito de frango ou preparar massa folhada. Do mesmo modo, quase todos os problemas de design compartilham alguns aspectos fundamentais: tipos de letra que precisam ser escolhidos ou fotografias dispostas de modo interessante no layout. A despeito de questões específicas que precisem ser tratadas num projeto particular, existem estratégias gerais que a maioria dos designers usará como base para conceitos visuais mais complexos ou para assegurar que noções comuns de qualidade (por exemplo, que um layout seja dinâmico) sejam alcançadas na apresentação final.

Neste capítulo preliminar, você encontrará uma amostra de tais técnicas visuais essenciais: desenvolvimento de paletas de cores intensas; mistura confiável de tipos de letras para contraste e estilo; uso de formas abstratas para apoiar outras imagens e fazer experiências visuais sob medida; posicionamento dinâmico de imagens num esquema de colunas, e muito mais. Considere essas estratégias como elementos de construção – trabalhe a partir deles com os ingredientes e receitas que se seguem e esteja certo de que você se tornará o *chef de cuisine* de seu estúdio.

Preparação Inicial

Ser capaz de formar conceitos e compor de forma consistente, trabalhando com vários meios para explorar ideias diversas, significa ter sempre à mão todas as melhores ferramentas para o trabalho. Aqui estão os instrumentos de que um bom estúdio não pode abrir mão.

1 **Computador com interface gráfica** *É o fogão de seis bocas, o animal de trabalho do estúdio. Quando estiver pesquisando na hora de comprar, saiba que são poucas as maçãs em meio aos limões – escolha o melhor que você puder pagar.*

2 **Mostruários de cores** *Não confie na tela do computador para cores: veja a coisa real. Apesar de caros eles são, no fim das contas, um investimento indispensável.*

3 **Réguas de precisão** *O designer principal faz medidas em intervalos de 1/64 de polegada (0,396 mm), o que é ainda melhor quando o dispositivo de medida é transparente e flexível.*

4 **Borracha branca e borracha limpa-tipos** *A branca é para apagar com mais força, enquanto a limpa-tipos é mais adequada para papéis mais delicados e leves ajustes de tom.*

5 **Rolos de resina acrílica** *Diferente de um rolo de borracha, cuja superfície porosa pode manchar ou facilitar o descascamento, este rola duro e rápido, além de limpar sem deixar manchas.*

6 **Régua e esquadro em aço** *Evite o alumínio para essas ferramentas – lâminas de faca soltam alumínio e após pouco tempo fica difícil conseguir uma aresta verdadeira. O esquadro, por mais arcaico que possa parecer, ajuda a garantir ângulos de 90°.*

7 **Dobradeira** *Em algum instante você precisará fazer maquetes para mostrar aos clientes. Isto é o que você usará para dobrar páginas e capas.*

8 **Estilete** *Consiga um bom estilete com cabo texturizado e uma série de lâminas intercambiáveis. Substitua a lâmina a cada seis ou oito cortes para manter o corte afiado e limpo.*

9 **Pincéis de marta** *Não há nada como o pincel Kolinski para manuseio preciso. Dois tamanhos – n. 4 e n. 6 – são o suficiente, mas tenha três de cada tamanho à mão: um para o preto, outro para o branco e mais um para cores.*

10 **Guache de designer** *Acabamento forte e opaco tanto em cores quanto em preto e branco, para o virtuoso da velha guarda.*

11 **Lupa de alta resolução** *Para examinar serifas de perto e supervisionar o registro numa folha impressa, aumento de 10 vezes ou mais é melhor.*

12 **Superfície de corte** *Uma que se autorrepare é mais indicada, para prevenir ranhuras que vão desviar sua lâmina no futuro.*

13 **Batedor de claras em aço inox** *Esta ferramenta é a mais útil para agitar o ar para colorir e rapidamente combinar elementos visuais em layouts perfeitos. Brincadeirinha!*

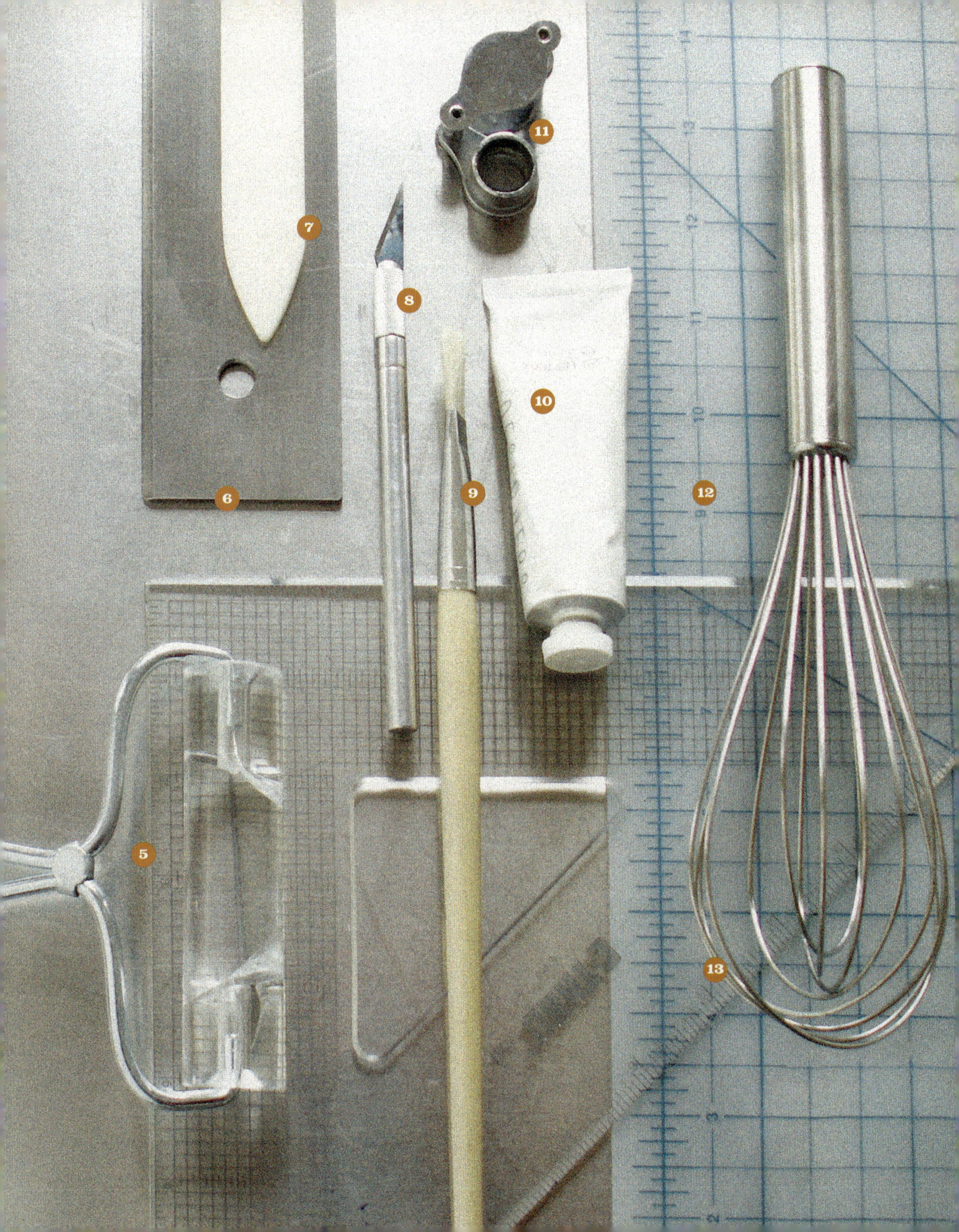
11
7
8
10
6
9
12
5
13

O Básico para Elaborar uma Composição Forte

Vendo forma e espaço

O primeiro passo na composição de um layout dinâmico é ser capaz de decifrar o que, exatamente, um elemento visual é – entender o elemento visual da maneira mais simples possível. A imagem da silhueta de um bule, por exemplo, é realmente um ponto: radial, fechado, curvilíneo; uma colher vista de lado é uma linha. No que concerne à composição, o significado ou o conteúdo de uma forma visual não é o importante; sua verdadeira identidade é o que determina como se conformará quando justaposta a outras formas.

TABELA DE CONVERSÃO FORMA-IDENTIDADE

PONTO *O elemento construtivo principal da forma visual: um ponto fixo. Simultaneamente irradia e contrai.*

LINHA *Um ponto em movimento. Descreve direção, separa elementos, define espaços; poder ser cheia ou interrompida.*

PLANO *Um ponto grande o suficiente para que seu contorno externo torne-se importante. Também é referido como formato. Formas geométricas são descritas por matemática e muitas vezes são angulosas, enquanto formas orgânicas são irregulares, suaves ou "naturais" na sua aparência.*

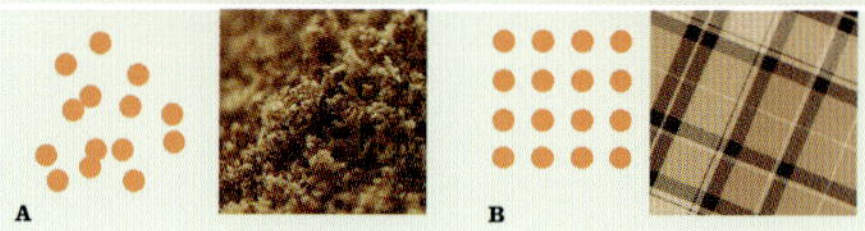

ATIVIDADE DE SUPERFÍCIE *Também denominada textura ou padronagem, que são distintas. Textura [A] é irregular, aleatória, orgânica. Padronagem [B] é repetitiva e/ou geométrica – logo, artificial ou inventada.*

DICAS DO CHEF DE DESIGN

1

Torne o Espaço Negativo Tão Interessante Quanto uma Forma

Considere o espaço negativo como formas que são criadas pelo material que você dispõe num formato, e não somente um fundo para simplesmente ser preenchido. Essas formas são extremamente importantes numa composição: elas auxiliam a dirigir o olhar, incrementam a percepção de movimento e fornecem um local de repouso para o olhar enquanto este percorre a composição. Analise as formas do espaço negativo acima, abaixo e por entre as formas. Quais são essas formas e quantas existem? Elas são comprimidas ou expandidas? Elas correm paralelas às direções dos contornos ou em oposição a estas? O quanto são diferentes? Compare os espaços negativos e sua distribuição ao redor do formato no exemplo ao lado, prestando atenção ao sistema de repetição e contraste e em como estes se ajustam como contraponto às formas positivas.

Paone Design Associates, Filadélfia, PA, EUA

Escala, contraste e organização

Após identificar as formas essenciais em questão, o passo seguinte é ver como elas se comportarão quando misturadas. Forma (ou figura) é considerada um elemento positivo, ou o ingrediente do layout, enquanto espaço (ou base) é considerado o negativo, o oposto da forma – é o caldeirão onde os ingredientes são misturados ou o prato onde eles serão dispostos e servidos. A página ou a tela são espaços intrinsecamente planos, assim como as formas nelas contidas; por isso, os observadores não dão muita importância a elas (mais ou menos como os gourmets fazem com os cereais de aveia).

Para assegurar uma experiência óptica intensa e atrativa, o designer deve compor a forma no espaço de tal modo que o observador perceba não somente que as formas estão interagindo em três dimensões, mas também que existe uma espécie de ritmo harmônico entre todos os aspectos do layout. Esse ritmo harmônico é muitas vezes chamado de tensão – um tipo de sensação viva ou vibrante presente em layouts nos quais todos os componentes estão relacionados uns com os outros. Mas como o termo em si mesmo quer dizer, tensão não implica apenas que as relações espaciais e de formas sejam as mesmas. Tal como numa criação culinária de sucesso, alguns elementos devem estar em oposição de algum modo, ou criando um contraste, de forma que se possa apreciar cada uma das partes de maneira mais clara. Uma composição visual forte consiste em relações visuais que se apoiam e reafirmam umas às outras, bem como naquelas que se chocam com as expectativas criadas por essas relações que se apoiam mutuamente.

Cada composição de sucesso organiza uma variedade de elementos, mantidos em estado de tensão, para conferir um sentido resolutivo. Essa propriedade de uma composição é conhecida como sua *gestalt*, quer dizer, sua "totalidade"; o observador experimenta uma lógica inerente que unifica as relações individuais. Essas relações entre formas e, portanto, a *gestalt*, vão mudar cada vez que um único elemento for alterado; preste atenção a estas mudanças à medida que o processo de design leva você de repetições básicas à solução final.

Enquanto formas suaves e de mesmo tamanho parecem planas, fazer formas de tamanhos diferentes cria a percepção de um espaço em três dimensões: formas maiores aparentam estar mais próximas; e formas menores, mais distantes.

Jogar com as propriedades únicas das proporções para criar conflitos entre elas ao aproximá-las: ângulo versus curva, linha versus massa, vertical versus horizontal.

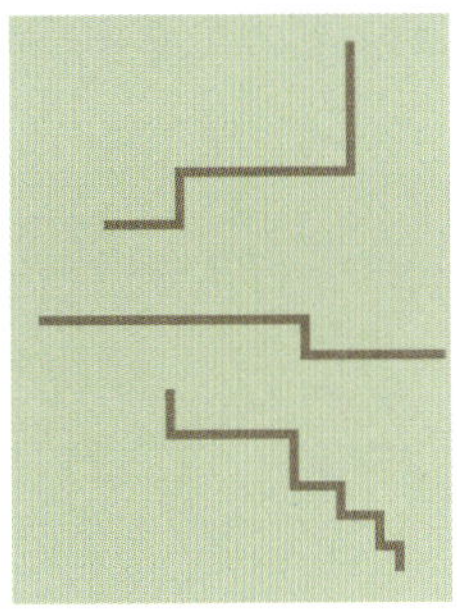

Criar repetições ou variações de um tipo particular de forma ou área de espaço leva o olhar a comparar e re-examinar seu entendimento de uma ideia visual.

Posicionar os elementos de modo que haja uma sensação de movimento e um ritmo reconhecível. Organize os elementos numa superestrutura invisível, tal como um triângulo, curva ou grelha.

Criar relações claras e com propósito que pareçam intencionais: se você quer dizer que dois elementos se alinham ou aparentam ter o mesmo tamanho, certifique-se de que esses atributos sejam indiscutíveis.

Definindo uma Hierarquia Visual Clara

Uma composição forte depende não somente dos estados dos vários elementos na composição, mas também de como esses estados contribuem para que o observador seja capaz de navegar ou entender o conteúdo e em qual ordem o conteúdo deve ser "lido" (seja em termos de tipos impressos ou conteúdo puramente pictórico). Definir essa ordem, ou hierarquia, e controlar a sequência na qual os observadores vão perceber e assimilar cada nível de informação é um processo inevitável em todo projeto de design, não importa o quão direto ele seja.

Para determinar o elemento mais importante (seja pictórico ou tipográfico), o designer muitas vezes se baseia no bom senso para responder à seguinte pergunta: "O que eu preciso olhar primeiro?". Além de simplesmente estabelecer esse ponto de entrada numa sequência, o designer também tem de assegurar que os elementos não entrem em competição uns com os outros. Isso muitas vezes implica tornar alguns atributos formais – tais como tamanhos relativos, densidades ou intervalos espaciais – mais sutis ou com mais nuances, enquanto outros são exagerados, de modo que o observador possa processar o material de forma mais eficiente sem sacrificar a vitalidade e a tensão.

Métodos gerais para ordenar materiais

Direcionar a atenção para uma forma numa composição resulta quase sempre de duas estratégias: diferenciar um elemento de todos os outros (por meio de escala exagerada, densidade ou por distinção de cor) ou dispor os elementos circundantes de modo que a orientação de seus ângulos, curvas ou espaços intersticiais dirija o olhar em direção ao elemento que se quer destacar.

Com a primeira estratégia os observadores tendem a perceber uma ênfase especial numa forma ou espaço que se separa, de algum modo, da totalidade da composição: enquanto todas as outras formas compartilham relações similares, a forma mais importante tem atributos únicos. Para criar uma hierarquia usando esta abordagem – estabelecendo níveis decrescentes de importância numa sequência de elementos –, o atributo único aplicado ao elemento principal pode ser aplicado em graus decrescentes a cada forma subsequente.

Na segunda estratégia geral, conhecida como continuidade, a proximidade relativa das formas circundantes cria uma ênfase na forma primária e, então, dirige o olhar para uma posição secundária. Designers podem usar cada estratégia individualmente ou em sequência.

ESTRATÉGIAS HIERÁRQUICAS

DIFERENCIAÇÃO

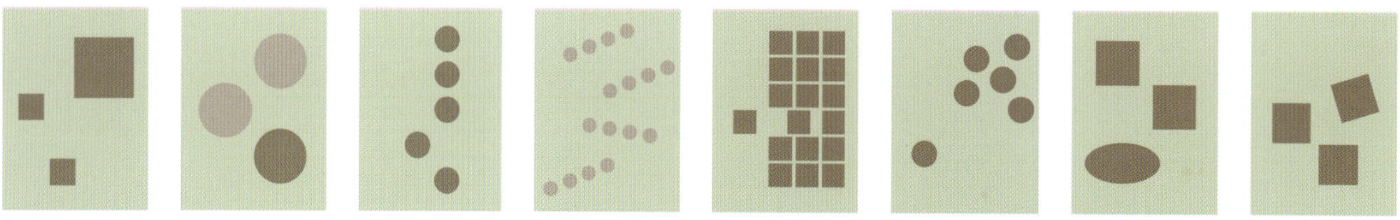

Escala · *Peso ou densidade* · *Alinhamento* · *Direção* · *Ritmo* · *Proximidade* · *Identidade ou proporção* · *Orientação*

CONTINUIDADE

Alinhamento rotacional · *Alinhamento axial* · *Progressão espacial: Escala/profundidade* · *Progressão espacial: Intervalo* · *Foco estrutural* · *Triangulação* · *Espiral* · *Escalonamento*

Simetria e Assimetria

Dois tipos básicos de lógica de totalidade governam a composição em todo layout: simetria e assimetria. Simetria é um estado da composição no qual a disposição das formas responde ao eixo central do formato (seja esse eixo vertical ou horizontal); as formas também podem ser orientadas em relação aos seus eixos centrais individuais. Disposições simétricas criam um efeito de "espelho" – espaços ou contornos de cada lado do eixo organizacional são os mesmos. Assimetria é uma lógica oposta: a disposição de cada forma contraria as relações com qualquer eixo central ou entre as próprias formas. O resultado é uma coleção de proporções espaciais que são inerentemente diversas umas das outras.

Diferenças visuais e metafóricas na lógica da composição

Simetria e assimetria produzem experiências visuais muito diferentes no observador. A similaridade de espaços ou formas numa configuração simétrica é muito direta e eficiente, mas pode ser muito simples ou estática, fazendo com que os observadores passem muito rapidamente pela informação. Disposições assimétricas provocam envolvimento rigoroso – elas necessitam de constante avaliação de diferenças no espaço, estimulando um maior movimento da visão. Do ponto de vista da informação, a assimetria melhora a capacidade de diferenciar, catalogar e memorizar o conteúdo, uma vez que a investigação do espaço pelo observador fica casada com o ordenamento, ou cognição, da própria ideia.

Em outro nível, simetria e assimetria vêm com a bagagem cultural e conceitual. Anteriormente, no início do século XX, todo o design era ordenado simetricamente. Em razão disso, o design simétrico ou centrado tende a ser percebido como tradicional ou histórico; antes da Revolução Industrial, o design era criado primordialmente por instituições religiosas, governamentais e acadêmicas; por isso, layouts simétricos são geralmente considerados formais, cuidadosos, decorativos ou institucionais. Escolher a melhor lógica de totalidade para um dado projeto depende de qual associação será mais apropriada para o público-alvo – a própria lógica da composição é uma mensagem a ser transmitida.

DICAS DO CHEF DE DESIGN

2

Neutralize as Qualidades Estáticas da Simetria

Dimensione globalmente a configuração simétrica de modo que esteja em confronto com o formato.

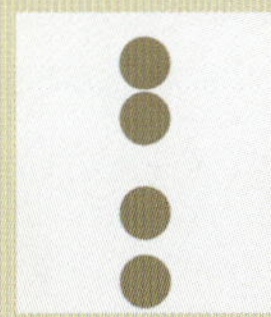

Faça com que o espaçamento entre elementos alinhados seja o mais diferente possível.

Perturbe a simetria geral do layout com um elemento assimétrico.

Exagere a variação de largura de elementos dispostos ao longo de um eixo.

Distribua cor ou densidade entre elementos configurados simetricamente para criar uma ênfase assimétrica em peso ou intensidade.

COMPARANDO ATRIBUTOS

SIMETRIA	ASSIMETRIA
Estático	*Dinâmico*
Quieto	*Barulhento*
Formal	*Informal*
Estudado	*Espontâneo*
Histórico	*Contemporâneo*
Conservador	*Inovador*
Decorativo	*Essencial*
Sólido	*Fragmentado*
Simples	*Complexo*

Trabalhando com Imagens

Todas as três imagens mostram o mesmo objeto, uma maçã, mas usando diferentes modos. Neste exemplo, a fotografia pura é o menos modulado; enquanto as duas imagens ilustrativas são inerentemente mais moduladas que a fotografia, a colagem em papel é mais modulada que o desenho em carvão.

Embora o conteúdo semântico das imagens seja o mesmo (ver qualquer uma delas estabelece o mesmo conhecimento factual), o modo de apresentação repercute na nossa percepção do significado associado à imagem. A clareza da fotografia alude ao frescor da maçã e à sua organicidade; o desenho em carvão distorce sua alusão para o ato da criação, e pode ser lido como uma sobreposição sombria; a colagem em papel nas cores primárias sugere uma metáfora infantil ou educacional.

Cada elemento pictórico pode ser categorizado conforme uma escala contínua que vai do literal ao abstrato. O método de produzir o elemento pictórico é referido como o seu modo, e o grau de estilização – e, portanto, interpretação – imposto pelo designer é definido como mediação. Uma fotografia de uma figura e um desenho geométrico estilizado da mesma figura são uma representação – mas, se a fotografia for iluminada de forma mais espetacular e a posição do objeto for muito planejada (em comparação com a apresentação neutra do desenho), a fotografia pode ser considerada mais mediada que a ilustração. Ainda assim, imagens fotográficas tendem a ser percebidas como "reais" ou "críveis" simplesmente porque mostram uma situação empírica. Ilustrações, mesmo se extremamente naturais, serão sempre percebidas como invenções – e, portanto, menos críveis que fotos. Escolha o grau de abstração, o modo de imagem e module conforme as necessidades conceituais e informacionais do projeto.

Misturando tratamentos de imagem

Como em todas as estratégias de composição, criar contraste entre os elementos é crucial – e isso também vale para imagens. Junto com o contraste global da composição (obtido por mudanças de tamanho, espaçamento e posicionamento), combinar diferentes modos de imagem é eficaz na criação de tensão e vivacidade no layout. Entretanto, é importante que, enquanto os diferentes modos de imagem combinados contrastem uns com os outros de forma decisiva, eles também compartilhem algumas qualidades visuais de modo que claramente se relacionem.

DICAS DO CHEF DE DESIGN 3

Sempre que Possível Modifique a Fotografia

Acima, imagens realçadas e estilizadas em planta compõem a identidade de um estúdio de design. Grow Creative, Portland, OR, EUA

À direita, elementos importantes na capa de um livro são coloridos no processo de produção. Design Liga, Munique, Alemanha

1. Modifique a cor, tom ou oculte a imagem para reduzir a sensação de realismo.
2. Recorte os sujeitos de modo pouco convencional.
3. Combine fotografias ou partes de fotografias de maneiras incomuns.
4. Introduza uma textura, padrão ou linguagem visual abstrata num espaço fotográfico.
5. Contorne objetos ou figuras para removê-los de seus ambientes naturais esperados.
6. Apresente as fotografias em formas não convencionais ao invés de retângulos.

Usando Formas Abstratas

Toda forma pictórica contém significado – e isso inclui a abstração, ou forma que não representa algo que experimentamos na vida real. Entretanto, a forma abstrata tem o potencial de transmitir mensagens mais fortes, mais diretas e mais universalmente entendidas; por ser uma representação derivada de algo que é real, pode ultrapassar barreiras culturais e linguísticas. Imagens abstratas são mais abertas à interpretação, envolvendo o público e ajudando-o a fazer conexões mais ricas e mais profundas; por essa razão, a abstração pode assumir o papel de um símbolo ou metáfora de modo mais fluido que as imagens figurativas. Finalmente, o caráter único e a simplicidade da abstração transmitem uma experiência memorável, gerando lembrança e igualdade nas mensagens criadas.

O poder da abstração para comunicar universalmente – e evocar interpretações ou associações mais amplas além da simples descrição – é demonstrado nesta comparação de duas formas geométricas simples e elementares.

Orgânico · Totalidade · Contínuo · Biologia · Água · Planeta · Célula · Ciclo · Sem fim · Unidade · Fluidez

Lógica · Matemática · Artificial · Ordem · Intelectual · Finito · Racional · Arquitetônico · Repartido · Sólido

Combinar diferentes tipos de imagens agrega interesse e contraste à linguagem visual global do projeto. (acima) People Design: Grand Rapids, MI, EUA. (abaixo) Stein Øvre: Oslo, Noruega

DICAS DO CHEF DE DESIGN

4 Como Desenvolver Formas Abstratas que Comunicam

1 Extraia a ideia essencial de uma mensagem na forma de emoção. Qual é o sentimento a ser comunicado em uma palavra? Que tipos de forma produzem essa sensação?

2 Considere a ideia como uma palavra de ação. O que a forma deve estar fazendo? Que tipos de forma parecerão desempenhar a ação?

3 Traduza a estrutura visual de uma força elementar ou um tipo de lugar e objeto na sua forma básica. Que tipos de formas, pontos, linhas, curvas e assim por diante compõem a estrutura física daquela coisa? Quantas marcas ou formas são necessárias para reconhecer o que é aquilo?

A identidade de cor é frequentemente mapeada numa roda cromática, um modelo diagramático desenvolvido pelo artista e cientista britânico Albert Munsell. As posições relativas dos tons ao longo da roda ajudam a descrever suas relações uns com os outros.

Criando Relações de Cor Visualmente Dinâmicas

Entender como usar cores de forma eficaz depende primeiramente de entender seus atributos visuais – como as cores são identificadas, como elas podem ser variadas e os efeitos ópticos que elas têm umas sobre as outras quando justapostas. Toda cor tem a sua identidade básica, ou tom (matiz); uma cor é geralmente reconhecida primeiramente como azul, ou verde, ou laranja. Entretanto, qualquer tom pode ser intenso ou embaçado (graus de saturação); pode ser escuro ou claro (graus de valor); e pode ser percebido como frio ou quente (graus de temperatura).

Paletas baseadas em interação cromática
A primeira direção que um designer pode seguir ao elaborar uma paleta de cores para um projeto é aquela da interação óptica. Criar uma paleta rica depende de combinar cores que possam ser claramente distinguidas umas das outras, mas que também compartilhem alguma relação óptica unificadora. Por causa da forte oposição de complementos, paletas baseadas nessa relação tendem a ser mais opticamente dinâmicas – isto é, células dos olhos são estimuladas mais agressivamente e o cérebro aumenta sua atividade em razão disso. Cores análogas, por sua própria semelhança, criam paletas mais complexas, mas menos variadas.

Usar tais relações básicas como ponto de partida garante uma clara percepção da ideia de cor por parte do observador; o designer pode optar por manter essa simplicidade usando os tons que se relacionam de forma mais pura, ou introduzir complexidade – ajustando o valor ou diferenças de intensidade entre cores básicas ou adicionando cores que apoiam e expandem as relações entre as cores básicas.

Tons adjacentes são compostos de comprimentos de onda similares e são considerados análogos.

Tons em oposição são compostos por comprimentos de onda que estimulam células opostas no olho e opticamente negam umas às outras. Estes pares são chamados de complementares.

Tons posicionados a 120° em relação ao outro (numa relação triangular) são chamados de **tríades** *ou* **complementos divididos**.

Esta matriz ajuda a visualizar a complexidade resultante de variações de saturação, temperatura e valor que são possíveis para um único tom – neste caso, violeta. As amostras aumentam em saturação da esquerda para a direita, enquanto avançam de quente no topo para frio na base – todas no mesmo valor relativamente escuro. Amostras com valor menor de cada variante são posicionadas nos cantos para comparação além dos limites.

A identidade de cor é relativa – a percepção de tom, saturação, valor e temperatura de uma cor varia dependendo das cores que a circundam e da quantidade de cada uma presente. Esse efeito, denominado **contraste simultâneo**, *é demonstrado pela aparente mudança da cor da amostra central em contextos diferentes.*

O processo de definição de uma paleta pode começar de maneira bastante simples: escolhendo, por exemplo, duas cores complementares, pois suas interações são muito fortes.

Ajustar os valores relativos das complementares cria maior contraste sem perturbar a clareza da relação.

Em busca de uma experiência intensa, o designer pode ajustar a temperatura das complementares, mantendo a relação, mas distorcendo-a levemente.

Alterar a intensidade de uma ou de ambas introduz maior complexidade.

A adição de uma versão neutra de uma das complementares expande a paleta; uma segunda versão da neutra, de menor valor, introduz ainda mais variação.

A esta mistura já complexa, o designer finalmente adiciona a análoga de uma das complementares básicas, ajustando seu valor e intensidade para corresponder de maneira mais próxima a uma das neutras.

Usando a Cor para Enfatizar a Mensagem

Selecionando a cor para efeito significativo
A cor, é claro, pode também significar algo. Frequentemente, esse significado está ligado às associações que fazemos entre cores e objetos ou ambientes – água é azul, vegetação é verde, e daí em diante. Mas cores também evocam sentimentos intangíveis, seja por associação ou pelos efeitos biológicos resultantes de sua percepção. Vermelho, por exemplo, tem conotação de fome e violência (porque é a cor do sangue), mas provoca excitação e mesmo raiva, pois é necessário mais energia para processar as ondas de luz vermelha – o que acarreta um aumento da atividade metabólica. Ademais, as cores contêm significados culturais ou sociais, relacionados aos seus usos em cerimônias religiosas ou em iconografia, ou ainda em heráldica, nas bandeiras, ou historicamente, em roupas ou arte. Para os ocidentais, o violeta e o dourado significam nobreza; entre os hindus o branco significa morte. Selecione as cores criteriosamente com respeito às associações culturais e psicológicas específicas, a fim de assegurar a transmissão de uma mensagem apropriada.

PSICOLOGIA DAS CORES *Cultura Ocidental*

VERMELHO *Estímulo, excitação, fome, raiva, violência, sangue, biologia*

AMARELO *Sol, calor, felicidade, riqueza, claridade, energia, alerta*

AZUL *Água, céu, calma, quieto, confiável, intelectual, espiritual*

VIOLETA *Mistério, compromisso, riqueza, nostalgia, drama, mágica*

VERDE *Natureza, crescimento, energia, segurança, frescor, terreno, toxicidade, doença*

LARANJA *Vitalidade, amizade, aventura, luxo, qualidade, exótico*

MARROM *Terra, madeira, conforto, atemporalidade, valor, acidentado, trabalhoso, durabilidade*

BRANCO *Autoridade, pureza, claridade, onisciência, completude, espiritualidade, descanso, quietude*

PRETO *Desconhecido, dominância, nada, espaço exterior, noite, morte, exclusivo, superior, digno*

CINZA *Formal, elegante, arisco, intocável, luxo, tecnológico, precisão, controle, competência, evasiva*

Tenha cuidado ao conferir coloração não usual a imagens de pessoas ou comida. Enquanto a variação dos tons em direção ao extremo mais quente do espectro (esquerda) pode transmitir furor e vitalidade, uma mudança em direção ao amarelo ou verde (direita) transmite uma sensação de doença ou toxicidade.

Explorando a Cor para Reforçar a Hierarquia

Nosso sistema óptico (os olhos e o cérebro) permite-nos perceber as cores como se estas ocupassem diferentes profundidades no espaço. O vermelho aparenta estar parado à meia distância, o amarelo parece estar vindo em nossa direção e o azul aparenta estar se afastando. Em geral, cores frias "recuam", enquanto cores quentes "avançam".

Considere cuidadosamente as propriedades espaciais da cor no que diz respeito à hierarquia, quer visual ou tipográfica. Claramente, elementos de forma nas cores vermelha, laranja e amarelo provavelmente chamarão a atenção de maneira fácil, pois parecerá que eles estão indo em direção ao observador; num campo de cores neutras, uma cor mais saturada se destacará. Mas o grau de contraste entre os elementos, ou entre elementos e fundo tende a sobrepujar temperatura ou saturação no que diz respeito ao estabelecimento de hierarquia. Um objeto muito claro parecerá avançar em relação a qualquer elemento escuro quando ambos estiverem sobre um fundo ainda mais escuro – não importa o quão frio ou quente, diluído ou saturado qualquer um dos tons possa ser, e não importa o quão pequeno o elemento claro seja. De forma inversa, um elemento muito escuro num campo muito claro avançará diante de qualquer outra forma que também seja clara.

A

Note como é simples alterar a sequência em que os números são lidos ao se modificar as relações de temperatura [A], as relações de saturação [B] e as relações de intensidade [C] entre os números de acordo com o fundo.

B

C

Limitando (e Maximizando) a Paleta

Muito frequentemente, os designers cometem o erro de usar cores demais, especialmente em projetos de processamento de cor – apenas porque têm essa possibilidade. Enquanto uma imagem em cores é sempre dinâmica e chamativa, o excesso de tons presentes dilui a experiência cromática. Mesmo quando todas as cores são possíveis, limitar a paleta cria uma experiência cromática mais focada e, portanto, mais memorável. Isso tem especial importância na comunicação de marcas, na qual a história de cores do cliente – estabelecida inicialmente pela cor (ou cores) do seu logotipo – deve sempre reforçar a identidade, criar reconhecimento e lembrança da marca. Trabalhar com duas ou três cores pode ser desafiador, mas também extremamente recompensador.

Se for possível modificar a intensidade, o brilho e a temperatura de cada cor, a especificidade da ideia cromática é radicalmente diminuída – o observador pode não ser capaz de discriminar qual a ideia cromática. Mas se os tons são relativamente análogos em temperatura e são da mesma intensidade – com variações apenas na saturação –, torna-se mais fácil para o usuário entender de maneira mais clara a ideia cromática, ao centrar sua atenção na variável alterada. Paleta A: tom, intensidade e saturação análogos/ Paleta B: temperatura, intensidade e saturação análogos/ Paleta C: tom, temperatura e saturação análogos/ Paleta D: somente temperatura e intensidade análogas.

Em um trabalho com cores localizadas, o truque é agregar o máximo de flexibilidade para combinar tintas de duas ou três cores, se possível. Imprimir um trabalho com duas complementares como contrapartes é uma primeira possibilidade intuitiva. As complementares não precisam ser exatas, isto é, tais como azul e laranja; distorcendo a relação, pode-se criar combinações mais interessantes que retêm a complexidade inerente ao contraste: um azul-violeta e laranja, por exemplo. Pelo fato de a maioria das tintas de impressão ser translúcida, um designer tem a opção de sobrepor, na impressão, duas tintas para criar uma grande faixa de tons inter-relacionados.

DICAS DO CHEF DE DESIGN 5

Use o Preto com Cuidado

Por conta de sua ubiquidade, seu caráter padrão e falta de estímulo cromático, tente evitar usar o preto, especialmente numa paleta limitada.

Primeiro, porque o preto está em todo lugar, assim, não é fácil para a audiência reter o preto no que diz respeito à sua relação com a comunicação. Segundo, é uma zona morta em relação às outras cores. Usado como um campo amplo para basear e iluminar cores intensas, pode ser bastante efetivo, mas se a paleta de cor for globalmente sutil, clara ou não saturada, o preto pode parecer fraco ou vazio – ou, ainda pior, pode dar a impressão de extrair a vida das cores que o circundam.

Para projetos nos quais apenas duas cores (ou apenas uma) são possíveis, usar o preto é como jogar uma fora. Escolha uma cor de valor muito profundo ao invés do preto, que possa interagir dinamicamente com a segunda cor. Num trabalho com cor única, simplesmente substituir o preto por outra cor tornará o projeto muito mais memorável. Mesmo os caracteres não precisam ser pretos: explore o quão mais interessante as palavras podem ser em outras cores. Certifique-se apenas de que a cor tenha contraste suficiente com o fundo no qual está situada para manter o texto legível.

Estratégias Rápidas e Fáceis de Codificação

Cores são muito efetivas para codificação – use cores diferentes para identificar partes de um sistema, capítulos numa publicação ou contrapartes numa linha de produtos. Quando usa a cor desse modo, o designer deve considerar quais são as necessidades do público para entender como a codificação relaciona as partes entre si. Se, por exemplo, o projeto for um sistema de embalagem, os produtos são todos embalados de maneira diferente ou cada um representa um grau ou nível? Há uma família de produtos ou são muitas linhas relacionadas, cada uma com seus próprios subprodutos? As respostas a perguntas como essas ajudarão a determinar os problemas que a codificação por cores deve resolver e, portanto, quantas variações de tons (ou combinações de tons) serão úteis para o público. Embora cada componente num sistema codificado deva ser claramente identificável, as cores usadas para distingui-los devem ter alguma relação para implicar que os componentes formam uma família. O controle cuidadoso dos aspectos de tom, valor, saturação e relações criadas com cores secundárias torna-se essencial.

Para distinguir componentes por grau ou nível, selecione um único tom e, para cada grau, varie a saturação, ou a intensidade, ou ambos.

Para componentes relacionados de maneira mais próxima e equivalentes uns aos outros na sua qualidade ou grau, escolha um único tom básico e crie contrapartes análogas mudando a temperatura. Como alternativa, escolha um mesmo tom para unificar e, então, combine-o com tons secundários que expressem a diferença de cada componente, mas ainda sob a mesma limitação (todos análogos, ou de mesmo valor).

Para codificar um sistema de três ou mais componentes que sejam claramente diferentes uns dos outros, escolha tons muito diferentes – mas crie um sentido de família ao restringir intensidades e valores.

Num sistema de famílias múltiplas, tente primeiro estabelecer uma paleta limitada para distinguir cada família – talvez com tons análogos – projetando claramente a relação fundamental entre as famílias como partes de um todo. Pode-se também escolher um tom altamente diferenciado para cada família, tal como aqueles numa tríade, ou conjuntos de complementares e, então, unificar as famílias num mesmo tom. Os componentes em cada família poderiam ser codificados como graus (usando valor ou intensidade da cor da família) ou se diferenciariam por meio de relações análogas sutis.

Escolhendo e Combinando Tipos de Letras

Muitos designers se assustam com a ideia de selecionar um tipo de letra para um projeto – por onde começar? O objetivo do texto é o melhor ponto de partida para reduzir as muitas opções: é apenas para exposição ou para leitura contínua? Para exposição, a qualidade imagística da face e sua personalidade são o principal ponto. Para leitura contínua, deixe de lado letras com estilo extravagante e favoreça a simplicidade. Em seguida, considere o conteúdo ou ideias a serem comunicados no projeto. Se for um texto formal, por exemplo, talvez seja apropriada uma letra serifada; se o assunto, no entanto, for tecnologia, uma letra sem serifa, reta, pode ser melhor. O sentimento que a textura da letra gera – fechado, escuro, aberto, leve, romântico, orgânico, fresco, fluido, encorpado, e assim por diante – deve refletir tanto o assunto em si quanto o tom da linguagem usada. Designers devem estar familiarizados com as classes de tipos e devem ser capazes de analisar e comparar os atributos internos dos vários estilos.

SABORES DE TIPOS DE LETRA JÁ TESTADOS AO LONGO DO TEMPO
Uma Lista Prática para Dar o Primeiro Passo

AB

Romanas **Maiúsculas Arcaicas**
Títulos, manchetes, cabeçalhos, chamadas. *Formal, autoritário, elegante, clássico*

AaB

Letra Gótica *Germânica*
Títulos, letras iniciais, chamadas muito curtas. *Medieval, sinistro, formal, agressivo, velho mundo, supersticioso, perigoso, mágico, exótico, punk*

Aab

Serifa Gótica em estilo antigo
Alemã Holandesa Títulos, manchetes, caixas de texto, textos curtos a médios, subtítulos, chamadas, legendas. *Austero, autoritário, formal, peculiar, elegante*

AaB

Estilo Antigo Humanista
Francesa, Italiana Títulos, manchetes, cabeçalhos, caixas de texto, textos longos, subtítulos, chamadas, legendas. *Formal, suave, clássico, acadêmico, elegante, poético, orgânico, amigável, fluido*

AaB

Serifa de Transição *Inglesa*
Títulos, manchetes, caixas de texto, textos longos, subtítulos, chamadas, legendas. *Formal, acadêmico, refinado, agudo, delicado, elegante, poético, culto, prestigioso, bem-nascido*

AaB

Serifa Neoclássica (Moderna)
Francesa, Italiana Títulos, manchetes, textos mais curtos, subtítulos, chamadas, legendas. *Preciso, vibrante, agudo, elegante, mecânico, forte, progressista, científico, corporativo*

AaB

Serifa Bloco *Americana*
Títulos, manchetes, subtítulos, chamadas, iniciais. *Forte, pesado, promocional, industrial, mecânico, encorpado, informal, agressivo, barulhento, escuro*

AaB

Letras Art Nouveau *Francesa,* ***Austríaca, Inglesa*** Títulos, subtítulos, chamadas curtas, iniciais. *Caprichoso, elegante, orgânico, informal, fluido, artístico, exótico, artesanal*

AaB

Grotesca sem Serifa *Inglesa,* ***Alemã, Belga, Holandesa*** Títulos, manchetes, caixas de texto, textos curtos a médios, subtítulos, chamadas, legendas. *Forte, autoritário, rígido, industrial, científico, mecânico, jornalístico*

AaB

Geométrica sem Serifa *Alemã,* ***Inglesa*** Títulos, manchetes, caixas de texto, textos longos, subtítulos, chamadas, legendas. *Agudo, vibrante, rítmico, industrial, mecânico, vanguardista, científico, matemático, informal, agressivo, elegante, forte*

AaB

De Transição sem Serifa *Suíça*
Títulos, manchetes, caixas de texto, textos longos, subtítulos, chamadas, legendas. *Neutro, internacional, mínimo, frio, autoritário, acessível, preciso, corporativo, progressista, calculado, científico, indiferente, direto, limpo*

AaB

Humanista sem Serifa Holandesa, ***Alemã, Suíça*** Títulos, manchetes, caixas de texto, textos longos, subtítulos, chamadas, legendas. *Internacional, acessível, amigável, corporativo, progressista, inclusivo, honesto*

AaB

Híbrida com ou sem Serifa *Alemã*
Títulos, manchetes, caixas de texto, textos longos, subtítulos, chamadas, legendas. *Multicultural, inclusivo, corporativo, respeito pela história, inventivo, competente, acadêmico, agudo, elegante*

AaB

Manuscrita com Floreios Holandesa, ***Francesa*** Títulos, manchetes, caixas de texto, chamadas. *Formal, romântico, elegante, feminino, exótico, mágico, fluido, orgânico, poético, caprichoso, idiossincrático*

AaB

Manuscrita Híbrida em itálico
Inglês, Francesa, Italiana, Alemã
Títulos, manchetes, caixas de texto, subtítulos, chamadas. *Formal, romântico, elegante, faustoso, rítmico, contínuo, acadêmico*

Combinações de tipos de letra

Mais desafiador é combinar dois tipos de letra – ou, ainda pior, combinar três ou quatro. O senso comum sugere que primeiro os designers limitem-se a duas famílias de tipos e, se possível, dois estilos específicos em cada uma. A razão dessa restrição é apenas tornar mais fácil para um leitor reconhecer e catalogar os tratamentos diferentes dos componentes editoriais como cabeçalhos, quadros, subtítulos e assim por diante. Quanto mais estilos forem usados, mais fácil será para alguém se perder. Do ponto de vista estético, um pouco de contenção torna a linguagem visual muito mais clara. Mas, de toda forma, se 15 tipos forem necessários, use-os – porém, escolha com critério. O essencial na combinação dos tipos é a textura visual relativa à função (função aqui também inclui apoiar a metáfora ou enriquecer a linguagem visual como um todo). Cada um dos tipos de letra adicionados à mistura deve ser diferente o bastante para conferir alguma mudança notável à página e desempenhar alguma função. Há uma miríade de possibilidades para abordar as combinações.

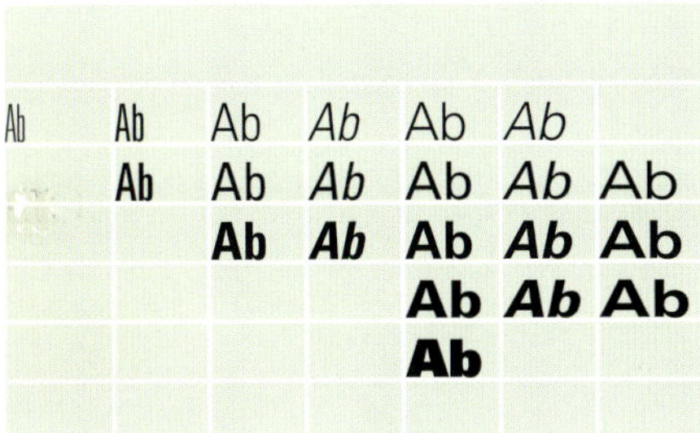

Teoria da família única
Escolher uma família de tipos com um número suficiente de variantes em peso, largura e postura assegura grande flexibilidade na textura tipográfica, enquanto se respeita certo nível de contenção. Para modernistas, essa opção é a melhor expressão do lema "faça mais com menos" de sua filosofia de cozinha. O tipo de letra clássico que melhor demonstra essa técnica é o Univers. Cada variante oferece uma cadência, ritmo, valor e massa diferentes que não apenas apresenta uma experiência visual rica, mas também resolve muitas demandas complexas de composição tipográfica.

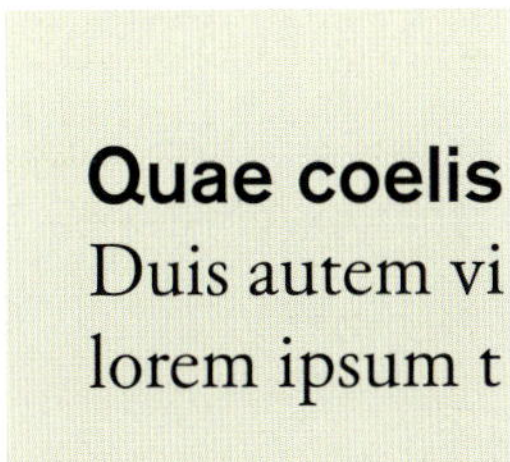

A combinação clássica de tipos com e sem serifa é frequentemente a primeira estratégia de combinação para a qual os designers se voltam quando em busca de algo um pouco mais saboroso. Normalmente, um tipo com serifa compõe o texto e o sem serifa é usado para subtítulos, chamadas ou títulos em tamanho maior. Sinta-se livre para reverter essa relação.

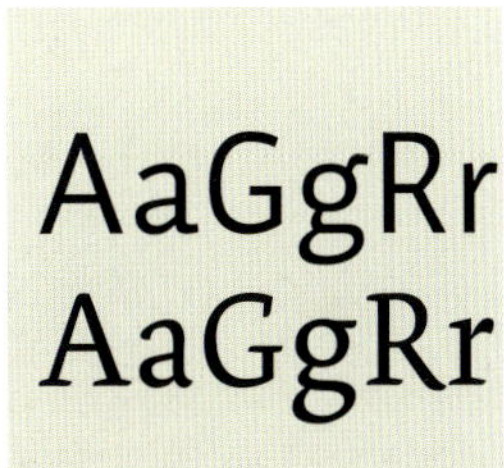

Selecione contrapartes com suficiente contraste estilístico, mas preste atenção às similaridades – largura geral, fechamento ou forma das curvas, graus de contrastes entre traços, altura das junções, formas de elementos similares (tais como a perna no R maiúsculo), ângulo no qual as terminações são cortadas, ângulo do eixo nas formas curvas etc.

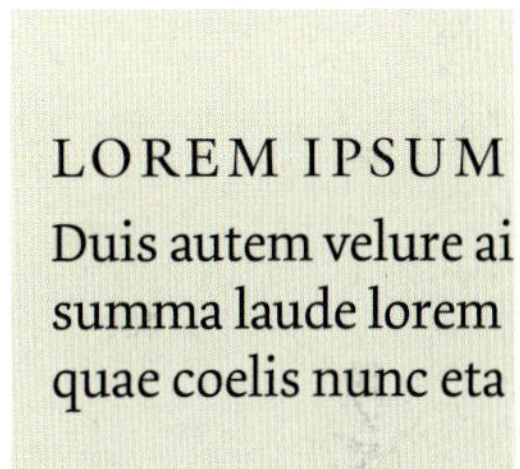

Misturar num mesmo estilo não costuma ser uma boa ideia, a menos que a diferença de textura seja inconfundível. Combinar duas serifas de transição num texto, por exemplo – ou mesmo uma Veneziana de estilo antigo com uma de transição –, é um tanto vago. Já combinar Venezianas maiúsculas pequenas com texto em tipo de transição é outra história.

Num nível funcional, às vezes o peso do negrito de uma serifa, comparado à sua contraparte Romana, não é escuro o suficiente para ser facilmente distinguido, como neste exemplo. É perfeitamente aceitável substituir um tipo alternativo em negrito, desde que o substituto tenha detalhes e estrutura semelhantes.

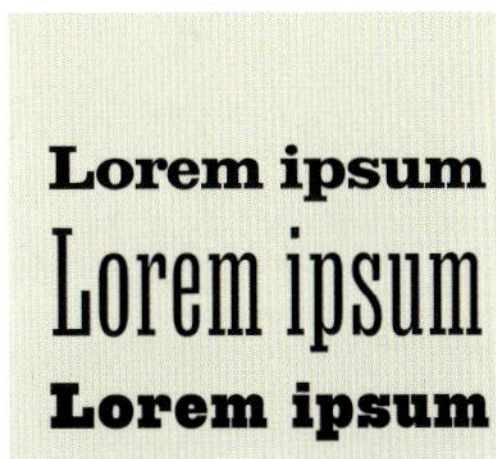

Elaborar a partir de uma ideia inicial pode criar combinações interessantes. Por exemplo, encontrar uma variedade de tipos com serifa na qual todos variam em peso, contraste e largura pode ser muito dinâmico, ainda que claramente unificado pelo estilo geral.

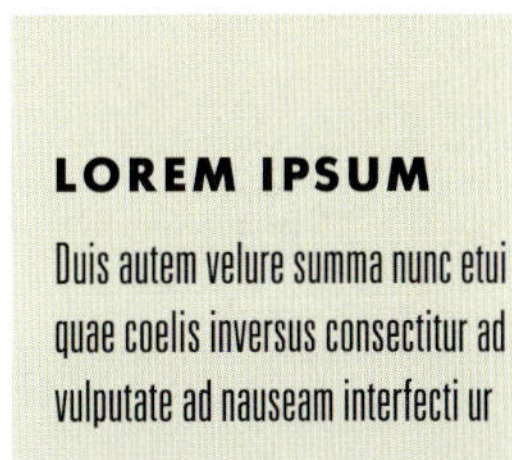

A combinação estabelecida com o propósito de exagerar formas visuais abstratas pode criar um resultado dinâmico. Nesta combinação, linearidade e massa concentrada interagem para exagerar o contraste.

Criando Diálogo Visual entre Tipo e Imagem

Fazer com que os tipos interajam com as imagens cria um problema sério que deve ser sempre superado, não importa o quão simples seja o layout. O primeiro passo é reconhecer um fato básico: assim como as imagens, os tipos são compostos de claro e escuro, movimento linear e contornos de volume, espaços abertos e fechados, massa e textura. Considere o tipo não apenas como algo semelhante à imagem no que diz respeito ao layout, mas como um elemento que a completa. Se o tipo puder ser removido do layout e a composição de imagem permanecer forte, então não há interação entre tipo e imagem. Há muitas estratégias para fazer com que tipos e imagens se mesclem, assim como há maneiras de misturar vegetais e temperos numa sopa. O truque é sempre estabelecer não apenas algum equilíbrio ou similaridade entre os elementos, mas também certo grau de contraste.

A

B

C

D

E

F

G

Tipos podem responder a escala, movimento direcional e variação de tom. Nos exemplos, os tipos se relacionam com a imagem em virtude de: [A] *similaridade na forma geral e estrutura;* [B] *repetição de movimento linear;* [C] *alternância de peso;* [D] *reafirmação da divisão proporcional;* [E] *mímese de profundidade e perspectiva;* [F] *alinhamento em ângulo;* [G] *resposta à configuração de valor de luz e sombra.*

DICAS DO CHEF DE DESIGN 6

Traduza Imagens e Tratamentos de Texto do Nível Macro para Detalhamento de Texto

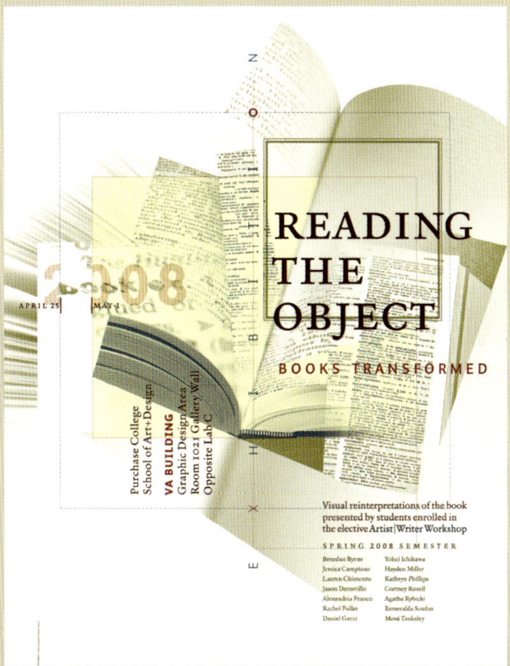

Não deixe para fora do prato o texto corrido em fontes pequenas, legendas e elementos editoriais – tais como números de páginas e filetes –, quando você estiver servindo uma colagem espetacular de título e imagem. Em vez disso, procure modos de trazer as ideias que usou na imagem maior para a maneira como você faz o estilo dos detalhes. O corte e a composição em camadas transparentes da imagem deste pôster dão origem a quebras espaciais inusitadas e detalhes nos elementos menores do texto.

STIM *Visual Communication*
Brooklyn, NY: EUA

O tipo parece modificar as relações espaciais quando colocado sobre uma imagem, dentro ou próximo dela – ele tanto pode se tornar parte da imagem quanto criar uma "ponte" entre imagem e espaço externo.

Preparando Texto Amigável (e Belo!) para o Leitor

Fazer um texto confortável e fácil de ser lido e que também seja visualmente agradável pode ser comparado ao preparo de uma massa. As quantidades de farinha, ovos e leite e a temperatura de cozimento são variáveis que precisam combinar entre si ou a massa fica dura demais, esfarela muito e assim por diante. Da mesma forma, uma boa composição de texto é aquela na qual uma constelação de variáveis atinge um equilíbrio harmônico. Texto em tamanho legível incentiva a leitura sequencial, apresenta espaçamento consistente, tem parágrafos claramente espaçados e apresenta o mínimo de hifens, linhas viúvas e órfãs – isso é a base de um layout forte.

DICAS DO CHEF DE DESIGN 7

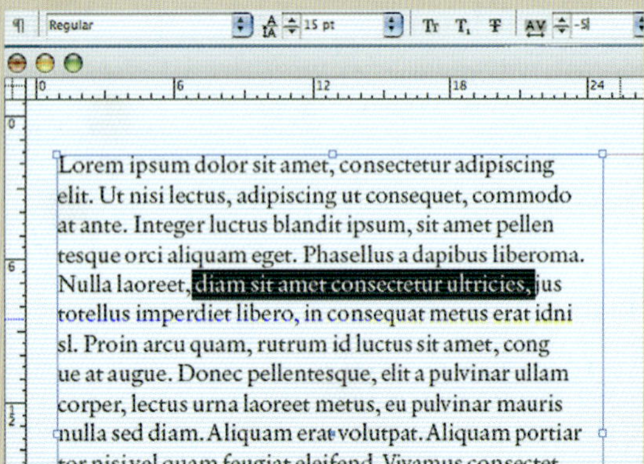

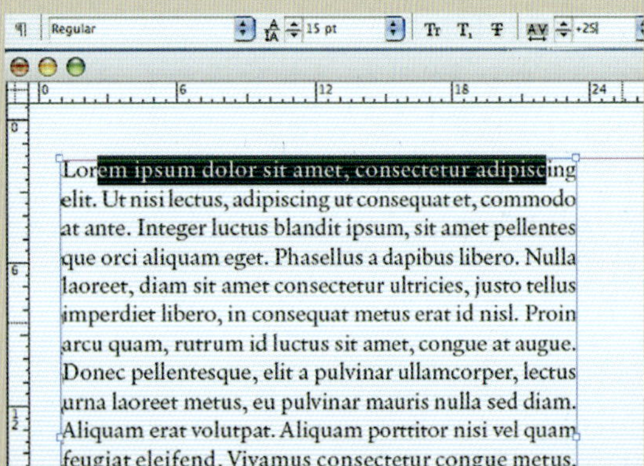

Truques para Resolver Problemas de Espaçamento e Ajustes

Se a hifenização for excessiva (seja numa coluna ajustada ou não), isso quer dizer que o tipo é muito grande em relação à largura da coluna. Reduza o tamanho do texto em meio ponto ou aumente a largura da coluna no comprimento de três letras.

Se houver sobras de texto inconsistentes – suaves e onduladas em alguns lugares e profundas em outros locais – ou se as linhas aparentemente não têm mais jeito de ser arrumadas, force para que as sobras sejam muito mais profundas por todo o texto. Essa abordagem dá mais opções para quebrar sequências difíceis de linhas e esconde as disparidades nas sobras de texto de um lugar ao outro.

Aumentar drasticamente a entrelinha numa coluna estreita vai reduzir a irregularidade na sobra de texto.

Se uma sequência de linhas, com as sobras de texto com tamanhos uniformes, for muito curta ou muito longa, ajuste a distância entre pares específicos de letras (kerning) independentemente – mas não até o ponto que pareçam ser muito diferentes. Essa abordagem pode também ser aplicada a linhas isoladas que sejam muito curtas ou muito longas.

Numa coluna ajustada (justificada) em que uma linha for especialmente apertada ou escura, passe a última palavra para a linha seguinte e ajuste o espaçamento da nova linha interrompida para soltá-la. A solução oposta – inserir uma palavra nova numa linha muito vazia – também costuma funcionar.

Num texto ajustado (justificado) que parece estar muito folgado, com uma grande quantidade de espaços seguidos, é provável que a largura da coluna seja muito grande para o tamanho das letras. Primeiramente, tente aumentar esse tamanho em meio corpo. O próximo passo é estreitar a coluna em um comprimento igual a um par de larguras de letra.

1

Lorem ipsum dolor sit amet consectitur adipscing elit summa duis autem velure quod meri

Lorem ipsum dolor sit amet consectitur adipscing elit summa duis autem velure quod meri

Normalmente, o primeiro passo é escolher um tipo de letra e estabelecer um tamanho confortável. Pelo fato de a maioria das pessoas ler o jornal sem reclamar, esse pode ser um indicador para escolha do tamanho da letra. Se a letra for parecida com uma Times de corpo 9 (acima) ou uma Garamond estilo antigo de corpo 10 (abaixo), a maioria dos leitores achará legível – independentemente do real tamanho e tipo da letra.

2

Lorem ipsum dolor sit amet consectitur adipscing elitas summa duis autem velure quod meri uismod. Indeo summa erat, nunc et semper, fiat equame gloriosa interfectus est

Lorem ipsum dolor sit amet consectitur adipscing elitas summa duis autem velure quod meri uismod. Indeo sum erat, nunc et semper, fiat equame gloriosa interfectus est

Batalhe para conseguir de 55 a 75 caracteres numa única linha. Determinar a largura do texto (em inglês) para essa média do número de caracteres resulta na aparência geral mais consistente – o que implica que a sobra de texto será aproximadamente a mesma e haverá muito pouca divisão de palavras. Se o texto for ajustado, o resultado será um espaçamento muito mais uniforme das palavras, sem espaços seguidos e com limitada divisão de palavras. Contar caracteres é interessante, mas ajustar a posição da margem numa caixa de texto, movendo-a um pouco para a esquerda ou direita e observando como o texto se modifica, é um método rápido e direto. Para uma determinada largura, o texto vai se ajustar repentinamente num estado de quase perfeição – esse estado é a largura ideal para o texto.

3

ipsum: velut ipsum; velut
ipsum: velut ipsum; velut

velure! delicit velure? delicit
velure! delicit velure? delicit

Dois-pontos e ponto e vírgula precisam de mais espaço antes deles e menos depois. Pontos de exclamação e interrogação frequentemente se beneficiam se forem separados de suas sentenças por um pouco mais de espaço. O espaço de uma palavra é muito, bem como o de meia palavra, mas 20 a 40 vezes o espaço entre letras é normalmente o bastante.

4

duis autem vegure nunc et semper interfectus

A entrelinha (medida entre as bases de linhas consecutivas) deve ser igual a aproximadamente 120% do tamanho do corpo. Isso geralmente significa que, num texto corpo 10, a entrelinha será 12; para um texto corpo 12, a entrelinha será 14 e assim por diante. Uma regra básica: a entrelinha pode ser mais fechada ou aberta, mas deverá sempre parecer maior que o espaço entre palavras. A entrelinha precisa ser ampliada se as partes ascendentes e descendentes do tipo escolhido forem excepcionalmente longas; se a altura x for grande; se a largura do texto for maior que 75 caracteres; ou se o texto for mais estreito que 50 caracteres.

5

1/5 2/5 3/5 4/5 5/5

Lorem ipsum dolor sit amet consectit adipscer elit summa duis autem velure quod meri uismor ind eosum erat, nunc et semper, quam gloriosa invectus est. Quae coelis interfectus in deo fiat eternam, duis autem velure et consequat carborundu est.

1/7 2/7 3/7 4/7 5/7 6/7 7/7

O corte irregular do parágrafo deverá ser feito manualmente. Tenha como meta um ritmo uniforme curto/longo/curto do topo da coluna até sua base. O comprimento ideal da sobra na linha é de 1/7 a 1/5 da largura do texto. Idealmente não há separação de sílabas, mas se esta for necessária, uma a cada dez a quinze linhas é o ideal (e nunca duas em sequência).

6

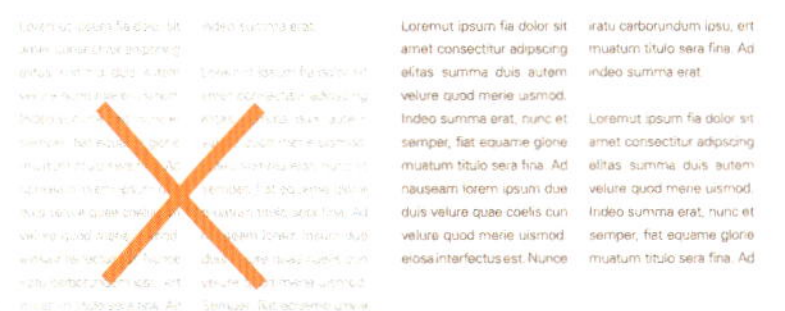

Não permita que a última linha de um parágrafo inicie o topo de uma coluna. Essa "órfã" é especialmente capaz de distrair se houver um espaço separando o parágrafo que a segue, e é irritante se ocorre no início de uma página à esquerda do leitor. Mova o texto de modo que uma nova página inicie um novo parágrafo ou coloque mais espaços no texto precedente, tal que o parágrafo continue com ao menos três linhas após a quebra de página.

7

-er -al
-ed -il
-ly -es
-ing -or

Evite separar as sílabas de modo que pedaços pequenos como os mostrados acima iniciem a linha seguinte. Certifique-se de que há ao menos quatro letras na palavra que termina a linha antes da quebra.

8

Lorem ipsum dolor sit amet con sectitur adipscing elit summa duis autem.

Lorem ipsum dolor sit amet con sectitur adipscing elit summa duis autem velure fiat.

Nunca deixe que uma palavra única ou viúva termine um parágrafo. Se viúvas aparecem constantemente no esboço do ajuste de um corpo de texto, então a largura da coluna deverá ser ajustada. O ideal é que a última linha de um parágrafo tenha mais que meia largura do parágrafo, mas três palavras (não importa seu comprimento) são aceitáveis.

9

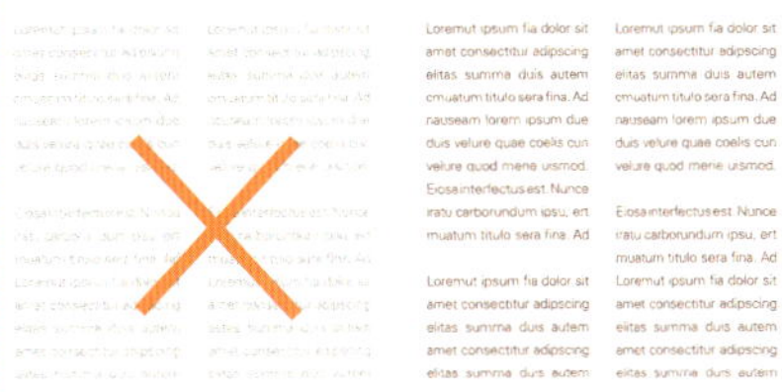

Quando possível, evite que mudanças de parágrafo se alinhem em colunas adjacentes. À medida que os espaços entre parágrafos se aproximam, eles distraem a atenção e também tendem a redirecionar o olhar para a outra coluna, quebrando a sequência de leitura.

10

Lorem ipsum dolor sit amet consectit adipscer elitsummaduisautemvelirequodmeriuismorind eosum erat, nunc et semper, quam glorioss invectusest.Quaecoelisinterfectusindeofiateternam. duis autem velure consequat carborundu.

Lorem ipsum dolor sit amet consectit adipscer elit summa duis autem velure quod meri uismor in deosum erat, nunc et semper, quam gloriosa invectus est. Quae coelis inter fectus in deo fiat eternam, duis autem velure consequat carboru-

No texto ajustado (justificado), a luz e a sombra relativa das linhas – bem como o espaçamento entre palavras – devem permanecer uniformes. Quando as linhas forem extremamente escuras (com muitos caracteres) ou claras (com poucos caracteres) ou se houver uma ocorrência significativa de espaços grandes entre palavras, ajuste o espaçamento entre letras, as quebras de linha e a largura da coluna conforme necessário.

Usando Efetivamente um Arranjo em Colunas[1]

A maioria das grelhas com duas, três, quatro, seis ou oito colunas geralmente funciona bem; é o modo pelo qual as colunas de texto interagem com o espaço negativo – e entre si – que verdadeiramente determina como uma grelha é articulada. Os espaços acima e abaixo das colunas desempenham um papel ativo em conferir a elas um ritmo na medida em que estas se relacionam ao longo das páginas e folhas. Cada abordagem tem um impacto significativo no ritmo geral das páginas numa publicação, indo do austero e geométrico ao de aspecto altamente orgânico – todas ordenadas segundo uma grelha subjacente. Mudar a lógica das colunas de um capítulo ao outro consiste em mais um método para diferenciar áreas informativas.

Lógica das colunas e alinhamento da linha base

Quando as colunas começam a se separar verticalmente, movendo-se para cima e para baixo, uma passando a outra – ou indo em profundidades diferentes enquanto se fixam a uma mesma linha de início –, considere a relação entre linhas de texto através da faixa de separação de colunas. Num agrupamento de colunas ajustadas, sem quebras de linhas entre parágrafos (ou espaço entre parágrafos com a mesma entrelinha), as linhas de base das colunas vão se alinhar. Em qualquer outra situação, isso não acontecerá.

Ao fazerem-se as colunas, o texto ficará alinhado entre estas até uma mudança de parágrafo. Por conta da variação de comprimento das colunas, isso pode parecer apropriado. Entretanto, um problema ocorrerá na página com colunas ajustadas de cima a baixo se o espaço do início do parágrafo introduzir uma linha desigual: as linhas de texto junto à margem inferior ficarão claramente deslocadas.

ENTENDENDO AS OPÇÕES

A

Colunas de texto podem ajustar-se às margens inferior e superior, sendo quebradas pela inserção de imagens no campo de texto e de chamadas. Esta abordagem cria uma página muito densa e enfatiza as proporções da imagem sobre o formato do texto, que passa a ser um campo neutro.

B

Colunas de texto podem se ajustar às linhas específicas de fluxo ou comprimentos modulares, criando deslocamentos de geometria rígida para cima e para baixo da página.

C

Colunas podem iniciar de uma margem ou linha de fluxo com comprimentos indo até a extremidade oposta. Esta opção confere uma constante forte e unificadora que é equilibrada pela variação orgânica no comprimento das colunas.

D

Colunas de mesmo comprimento podem se alternar acima e abaixo segundo linhas de fluxo ou linhas da grelha, ou aleatoriamente. A consistência no comprimento das colunas faz um contraponto à irregularidade do movimento vertical através da folha.

E

A abordagem mais orgânica é aquela em que as colunas também mudam de comprimento e se alternam para cima e para baixo. O efeito é extremamente rítmico, com o texto indo de encontro às margens superior e inferior de maneira fluida.

Posicionando imagens dinamicamente

Dada a regularidade de proporções inerente ao uso de uma grelha, a possibilidade de que a imagem aparente estar localizada de forma estática pode ser um problema que os designers tenham de superar para produzir layouts dinâmicos. É muito importante lembrar que grelhas permitem aos designers posicionar e dimensionar uma imagem do modo que eles queiram, desde que a imagem corresponda às colunas (e linhas, se a grelha for modular). Mostrar o máximo de variação possível na configuração ajuda o leitor a ver a grelha de modos diferentes, reforçando a presença desta e evitando o tédio na leitura. Um meio de assegurar o posicionamento dinâmico de uma imagem numa página única, ao longo de uma folha ou de folha a folha, é estabelecer uma fórmula para tamanho, proporção e posição calculada para variar a composição o mais metodicamente possível. Esse método chamado *bounce* (salteado) geralmente resulta em mudanças dinâmicas de layout de folha a folha.

Relacionando imagens puramente misturadas à estrutura

Imagens grandes que incorporam as margens são um contraponto forte a imagens pequenas e páginas só com texto; mas, embora as imagens preencham páginas inteiras, isso não significa que se deva ignorar a grelha subjacente. Ao contrário, tais imagens devem ser dimensionadas e posicionadas dentro do quadro da página de modo que algum elemento geométrico nela se alinhe com a coluna ou linha e ajude a articulá-la.

[1] *NT Foi usado também o termo em inglês, de uso comum no Brasil.*

DICAS DO CHEF DE DESIGN

8

Como Dimensionar e Posicionar Silhuetas em uma Grelha de Colunas

Não importa onde o texto fique em relação à imagem: posicione-o de modo que a maior dimensão vertical ou horizontal fique alinhada com as arestas das colunas. Uma alternativa é dimensionar a imagem de modo que as proporções dos elementos internos correspondam às proporções de colunas ou linhas.

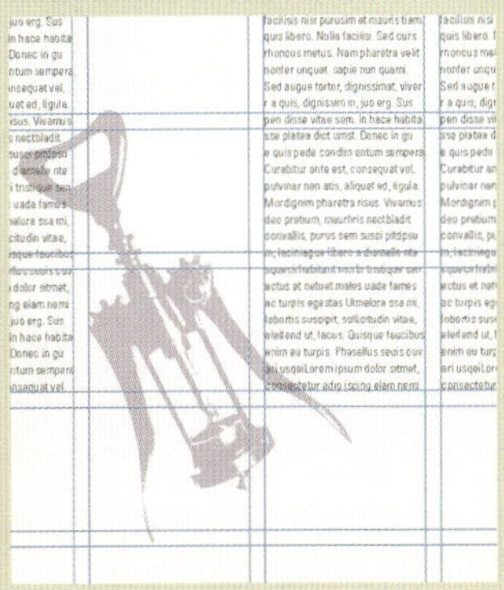

Permita que a silhueta possa se mover livremente – mesmo "deslizando" para trás de um bloco de texto. Ou envolva a imagem com o texto. Se a imagem for posicionada entre colunas, certifique-se de que partes delas se estendam sobre o texto: isso evitará que a imagem aparente estar "encaixotada".

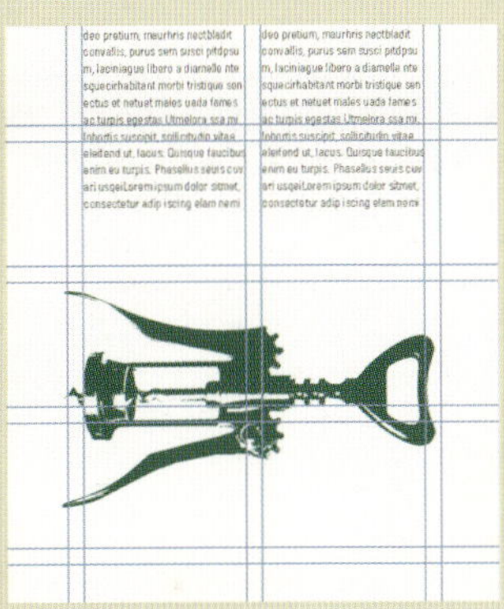

Quando alinhar uma silhueta em relação a uma coluna de texto, aumente a imagem de modo que seu contorno ultrapasse as linhas que estabelecem a coluna, especialmente se a forma for circular ou orgânica. De outro modo, a imagem parecerá muito pequena para corresponder visualmente à largura da coluna.

Passo a Passo

Criando um arranjo rítmico de imagens, ou "salteado," numa estrutura de grelha

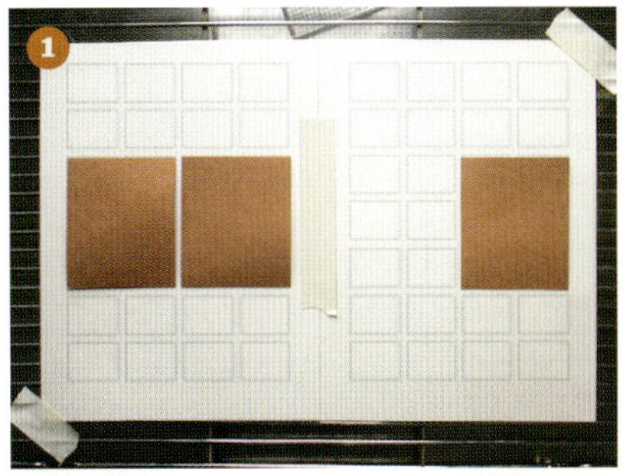

Inicie com três imagens de mesmo tamanho. Trabalhar com números ímpares de elementos tende a tirar um pouco da regularidade. Posicione as imagens no layout, alinhadas pela altura e distribuídas nas folhas segundo as colunas.

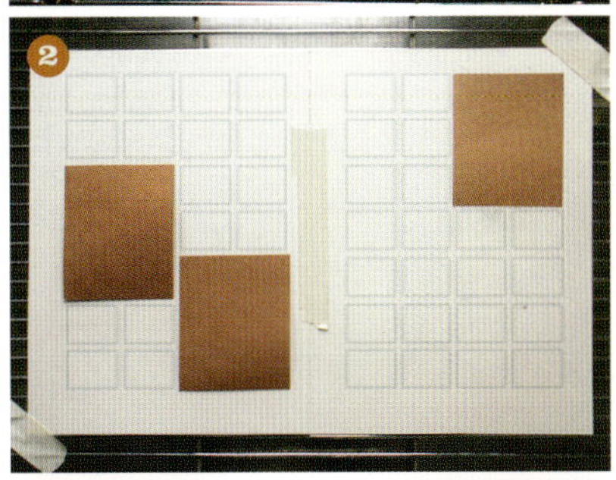

Mova a primeira imagem para cima e a segunda para baixo criando um movimento triangular – o tipo mais básico de salteado. A aresta de cima e de baixo das caixas de imagem não devem se alinhar.

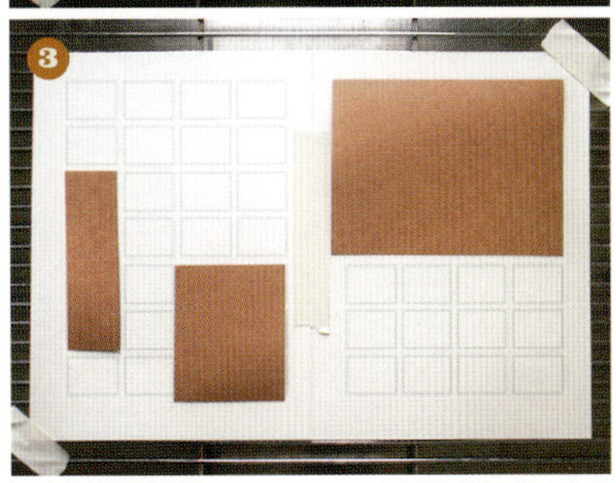

Mude a proporção de duas imagens: substitua uma vertical estreita por uma, e uma relativamente larga na horizontal por outra. Ajustar o tamanho relativo das imagens e a proximidade aumenta o seu jogo tridimensional.

Uma vez que o layout salteado estiver pronto para uma folha, use os mesmos elementos de imagem na próxima folha – mas troque suas posições alto/baixo e esquerda/direita. O observador reconhecerá as proporções e tamanhos e apreciará a nova experiência. Outra mudança simples é agrupar todas as imagens numa área, talvez abaixo na primeira folha e subindo nas páginas seguintes.

intuition
metaphor
CLARO
dal 1897
Negative Space
Enriched Openness
For Asymmetry
No.35 Vertical
INGREDIENTS: AIR, EXPANSIVENESS, MOVEMENT, QUIET, VISUAL REST, CONTRAST
BINDER & BAYER
NEW AMSTERDAM
Geometric Forms
Premium Quality
Naturalistic
SIMPLE ICONS
REFINED DRAWING
BUMBLEBEE
DESIGNER'S
Composition
CONTRA
GREAT FOR VISUAL DYN
POUR IT ON, DON'T PASS IT
3 LB NET WT (1.36
PREMIUM
RUBBER CEMENT
ACID FREE
DANGER: EXTREMELY FLAMMABLE
READ CAUTIONS ON LABEL CAREFULLY BEFORE USING

INGREDIENTES
Gráficos
Bocados Visuais na Despensa de Composição dos Designers
DECORATIVE Victorian DINGBATS PAR EXCELLENCE
Scrolls, Swashes, Flourishes, Escutcheons and Sundry Embellishments
12 STYLES
FOR THE STYLISH TYPOGRAPHER
LE SIGNET
FRESH ENGAGI
BRAND PA
NO.6 MODERNIST SOLID RULE LINES
NO.1 MODERNIST DOTTED RULE LINES
ERARCHY
HIÉRARCHIE CLAIRE
GOTHAM BOLD
GARAMOND
GLYPHA BOLD
VERDIGRIS OSF
Baskerville Ital
GOUACHE
101
NET WT 6
16 BAGS

Ingredientes Pictóricos

IMAGENS, TALVEZ, sejam o coração da comunicação visual. Embora o texto geralmente apoie as mensagens, os símbolos, ícones, fotografias e ilustrações falam ao público com maior impacto. Na prateleira visual, o designer encontrará uma gama enorme de opções para preparar soluções de comunicação que satisfaçam visualmente. A fotografia dá profundidade e credibilidade, de modo que o destinatário deseje cravar os dentes na imagem, enquanto a ilustração personaliza a comunicação e confere a ela um elemento humano. Para porções de informação de transmissão rápida ou quando uma sensação de contemporaneidade for necessária, experimente ícones e linguagens gráficas abstratas. Textura e padrões conferem profundidade e detalhe ao layout mais insosso. Muitos dos ingredientes individuais neste capítulo podem ser facilmente combinados ou alterados (por exemplo, aumentar o tamanho do padrão para criar elementos gráficos maiores ou abrigar um ícone numa forma) para maior riqueza visual. O designer que for bem versado nas qualidades distintas dos ingredientes pictóricos à sua disposição pode fazer experiências com eles para criar regalos visuais dinâmicos e inventivos.

FORMAS FUNDAMENTAIS *Formas e Comportamentos Básicos*

01

01 001

Ponto

01 002

Elipse

01 003

Plano simples: Semicírculo

01 004
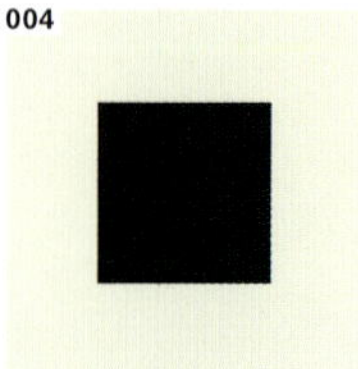
Plano simples: Quadrado

01 005

Plano simples: Losango

01 006

Plano simples: Trapezoidal

01 007

Triângulo equilátero

01 008

Triângulo retângulo

01 009

Triângulo agudo

01 010

Triângulo obtuso

01 011

Polígono regular

01 012
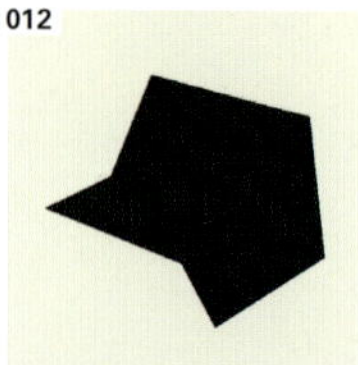
Polígono irregular

01 013

Estrela de cinco pontas

01 014

Estrela complexa

01 015
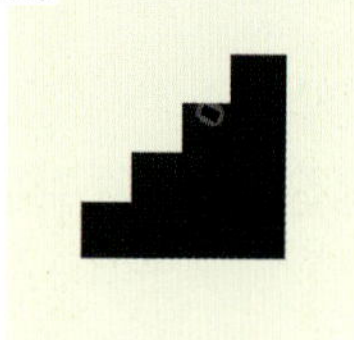
Forma escalonada: Regular

01 016
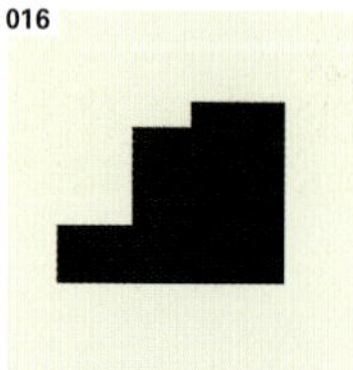
Forma escalonada: Irregular

01 017
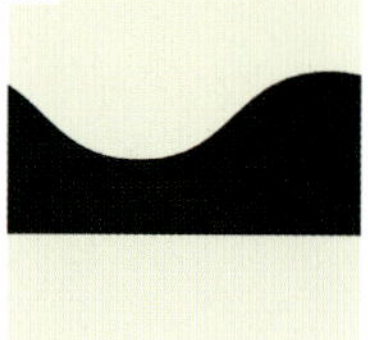
Forma de onda

01 018

Forma de onda escalonada

01 019

Plano de cantos arredondados

01 020

Forma de nuvem

01 021

Forma plana em zigue-zague

01 022

Forma plana dentada

01 023

Arco hiperbólico

01 024

Forma orgânica irregular

01 025
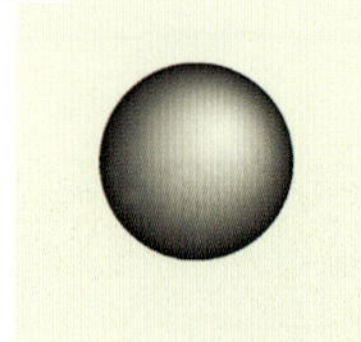
Esfera

01 026

Cubo

01 027
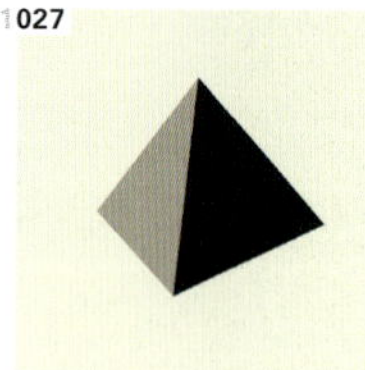
Pirâmide

01 028

Gradação de tom: Linear

01 029
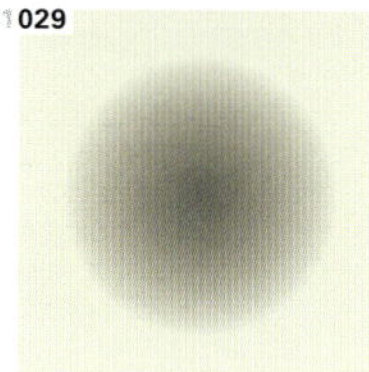
Gradação de tom: Radial

01 030
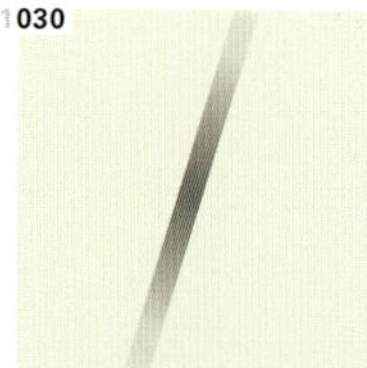
Linha: Tom graduado

01 031
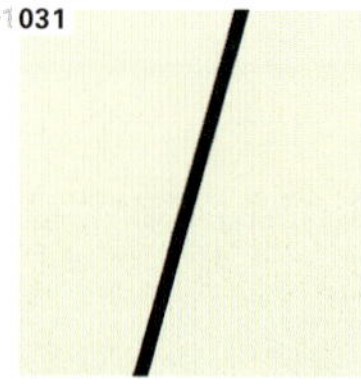
Linha: Cheia

01 032
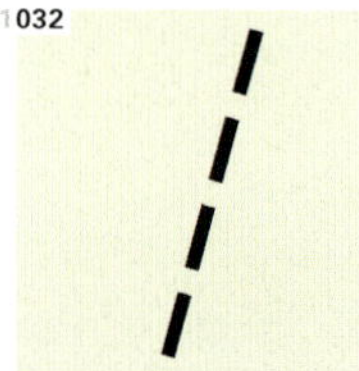
Linha: Tracejada

01 033
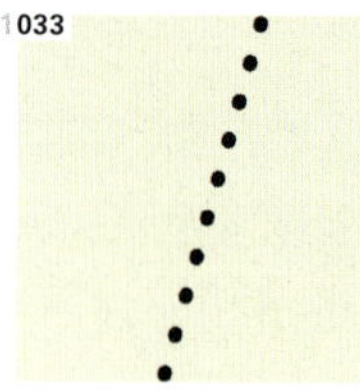
Linha: Pontilhada

01 034
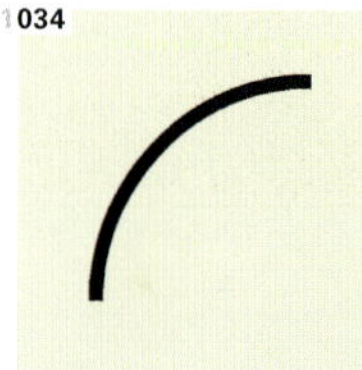
Linha: Arco

01 035
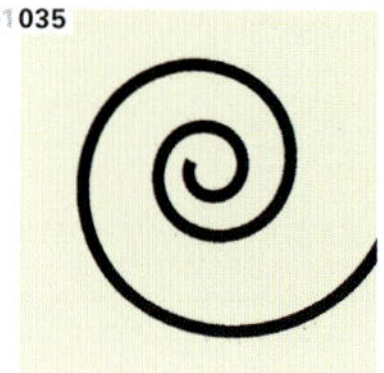
Linha: Espiral

01 036
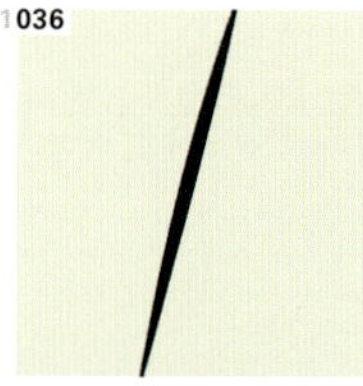
Linha: Modulada

Os elementos visuais mais simples – circular, plano, linear, sólido e graduado – que formam a base de todas as outras formas usadas em composições são delineados aqui. Sua aparente simplicidade esconde seu grande poder gráfico, quer sejam usados isoladamente ou combinados com outros, como elementos construtivos de padrões ou como fundos para tipos e imagens. Identificar e entender as formas mais básicas é o primeiro passo do chef para dominar todas as outras.

01 **037**
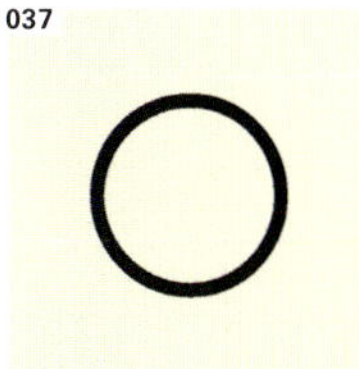
Círculo

01 **038**
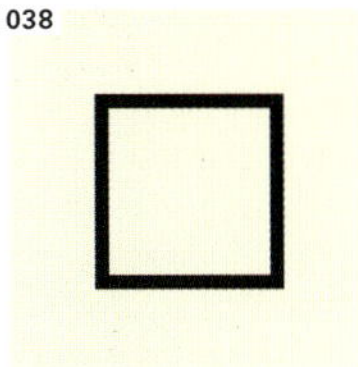
Caixa

01 **039**

Ângulo reto

01 **040**
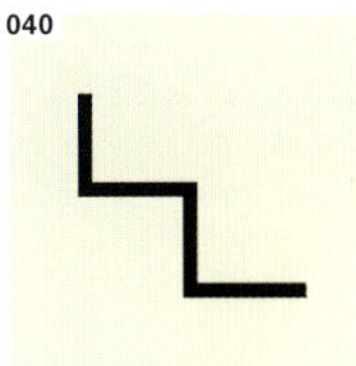
Ângulos escalonados

01 **041**
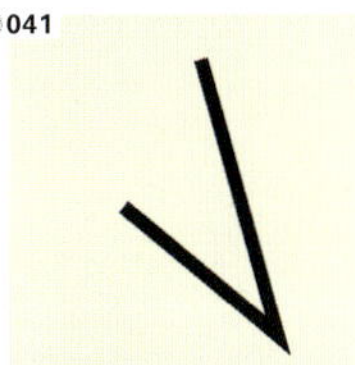
Ângulo agudo

01 **042**
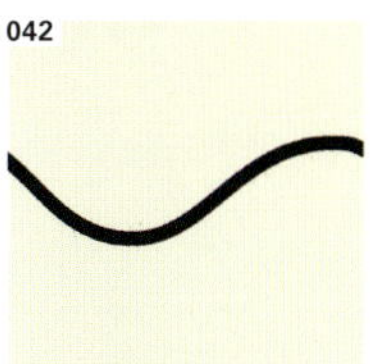
Onda linear

01 **043**
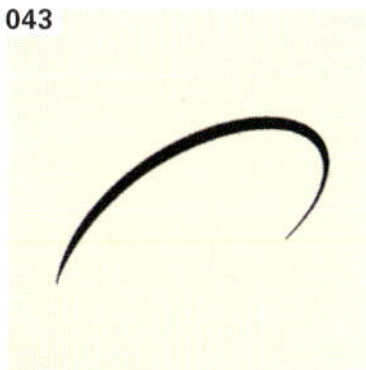
Arco: Modulado

01 **044**

Arco: Caligráfico

01 **045**
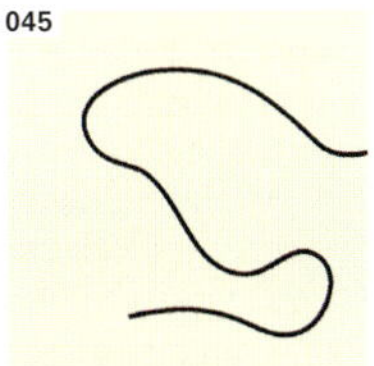
Linha: Meandros

01 **046**
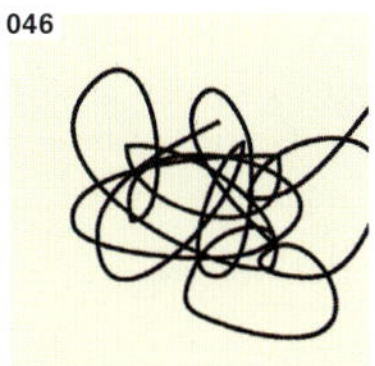
Linha: Rabisco

01 **047**

Linhas paralelas onduladas

01 **048**

Ondas escalonadas: Moduladas

01 **049**
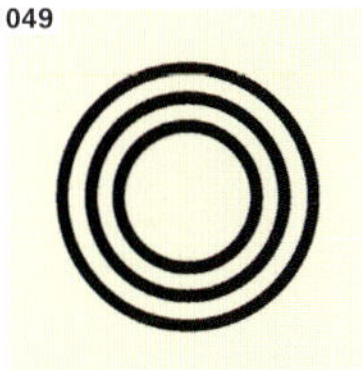
Concêntrico: Simétrico

01 **050**
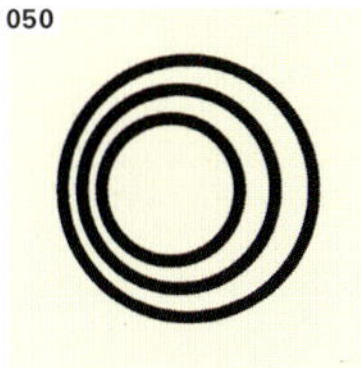
Concêntrico: Deslocado

01 **051**

Formação quádrupla

01 **052**
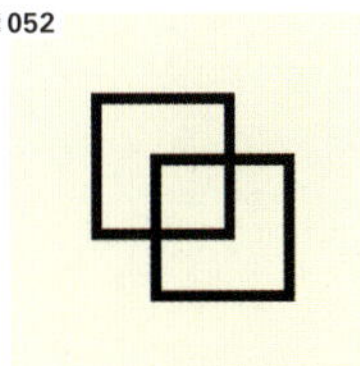
Sobreposição isométrica

01 **053**
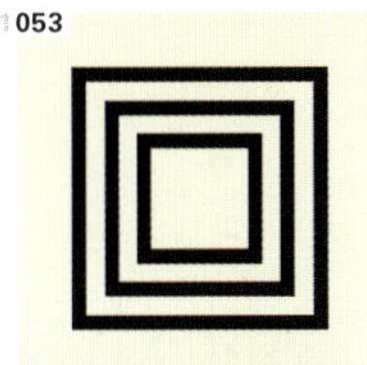
Concêntrico: Simétrico

01 **054**
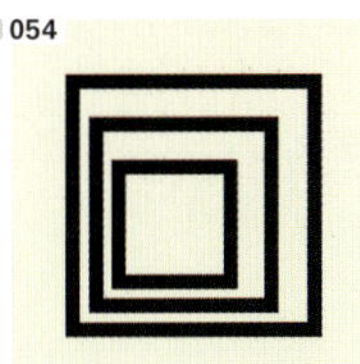
Concêntrico: Deslocado

01 **055**

Forma de cruz

01 **056**
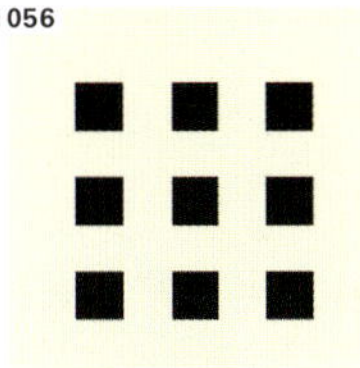
Grelha de quadrados

01 **057**
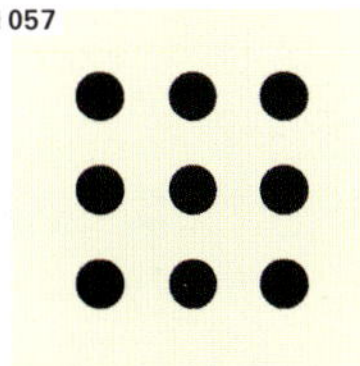
Grelha de pontos

01 **058**
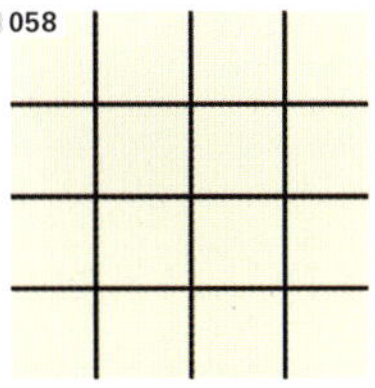
Grelha de linhas

01 **059**
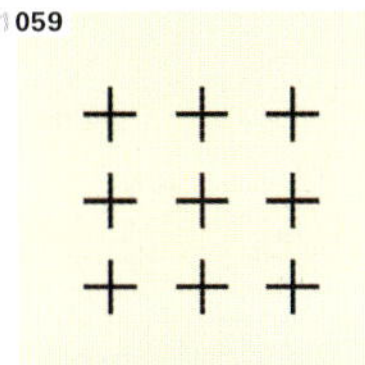
Grelha de cruzes

01 **060**
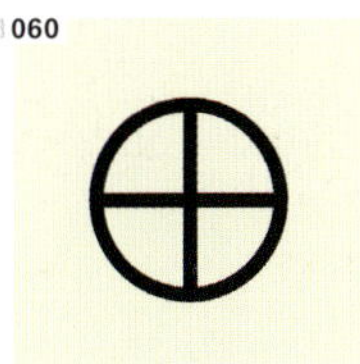
Forma de mandala

01 **061**

Ângulo e planos

01 **062**

Quadrado e círculo combinados

01 **063**

Quadrado e ângulo emendados

01 **064**

Quadrado e círculo emendados

01 **065**

Elipse reverte ângulo

01 **066**

Plano reverte elipse

01 **067**

Aglomerado

01 **068**

Superposição/Transparência

01 **069**
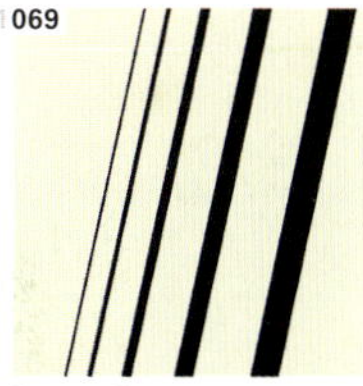
Progressão

01 **070**

Continuidade

01 **071**
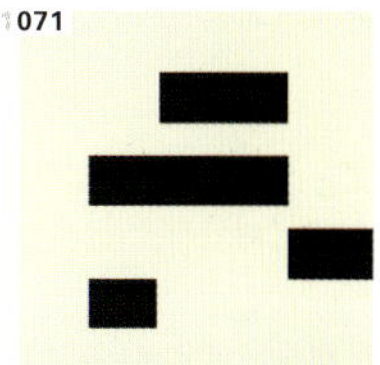
Alinhamento de arestas

01 **072**

Escalonado

IMAGENS ICÔNICAS *Naturalistas*

02

Simples e limpos, os ícones conferem reconhecimento imediato e mensagens concretas numa forma ilustrativa, resumida. Use-os sozinhos ou abrigados em formas gráficas, como pequenos elementos notacionais ou como ilustrações primárias de maior porte.

A simplicidade de suas formas permite que eles aceitem texturas e participem ativamente na colagem com outras imagens.

02065 Liquidificador | 02073 Pente | 02081 Chave inglesa | 02089 Relógio | 02097 Computador | 02105 Microscópio | 02113 Pílula | 02121 Bicicleta

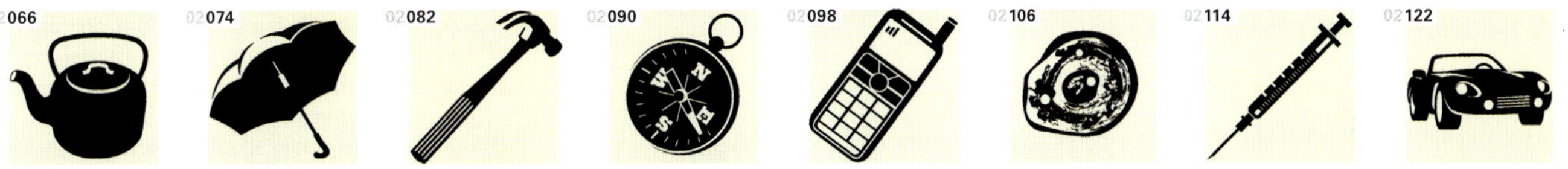

02066 Chaleira | 02074 Guarda-chuva | 02082 Martelo | 02090 Bússola | 02098 Telefone | 02106 Célula | 02114 Seringa | 02122 Automóvel

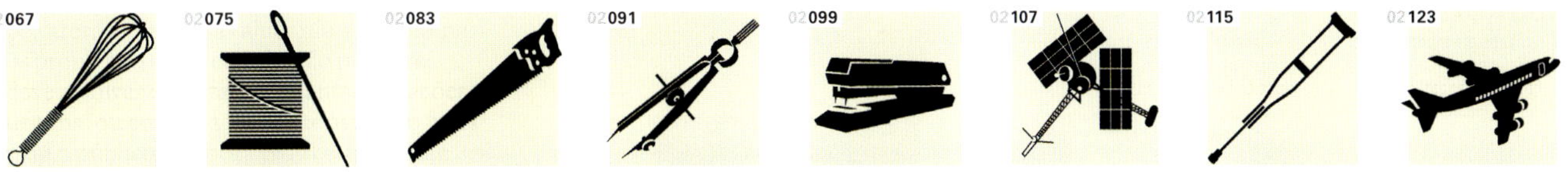

02067 Batedor | 02075 Linha e agulha | 02083 Serrote | 02091 Compasso | 02099 Grampeador | 02107 Satélite | 02115 Muleta | 02123 Avião

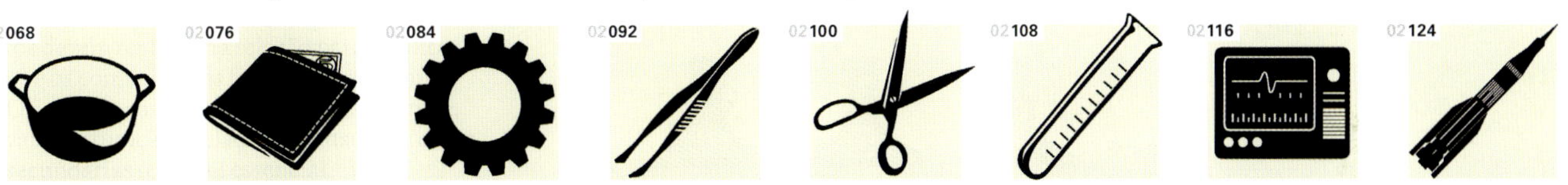

02068 Caçarola | 02076 Carteira | 02084 Engrenagem | 02092 Pinça | 02100 Tesoura | 02108 Tubo de ensaio | 02116 Monitor | 02124 Foguete

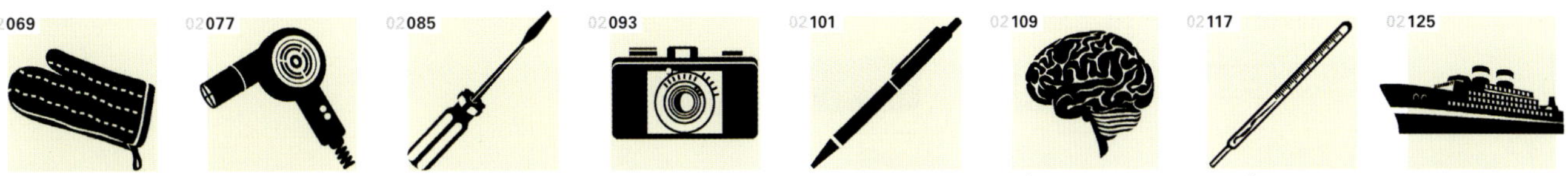

02069 Luva de forno | 02077 Secador de cabelo | 02085 Chave de fenda | 02093 Câmera fotográfica | 02101 Caneta | 02109 Cérebro | 02117 Termômetro | 02125 Barco

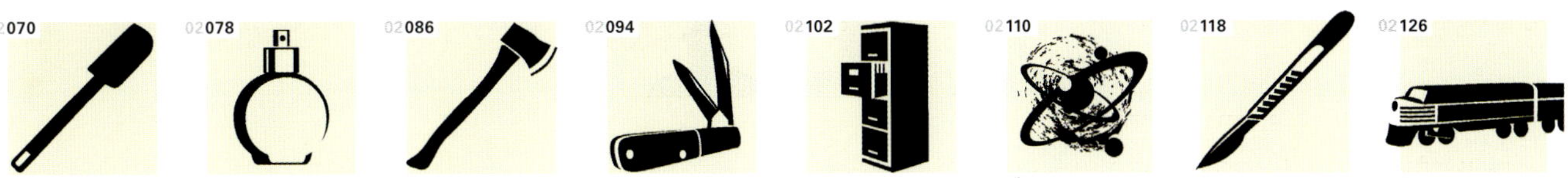

02070 Espátula | 02078 Perfume | 02086 Machado | 02094 Canivete | 02102 Arquivo | 02110 Átomo | 02118 Bisturi | 02126 Trem

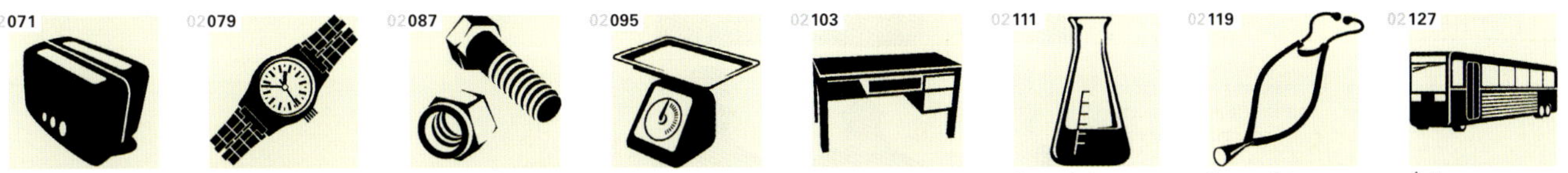

02071 Torradeira | 02079 Relógio de pulso | 02087 Porca e parafuso | 02095 Balança | 02103 Mesa | 02111 Proveta/tubo de ensaio | 02119 Estetoscópio | 02127 Ônibus

02072 Colheres de medida | 02080 Escova de dentes | 02088 Furadeira | 02096 Lupa/Lente de aumento | 02104 Calculadora | 02112 Telescópio | 02120 Bandagem | 02128 Caminhão

IMAGENS ICÔNICAS *Linguagens Estilizadas* 03

03 001

Curva e plano

03 002

Divisão linha/Plano

03 003

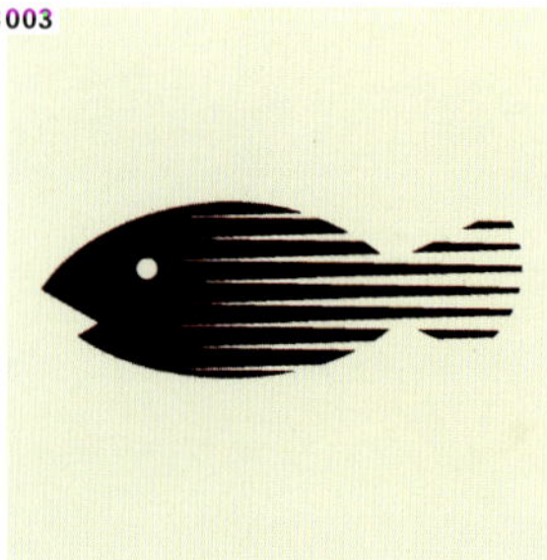

Redução de plano e padrão de linhas

03 004

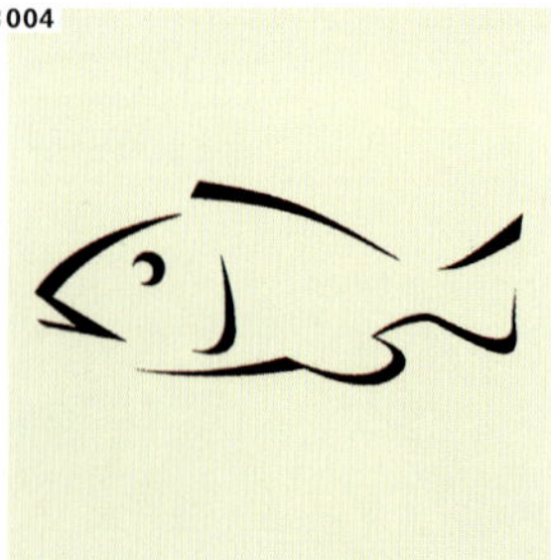

Linhas moduladas

03 005

Naturalista simplificado

03 006

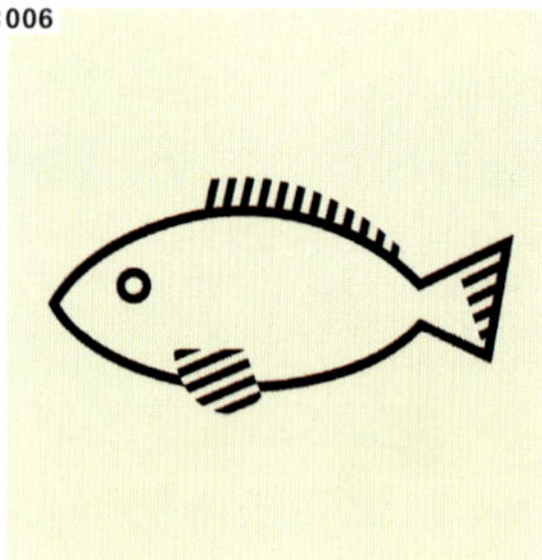

Contorno e padrão

03 007

Linha grossa e transição para ponto

03 008

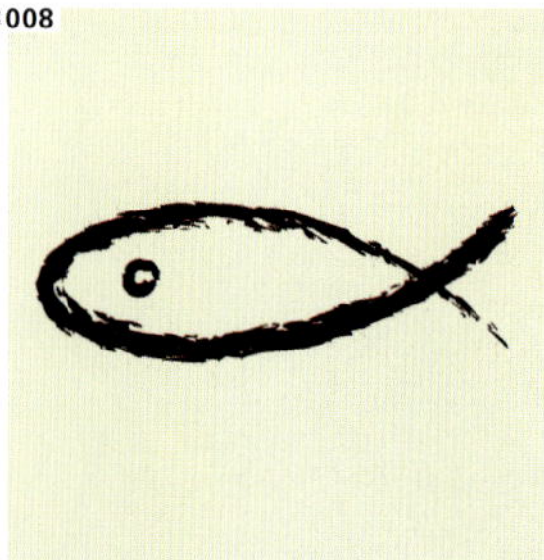

Contorno gestual

03 009

Linhas moduladas reduzidas

03 010

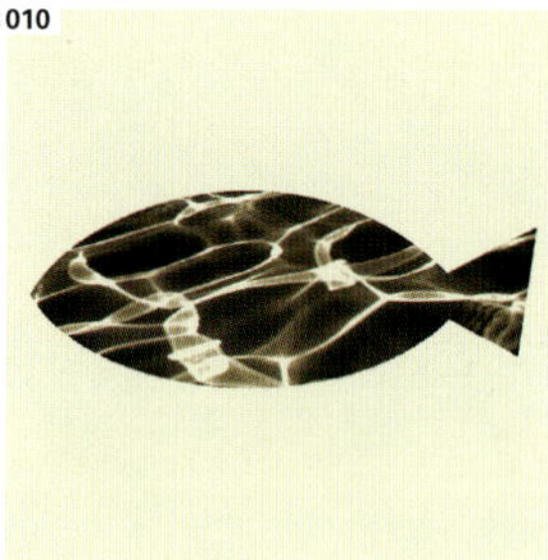

Redução de plano/Textura literal

03 011

Redução de plano e padrão

03 012

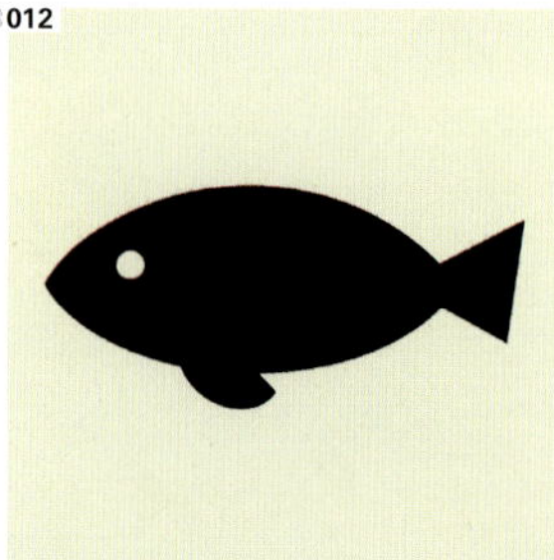

Redução de plano simples

03 013

Transição orgânica de planos

03 014

Redução ângulo/Curva

03 015

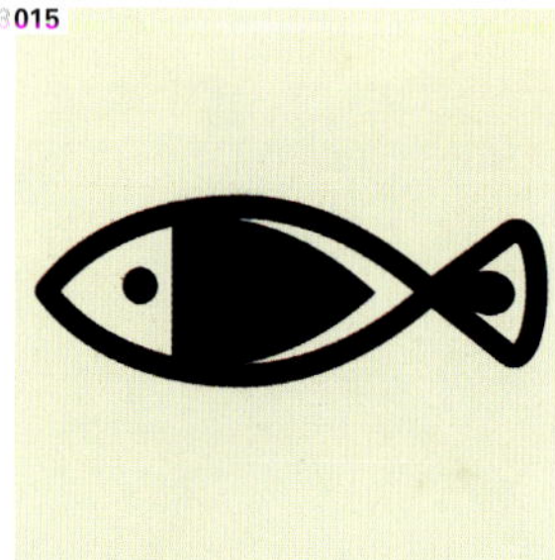

Redução de plano

03 016

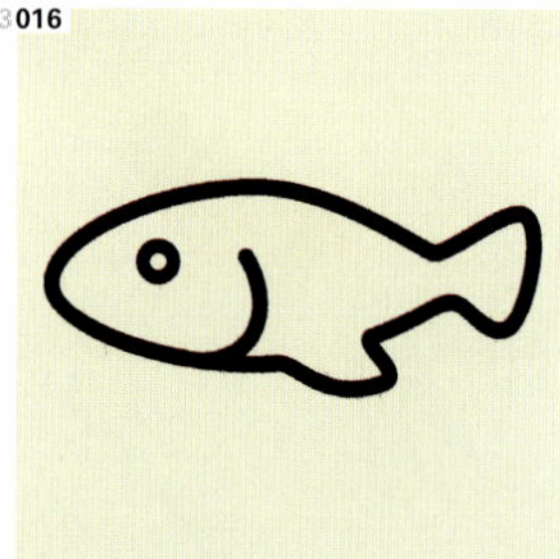

Redução seminaturalista: Linear

Trabalhando a partir de uma base de formas naturais, designers podem optar por ícones mais estilizados para uma qualidade mais ousada, mais abstrata ou metafórica, apoiada na clareza oferecida pela representação concreta subjacente. Aqui são apresentadas abordagens variadas para estilizar um ícone, baseadas na forma de peixe da categoria anterior.

03017

Natural simplificado: Linear

03018
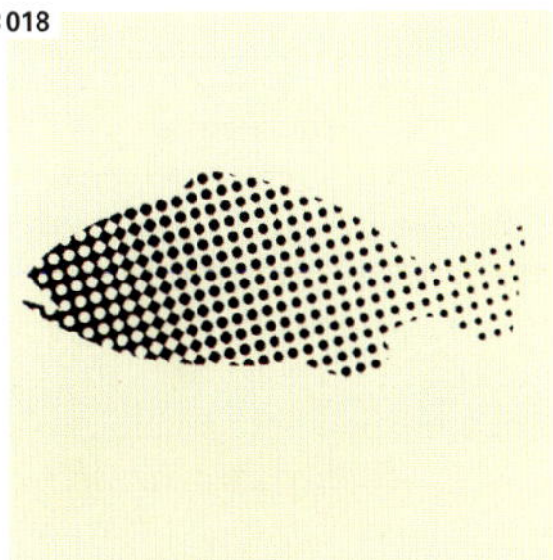
Silhueta natural: Padrão de pontos

03019
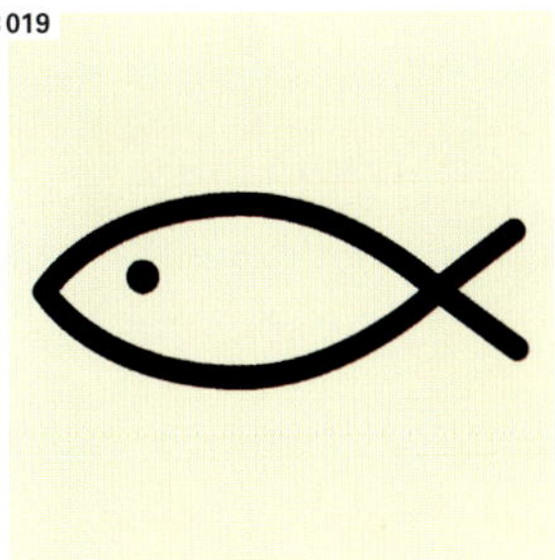
Redução elementar: Linear

03020
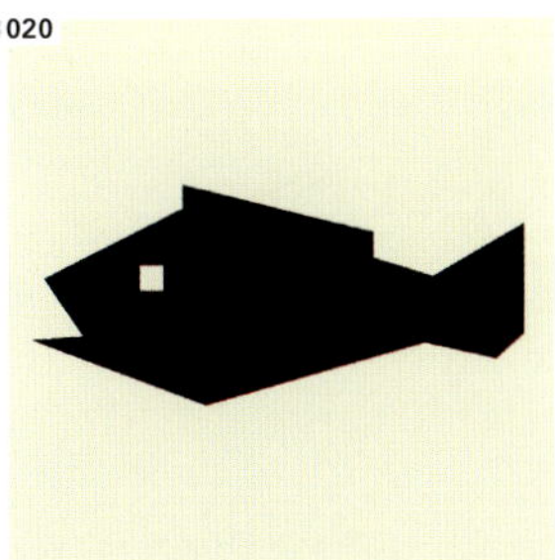
Silhueta completamente angular

03021

Contornos rasgados ou tratados

03022
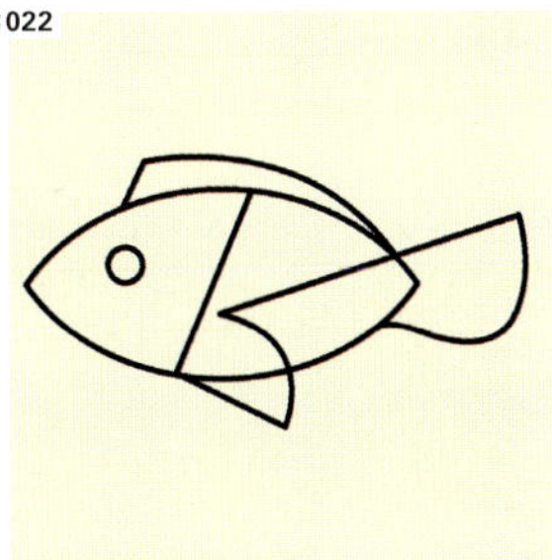
Construção com linhas

03023

Redução de plano e detalhamento por padrão

03024
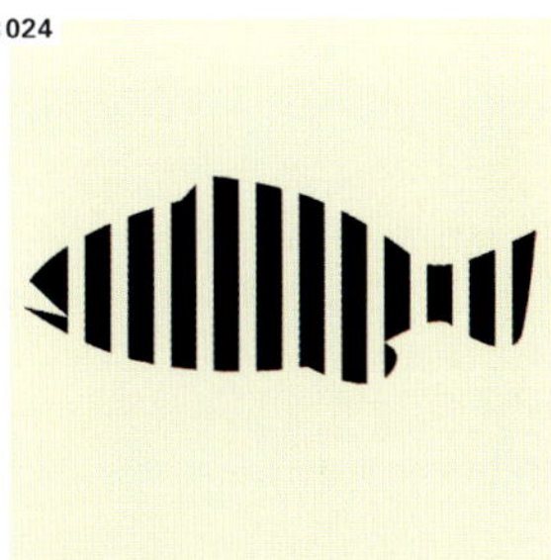
Silhueta e padrão sobreposto

03025

Transição modulada de linha

03026

Forma como uma grelha de pontos

03027
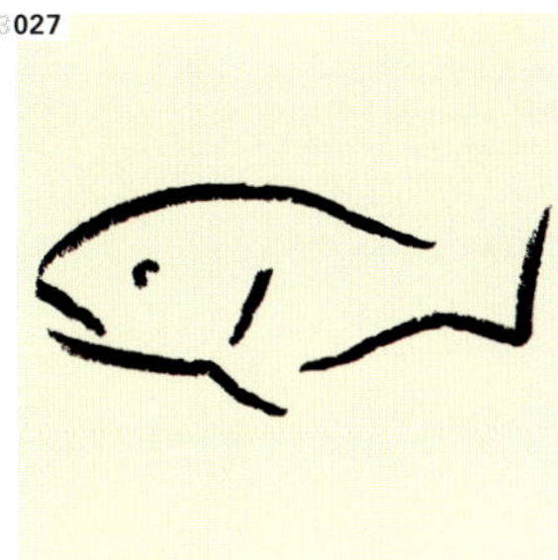
Transição suavizada de linha

03028
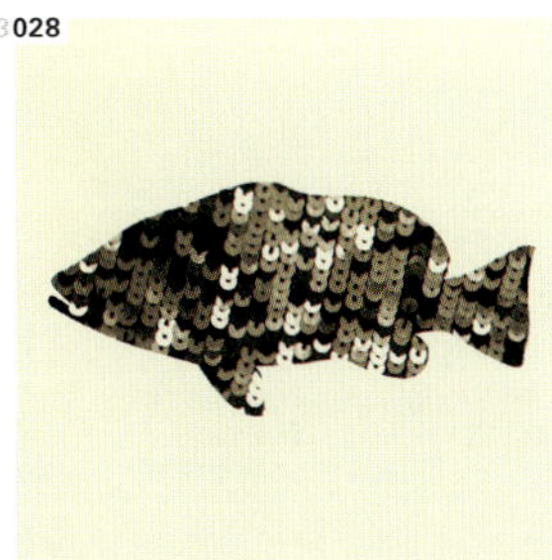
Silhueta e textura relevante

03029
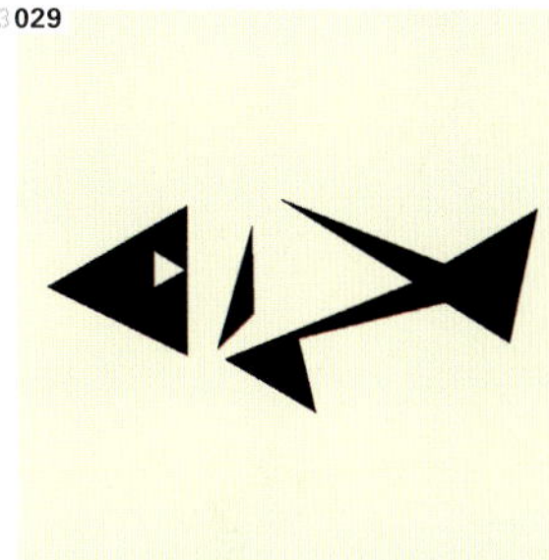
Redução de plano totalmente angular

03030

Transição caligráfica de linha

03031
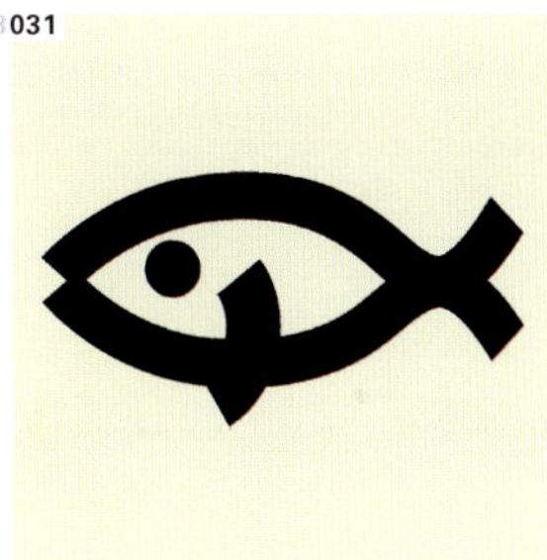
Linha exagerada/Transição de ponto

03032

Arestas desconstruídas

FOTOGRAFIA *Tratamentos de Cor e Tom*

04

04001

CMYK[1]: Cor plena

04002

CMYK: Embaçado uniforme

04003

CMYK: Embaçado: Supersaturado

04004

CMYK: Densidade plena: Não saturado

04005

CMYK: Variação no equilíbrio de cor (ciano)

04006

CMYK: Variação geral de matiz: Quente

04007

CMYK: Baixo contraste: Supersaturado

04008

CMYK: Cor sólida sobre impressão

04009

P&B Meio-tom

04010

P&B meio-tom: Embaçado uniforme: Contraste não modificado

04011

P&B meio-tom: Embaçado: Alto contraste

04012

P&B meio-tom: Embaçado: Baixo contraste

04013

P&B meio-tom: Alto contraste

04014

P&B meio-tom: Baixo contraste

04015

P&B meio-tom: Alto contraste

04016

P&B meio-tom: Cor sólida sobre impressão

[1] *CMYK refere-se a um sistema de cores composto pelas cores Cyan (ciano), Magenta (carmesim), Yellow (amarelo) e Preto. A letra K quer dizer key.*

A simplicidade com que se alteram cor e tonalidade de fotografias esconde o seu potencial de obtenção de interesse visual. A variação de níveis de contraste e mistura de tintas pode oferecer uma gama de resultados distintos, especialmente nos projetos com restrições de orçamento que permitem impressão em apenas uma ou duas cores. Tratamentos tonais podem também ajudar a melhorar a comunicação ao modificar o sentimento percebido das imagens.

04**017**

Semitom de cor

04**018**

Semitom de cor: Reverso da luz de fundo

04**019**

Semitom de cor: Cor sólida sobre impressão

04**020**

Semitom de cor: Cor sólida sobre impressão

04**021**

Tom duplo: Preto e cinza quente

04**022**

Tom duplo: Preto e cinza quente: Embaçado uniforme

04**023**

Tom duplo: Preto e cor

04**024**

Tom duplo: Preto e cor: Embaçado uniforme

04**025**

Tom duplo: Preto e cor: Preto dominante

04**026**

Tom duplo: Preto e cor: Cor dominante

04**027**

Tom duplo: Preto e cor: Faixa de semitom de cor exagerada

04**028**

Tom duplo: Preto e cor: Preto dominante em sombras/cores embaçadas

04**029**

Tom duplo: Duas cores

04**030**

Tom duplo: Duas cores: Cor 1 dominante

04**031**

Tom duplo: Duas cores: Cor 2 dominante

04**032**

Tom duplo: Duas cores: Realce seletivo e aplicação de meio-tom

FOTOGRAFIA *Tratamentos de Filtros e Texturas* 05

05 001

CMYK: Tela de pontos grosseiros

05 002

P&B: Tela de pontos grosseiros

05 003

CMYK: Tela de linhas grosseiras

05 004

P&B: Tela de linhas grosseiras

05 005

P&B: Pixel tremido

05 006

CMYK: Mezzotinta linear

05 007

P&B: Padrão reticulado

05 008

CMYK: Textura com ruído

05 009

Pintura em cores sobre imagem CMYK

05 010

Pintura em cores sobre imagem P&B

05 011

Pintura em cores sobre imagem mezzotinta

05 012

Pintura em cores sobre tela de pontos grosseiros

05 013

Posterização: P&B: Um nível

05 014

Posterização: P&B: Quatro níveis

05 015

Posterização: CMYK: Oito níveis

05 016

P&B: Xerox

Ainda mais impactante do que a mudança de tom é a possibilidade de colocar textura numa imagem fotográfica – seja digitalmente ou por meios convencionais. Alterações de textura conferem sensação tátil, podem evocar simbolismo e metáfora ou ajudam a relacionar a fotografia a elementos ilustrativos por meio de um vocabulário visual similar.

05 017

Sobreposição de padrão linear: Opaca

05 021

Sobreposição tipográfica: Opaca

05 025

Pontilhado digital

05 029

Difusão digital

05 018

Sobreposição de padrão linear: Transparente

05 022

Sobreposição tipográfica: Transparente: Cor misturada

05 026

Solarização digital

05 030

Ofuscamento digital

05 019

Sobreposição de padrão ornamental: Transparente

05 023

Sobreposição de textura fotográfica: Embaçada

05 027

Relevo digital

05 031

Mosaico digital: Pixelização

05 020

Sobreposição de padrão ornamental: Transparente: Cor misturada

05 024

Sobreposição de textura fotográfica: Cor misturada

05 028

Realce digital dos contornos

05 032

Fragmentação digital

FOTOGRAFIA *Manipulação de Forma*

06

06001

Tonificação seletiva

06002

Ofuscamento seletivo

06003

Tratamento de filtro seletivo

06004

Redimensionamento seletivo

06005

Silhueta: Contorno firme

06006

Silhueta: Contorno simplificado: Angular

06007

Silhueta: Contorno simplificado: Curvilíneo

06008

Silhueta: Contorno rasgado

06009

Máscara: Imagem secundária

06010

Máscara: Padrão de grande escala: Angular

06011

Máscara: Textura de grande escala: Grelha

06012

Máscara: Textura de grande escala

06013

Corte e separação: Relativo à parte

06014

Corte e separação: Arbitrário

06015

Recomposição: Integral

06016

Recomposição: Aditiva

Aqui são apresentadas várias opções para afetar a forma física de conteúdos fotográficos: alteração seletiva de componentes internos; contorno; desconstrução e reordenação de partes; divisão e combinação de imagens múltipas. Juntamente com as técnicas de tonificação e texturização, essas abordagens oferecem ainda mais possibilidades para transformar a fotografia em linguagens visuais únicas.

06017

Distorção de componentes

06018

Distorção geral

06019

Perspectiva

06020

Esferização

06021

Borda com ornamentos

06022

Forma alternativa para a moldura: Angular

06023

Forma alternativa para a moldura: Curvilínea

06024

Forma alternativa para a moldura: Orgânica

06025

Retalhado em camadas

06026

Retalhado: Alternando com imagem secundária

06027

Retalhado: Alternando com imagem inversa

06028

Retalhado: Alternando com retalhos rotacionados

06029

Imagem repetida: Deslocada: Sobreposta

06030

Imagem repetida: Deslocada: Rotacionada: Sobreposta

06031

Sobreposição: Imagem secundária

06032

Sobreposição: Imagem secundária: Retalhada

ILUSTRAÇÕES *Estilos e Meios*

07

07001

Grafite: Natural

07002
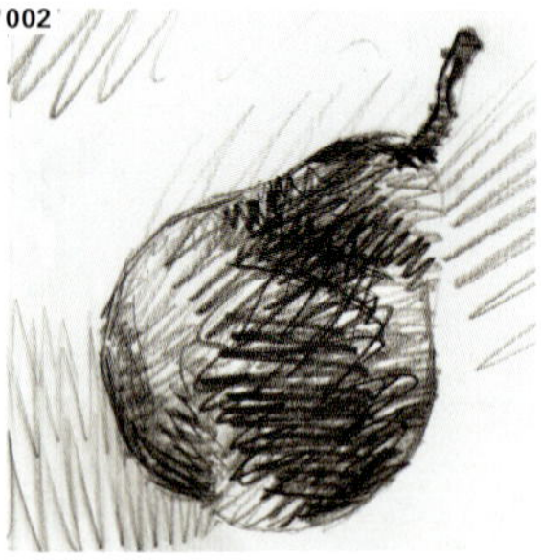
Grafite: Composição gestual

07003
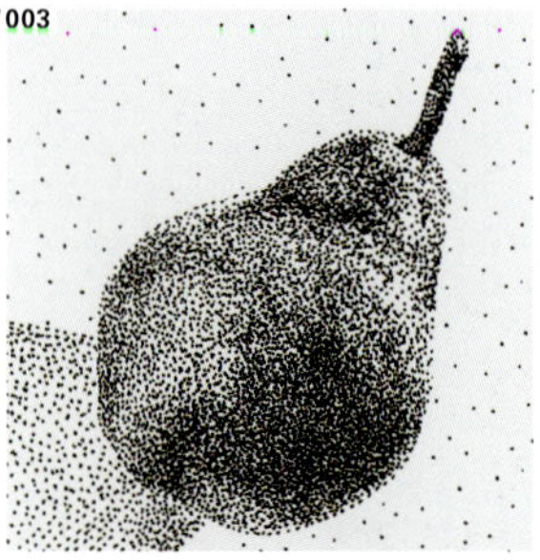
Caneta gráfica: Composição pontilhada

07004
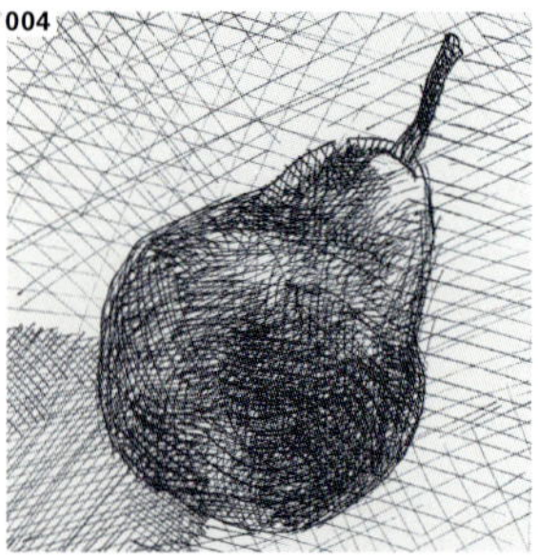
Caneta esferográfica: Hachurado

07005

Carvão e giz branco

07006
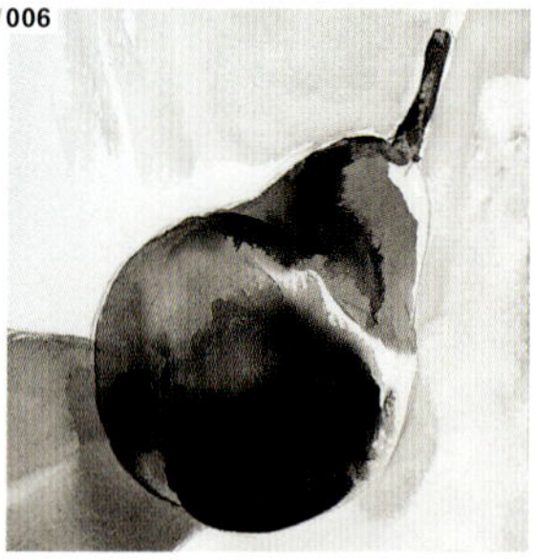
Tinta: Direta e lavada

07007

Tinta: Pincel seco

07008
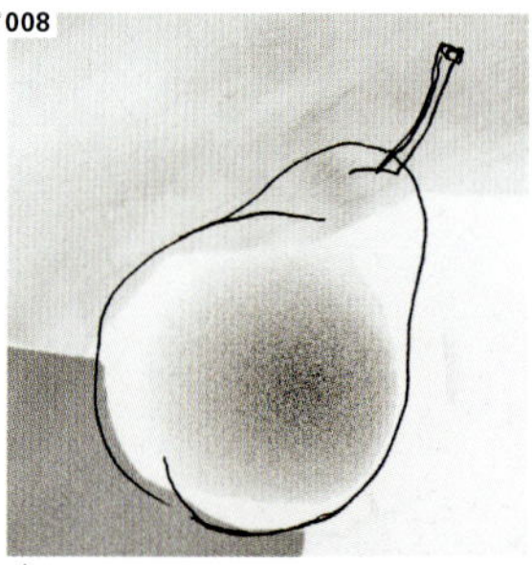
Água-forte

07009

Gravura

07010

Xilogravura colorida

07011

Pintura impressionista: Tinta ou digital

07012

Desenho vetorial idealizado

07013

Lápis colorido: Natural

07014

Pastel Oleoso: Natural

07015

Aquarela ou guache

07016

Fotorrealismo aerografado

A ilustração liberta o designer das limitações de representação do mundo real inerentes à fotografia. Nestas amostras: estilos convencionais criados com pintura, colagem e impressão, bem como abordagens de desenho vetorizado e montagem digital. A página da esquerda apresenta perspectivas naturais, enquanto na página da direita são mostrados estilos interpretativos. Sejam feitas à mão ou digitalmente, as técnicas do desenho e da pintura conferem um toque humano e um sentido criativo.

07017

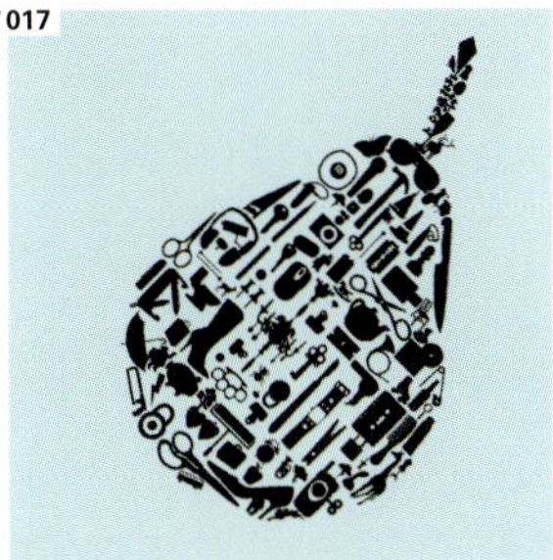

Aglomerado de ícones

07018

Textura e preenchimento com gradação

07019

Fofura decorativa

07020

Colagem: Papel cortado e rasgado

07021

Rabiscado interpretativo

07022

Símbolo vetorizado kitsch

07023

Recortes de padrões pintados descontraidamente

07024

Pintura digital luminosa

07025

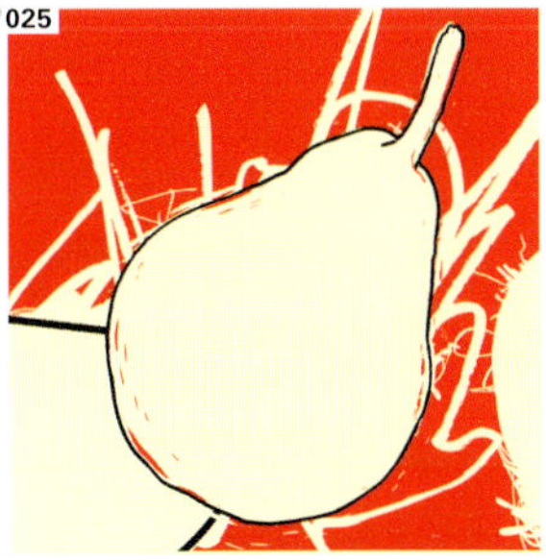

Linhas e contornos agressivos

07026

Silhueta e padrão

07027

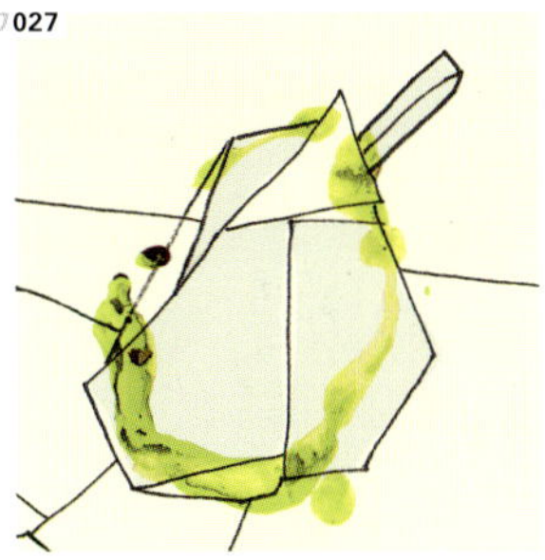

Cubismo linear feito à mão com tinta

07028

Brutalismo no campo de cores

07029

Pop Art

07030

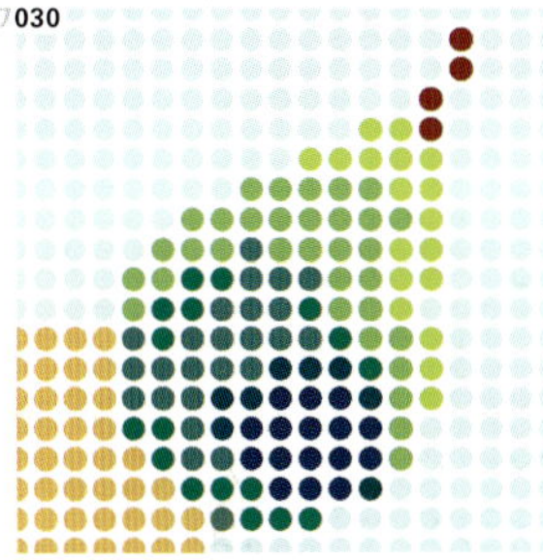

Matriz de pontos ou pixels

07031

Ambiente de desenho animado vetorizado

07032

Colagem retro de mídias misturadas

LINGUAGENS ABSTRATAS *Geométrica*

08

08001
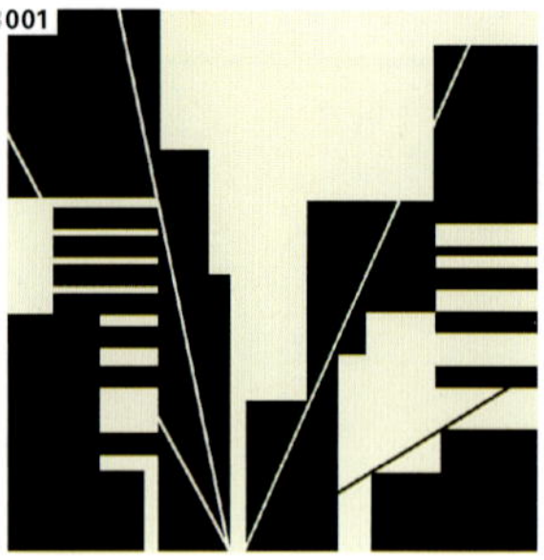
Urbana

08002
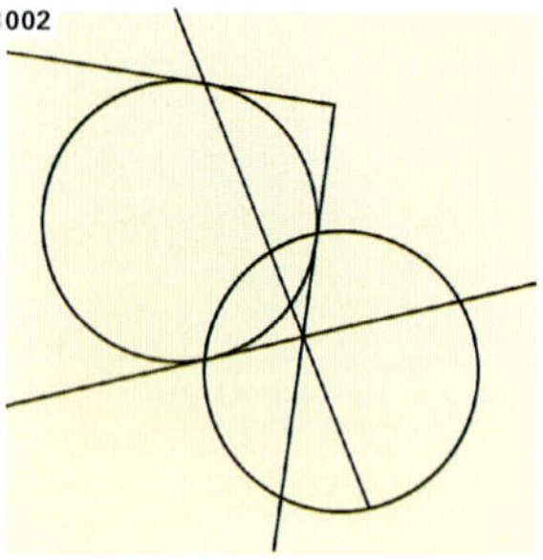
Precisão

08003

Conflito

08004
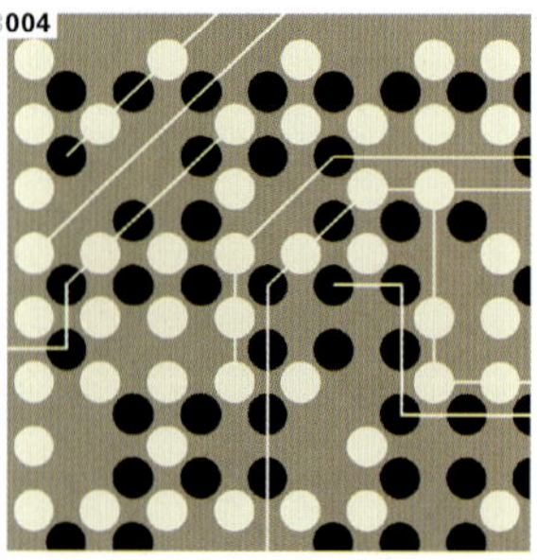
Tecnologia

08005
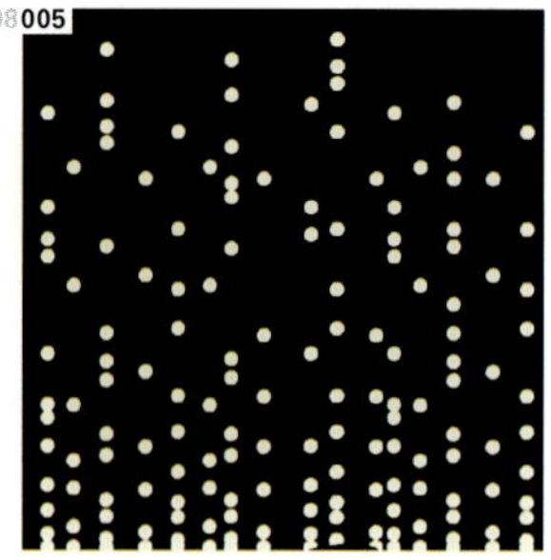
Efervescência

08006

Tráfego e movimento

08007

Ira

08008
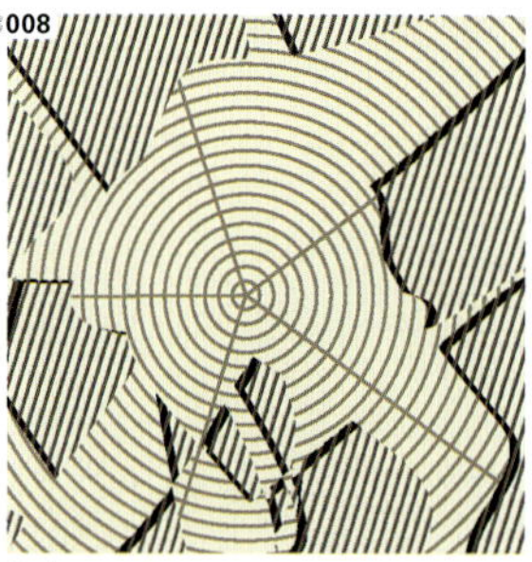
Radar

08009
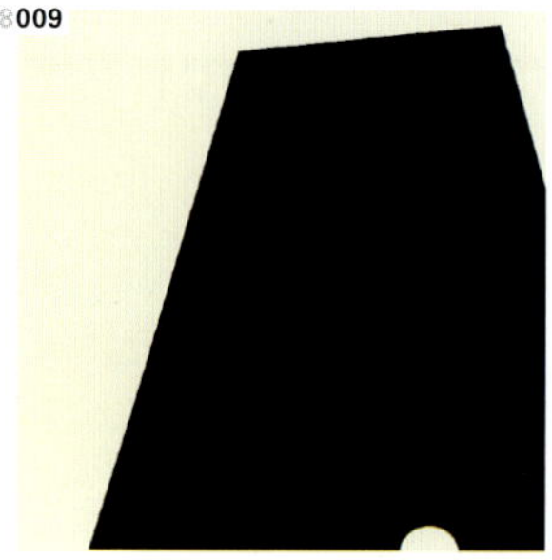
Monumento

08010

Ordenada

08011
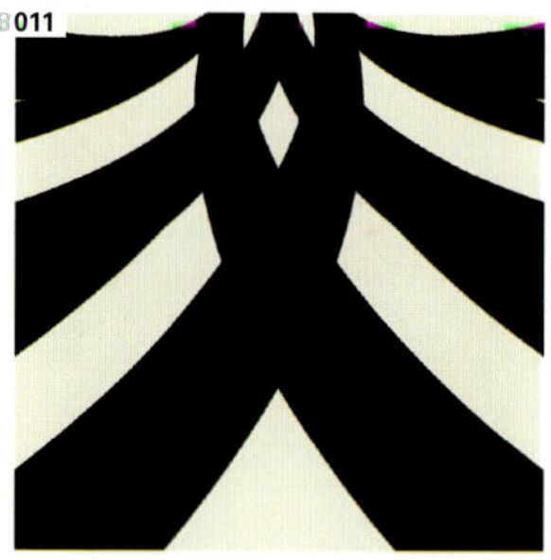
Unidade

08012

Fractal

08013
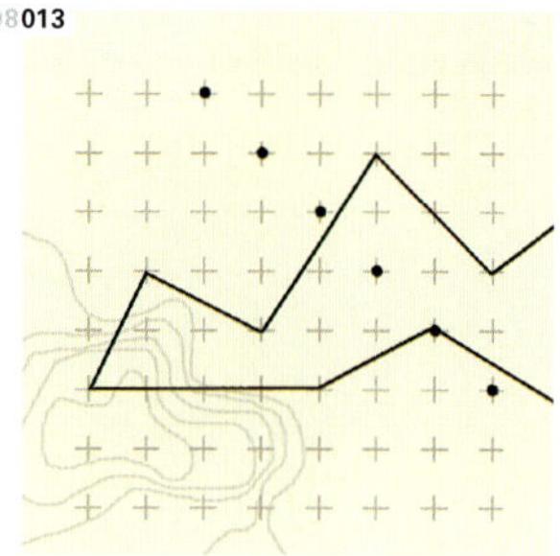
Mapeamento

08014

Intimidação

08015

Mecanismos internos

08016
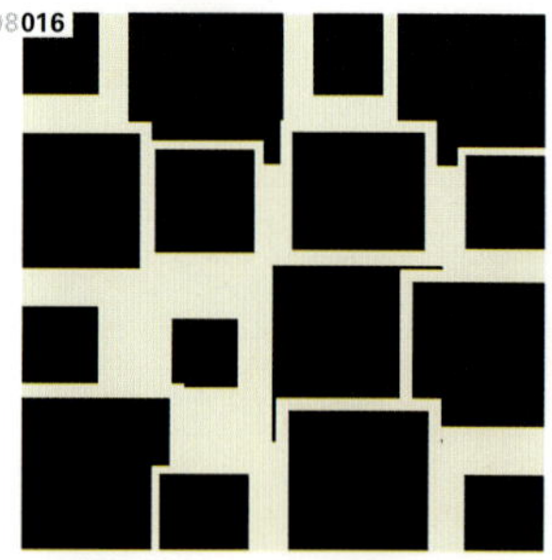
Interface

O poder da abstração de comunicar, bem como de criar afirmações únicas e sob medida, é demonstrado nesta coleção de formas geométricas e ambientais. Use estas linguagens – evocando arquitetura, indústria, ciência e outros conceitos sugeridos pela geometria pura – como panos de fundo, componentes para colagens ou imagens isoladas. Mudanças no tamanho e no corte, reversão negativo/positivo e repetição podem introduzir variações para sistemas de marcas ou para construir formas mais complexas.

08017

Primitiva

08018

Facetada

08019

Fraturado

08020
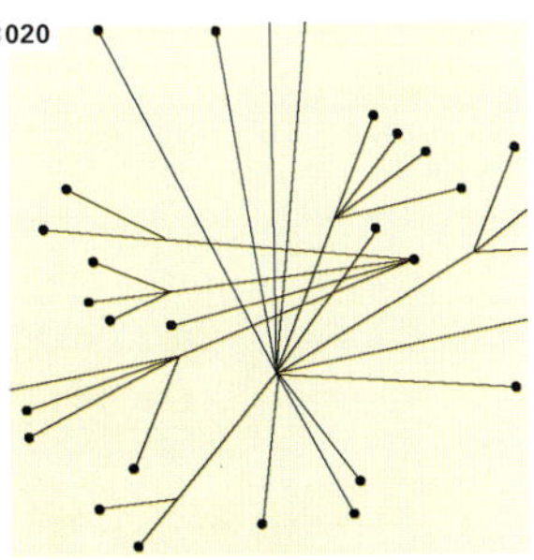
Rede

08021

Energética

08022

Arquitetônica

08023

Celular

08024
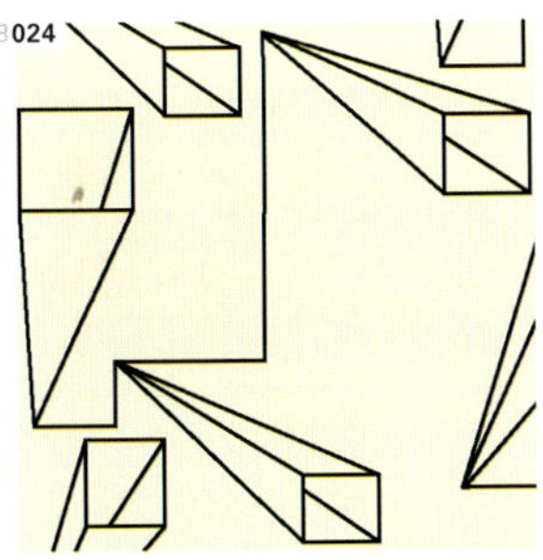
Mensagens

08025
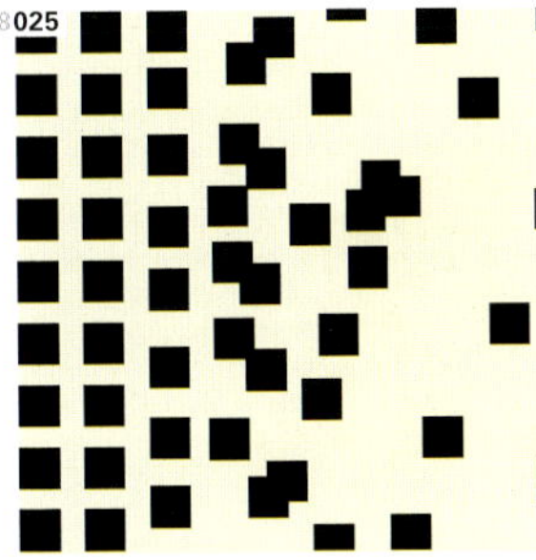
Transmissão digital

08026

Atômica ou microbiológica

08027

Cristalina

08028

Interpolando

08029
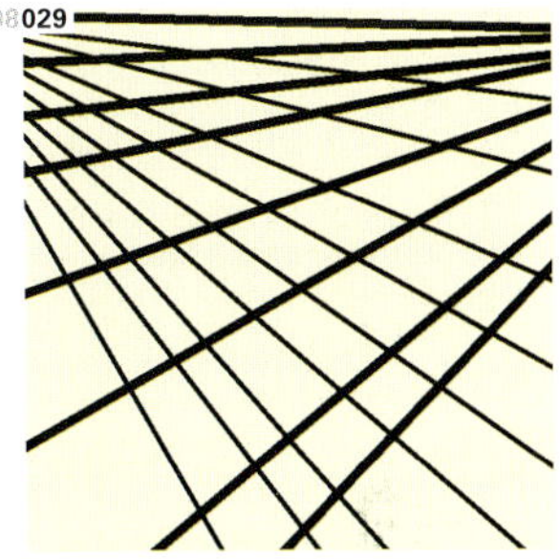
Perspectiva plana

08030

Desestabilizada

08031

Navegando

08032

Paisagem/Nascer do sol

LINGUAGENS ABSTRATAS *Orgânica*

09

09001

Replicante

09002

Intencional

09003
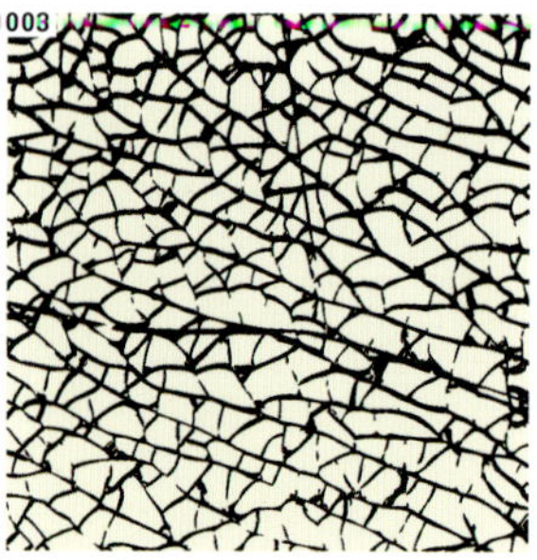
Encharcada

09004
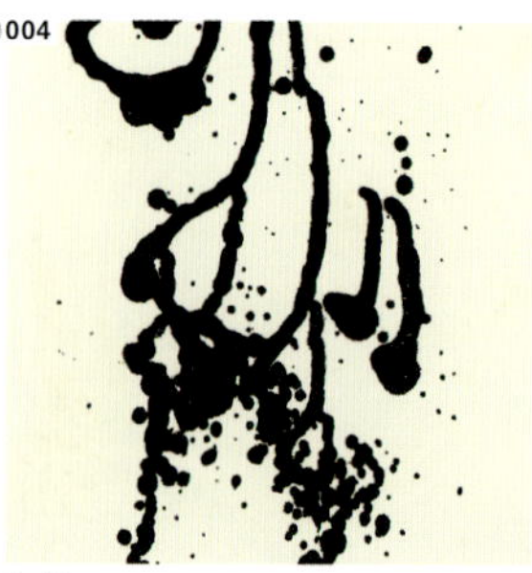
Grafite

09005

Desfocada

09006
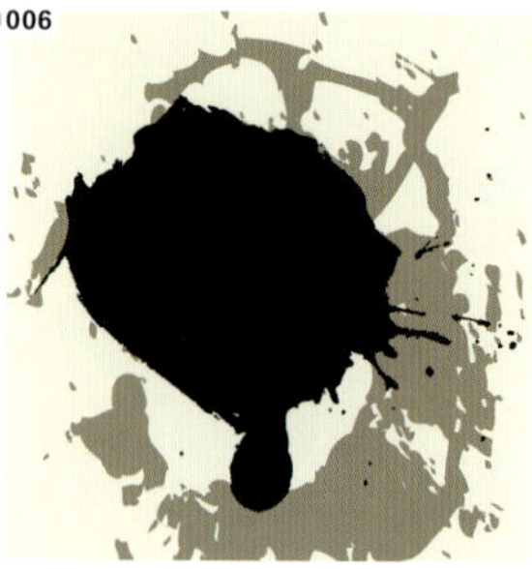
Aleatória

09007
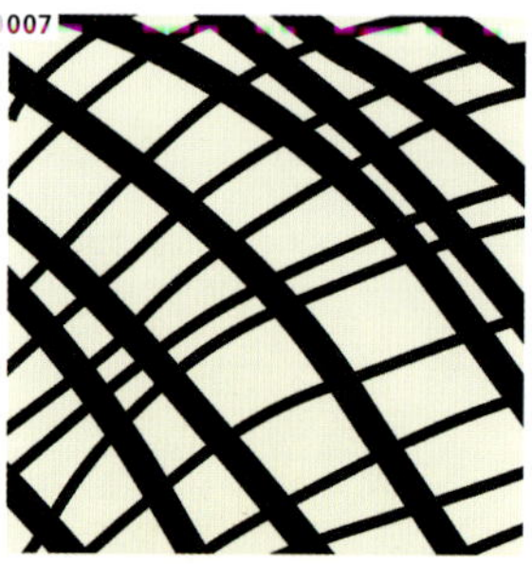
Tecido

09008

Primitiva

09009

Rítmica

09010

Floresta

09011
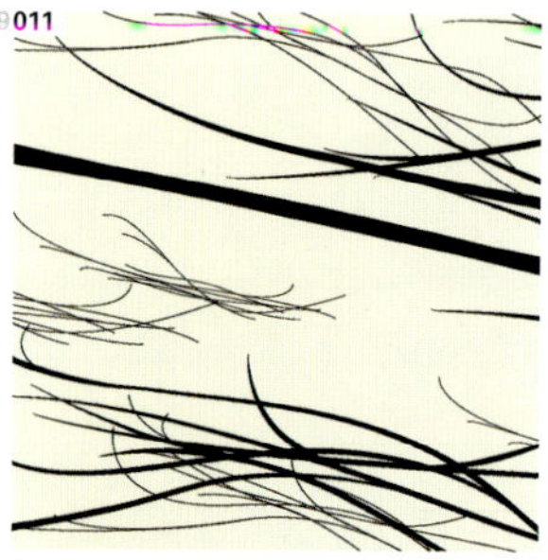
Vento

09012

Obscura

09013

Evolução

09014

Sensual

09015
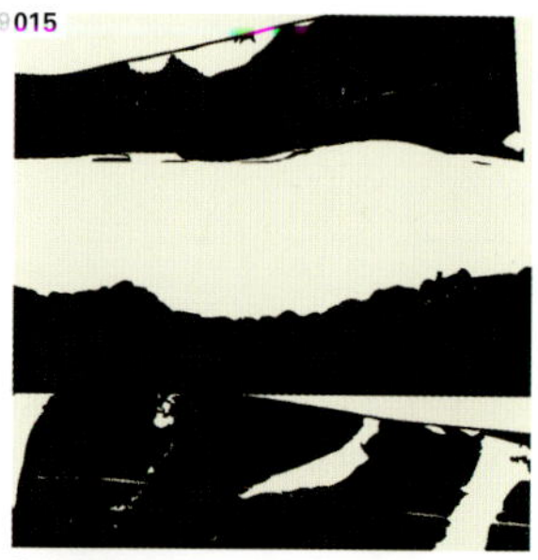
Paisagem

09016
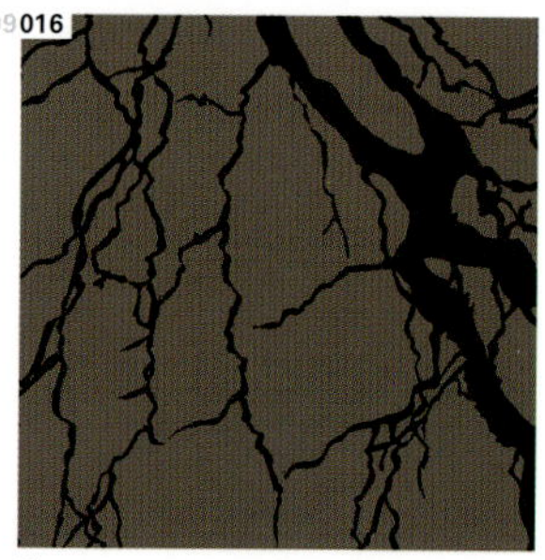
Elementar

Estas linguagens abstratas, com suas qualidades de suavidade, irregularidade e curvas, referem-se a uma diversidade interminável de formas naturais. Use-as como pano de fundo ou abrigo para fotografias, em combinação com abstração geométrica ou ícones, como inspiração para logotipos, ou como apoio para configurações tipográficas – para transmitir mensagens de campos tão variados quanto o ambiental, o emocional e o científico e para metáforas poéticas.

09017

Nebulosa

09018

Intuitiva

09019
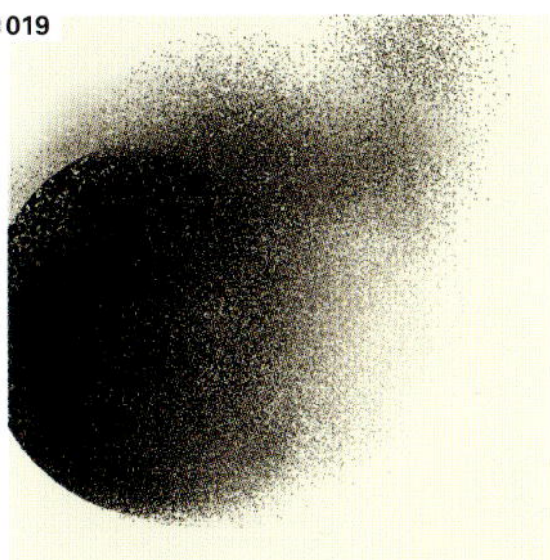
Dissolução

09020

Tempestuosa

09021
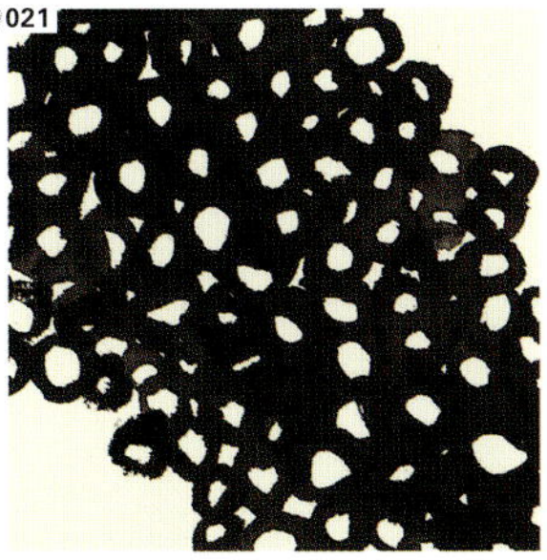
Reprodução

09022
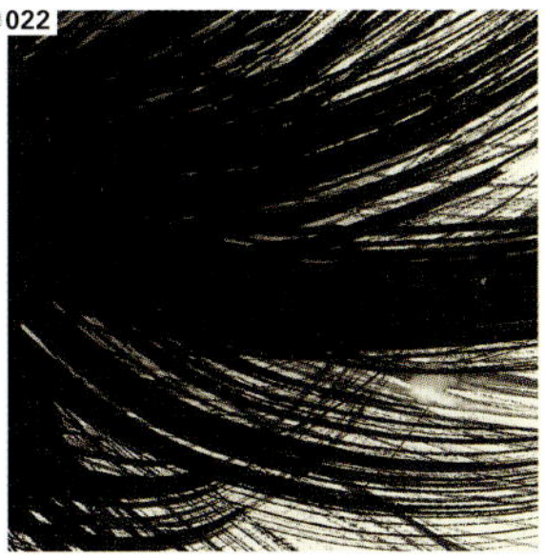
Robusta

09023
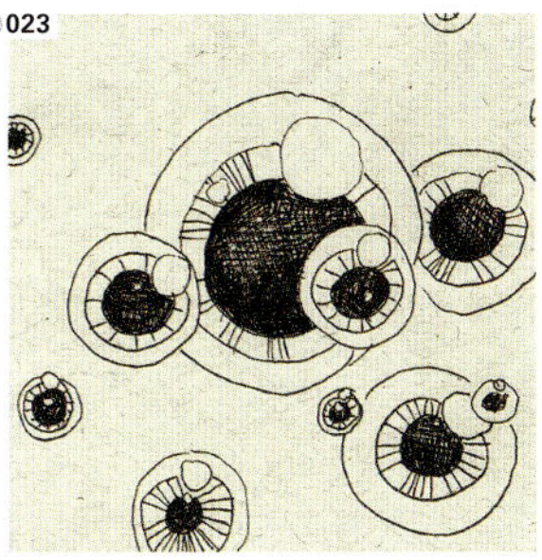
Biológica

09024

De oposição

09025
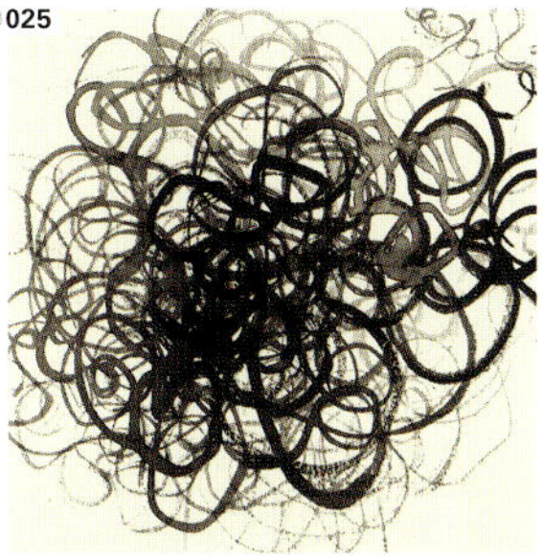
Formulação

09026

Atividade

09027

Topográfica

09028
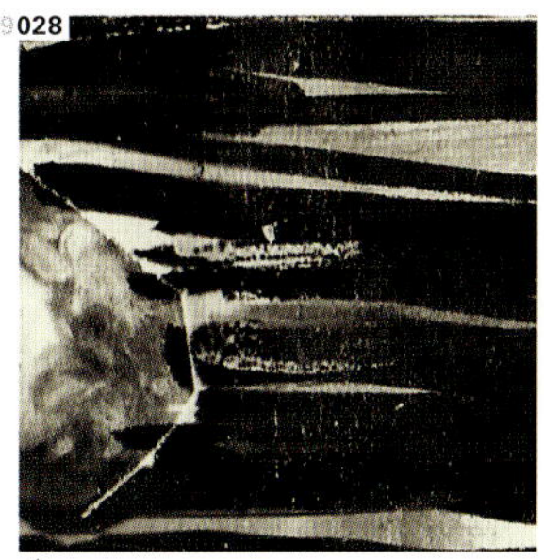
Áspero

09029
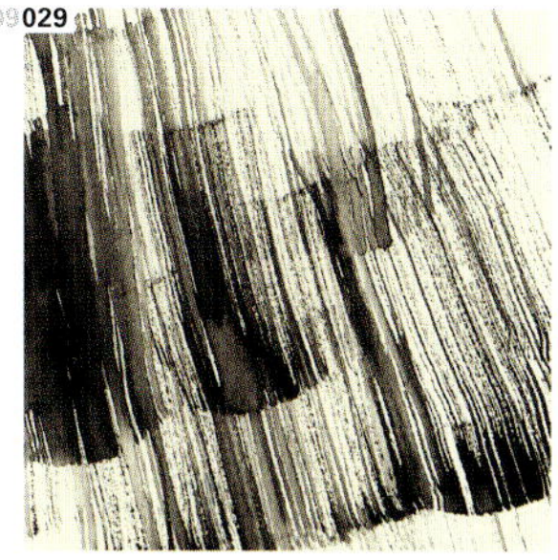
Em camadas

09030
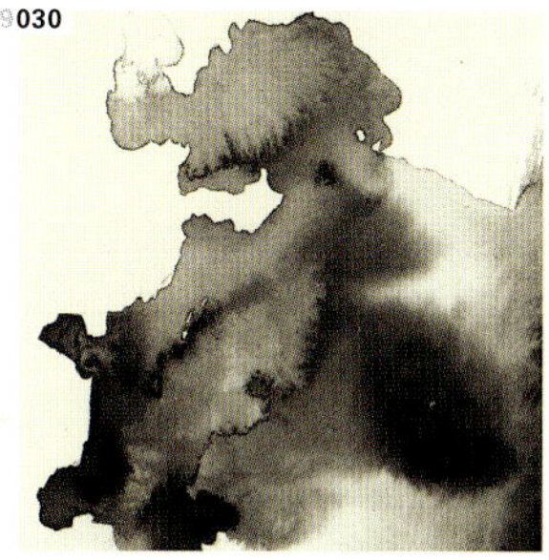
Rolamento

09031
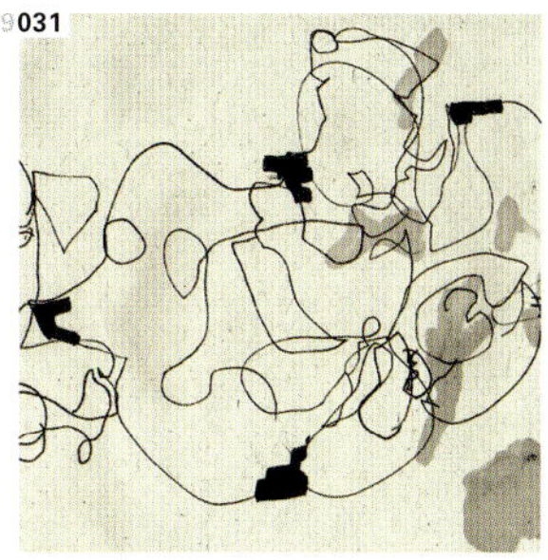
Contemplativa

09032

Construção

TEXTURAS *De Representação*

10

10001

Nuvens

10002
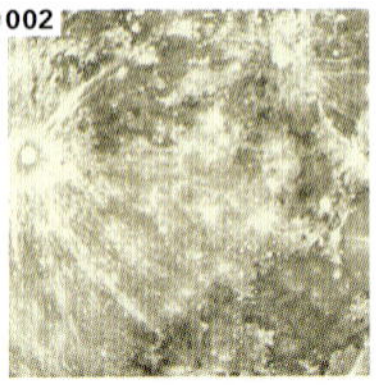
Lua

10003
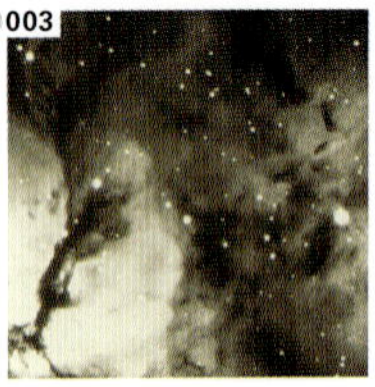
Nebulosa

10004

Estrelas

10005

Fogo

10006
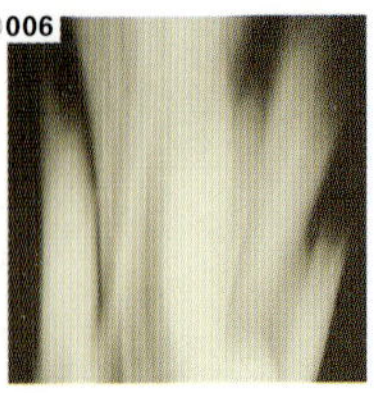
Chama

10007
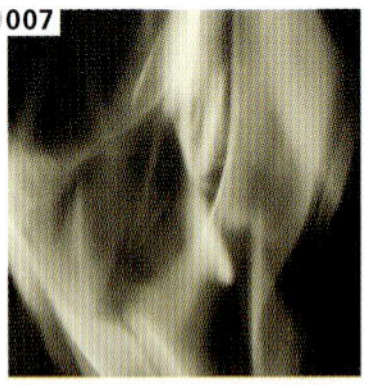
Chama

10008
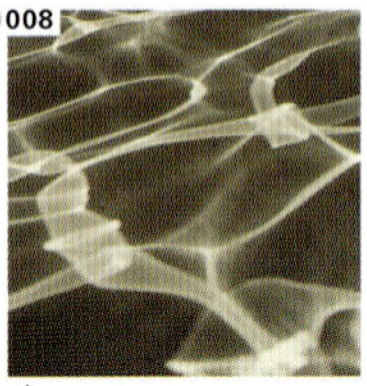
Água: Refração

10009

Espuma do mar e areia

10010
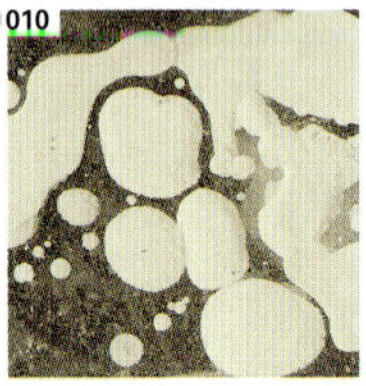
Líquido

10011
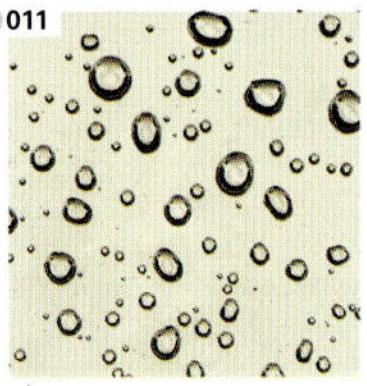
Água: Gotículas

10012
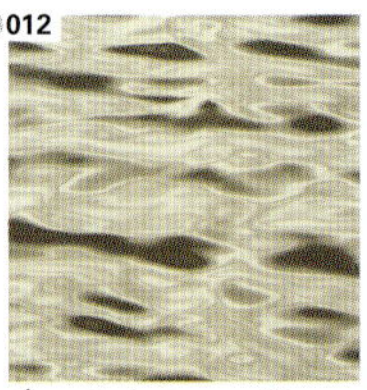
Água: Ondas de superfície

10013

Areia: Deserto

10014

Solo

10015

Rochas grandes

10016

Superfície de rocha

10017

Rochas pequenas

10018

Seixos

10019

Terra rachada (gretas)

10020
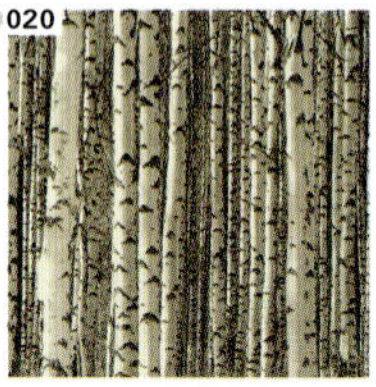
Vidoeiro

10021

Ramos de árvore

10022
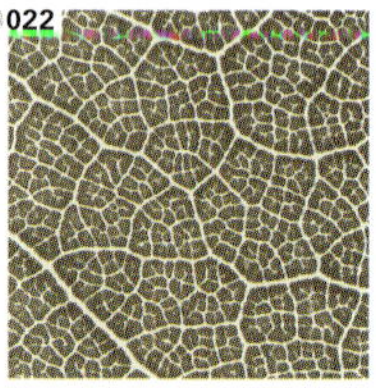
Folha

10023

Samambaia

10024

Roseira-brava

10025

Anéis de tronco de árvore

10026
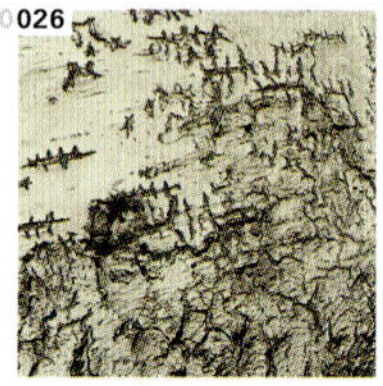
Casca do vidoeiro

10027

Espinhos de pinheiro

10028

Casca de plátano

10029
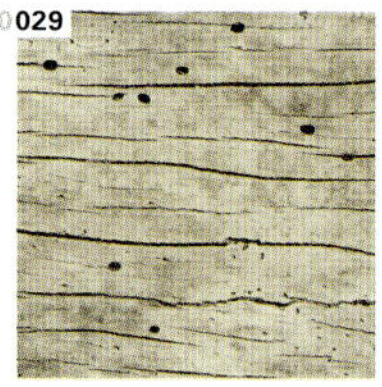
Casca de madeira encharcada

10030

Veio de madeira

10031
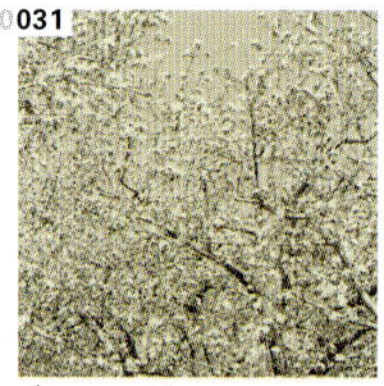
Árvores em flor

10032

Flores e folhas

10033
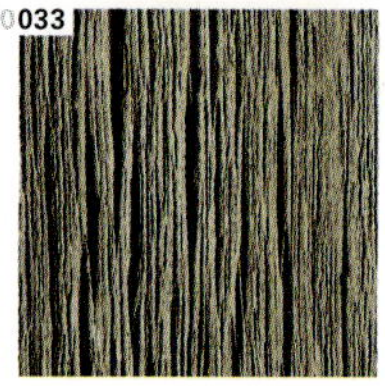
Madeira petrificada

10034
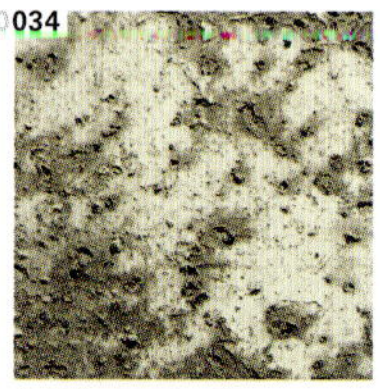
Madeira apodrecida

10035

Flores

10036
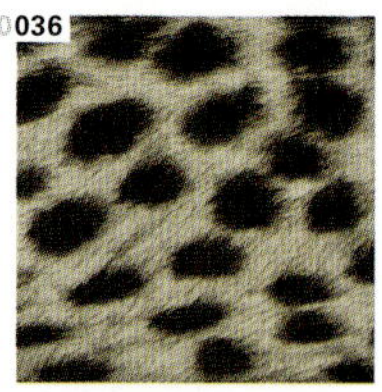
Pele de guepardo

As texturas cujas fontes o leitor é capaz de reconhecer representam uma referência concreta que pode acelerar a comunicação, seja como pano de fundo para páginas, preenchimento de formas gráficas ou sobreposição para imagens e letras. Essas texturas são extraídas de fontes arquetípicas tais como os elementos da natureza, materiais do meio ambiente, animais e objetos feitos pelo homem.

10037
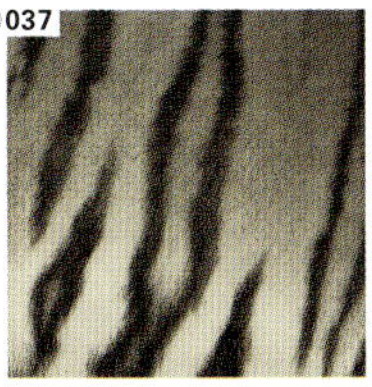
Listras de tigre

10038

Pele de urso

10039

Couro de vaca

10040

Couro de zebra

10041
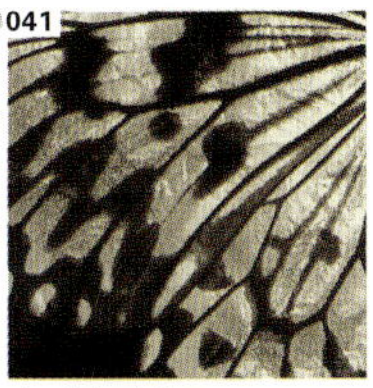
Asa de borboleta

10042
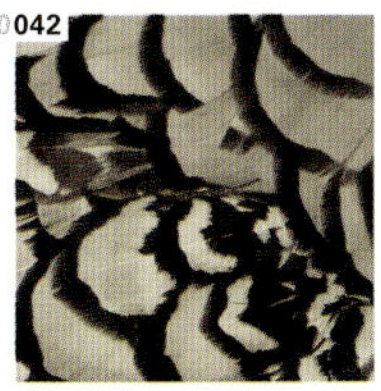
Penas

10043
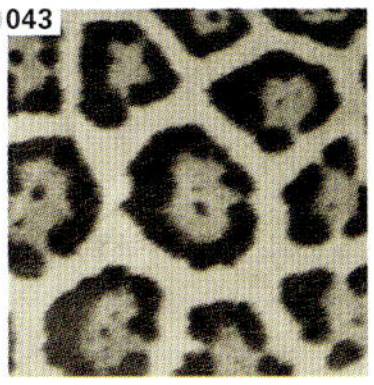
Pelo de leopardo

10044

Couro de jacaré

10045
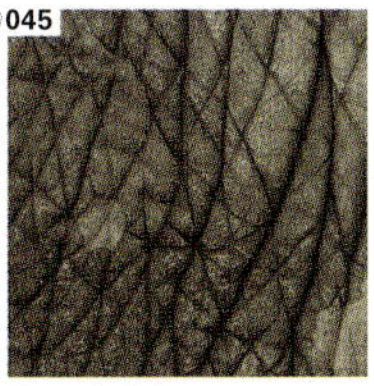
Couro de elefante

10046
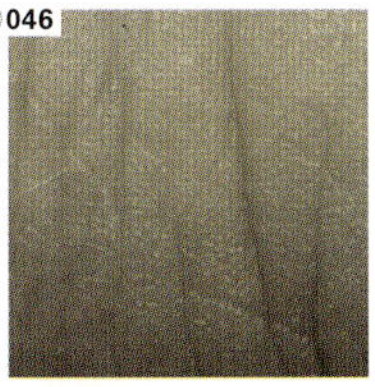
Pele humana

10047
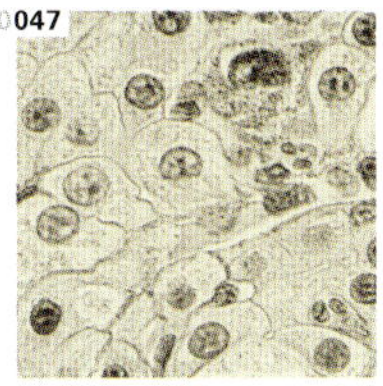
Células basais

10048
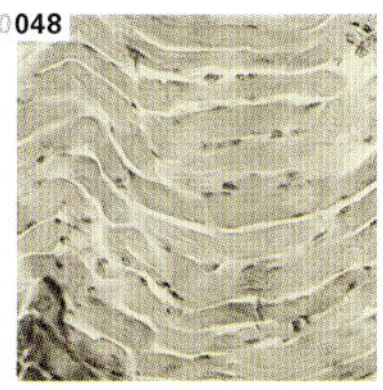
Células de músculo estriadas

10049

Couro de cobra

10050

Couro

10051

Papel dobrado

10052
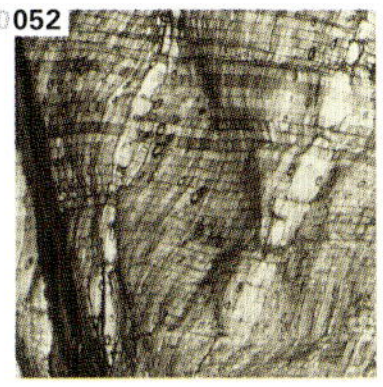
Gaze

10053

Papel de linho

10054

Papel de trapo

10055

Lençóis de cama

10056

Pintura com pincel

10057
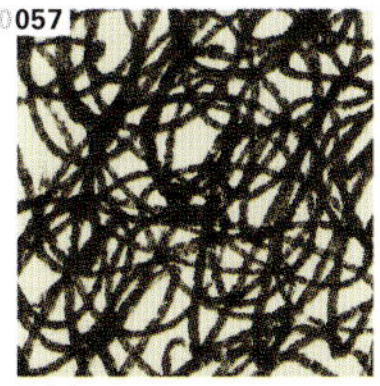
Rabisco

10058
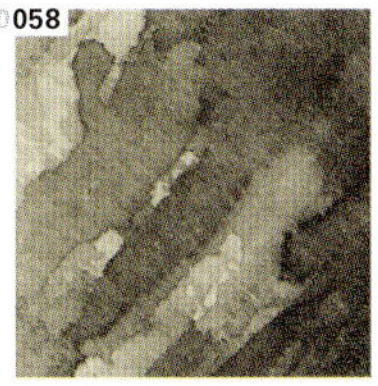
Tinta lavada

10059

Pano de juta

10060
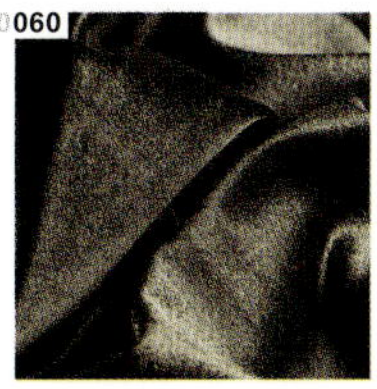
Seda enrolada

10061
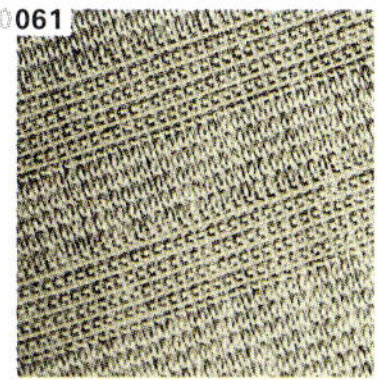
Tecido amassado

10062

Tijolo

10063

Papel enrolado

10064

Moedas

10065

Ferragens

10066
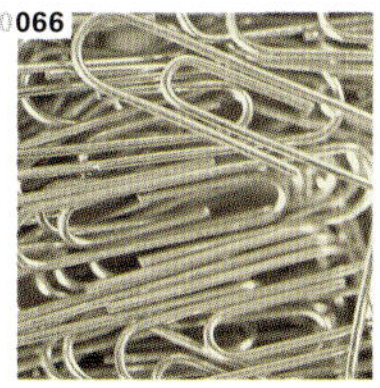
Clipes de papel

10067

Papel de aquarela

10068

Lantejoulas

10069

Placa de circuito

10070

Fios

10071
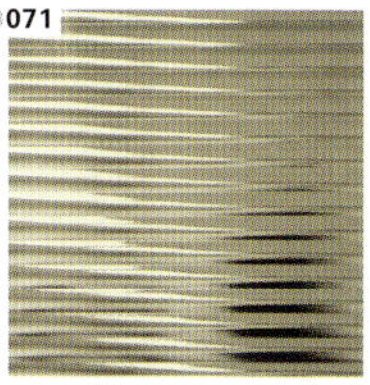
Vidro

10072
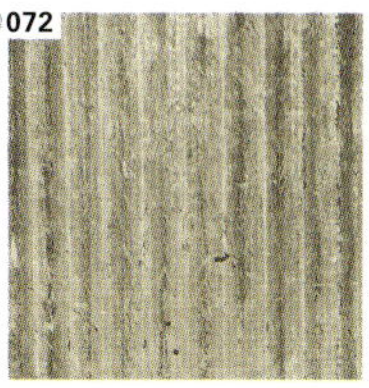
Aço enferrujado

11

TEXTURAS *Abstratas*

11 001
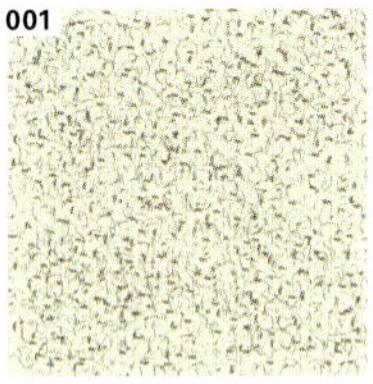
Granulada: Uniforme

11 002
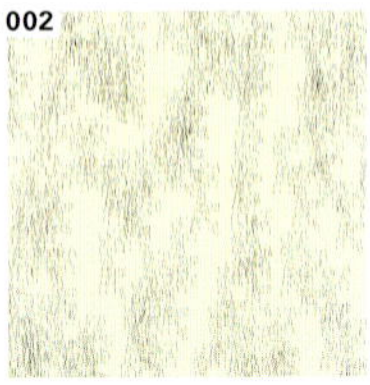
Granulada: Rítmica

11 003
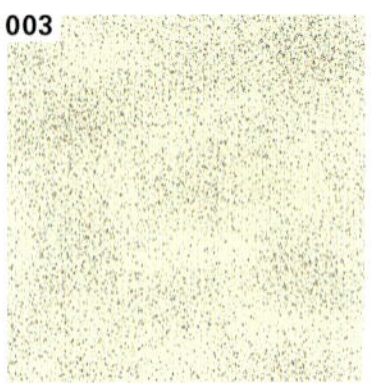
Granulada: Modulada

11 004

Granulada: Estriada

11 005
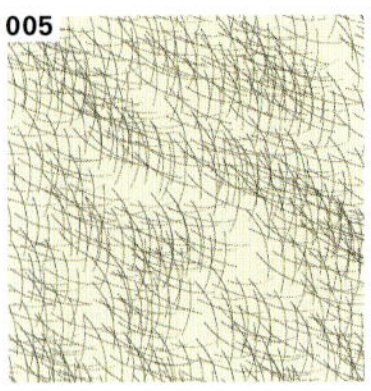
Hachuras suaves: Moduladas

11 006
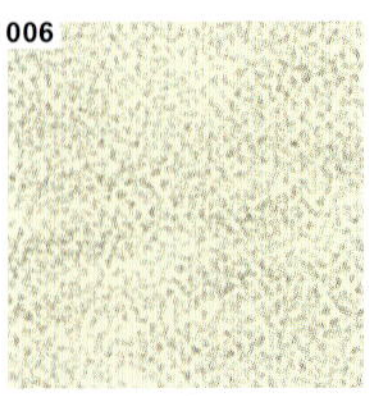
Granulada: Uniforme

11 007
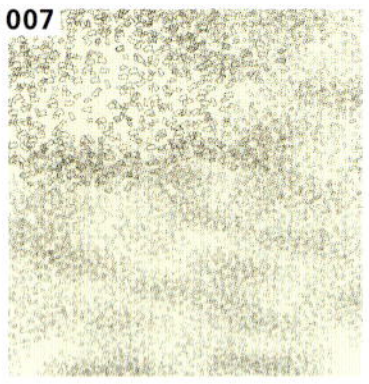
Granulada: Tamanhos mistos

11 008

Granulada: Aglomerada

11 009

Hachuras suaves: Horizontais

11 010
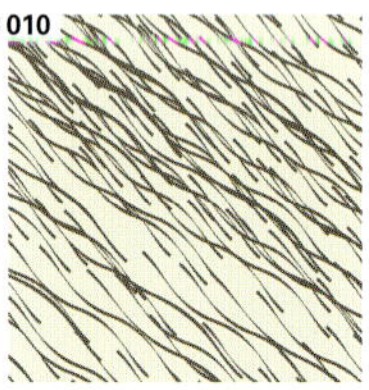
Hachuras suaves: Diagonais

11 011
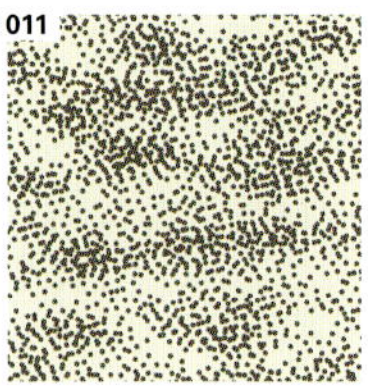
Hachuras suaves: Mezzotinta

11 012
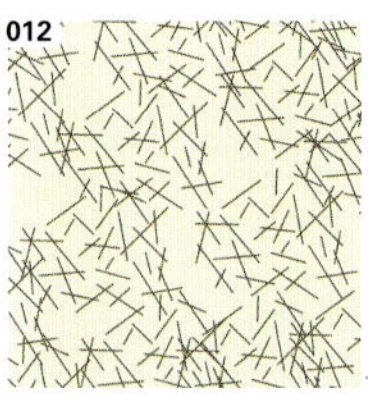
Hachuras: Aleatórias

11 013
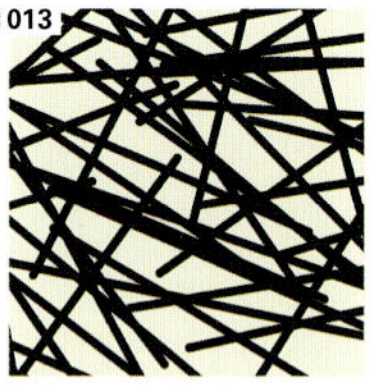
Linhas: Multidirecionais

11 014
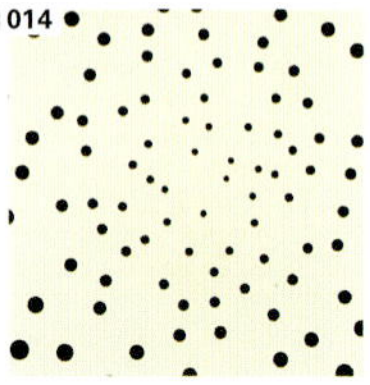
Pontos irregulares

11 015
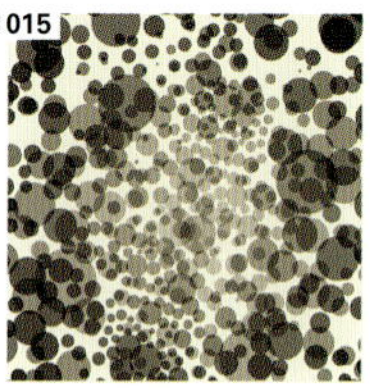
Pontos irregulares: Sobrepostos

11 016
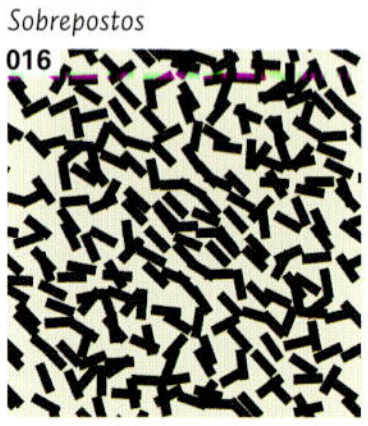
Traçados irregulares

11 017
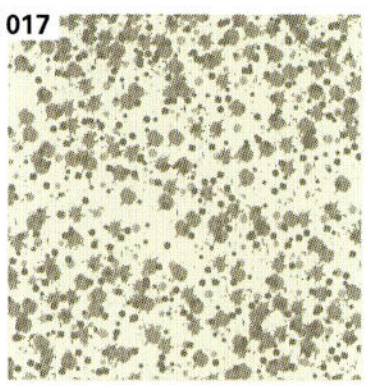
Respingos pequenos

11 018
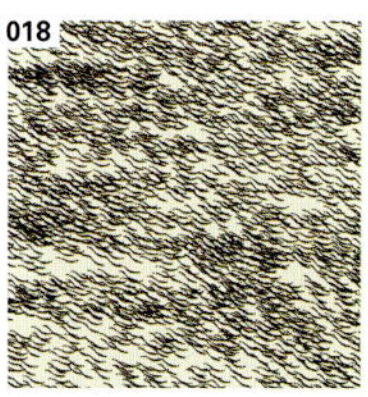
Respingos pequenos: Sobrepostos

11 019
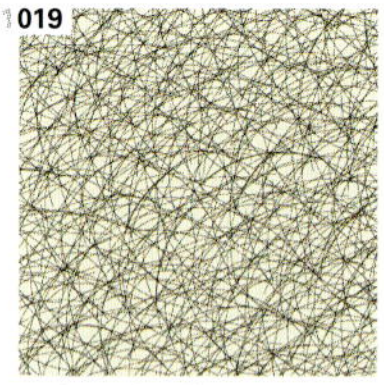
Redemoinhos fibrosos encaracolados

11 020

Linhas: Degraus rítmicos

11 021
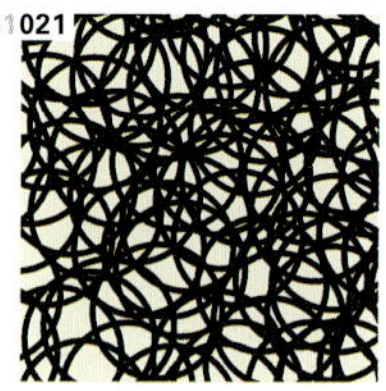
Redemoinhos: Sobrepostos

11 022
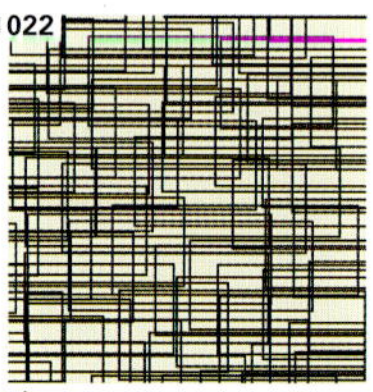
Ângulos sobrepostos

11 023
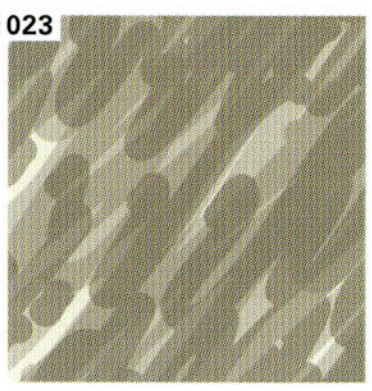
Marcador suave

11 024

Letras: Sobrepostas

11 025
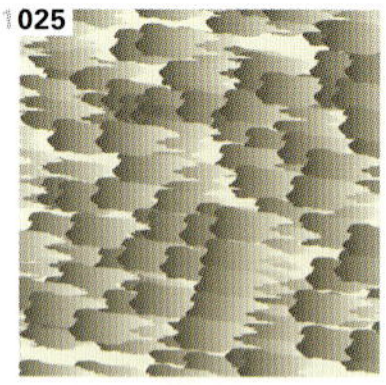
Estriados tonais interrompidos

11 026

Redemoinhos: Sobrepostos

11 027
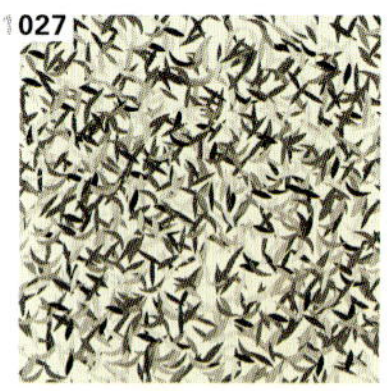
Redemoinhos fibrosos suaves

11 028

Sobreposições de planos embaçados

11 029
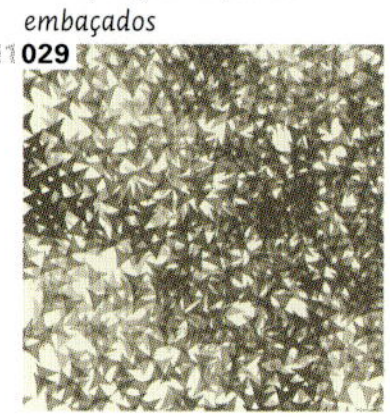
Cristalina: Clara

11 030
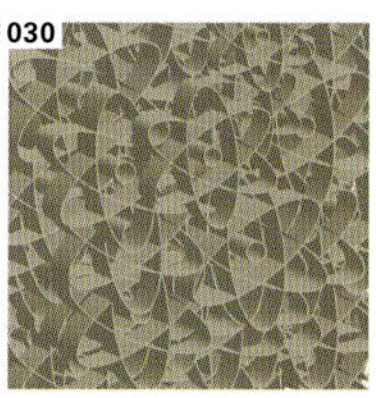
Pedaços de planos interrompidos

11 031
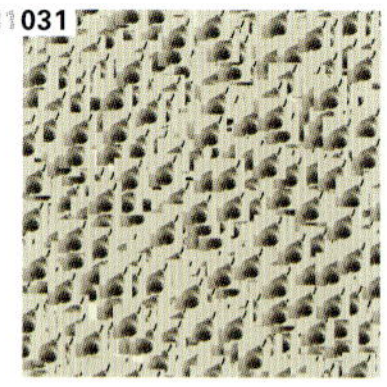
Perfurada

11 032

Linhas: Degraus irregulares

11 033

Redemoinhos: Negativo/Positivo

11 034
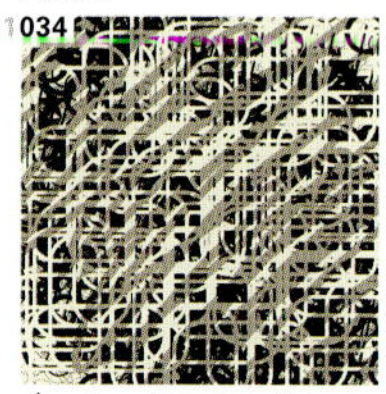
Ângulos sobrepostos: Negativo

11 035
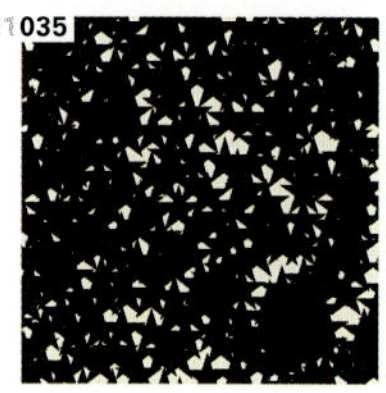
Cristalina: Escura

11 036

Arranhados: Redemoinhos e linhas

As texturas desta categoria são simplesmente isto – atividade de superfície abstrata e aleatória, sem as limitações impostas pelo reconhecimento. Desse modo, seu uso como sobreposição, preenchimento ou fundo dá espaço para interpretações ou sugere associações com o mundo real num plano mais conceitual. Use-as sozinhas, combine-as com texturas de representação ou utilize-as para enriquecer fotos, ícones e ilustrações.

11037

Formação de nuvens suaves

11038

Formação de pontos embaçados

11039

Grão enevoado: Claro

11040

Borrões de tinta enevoados

11041

Gradação de tom: Granular

11042
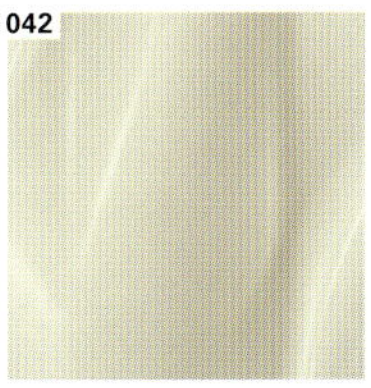
Gradação de tom: Com arestas

11043
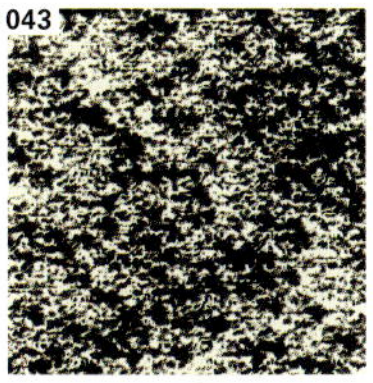
Ponteado grosseiro: Escuro

11044
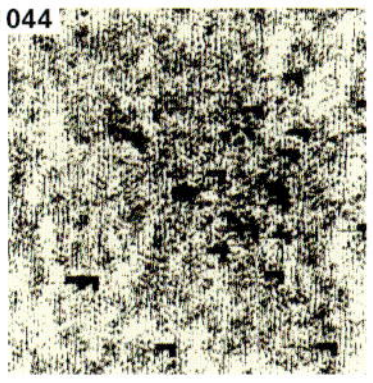
Ponteado grosseiro: Não uniforme

11045
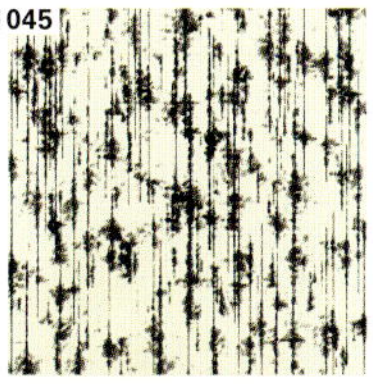
Ponteado e linhas grosseiras

11046

Linhas alternadas

11047
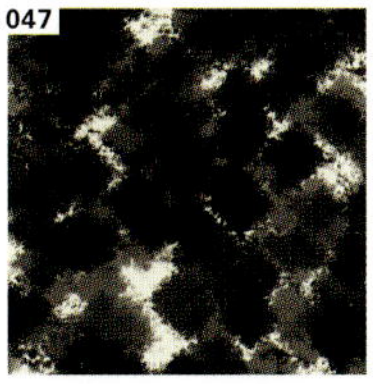
Aglomerado de manchas no plano

11048

Hachurado sobreposto

11049
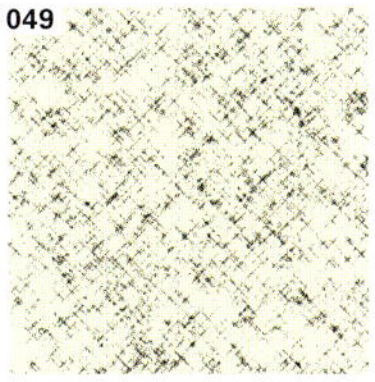
Granulado: Embaçado leve

11050

Granulado: Borrado

11051
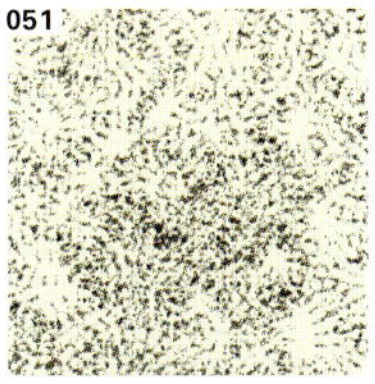
Onda digital: Clara

11052
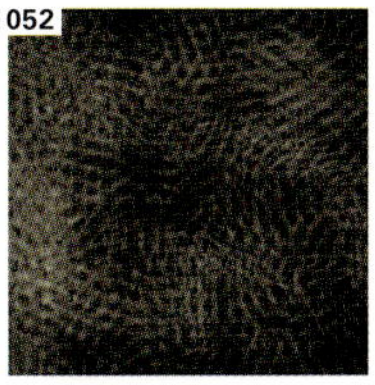
Onda digital: Escura

11053

Grelha de tons enevoados

11054

Mosaico fragmentado

11055

Mosaico embaçado

11056

Aglomerado de pontos embaçados

11057
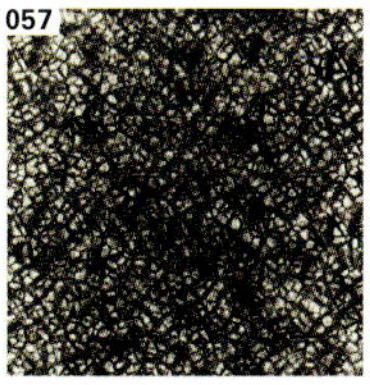
Pontilhado sobreposto: Pequeno

11058
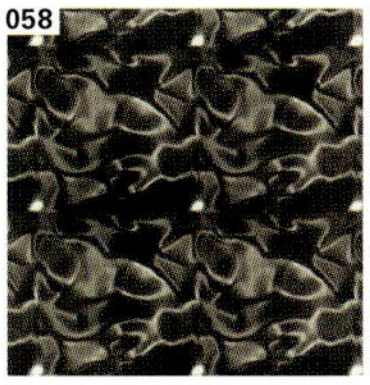
Ondulação tonal: Redemoinho

11059
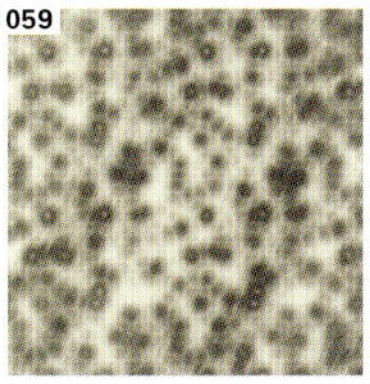
Pontilhado enevoado: Claro

11060

Pontilhado enevoado: Escuro

11061
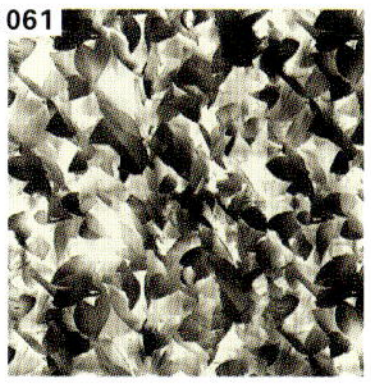
Craqueado grande

11062
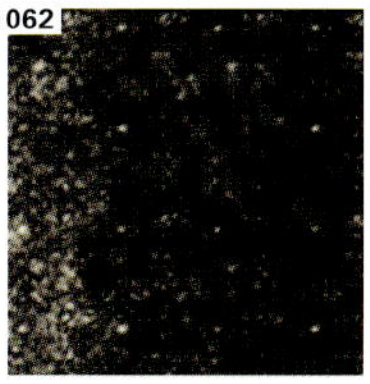
Craqueado embaçado: Escuro

11063
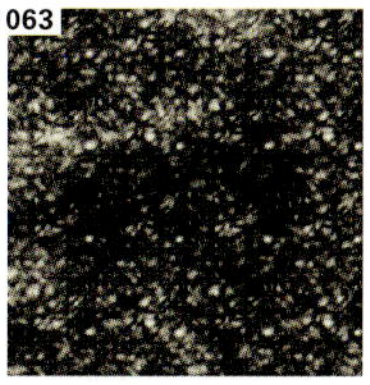
Pontilhado sobreposto: Grande

11064
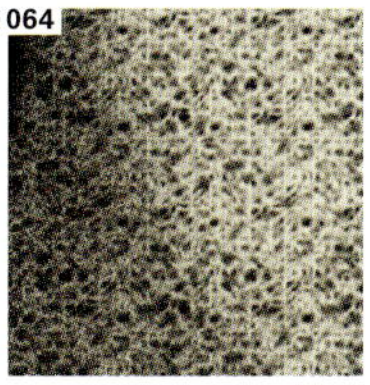
Ponteado grosseiro: Sombreado

11065

Pontilhado enevoado: Médio

11066
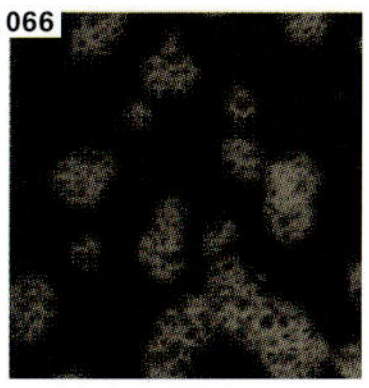
Manchas grandes de tons

11067
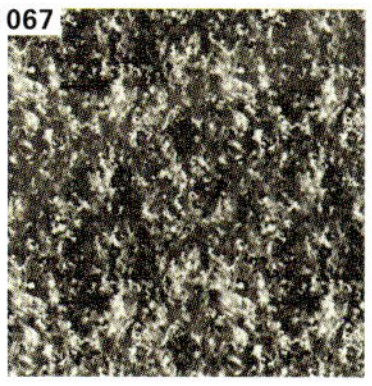
Craqueado pequeno

11068

Linhas revertidas planas

11069

Linhas tonais: Em camadas

11070
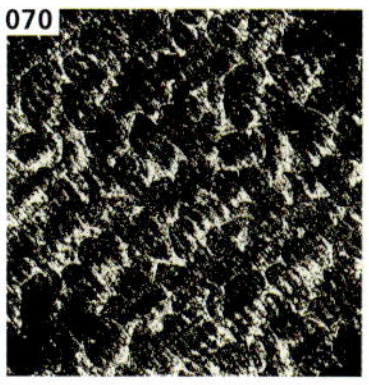
Aglomerado irregular

11071

Ondas grosseiras grandes

11072
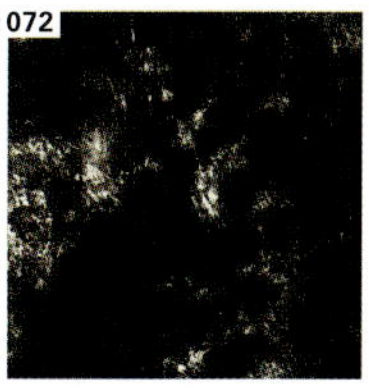
Manchas pequenas de tons

PADRÕES *Concreto: Fotográficos*

12

12001
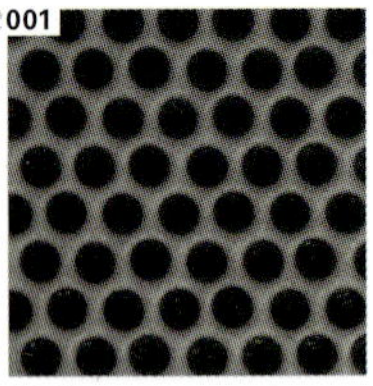
Malha

12002
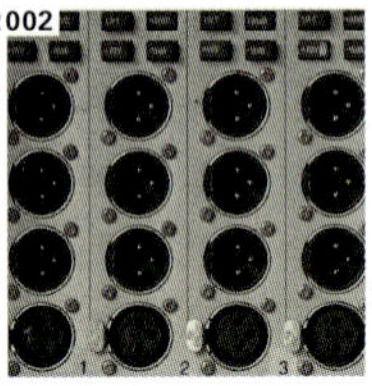
Mesa de mixagem

12003

Janelas

12004
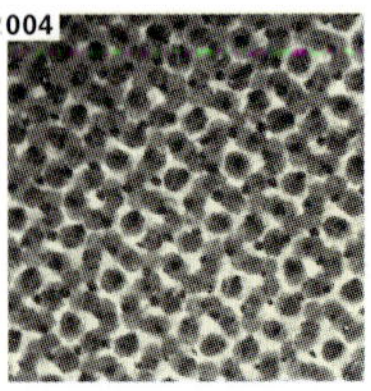
Tela de pontos

12005
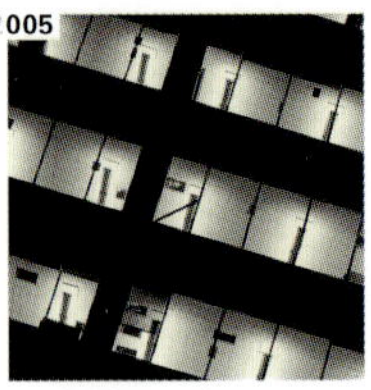
Janelas de escritório

12006

Cedro

12007

Toalhas enroladas

12008
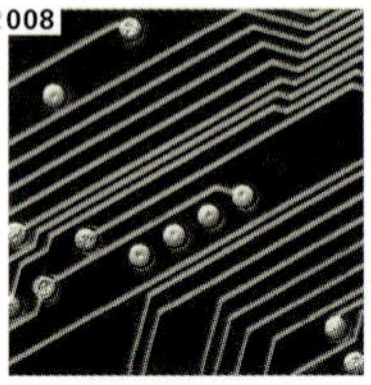
Placa de circuito

12009
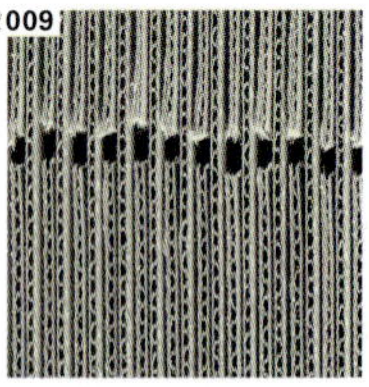
Papelão corrugado

12010

Potes empilhados

12011

Bambu

12012
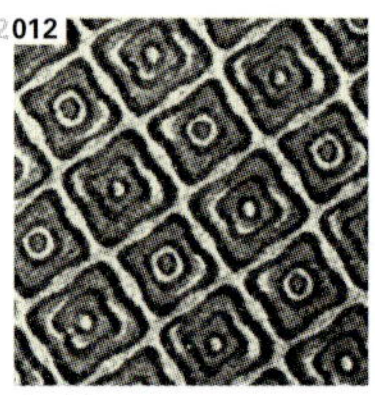
Azulejos

12013

Cestos

12014
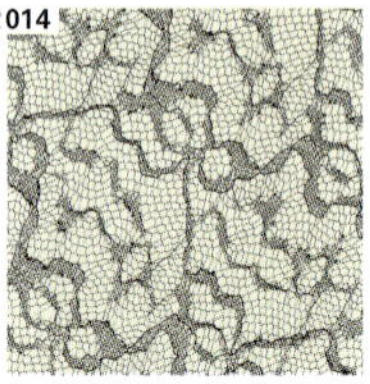
Renda

12015
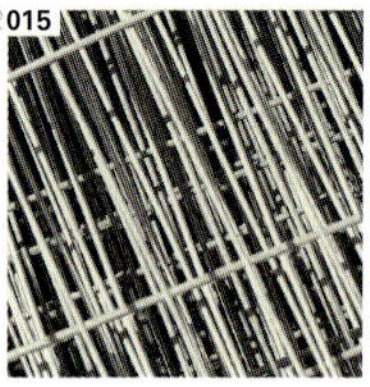
Arame

12016

Macarrão

12017

Tijolos

12018

Madeira

12019

Barras e fios

12020
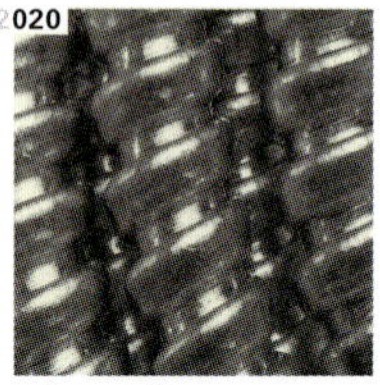
Cabos metálicos

12021
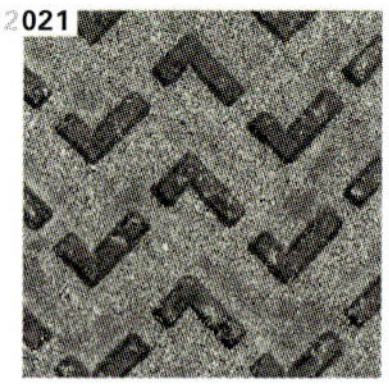
Cobertura em aço

12022
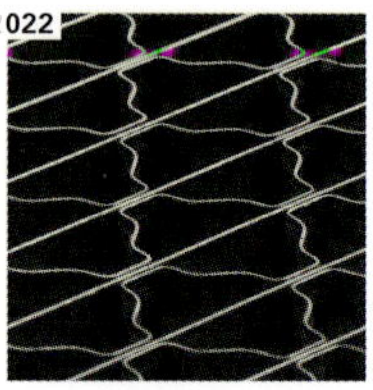
Raspa metálica

12023

Tecido de cesto

12024
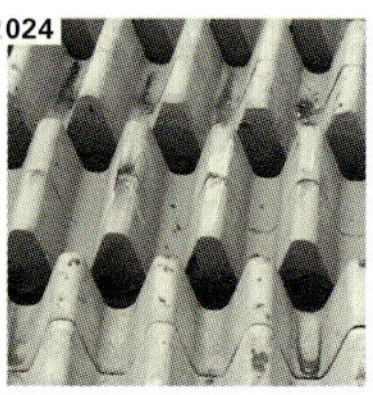
Blocos de cimento

12025

Pneu

12026

Ornamento em ferro

12027
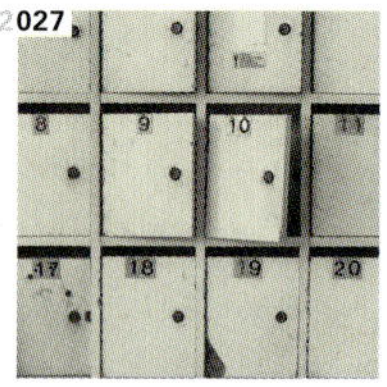
Portas de caixas de correio

12028

Ralador de queijo

12029

Toalha de crochê

12030
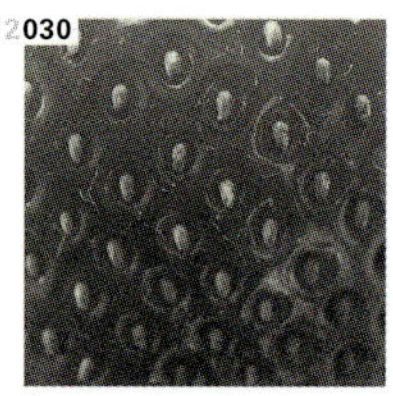
Sementes de morango

12031
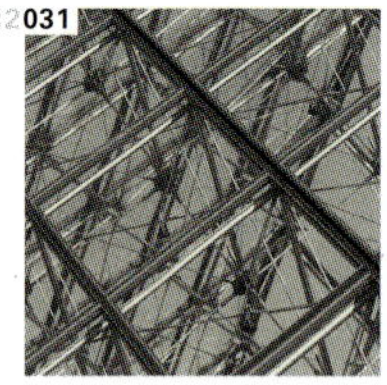
Fachada de aço e vidro

12032
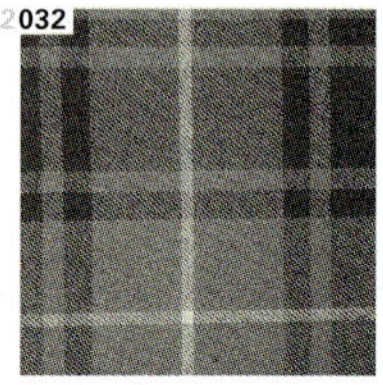
Tecido xadrez

12033
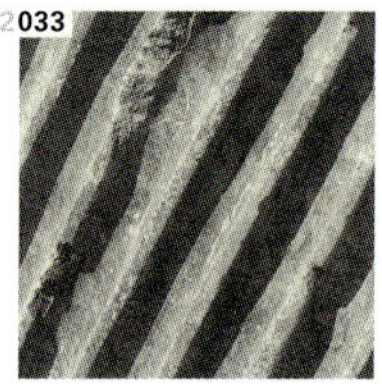
Pedra nervurada

12034

Corda de tecido

12035

Caule de planta

12036

Teclado de computador

Repetir estruturas de formas semiconcretas e representativas pode fornecer panos de fundo para layouts ou embalagens, preenchimento para formas abstratas ou bases para colagens complexas, nas quais o elemento de reconhecimento ajuda a conferir profundidade a imagens mais simples e concisas. Explore combinações destes elementos padrão para criar tapeçarias ilustrativas ricas.

12037

Massa

12038
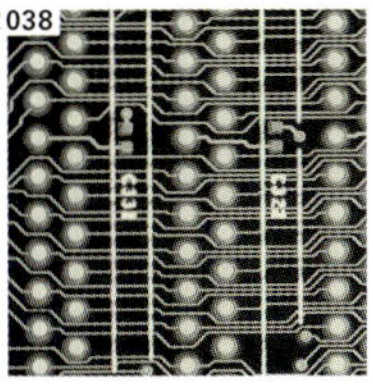
Placa de circuito

12039
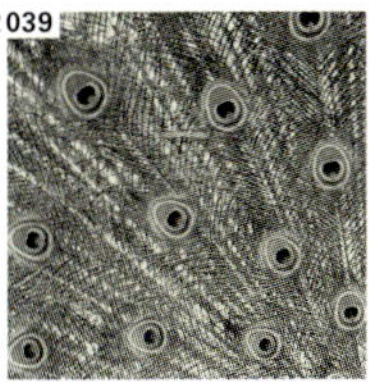
Penas de pavão

12040

Espuma de embalagem

12041
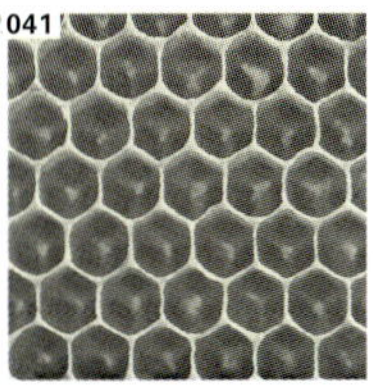
Colmeia

12042

Cobertura tecida de fio

12043

Latas de alumínio

12044

Tecido bordado

12045

Grãos de milho

12046

Raspa ornamental

12047
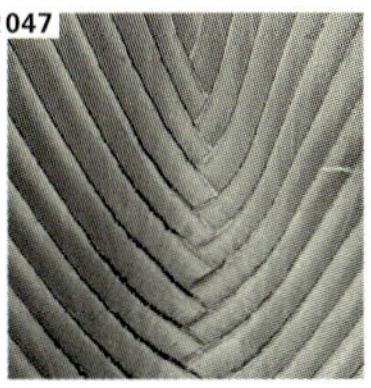
Folhas de planta

12048
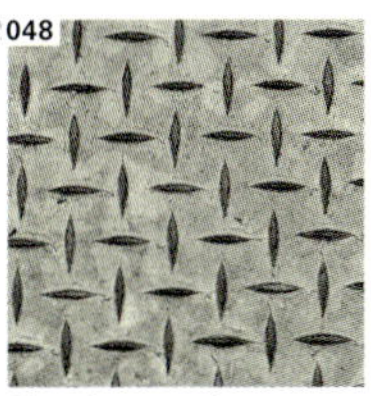
Placa de aço com losangos

12049
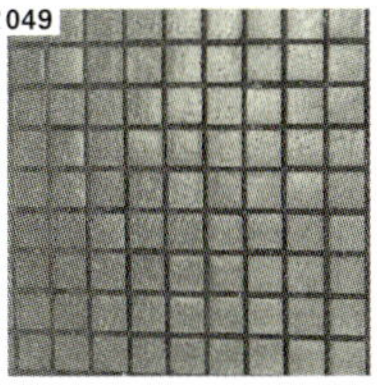
Pastilhas (azulejo)

12050

Esferas de rolamento

12051
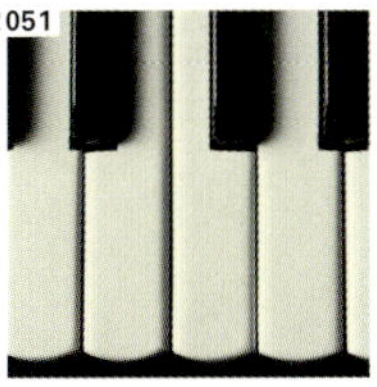
Teclas de piano

12052
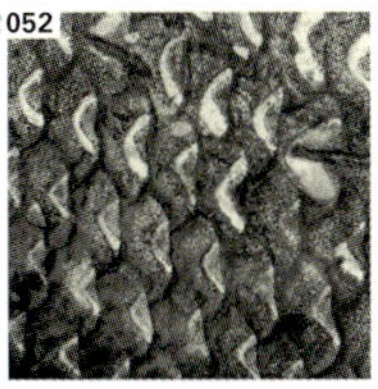
Escamas de peixe

12053
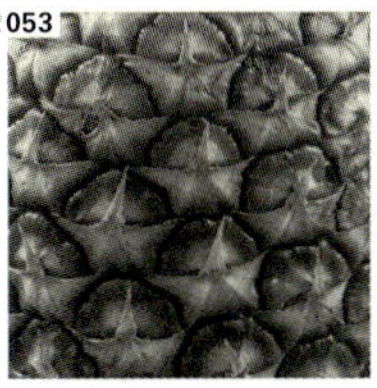
Casca de abacaxi

12054

Crochê

12055

Rolos de linha

12056

Superfície de coberturas

12057

Tecido amarrotado

12058

Tecido listrado

12059

Azulejos em perspectiva

12060
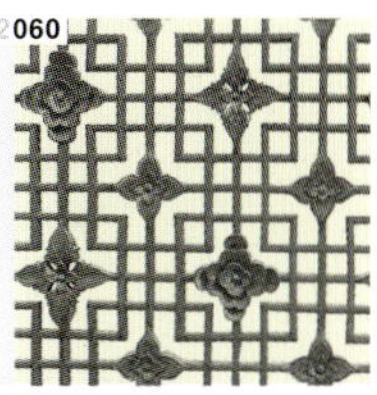
Tela ornamental

12061

Tecido tweed

12062

Cerca de aço

12063
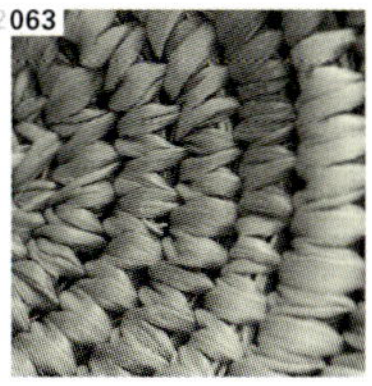
Cesta circular

12064

Janelas de escritório

12065

Kiwis empilhados

12066

Piso de madeira

12067

Placa de aço com losangos

12068

Telhas de argila

12069
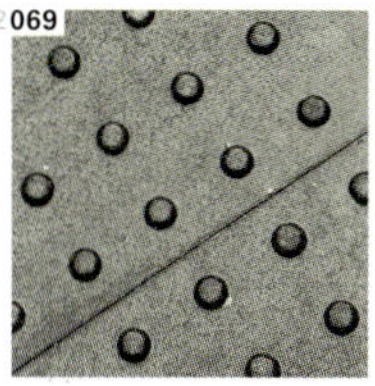
Placa de aço com tachas

12070
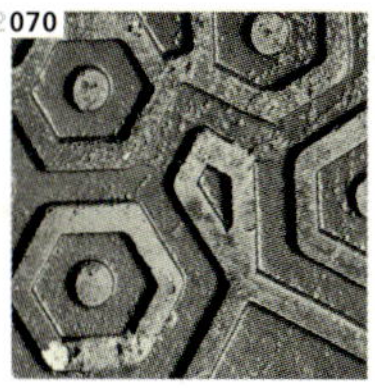
Tampa de bueiro

12071
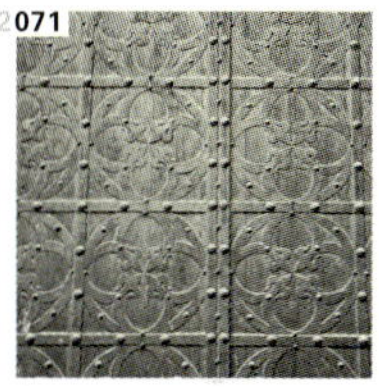
Ornamento em relevo

12072
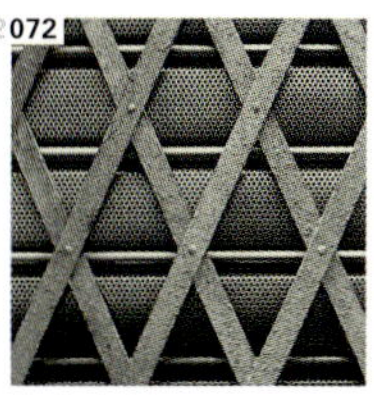
Grade de duto

PADRÕES *Ornamentais*

13

13001
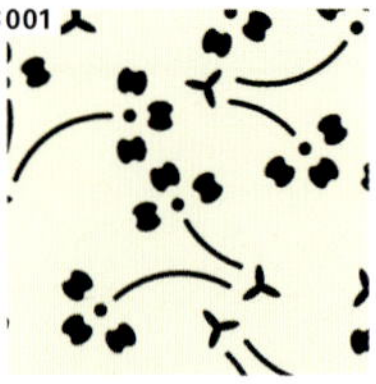
Floral delicado

13002

Arabescos girantes

13003
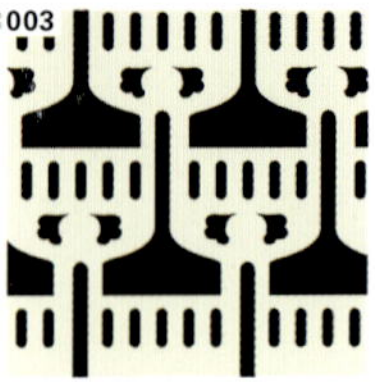
Padrão de pincéis Art Nouveau

13004

Flores gravadas vitorianas

13005

Denso flores de quadrifólios

13006

Tecido indígena americano

13007

Floral Art Nouveau negrito

13008
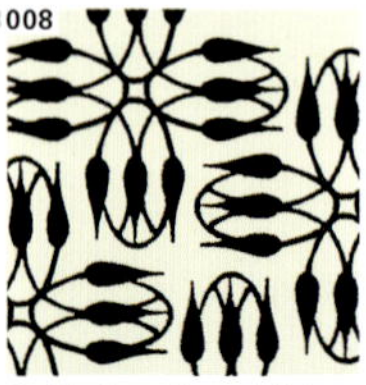
Padrão "rabo de cavalo" de arte popular

13009

Flecha geométrica repetida

13010

Floral repetido Arts and Crafts

13011

Arabesco francês reverso

13012
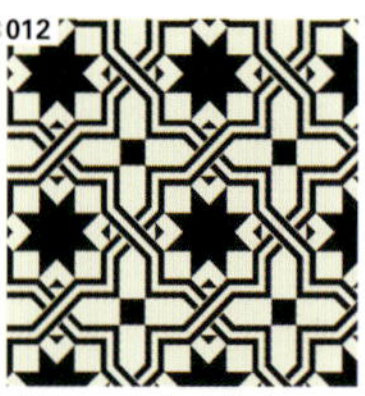
Linhas e estrelas islâmicas

13013

Quadrifólios entrelaçados

13014

Linhas e estrelas islâmicas

13015

Árvores, arte popular

13016

Linhas abstratas Art Nouveau

13017
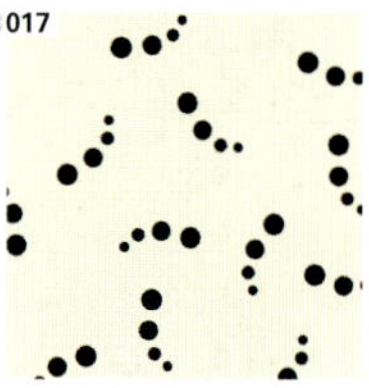
Progressões de pontos girantes

13018

Flores/ramos em dois tons

13019

Floral icônico simplificado

13020

Flores e linhas geométricas

13021
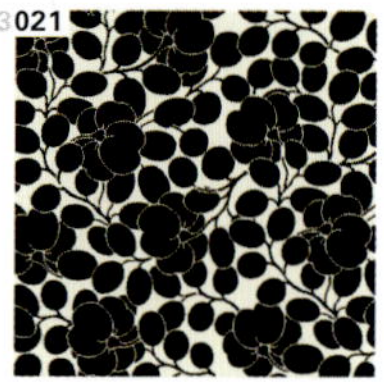
Aglomerados de flores/frutas pequenas

13022

Aglomerado de ornamentos ingleses

13023

Tabuleiro de xadrez em zigue-zague

13024

Aglomerados de botões girantes

13025

Folhas: Escalonado repetitivo

13026

Ritmo de linhas escalonadas

13027
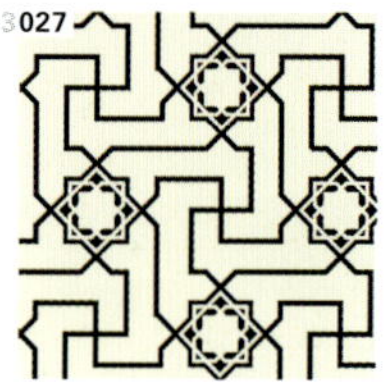
Linhas e estrelas islâmicas

13028

Quadrifólios bordados

13029
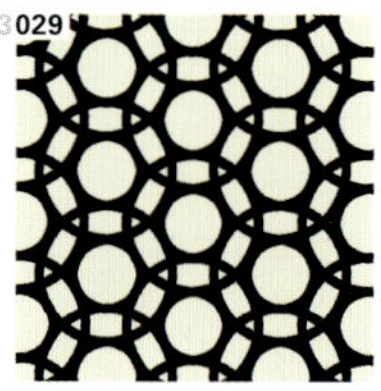
Aglomerados de círculos sobrepostos

13030

Pentagrama Art Déco

13031
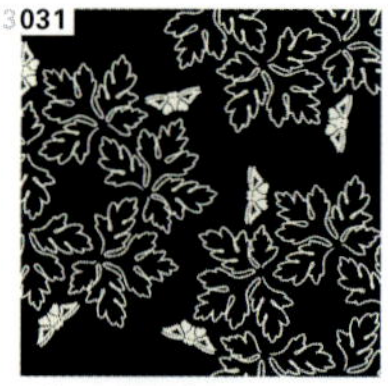
Folhas e borboletas

13032

Quadrados de colcha, arte popular

13033

Arabesco e conchas vitorianas

13034
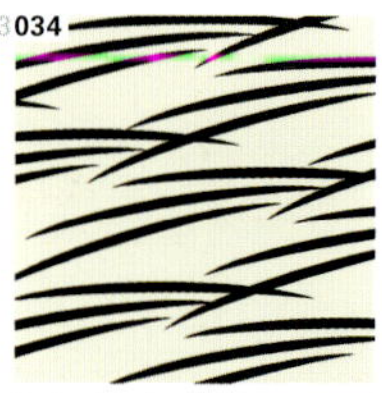
Gesto simples abstrato

13035

Ornamentos gravados girantes

13036

Repetido denso de círculo/triângulo

Estes padrões decorativos vão de gravações arquitetônicas e têxteis inspiradas no Velho Mundo a entrelaçados de ritmos geométricos simplificados e modernos – mas, ainda assim, intrincados. Uma infinidade de possibilidades se torna viável sobrepondo-se padrões relacionados, aumentando e reduzindo seus tamanhos, girando-os em locais diferentes – bem como usando-os em conjunto com fotografias e ilustrações.

13037

Alternando arabesco/Folha

13038

Folha/Ramo girante

13039

Tecido indígena americano

13040

Losangos escalonados

13041

Ondas e pontos lineares

13042

Flores estreladas, arte popular

13043

Estrelas e círculos

13044

Linhas e losangos ondulados densos

13045

Arabescos alternados reversos

13046

Motivo de chama rotacionada

13047
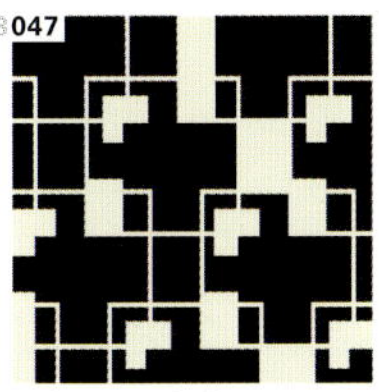
Linhas e quadrados interligados

13048

Repetição de ornamento neoclássico

13049

Rabisco gráfico

13050

Losangos esculpidos irregulares

13051
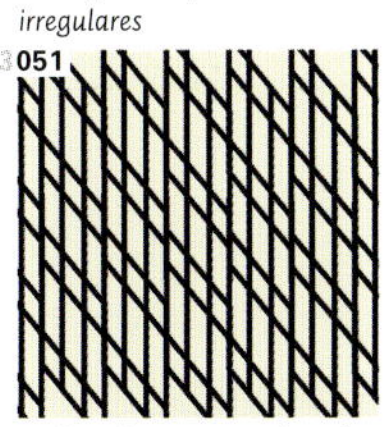
Grelhas diagonais escalonadas

13052

Motivo linha/Ponto girante

13053

Motivo floral estrela

13054

Ondas quebradas Art Déco

13055

Floral eduardiano claro

13056
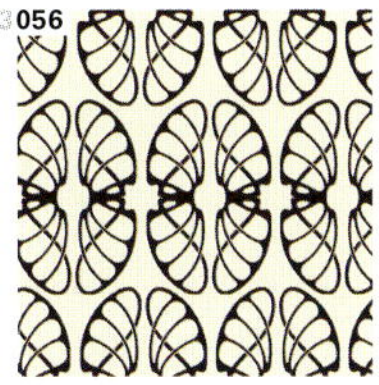
Floral repetido Art Nouveau

13057

Contornos ornamentais

13058

Estrela/Losango arte popular

13059

Círculos concêntricos escalonados

13060

Flores e estrelas alternadas

13061
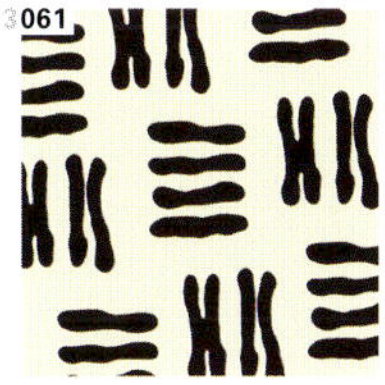
Linhas gestuais orgânicas

13062

Linhas Art Nouveau abstratas

13063

Motivo estrela/Losango/Círculo

13064
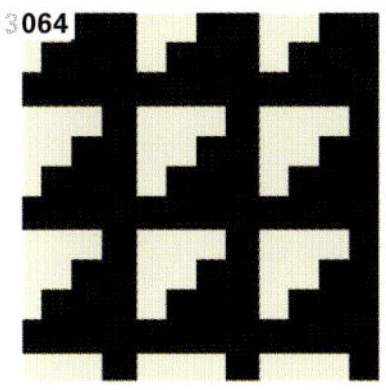
Motivo de escada reversa

13065
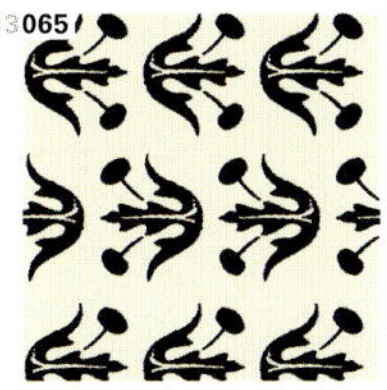
Motivo de planta em linha reversa

13066
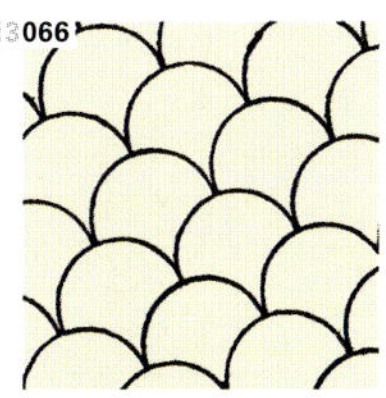
Motivo de escama de peixe

13067
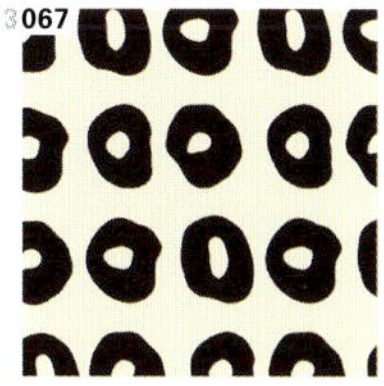
Círculos gestuais orgânicos

13068

Tecido indígena americano

13069

Repetição de engrenagem icônica

13070

Motivo de onda reversa

13071

Motivo linha Art Déco/Losango

13072

Motivo de cubo Art Déco/Flecha

PADRÕES *Geométricos: Linhas*

14

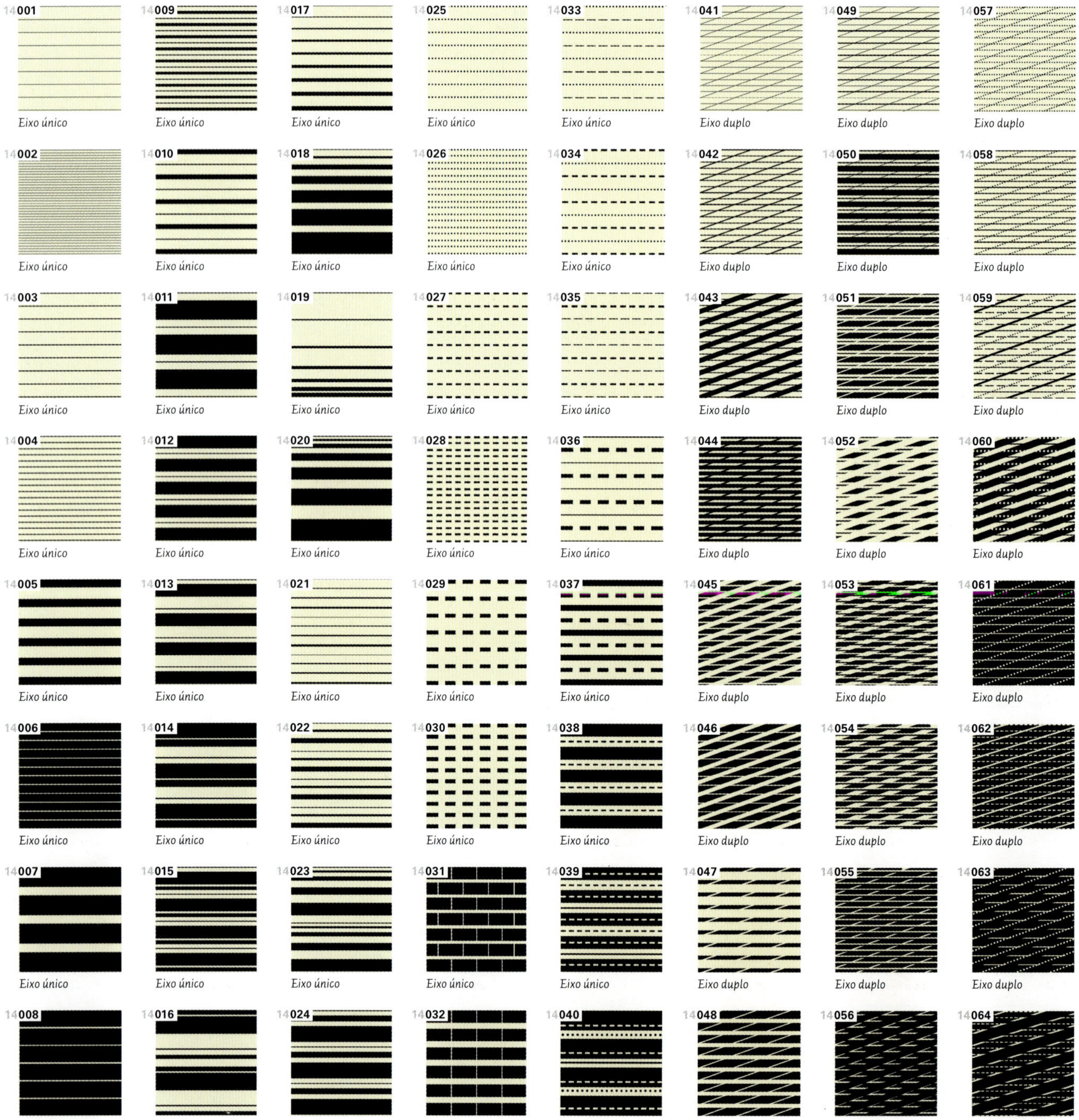

14001 Eixo único	14009 Eixo único	14017 Eixo único	14025 Eixo único	14033 Eixo único	14041 Eixo duplo	14049 Eixo duplo	14057 Eixo duplo
14002 Eixo único	14010 Eixo único	14018 Eixo único	14026 Eixo único	14034 Eixo único	14042 Eixo duplo	14050 Eixo duplo	14058 Eixo duplo
14003 Eixo único	14011 Eixo único	14019 Eixo único	14027 Eixo único	14035 Eixo único	14043 Eixo duplo	14051 Eixo duplo	14059 Eixo duplo
14004 Eixo único	14012 Eixo único	14020 Eixo único	14028 Eixo único	14036 Eixo único	14044 Eixo duplo	14052 Eixo duplo	14060 Eixo duplo
14005 Eixo único	14013 Eixo único	14021 Eixo único	14029 Eixo único	14037 Eixo único	14045 Eixo duplo	14053 Eixo duplo	14061 Eixo duplo
14006 Eixo único	14014 Eixo único	14022 Eixo único	14030 Eixo único	14038 Eixo único	14046 Eixo duplo	14054 Eixo duplo	14062 Eixo duplo
14007 Eixo único	14015 Eixo único	14023 Eixo único	14031 Eixo único	14039 Eixo único	14047 Eixo duplo	14055 Eixo duplo	14063 Eixo duplo
14008 Eixo único	14016 Eixo único	14024 Eixo único	14032 Eixo único	14040 Eixo único	14048 Eixo duplo	14056 Eixo duplo	14064 Eixo duplo

Padrões como estes mostrados aqui criam movimento direcional e ritmo óptico. Aumentando-se o tamanho de um padrão, relativo ao formato em que é usado, amplia-se o número de opções – assim como ao girá-lo, ao mudar a tonalidade ou cor de seus elementos de linha e assim por diante.

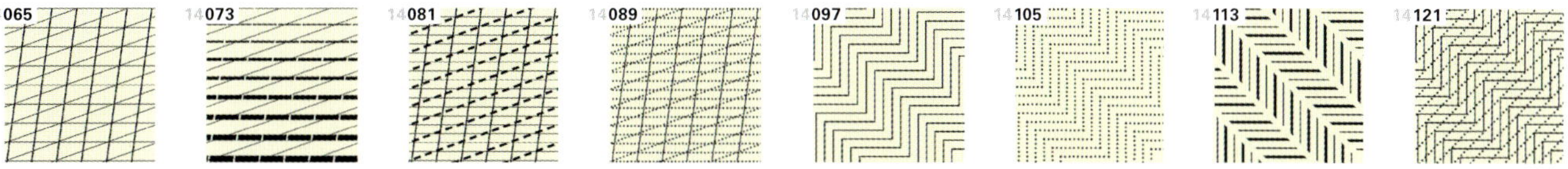

14 065 Eixo triplo | 14 073 Eixo triplo | 14 081 Eixo triplo | 14 089 Eixo triplo | 14 097 Em degrau | 14 105 Em degrau | 14 113 Em degrau | 14 121 Em degrau

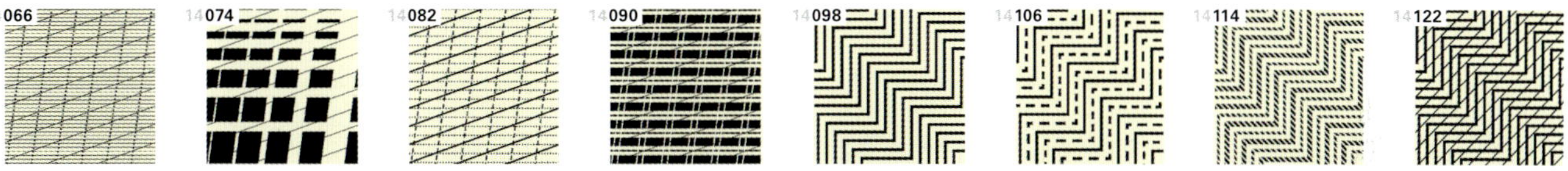

14 066 Eixo triplo | 14 074 Eixo triplo | 14 082 Eixo triplo | 14 090 Eixo triplo | 14 098 Em degrau | 14 106 Em degrau | 14 114 Em degrau | 14 122 Em degrau

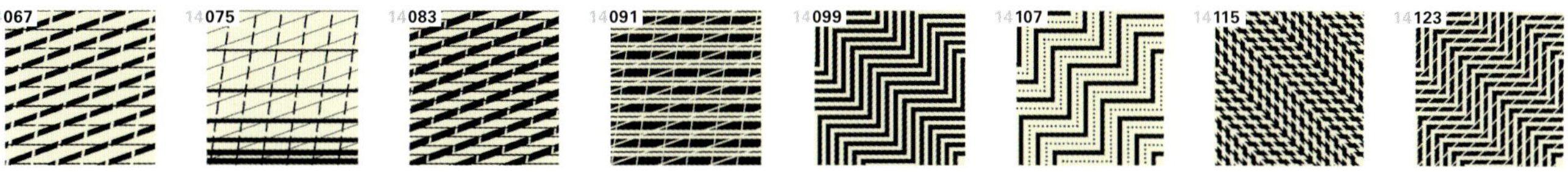

14 067 Eixo triplo | 14 075 Eixo triplo | 14 083 Eixo triplo | 14 091 Eixo triplo | 14 099 Em degrau | 14 107 Em degrau | 14 115 Em degrau | 14 123 Em degrau

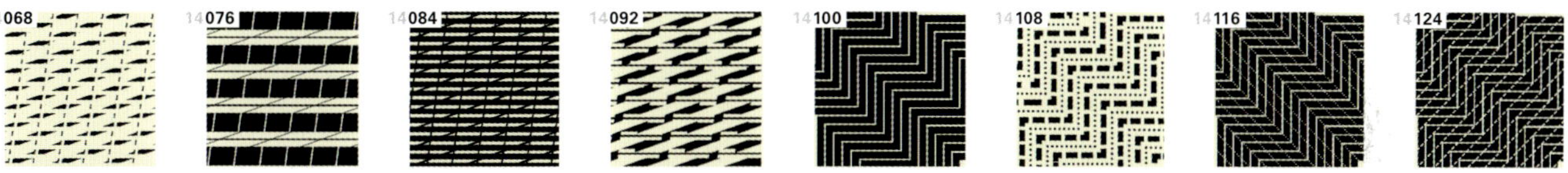

14 068 Eixo triplo | 14 076 Eixo triplo | 14 084 Eixo triplo | 14 092 Eixo triplo | 14 100 Em degrau | 14 108 Em degrau | 14 116 Em degrau | 14 124 Em degrau

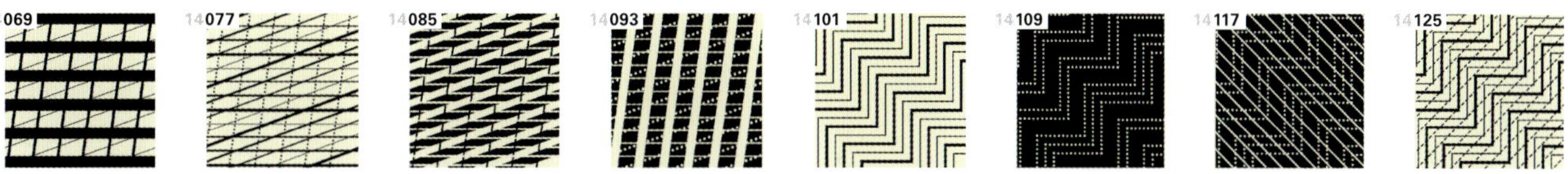

14 069 Eixo triplo | 14 077 Eixo triplo | 14 085 Eixo triplo | 14 093 Eixo triplo | 14 101 Em degrau | 14 109 Em degrau | 14 117 Em degrau | 14 125 Em degrau

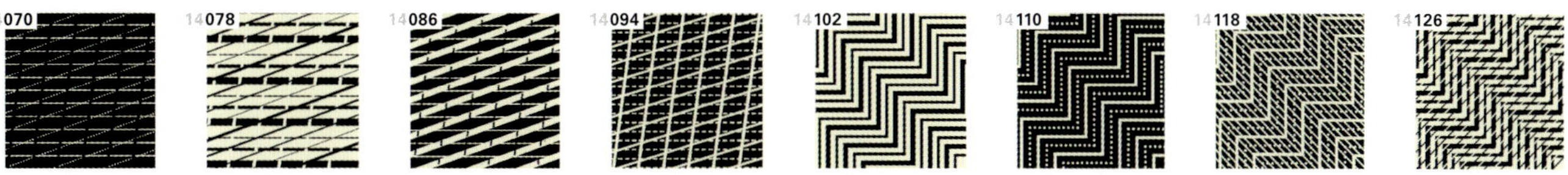

14 070 Eixo triplo | 14 078 Eixo triplo | 14 086 Eixo triplo | 14 094 Eixo triplo | 14 102 Em degrau | 14 110 Em degrau | 14 118 Em degrau | 14 126 Em degrau

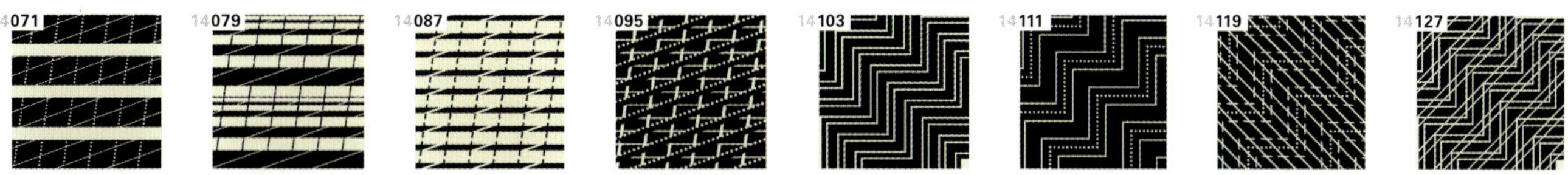

14 071 Eixo triplo | 14 079 Eixo triplo | 14 087 Eixo triplo | 14 095 Eixo triplo | 14 103 Em degrau | 14 111 Em degrau | 14 119 Em degrau | 14 127 Em degrau

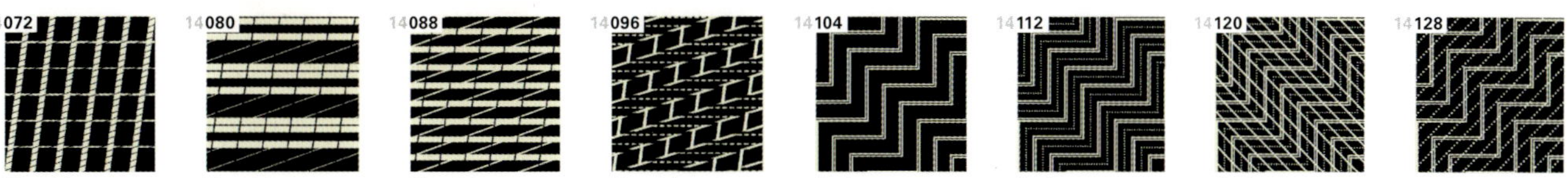

14 072 Eixo triplo | 14 080 Eixo triplo | 14 088 Eixo triplo | 14 096 Eixo triplo | 14 104 Em degrau | 14 112 Em degrau | 14 120 Em degrau | 14 128 Em degrau

PADRÕES *Geométricos: Curvas*

15

15001 *Concêntrico*	15009 *Concêntrico*	15017 *Concêntrico*	15025 *Concêntrico*	15033 *Concêntrico*	15041 *Duplicado*	15049 *Triplicado*	15057 *Deslocado*
15002 *Concêntrico*	15010 *Concêntrico*	15018 *Concêntrico*	15026 *Concêntrico*	15034 *Concêntrico*	15042 *Duplicado*	15050 *Triplicado*	15058 *Deslocado*
15003 *Concêntrico*	15011 *Concêntrico*	15019 *Concêntrico*	15027 *Concêntrico*	15035 *Concêntrico*	15043 *Duplicado*	15051 *Triplicado*	15059 *Deslocado*
15004 *Concêntrico*	15012 *Concêntrico*	15020 *Concêntrico*	15028 *Concêntrico*	15036 *Concêntrico*	15044 *Duplicado*	15052 *Triplicado*	15060 *Deslocado*
15005 *Concêntrico*	15013 *Concêntrico*	15021 *Concêntrico*	15029 *Concêntrico*	15037 *Concêntrico*	15045 *Duplicado*	15053 *Triplicado*	15061 *Deslocado*
15006 *Concêntrico*	15014 *Concêntrico*	15022 *Concêntrico*	15030 *Concêntrico*	15038 *Concêntrico*	15046 *Duplicado*	15054 *Triplicado*	15062 *Deslocado*
15007 *Concêntrico*	15015 *Concêntrico*	15023 *Concêntrico*	15031 *Concêntrico*	15039 *Concêntrico*	15047 *Duplicado*	15055 *Triplicado*	15063 *Deslocado*
15008 *Concêntrico*	15016 *Concêntrico*	15024 *Concêntrico*	15032 *Concêntrico*	15040 *Concêntrico*	15048 *Duplicado*	15056 *Triplicado*	15064 *Deslocado*

A direcionalidade pura e a vibração dos padrões lineares tornam-se mais complexas quando os elementos de linha são curvados ou ondulados, como na seleção fornecida aqui. Em tamanhos extremamente grandes, estas estruturas podem ser usadas não apenas para ativar a superfície da área, mas também para criar ambientes tridimensionais ou direcionar o olhar de um elemento a outro. Em tamanhos muito pequenos elas podem ser preenchimentos ativos no interior de formas ou de outros elementos de padrão aumentados.

15065 *Onda simples*	15073 *Onda simples*	15081 *Onda simples*	15089 *Onda simples sobreposta*	15097 *Onda fechada*	15105 *Onda fechada*	15113 *Onda fechada*	15121 *Simples/Fechada*
15066 *Onda simples*	15074 *Onda simples*	15082 *Onda simples*	15090 *Onda simples sobreposta*	15098 *Onda fechada*	15106 *Onda fechada*	15114 *Onda fechada*	15122 *Simples/Fechada*
15067 *Onda simples*	15075 *Onda simples*	15083 *Onda simples*	15091 *Onda simples sobreposta*	15099 *Onda fechada*	15107 *Onda fechada*	15115 *Onda fechada*	15123 *Simples/Fechada*
15068 *Onda simples*	15076 *Onda simples*	15084 *Onda simples*	15092 *Onda simples sobreposta*	15100 *Onda fechada*	15108 *Onda fechada*	15116 *Onda fechada*	15124 *Simples/Fechada*
15069 *Onda simples*	15077 *Onda simples*	15085 *Onda simples*	15093 *Onda simples sobreposta*	15101 *Onda fechada*	15109 *Onda fechada*	15117 *Onda fechada*	15125 *Simples/Fechada*
15070 *Onda simples*	15078 *Onda simples*	15086 *Onda simples*	15094 *Onda simples sobreposta*	15102 *Onda fechada*	15110 *Onda fechada*	15118 *Onda fechada*	15126 *Simples/Fechada*
15071 *Onda simples*	15079 *Onda simples*	15087 *Onda simples*	15095 *Onda simples sobreposta*	15103 *Onda fechada*	15111 *Onda fechada*	15119 *Onda fechada*	15127 *Simples/Fechada*
15072 *Onda simples*	15080 *Onda simples*	15088 *Onda simples*	15096 *Onda simples sobreposta*	15104 *Onda fechada*	15112 *Onda fechada*	15120 *Onda fechada*	15128 *Simples/Fechada*

PADRÕES *Geométricos: Grelhas*

16

16001 *Simples*	16009 *Simples*	16017 *Simples*	16025 *Simples*	16033 *Simples*	16041 *Simples*	16049 *Simples*	16057 *Simples*
16002 *Simples*	16010 *Simples*	16018 *Simples*	16026 *Simples*	16034 *Simples*	16042 *Simples*	16050 *Simples*	16058 *Simples*
16003 *Simples*	16011 *Simples*	16019 *Simples*	16027 *Simples*	16035 *Simples*	16043 *Simples*	16051 *Simples*	16059 *Simples*
16004 *Simples*	16012 *Simples*	16020 *Simples*	16028 *Simples*	16036 *Simples*	16044 *Simples*	16052 *Simples*	16060 *Simples*
16005 *Simples*	16013 *Simples*	16021 *Simples*	16029 *Simples*	16037 *Simples*	16045 *Simples*	16053 *Simples*	16061 *Simples*
16006 *Simples*	16014 *Simples*	16022 *Simples*	16030 *Simples*	16038 *Simples*	16046 *Simple*	16054 *Simpless*	16062 *Simples*
16007 *Simples*	16015 *Simples*	16023 *Simples*	16031 *Simples*	16039 *Simples*	16047 *Simples*	16055 *Simples*	16063 *Simples*
16008 *Simples*	16016 *Simples*	16024 *Simples*	16032 *Simples*	16040 *Simples*	16048 *Simples*	16056 *Simples*	16064 *Simples*

Os padrões mostrados aqui são todos baseados em estruturas repetidas, modulares, baseadas no quadrado – quer sejam os componentes do padrão quadrados, lineares ou em forma de ponto. De simples padrões quadriculados a configurações intrincadas de muitos componentes básicos, esses padrões são sistemáticos, arquitetônicos e tridimensionais.

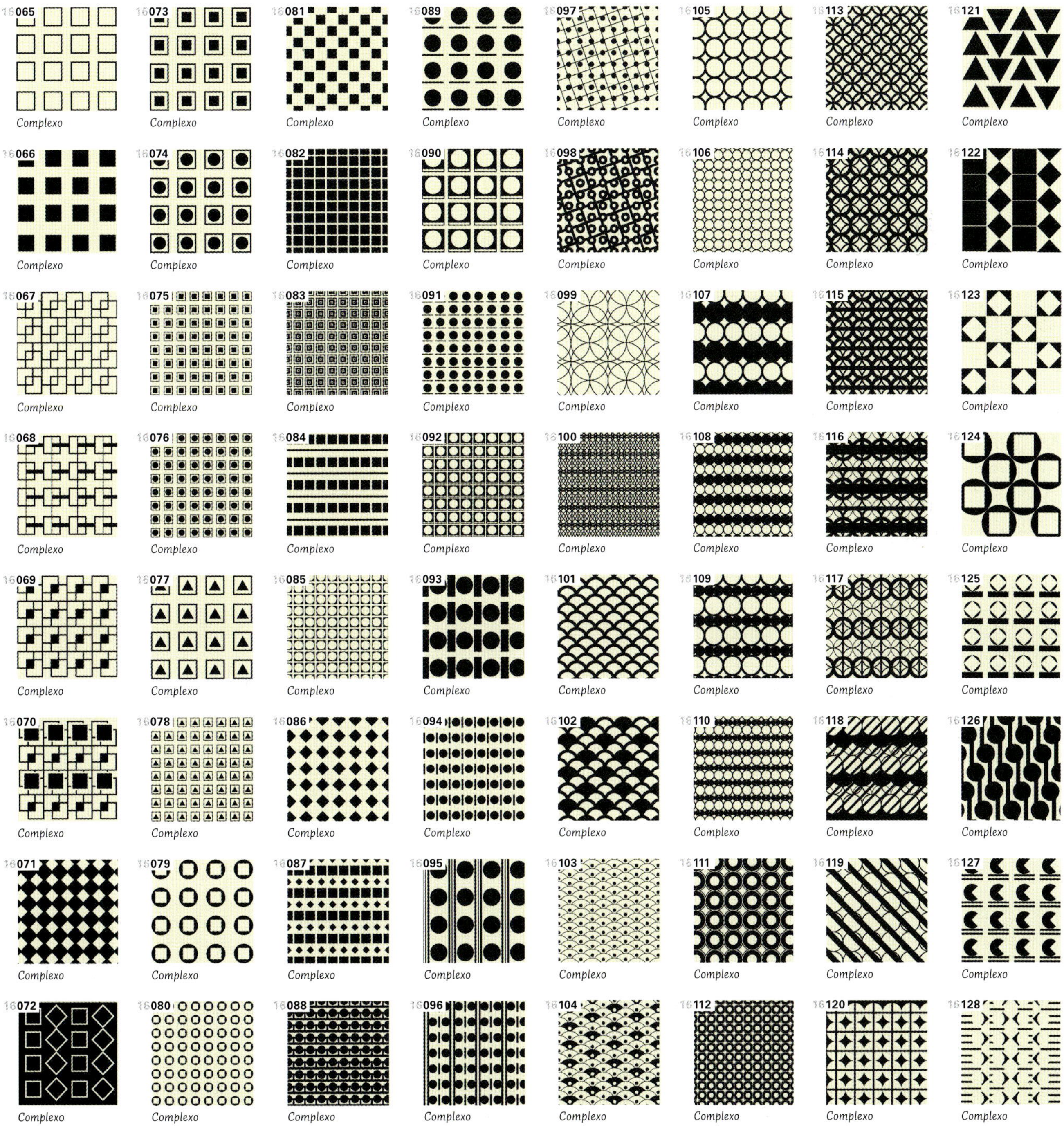

16065 Complexo	16073 Complexo	16081 Complexo	16089 Complexo	16097 Complexo	16105 Complexo	16113 Complexo	16121 Complexo
16066 Complexo	16074 Complexo	16082 Complexo	16090 Complexo	16098 Complexo	16106 Complexo	16114 Complexo	16122 Complexo
16067 Complexo	16075 Complexo	16083 Complexo	16091 Complexo	16099 Complexo	16107 Complexo	16115 Complexo	16123 Complexo
16068 Complexo	16076 Complexo	16084 Complexo	16092 Complexo	16100 Complexo	16108 Complexo	16116 Complexo	16124 Complexo
16069 Complexo	16077 Complexo	16085 Complexo	16093 Complexo	16101 Complexo	16109 Complexo	16117 Complexo	16125 Complexo
16070 Complexo	16078 Complexo	16086 Complexo	16094 Complexo	16102 Complexo	16110 Complexo	16118 Complexo	16126 Complexo
16071 Complexo	16079 Complexo	16087 Complexo	16095 Complexo	16103 Complexo	16111 Complexo	16119 Complexo	16127 Complexo
16072 Complexo	16080 Complexo	16088 Complexo	16096 Complexo	16104 Complexo	16112 Complexo	16120 Complexo	16128 Complexo

BORDAS *Formas de Arestas de Páginas e Objetos* 17

17 001
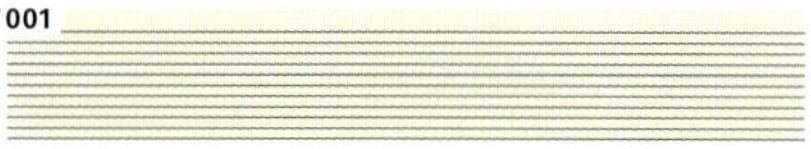
Padrão linear

17 002
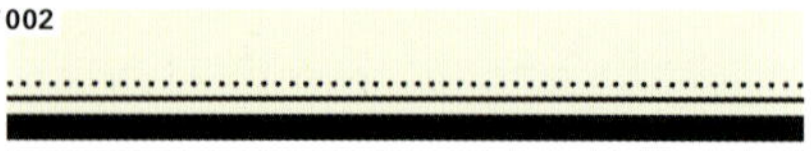
Padrão linear

17 003

Padrão linear

17 004
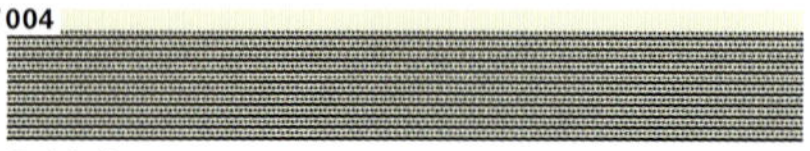
Padrão linear

17 005
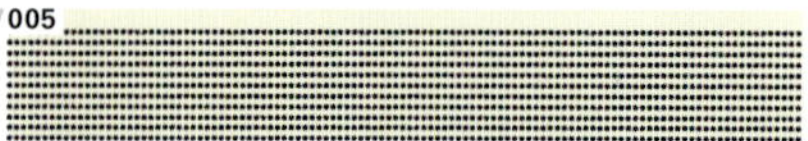
Padrão linear

17 006

Padrão linear

17 007
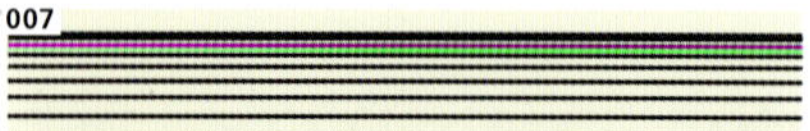
Padrão linear

17 008
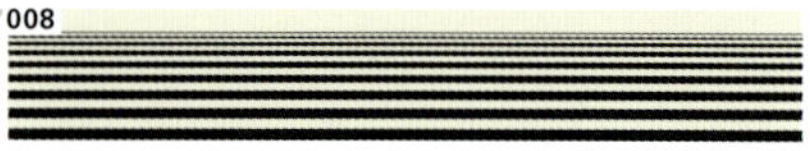
Padrão linear

17 009

Padrão linear

17 010
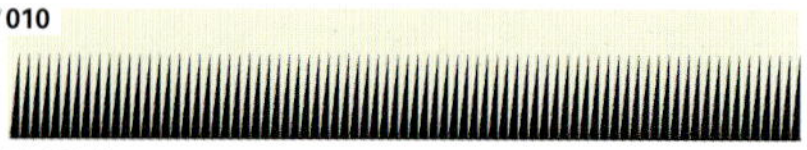
Padrão linear

17 011

Padrão linear

17 012

Padrão linear

17 013
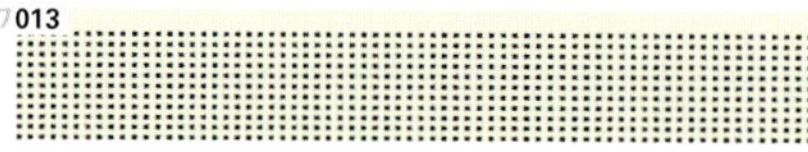
Padrão em grelha

17 014
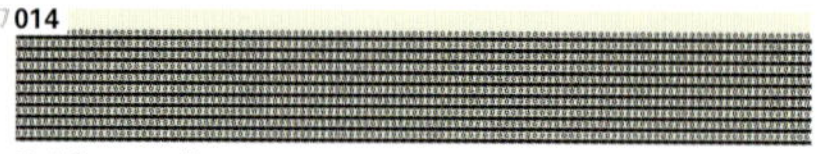
Padrão em grelha

17 015
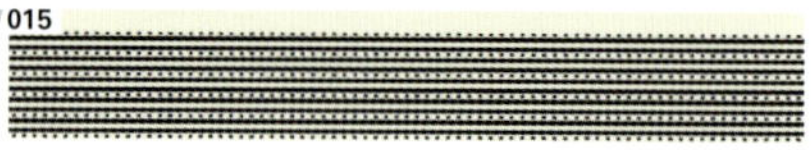
Padrão em grelha

17 016

Padrão em grelha

17 017
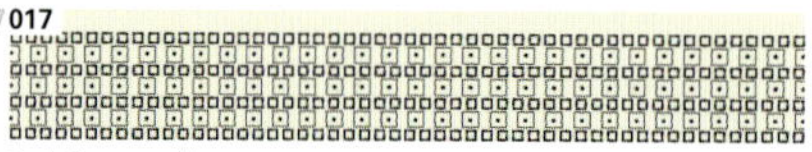
Padrão em grelha

17 018

Padrão em grelha

17 019
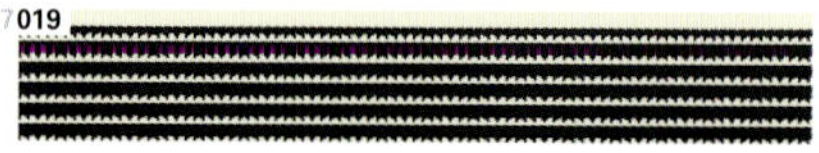
Padrão em grelha

17 020

Padrão em linhas onduladas

17 021
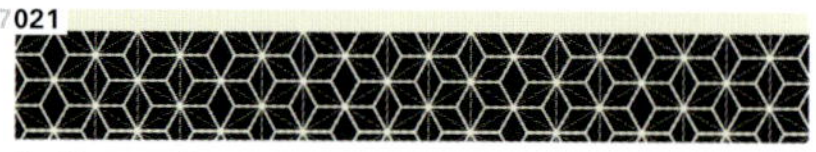
Padrão em grelha

17 022

Padrão em grelha

17 023

Padrão em grelha

17 024

Padrão em grelha

17 025

Rasgo grosseiro: Raso ou fundo

17 026

Pincelada

17 027

Risco de carvão

17 028

Papel arrancado do espiral

17 029

Papel arrancado de encadernamento por anéis

17 030
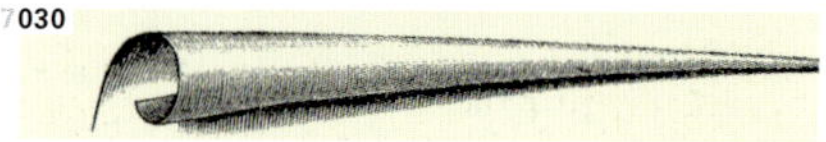
Ondulação de página gravada

17 031
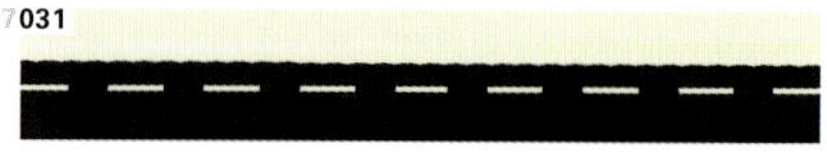
Ponteado

17 032

Contorno fibroso

17 033
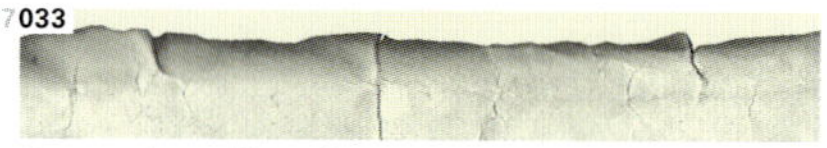
Contorno de papel fotográfico: Amassado

17 034

Contorno de aquarela: Tinta molhada

17 035
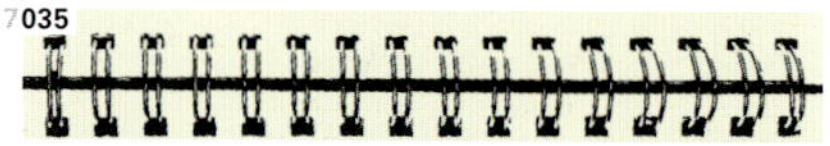
Encadernamento por arame: Espinha/Interior

17 036
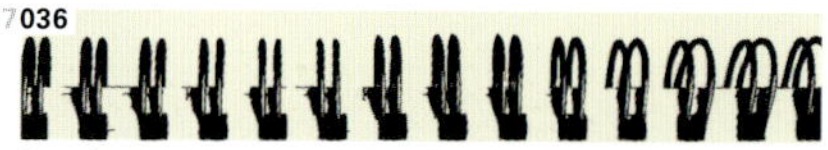
Encadernamento por arame: Espinha/Vista do contorno

Use estes dispositivos de contorno – faixas listradas, rasgos, pinceladas, linhas duplas e por aí em diante – para rodear imagens, cercar elementos tipográficos, alterar os contornos de formas gráficas abstratas ou bordas de páginas. Cortados cuidadosamente, eles são também úteis como formas em si mesmas ou como molduras para ícones, padrões, números de página ou elementos do título.

17037
Gradação de pontos

17038
Triangular

17039
Ritmo linear/alternado

17040
Linear/Nós

17041
Ornamental

17042
Ornamental

17043
Ornamental

17044
Ornamental

17045
Ornamental

17046
Ornamental

17047
Ornamental

17048
Ornamental

17049
Ornamental

17050
Ornamental

17051
Ornamental

17052
Ornamental

17053
Ornamental

17054
Ornamental

17055
Ornamental

17056
Ornamental

17057
Ornamental

17058
Ornamental

17059
Ornamental

17060
Ornamental

17061
Gradação tonal

17062
Padrão gráfico tonal

17063
Lavado de tinta

17064
Padrão geométrico

17065
Linha desenhada à mão

17066
Textura abstrata

17067
Linguagem de forma abstrata

17068
Textura de representação

17069
Contorno impresso grosseiro

17070
Tira de filme

17071
Ornamental

17072
Padrão moiré

SÍMBOLOS E SINAIS *Metáforas Visuais*

18

18001
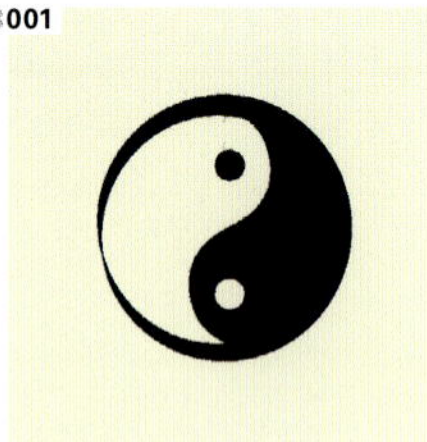
Ying-Yang: Equilíbrio/Budismo

18002

Cruz: Cristianismo

18003
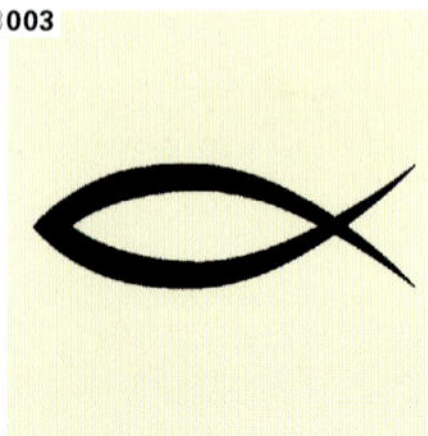
Ichtus: Cristianismo

18004

Islamismo

18005
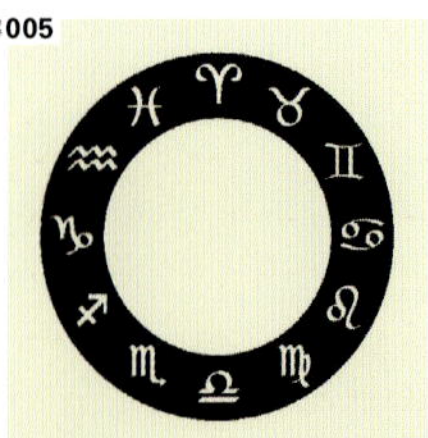
Zodíaco

18006

Om: Hinduísmo

18007
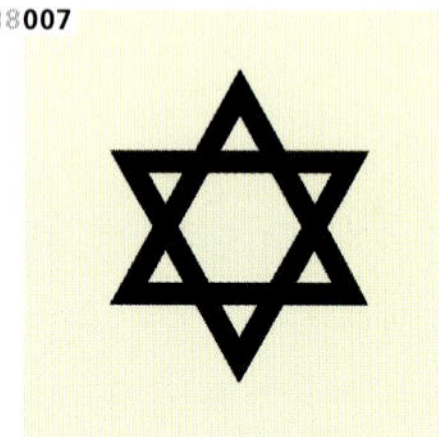
Estrela de seis pontas: Judaísmo

18008

Lótus: Budismo/Hinduísmo

18009

Paz/Esperança: Cristandade

18010

Cruz-de-malta: Tesouro/Pirataria

18011

Inspiração/Criatividade

18012

Infinito

18013

Amor/Intimidade

18014

Paz/Ativismo

18015

Coroa de louros: Vitória/Imperialismo

18016

Imaginação/Pensamentos particulares

18017

Indústria

18018

Justice

18019

Lembrança/Unidade

18020

Floco de neve: Inverno/Estações

18021

Fala/Diálogo

18022

Comunicações/Telefone público

18023

Som/Instrução

18024

Correio

18025
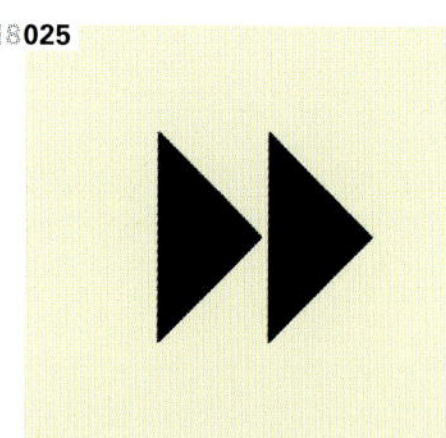
Avançar

Além de usar imagens literais para direcionar a representação, um designer pode optar por formas simbólicas ou por imagens representativas que tenham adquirido significado metafórico. Aqui há uma pequena amostra de símbolos comumente entendidos que podem conferir certo humor ou um viés conceitual inesperado.

18026
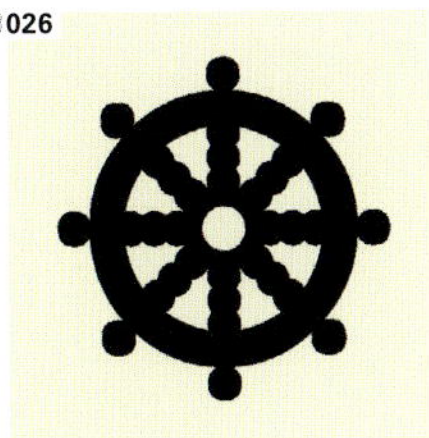
Timão: Navegação

18027
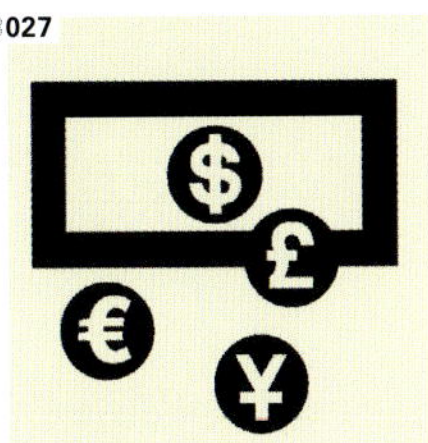

Câmbio de moedas

18028

Hotel

18029

Táxi/Viagem

18030

Viagem/Alfândega

18031

Alerta: Radioatividade

18032

Alerta: Risco de contaminação biológica

18033

Perigo/*Erro do sistema*

18034

Perigo/Veneno/Piratas

18035

Perigo/*Alta tensão*

18036

Alerta: Proibição

18037

Reciclagem/Reciclável

18038

Bombeiro

18039

Busca

18040
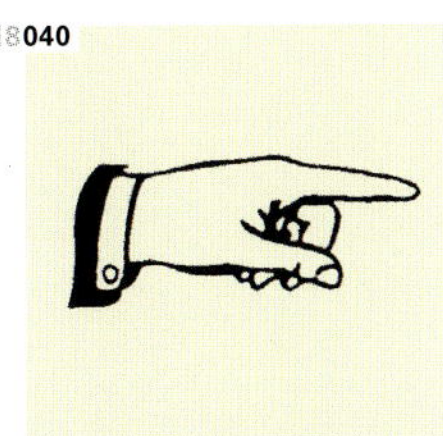
Tome nota

18041
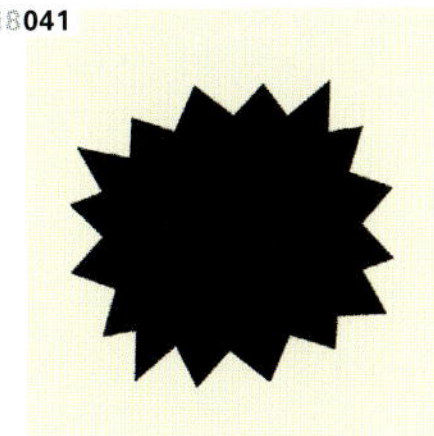
Característica nova/melhorada

18042
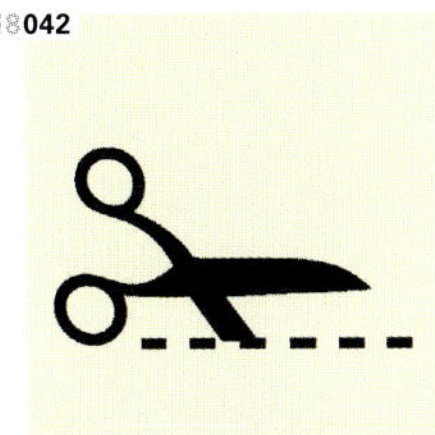
Corte aqui

18043

Militar

18044

Selecionado/Desejado

18045

Não selecionado/Não desejável

18046
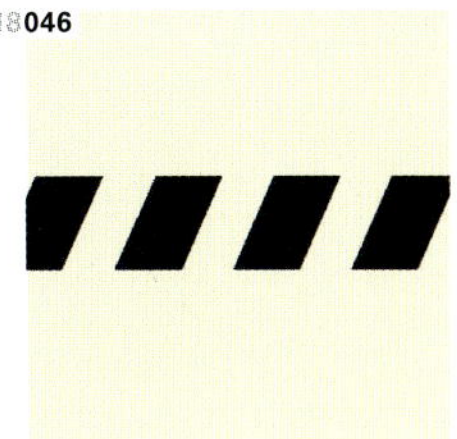
Linha de polícia/Construção

18047
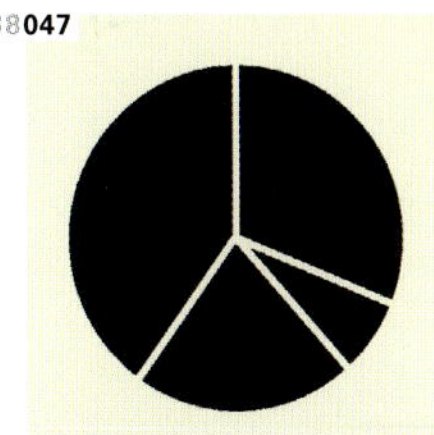
Parte para o todo: Gráfico de pizza

18048
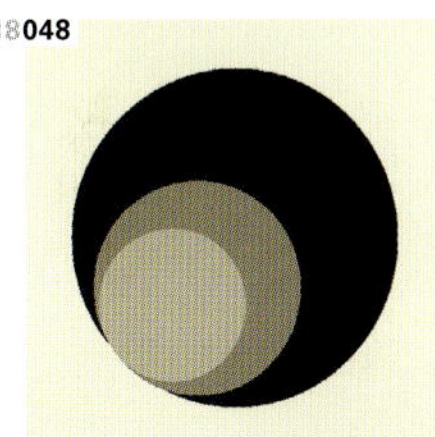
Parte para o todo/Crescimento ou evolução

18049
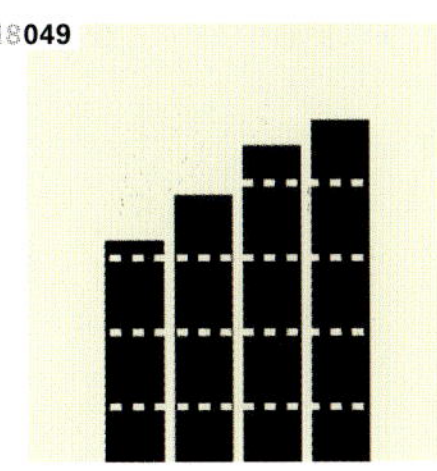
Gráfico de barras/Crescimento

18050

Gráfico de linha/Crescimento/Finanças

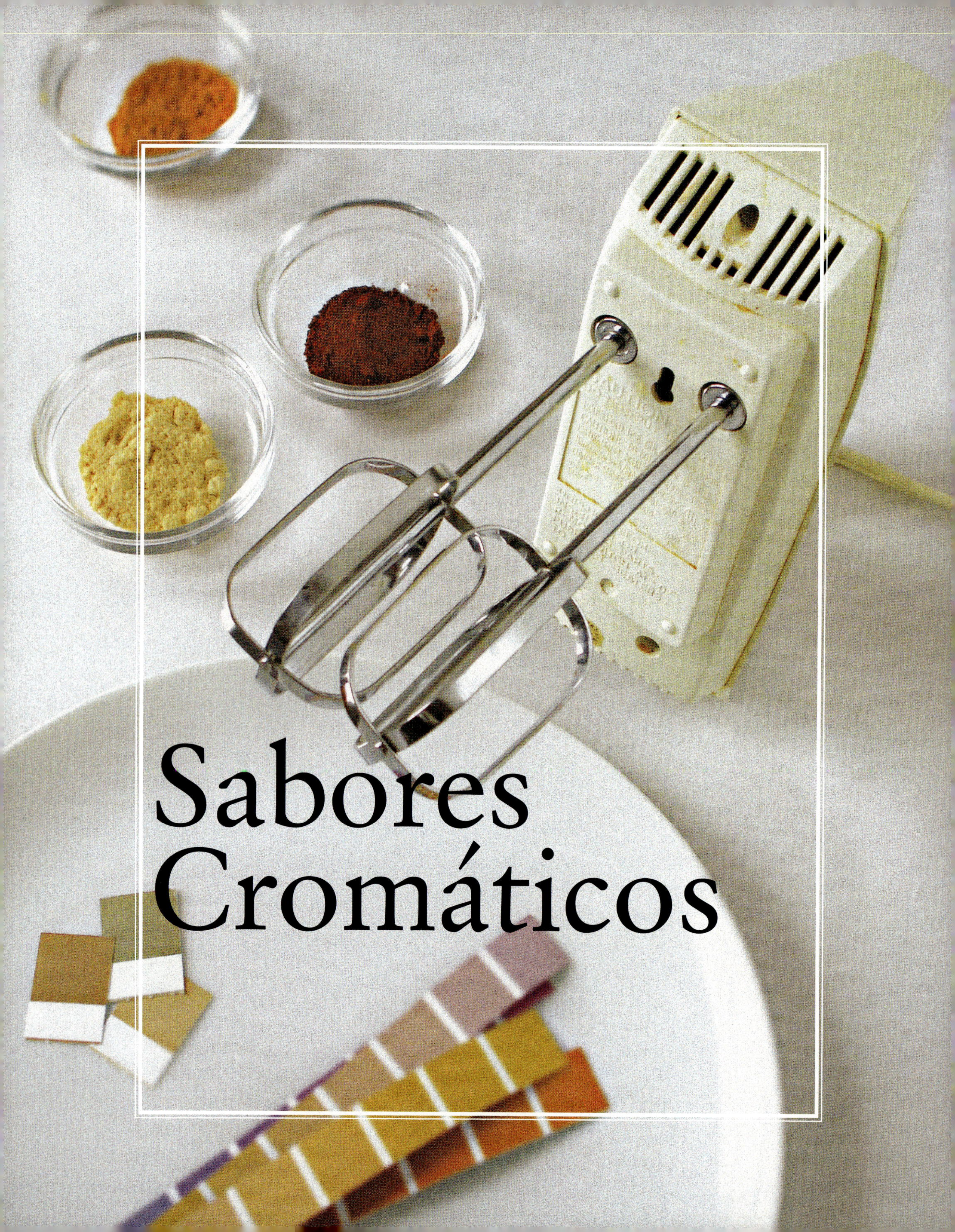

Sabores Cromáticos

AINDA QUE A PERCEPÇÃO DA COR seja bastante subjetiva, não há como negar seu poder para nos estimular e influenciar. Entretanto, mesmo os designers mais experientes têm dificuldades ao selecionar cores, especialmente quando o orçamento é apertado. Algumas das primeiras categorias de ingredientes oferecem opções puramente formais para paletas de duas ou três cores – conjuntos de cores escolhidas como parceiras por conta do dinamismo de suas interações ópticas. Paletas de duas cores são pontos de partida excelentes para programas de desenvolvimento de marcas e identidade – se um dado projeto já vem com uma ou duas cores da empresa, uma das paletas mais simples deste capítulo pode ser usada como apoio. Mesmo quando a impressão em cor plena for uma alternativa, limitar a paleta de cores a duas ou três opções criará uma impressão mais forte. As expectativas emocionais e culturais do público desempenham um papel importante no desenvolvimento de cores para produtos e serviços, bem como para projetos de natureza metafórica. Cores baseadas em períodos de tempo, estados de espírito, faixas etárias e conceitos tão diversos quanto cuidados médicos e telecomunicações, aparência masculina e silvicultura, são tratadas aqui em paletas que assegurarão um sabor cromático confiável – com elas, você pode criar sistemas de cor complexos em qualquer projeto.

PALETAS DE DUAS CORES *Formais*

19

Paleta	Cor 1	Cor 2	
19001	C 0 M 20 Y 100 K 0	C 22 M 25 Y 0 K 0	Complementares
19002	C 0 M 43 Y 100 K 0	C 35 M 23 Y 0 K 0	Complementares
19003	C 3 M 58 Y 100 K 0	C 47 M 22 Y 0 K 0	Complementares
19004	C 0 M 78 Y 100 K 0	C 67 M 11 Y 0 K 0	Complementares
19005	C 6 M 85 Y 100 K 1	C 100 M 16 Y 31 K 0	Complementares
19006	C 13 M 100 Y 89 K 4	C 100 M 15 Y 60 K 2	Complementares
19007	C 25 M 23 Y 54 K 0	C 28 M 27 Y 12 K 0	Complementares
19008	C 23 M 34 Y 64 K 0	C 35 M 25 Y 13 K 0	Complementares
19009	C 21 M 38 Y 58 K 1	C 41 M 25 Y 15 K 0	Complementares
19010	C 24 M 49 Y 55 K 2	C 45 M 25 Y 25 K 0	Complementares
19011	C 24 M 58 Y 58 K 4	C 56 M 25 Y 31 K 1	Complementares
19012	C 28 M 70 Y 48 K 7	C 56 M 33 Y 42 K 4	Complementares
19013	C 14 M 100 Y 42 K 0	C 98 M 9 Y 100 K 0	Complementares
19014	C 32 M 96 Y 0 K 0	C 42 M 25 Y 100 K 3	Complementares
19015	C 55 M 89 Y 0 K 0	C 27 M 18 Y 100 K 2	Complementares
19016	C 71 M 83 Y 0 K 0	C 7 M 26 Y 88 K 0	Complementares
19017	C 70 M 70 Y 0 K 0	C 15 M 55 Y 100 K 2	Complementares
19018	C 100 M 88 Y 12 K 6	C 23 M 84 Y 100 K 15	Complementares
19019	C 31 M 71 Y 31 K 2	C 59 M 35 Y 51 K 7	Complementares
19020	C 43 M 67 Y 23 K 2	C 41 M 30 Y 62 K 3	Complementares
19021	C 53 M 66 Y 24 K 4	C 20 M 16 Y 53 K 0	Complementares
19022	C 60 M 62 Y 21 K 2	C 28 M 32 Y 54 K 0	Complementares
19023	C 60 M 56 Y 18 K 1	C 25 M 34 Y 45 K 0	Complementares
19024	C 78 M 61 Y 31 K 10	C 36 M 45 Y 51 K 5	Complementares
19025	C 100 M 45 Y 16 K 1	C 5 M 64 Y 100 K 0	Complementares
19026	C 100 M 45 Y 36 K 12	C 35 M 84 Y 100 K 0	Complementares
19027	C 100 M 35 Y 48 K 12	C 25 M 86 Y 98 K 1	Complementares
19028	C 100 M 11 Y 82 K 1	C 15 M 94 Y 93 K 2	Complementares
19029	C 70 M 11 Y 100 K 1	C 10 M 92 Y 4 K 0	Complementares
19030	C 35 M 11 Y 100 K 0	C 13 M 58 Y 0 K 0	Complementares
19031	C 64 M 38 Y 20 K 12	C 21 M 33 Y 43 K 0	Complementares
19032	C 70 M 43 Y 42 K 10	C 27 M 56 Y 57 K 6	Complementares
19033	C 65 M 44 Y 47 K 13	C 35 M 52 Y 48 K 6	Complementares
19034	C 60 M 37 Y 59 K 8	C 31 M 53 Y 44 K 0	Complementares
19035	C 52 M 29 Y 55 K 4	C 24 M 47 Y 15 K 0	Complementares
19036	C 31 M 18 Y 56 K 0	C 18 M 31 Y 10 K 0	Complementares

Uma relação cromática simples – e ainda assim intensa – entre duas cores pode ser a base de uma linguagem cromática forte, seja usada literalmente pala impressão em duas cores ou limitando o designer num projeto de processamento de cor. As cores em cada par podem ser matizadas ou sobreimpressas para produzir famílias de cores. Os valores de cada amostra são escuros o bastante para que elas sejam usadas quer na impressão de letras, quer na de imagens.

Amostra	Cor 1	Cor 2	
19037	C 0 M 20 Y 100 K 0	C 0 M 43 Y 100 K 0	*Análogas*
19038	C 3 M 58 Y 100 K 0	C 6 M 85 Y 100 K 1	*Análogas*
19039	C 13 M 100 Y 89 K 4	C 32 M 96 Y 0 K 0	*Análogas*
19040	C 32 M 96 Y 0 K 0	C 55 M 89 Y 0 K 0	*Análogas*
19041	C 55 M 88 Y 0 K 0	C 70 M 70 Y 0 K 0	*Análogas*
19042	C 70 M 70 Y 0 K 0	C 100 M 88 Y 12 K 6	*Análogas*
19043	C 25 M 23 Y 54 K 0	C 23 M 34 Y 63 K 1	*Análogas*
19044	C 24 M 49 Y 55 K 2	C 28 M 69 Y 48 K 7	*Análogas*
19045	C 28 M 69 Y 48 K 7	C 43 M 67 Y 23 K 2	*Análogas*
19046	C 43 M 67 Y 23 K 2	C 53 M 65 Y 24 K 4	*Análogas*
19047	C 53 M 65 Y 24 K 4	C 60 M 56 Y 18 K 1	*Análogas*
19048	C 60 M 56 Y 18 K 1	C 77 M 61 Y 31 K 10	*Análogas*
19049	C 100 M 87 Y 12 K 6	C 100 M 45 Y 16 K 1	*Análogas*
19050	C 100 M 45 Y 16 K 2	C 100 M 45 Y 36 K 12	*Análogas*
19051	C 100 M 35 Y 48 K 12	C 100 M 11 Y 81 K 1	*Análogas*
19052	C 100 M 11 Y 81 K 1	C 69 M 11 Y 100 K 1	*Análogas*
19053	C 69 M 11 Y 100 K 1	C 35 M 11 Y 100 K 0	*Análogas*
19054	C 35 M 11 Y 100 K 0	C 0 M 20 Y 100 K 0	*Análogas*
19055	C 77 M 61 Y 31 K 10	C 63 M 38 Y 20 K 12	*Análogas*
19056	C 63 M 38 Y 20 K 12	C 69 M 43 Y 42 K 10	*Análogas*
19057	C 69 M 43 Y 42 K 10	C 60 M 37 Y 59 K 8	*Análogas*
19058	C 60 M 37 Y 59 K 8	C 52 M 29 Y 55 K 4	*Análogas*
19059	C 52 M 29 Y 55 K 4	C 31 M 18 Y 56 K 0	*Análogas*
19060	C 31 M 18 Y 56 K 0	C 25 M 23 Y 54 K 0	*Análogas*
19061	C 0 M 20 Y 100 K 0	C 22 M 34 Y 52 K 1	*Análogas*
19062	C 3 M 58 Y 100 K 0	C 28 M 69 Y 48 K 7	*Análogas*
19063	C 13 M 100 Y 89 K 4	C 43 M 66 Y 23 K 2	*Análogas*
19064	C 32 M 96 Y 0 K 0	C 53 M 65 Y 24 K 4	*Análogas*
19065	C 55 M 88 Y 0 K 0	C 60 M 56 Y 18 K 1	*Análogas*
19066	C 69 M 69 Y 0 K 0	C 69 M 59 Y 31 K 10	*Análogas*
19067	C 100 M 87 Y 12 K 6	C 63 M 38 Y 20 K 12	*Análogas*
19068	C 100 M 45 Y 16 K 2	C 69 M 43 Y 42 K 10	*Análogas*
19069	C 100 M 35 Y 48 K 12	C 60 M 37 Y 59 K 8	*Análogas*
19070	C 100 M 11 Y 81 K 1	C 52 M 29 Y 55 K 4	*Análogas*
19071	C 69 M 11 Y 100 K 1	C 31 M 18 Y 56 K 0	*Análogas*
19072	C 35 M 11 Y 100 K 0	C 25 M 23 Y 54 K 0	*Análogas*

PALETA DE DUAS CORES *Uma Cor + Cor Neutra*

20

Paleta	Cor (C / M / Y / K)	Cor neutra (C / M / Y / K)	Tipo
20001	C 0 M 20 Y 100 K 0	C 36 M 35 Y 38 K 1	*Quente neutra*
20002	C 0 M 43 Y 100 K 0	C 36 M 35 Y 38 K 1	*Quente neutra*
20003	C 3 M 58 Y 100 K 0	C 36 M 35 Y 38 K 1	*Quente neutra*
20004	C 0 M 78 Y 100 K 0	C 36 M 35 Y 38 K 1	*Quente neutra*
20005	C 6 M 85 Y 100 K 0	C 36 M 35 Y 38 K 2	*Quente neutra*
20006	C 13 M 100 Y 89 K 4	C 36 M 35 Y 38 K 1	*Quente neutra*
20007	C 25 M 23 Y 54 K 0	C 36 M 35 Y 38 K 1	*Quente neutra*
20008	C 23 M 34 Y 64 K 1	C 36 M 35 Y 38 K 1	*Quente neutra*
20009	C 21 M 38 Y 58 K 1	C 36 M 35 Y 38 K 1	*Quente neutra*
20010	C 24 M 49 Y 55 K 2	C 36 M 35 Y 38 K 1	*Quente neutra*
20011	C 24 M 58 Y 58 K 4	C 36 M 35 Y 38 K 1	*Quente neutra*
20012	C 28 M 70 Y 48 K 7	C 36 M 35 Y 38 K 1	*Quente neutra*
20013	C 14 M 100 Y 42 K 1	C 36 M 35 Y 38 K 1	*Quente neutra*
20014	C 32 M 96 Y 0 K 0	C 36 M 35 Y 38 K 1	*Quente neutra*
20015	C 55 M 89 Y 0 K 0	C 36 M 35 Y 38 K 1	*Quente neutra*
20016	C 71 M 83 Y 0 K 0	C 36 M 35 Y 38 K 1	*Quente neutra*
20017	C 70 M 70 Y 0 K 0	C 36 M 35 Y 38 K 1	*Quente neutra*
20018	C 100 M 88 Y 12 K 6	C 36 M 35 Y 38 K 1	*Quente neutra*
20019	C 36 M 67 Y 35 K 2	C 36 M 35 Y 38 K 1	*Quente neutra*
20020	C 44 M 63 Y 29 K 2	C 36 M 35 Y 38 K 1	*Quente neutra*
20021	C 52 M 62 Y 29 K 4	C 36 M 35 Y 38 K 1	*Quente neutra*
20022	C 57 M 58 Y 26 K 3	C 36 M 35 Y 38 K 2	*Quente neutra*
20023	C 56 M 53 Y 24 K 1	C 36 M 35 Y 38 K 1	*Quente neutra*
20024	C 73 M 60 Y 36 K 10	C 36 M 35 Y 38 K 1	*Quente neutra*
20025	C 100 M 45 Y 16 K 1	C 36 M 35 Y 38 K 1	*Quente neutra*
20026	C 100 M 45 Y 36 K 12	C 36 M 35 Y 38 K 1	*Quente neutra*
20027	C 100 M 35 Y 48 K 12	C 36 M 35 Y 38 K 1	*Quente neutra*
20028	C 100 M 11 Y 82 K 1	C 36 M 35 Y 38 K 1	*Quente neutra*
20029	C 70 M 11 Y 100 K 0	C 36 M 35 Y 38 K 1	*Quente neutra*
20030	C 35 M 11 Y 100 K 0	C 36 M 35 Y 38 K 1	*Quente neutra*
20031	C 60 M 39 Y 24 K 12	C 36 M 35 Y 38 K 1	*Quente neutra*
20032	C 67 M 45 Y 44 K 10	C 36 M 35 Y 38 K 1	*Quente neutra*
20033	C 64 M 45 Y 49 K 13	C 36 M 35 Y 38 K 1	*Quente neutra*
20034	C 58 M 39 Y 57 K 8	C 36 M 35 Y 38 K 1	*Quente neutra*
20035	C 51 M 31 Y 53 K 4	C 36 M 35 Y 38 K 1	*Quente neutra*
20036	C 32 M 21 Y 53 K 0	C 36 M 35 Y 38 K 1	*Quente neutra*

Para uma impressão de cores bem específica e ousada, combine uma cor saturada com uma cor neutra – em vez do preto, que pode abrandar a intensidade cromática de outras cores às quais é justaposto. Cada uma das cores vibrantes é mostrada duas vezes: na página da esquerda, em par com um cinza neutro quente, e na página da direita, com um cinza neutro frio, para mostrar o efeito da diferença de temperatura.

Nº	Cor (C M Y K)	Neutra (C M Y K)	
037	C 0 M 20 Y 100 K 0	C 36 M 23 Y 27 K 0	*Fria neutra*
038	C 0 M 43 Y 100 K 0	C 36 M 23 Y 27 K 0	*Fria neutra*
039	C 3 M 58 Y 100 K 0	C 36 M 23 Y 27 K 0	*Fria neutra*
040	C 0 M 78 Y 100 K 0	C 36 M 23 Y 27 K 0	*Fria neutra*
041	C 6 M 85 Y 100 K 0	C 36 M 23 Y 27 K 0	*Fria neutra*
042	C 13 M 100 Y 89 K 4	C 36 M 23 Y 27 K 0	*Fria neutra*
043	C 25 M 23 Y 54 K 0	C 36 M 23 Y 27 K 0	*Fria neutra*
044	C 23 M 34 Y 64 K 1	C 36 M 23 Y 27 K 0	*Fria neutra*
045	C 21 M 38 Y 58 K 1	C 36 M 23 Y 27 K 0	*Fria neutra*
046	C 24 M 49 Y 55 K 2	C 36 M 23 Y 27 K 0	*Fria neutra*
047	C 24 M 58 Y 58 K 4	C 36 M 23 Y 27 K 0	*Fria neutra*
048	C 28 M 70 Y 48 K 7	C 36 M 23 Y 27 K 0	*Fria neutra*
049	C 14 M 100 Y 42 K 1	C 36 M 23 Y 27 K 0	*Fria neutra*
050	C 32 M 96 Y 0 K 0	C 36 M 23 Y 27 K 0	*Fria neutra*
051	C 55 M 89 Y 0 K 0	C 36 M 23 Y 27 K 0	*Fria neutra*
052	C 71 M 83 Y 0 K 0	C 36 M 23 Y 27 K 0	*Fria neutra*
053	C 70 M 70 Y 0 K 0	C 36 M 23 Y 27 K 0	*Fria neutra*
054	C 100 M 88 Y 12 K 6	C 36 M 23 Y 27 K 0	*Fria neutra*
055	C 36 M 67 Y 35 K 2	C 36 M 23 Y 27 K 0	*Fria neutra*
056	C 44 M 63 Y 29 K 2	C 36 M 23 Y 27 K 0	*Fria neutra*
057	C 52 M 62 Y 29 K 4	C 36 M 23 Y 27 K 0	*Fria neutra*
058	C 57 M 58 Y 26 K 2	C 36 M 23 Y 27 K 0	*Fria neutra*
059	C 56 M 53 Y 24 K 1	C 36 M 23 Y 27 K 0	*Fria neutra*
060	C 73 M 60 Y 36 K 10	C 36 M 23 Y 27 K 0	*Fria neutra*
061	C 100 M 45 Y 16 K 1	C 36 M 23 Y 27 K 0	*Fria neutra*
062	C 100 M 45 Y 36 K 12	C 36 M 23 Y 27 K 0	*Fria neutra*
063	C 100 M 35 Y 48 K 12	C 36 M 23 Y 27 K 0	*Fria neutra*
064	C 100 M 11 Y 82 K 1	C 36 M 23 Y 27 K 0	*Fria neutra*
065	C 70 M 11 Y 100 K 0	C 36 M 23 Y 27 K 0	*Fria neutra*
066	C 35 M 11 Y 100 K 0	C 36 M 23 Y 27 K 0	*Fria neutra*
067	C 60 M 39 Y 24 K 12	C 36 M 23 Y 27 K 0	*Fria neutra*
068	C 67 M 45 Y 44 K 10	C 36 M 23 Y 27 K 0	*Fria neutra*
069	C 64 M 45 Y 49 K 13	C 36 M 23 Y 27 K 0	*Fria neutra*
070	C 58 M 39 Y 57 K 8	C 36 M 23 Y 27 K 0	*Fria neutra*
071	C 51 M 31 Y 53 K 4	C 36 M 23 Y 27 K 0	*Fria neutra*
072	C 32 M 21 Y 53 K 0	C 36 M 23 Y 27 K 0	*Fria neutra*

PALETAS DE TRÊS CORES *Formais*

21

Paleta	Cor 1	Cor 2	Cor 3	Tipo
21001	C 0 M 5 Y 100 K 0	C 0 M 100 Y 80 K 5	C 83 M 17 Y 0 K 0	*Tríade*
21002	C 3 M 58 Y 100 K 0	C 46 M 78 Y 0 K 0	C 100 M 0 Y 83 K 0	*Tríade*
21003	C 0 M 85 Y 100 K 0	C 69 M 69 Y 0 K 0	C 42 M 19 Y 100 K 1	*Tríade*
21004	C 0 M 30 Y 84 K 0	C 28 M 90 Y 0 K 0	C 86 M 1 Y 41 K 0	*Tríade*
21005	C 20 M 22 Y 100 K 2	C 0 M 78 Y 63 K 35	C 100 M 40 Y 0 K 35	*Tríade*
21006	C 23 M 74 Y 100 K 13	C 69 M 100 Y 13 K 3	C 100 M 38 Y 79 K 23	*Tríade*
21007	C 34 M 77 Y 82 K 38	C 76 M 74 Y 20 K 11	C 60 M 49 Y 72 K 33	*Tríade*
21008	C 20 M 55 Y 100 K 5	C 45 M 100 Y 0 K 25	C 100 M 31 Y 43 K 20	*Tríade*
21009	C 14 M 12 Y 27 K 0	C 10 M 26 Y 19 K 0	C 28 M 8 Y 9 K 0	*Tríade*
21010	C 9 M 24 Y 36 K 0	C 18 M 30 Y 2 K 0	C 35 M 0 Y 28 K 0	*Tríade*
21011	C 0 M 40 Y 30 K 0	C 28 M 19 Y 0 K 0	C 16 M 0 Y 54 K 0	*Tríade*
21012	C 0 M 8 Y 27 K 0	C 3 M 33 Y 0 K 0	C 21 M 0 Y 8 K 0	*Tríade*
21013	C 0 M 20 Y 100 K 0	C 22 M 25 Y 0 K 0	C 38 M 37 Y 39 K 1	*Complementares + Neutra*
21014	C 3 M 58 Y 100 K 0	C 47 M 22 Y 0 K 0	C 38 M 37 Y 39 K 1	*Complementares + Neutra*
21015	C 6 M 79 Y 100 K 1	C 100 M 16 Y 41 K 0	C 38 M 37 Y 39 K 1	*Complementares + Neutra*
21016	C 5 M 100 Y 89 K 10	C 100 M 22 Y 80 K 2	C 38 M 37 Y 39 K 1	*Complementares + Neutra*
21017	C 32 M 96 Y 0 K 0	C 42 M 25 Y 100 K 3	C 38 M 37 Y 39 K 2	*Complementares + Neutra*
21018	C 37 M 58 Y 0 K 0	C 23 M 28 Y 100 K 0	C 38 M 37 Y 39 K 1	*Complementares + Neutra*
21019	C 58 M 53 Y 0 K 0	C 15 M 55 Y 100 K 2	C 38 M 37 Y 39 K 1	*Complementares + Neutra*
21020	C 100 M 60 Y 0 K 25	C 18 M 78 Y 100 K 4	C 38 M 37 Y 39 K 1	*Complementares + Neutra*
21021	C 78 M 4 Y 17 K 12	C 5 M 63 Y 100 K 1	C 38 M 37 Y 39 K 1	*Complementares + Neutra*
21022	C 100 M 35 Y 48 K 12	C 25 M 85 Y 98 K 1	C 38 M 37 Y 39 K 1	*Complementares + Neutra*
21023	C 57 M 11 Y 100 K 1	C 10 M 91 Y 4 K 0	C 38 M 37 Y 39 K 1	*Complementares + Neutra*
21024	C 18 M 11 Y 100 K 0	C 24 M 46 Y 0 K 0	C 38 M 37 Y 39 K 1	*Complementares + Neutra*

As paletas aqui mostradas oferecem relações ópticas complexas. As tríades – ou complementares divididas – podem ser matizadas individualmente para suavizar suas atividades ópticas e mesmo combinadas por sobreimpressão para produzir cores secundárias exóticas e neutras. Duas complementares combinadas a uma neutra quente também apresentam interação dinâmica. Em contraste, os conjuntos análogos oferecem uma experiência mais profunda do sentimento de uma cor. Use-os como mostrados ou como pano de fundo para uma complementar contrastante.

21025
C 1 M 13 Y 100 K 0
C 3 M 58 Y 100 K 0
C 11 M 85 Y 97 K 2
Análoga

21029
C 23 M 38 Y 100 K 2
C 22 M 67 Y 100 K 9
C 31 M 92 Y 82 K 39
Análoga

21033
C 1 M 13 Y 100 K 0
C 3 M 58 Y 100 K 0
C 49 M 70 Y 0 K 0
Análoga + Complementar

21037
C 84 M 56 Y 0 K 0
C 100 M 36 Y 25 K 2
C 18 M 80 Y 100 K 7
Análoga + Complementar

21041
C 0 M 13 Y 100 K 0
C 3 M 58 Y 100 K 0
C 38 M 37 Y 39 K 1
Análoga + Neutra

21045
C 84 M 56 Y 0 K 0
C 100 M 36 Y 25 K 2
C 38 M 37 Y 39 K 1
Análoga + Neutra

21026
C 0 M 75 Y 90 K 13
C 36 M 100 Y 7 K 5
C 69 M 100 Y 9 K 1
Análoga

21030
C 26 M 85 Y 96 K 21
C 56 M 96 Y 32 K 16
C 84 M 100 Y 16 K 9
Análoga

21034
C 0 M 75 Y 90 K 13
C 36 M 100 Y 7 K 5
C 97 M 9 Y 100 K 1
Análoga + Complementar

21038
C 100 M 36 Y 25 K 1
C 100 M 11 Y 82 K 1
C 12 M 61 Y 100 K 1
Análoga + Complementar

21042
C 0 M 75 Y 90 K 13
C 36 M 100 Y 7 K 5
C 38 M 37 Y 39 K 1
Análoga + Neutra

21046
C 100 M 36 Y 25 K 2
C 100 M 11 Y 82 K 1
C 38 M 37 Y 39 K 1
Análoga + Neutra

21027
C 84 M 100 Y 26 K 3
C 77 M 82 Y 2 K 0
C 84 M 56 Y 0 K 0
Análoga

21031
C 36 M 56 Y 0 K 0
C 58 M 55 Y 0 K 0
C 33 M 16 Y 1 K 0
Análoga

21035
C 36 M 100 Y 7 K 5
C 69 M 100 Y 9 K 1
C 23 M 38 Y 100 K 2
Análoga + Complementar

21039
C 100 M 11 Y 82 K 1
C 50 M 27 Y 100 K 6
C 23 M 100 Y 66 K 13
Análoga + Complementar

21043
C 36 M 100 Y 7 K 5
C 69 M 100 Y 9 K 1
C 38 M 37 Y 39 K 1
Análoga + Neutra

21047
C 100 M 11 Y 82 K 1
C 50 M 27 Y 100 K 6
C 38 M 37 Y 39 K 1
Análoga + Neutra

21028
C 100 M 31 Y 24 K 1
C 100 M 11 Y 82 K 1
C 42 M 19 Y 100 K 1
Análoga

21032
C 46 M 11 Y 18 K 0
C 28 M 0 Y 59 K 0
C 11 M 4 Y 58 K 0
Análoga

21036
C 77 M 82 Y 2 K 0
C 84 M 56 Y 0 K 0
C 24 M 67 Y 94 K 0
Análoga + Complementar

21040
C 29 M 9 Y 86 K 6
C 5 M 27 Y 80 K 1
C 10 M 43 Y 0 K 0
Análoga + Complementar

21044
C 77 M 82 Y 2 K 0
C 84 M 56 Y 0 K 0
C 38 M 37 Y 39 K 1
Análoga + Neutra

21048
C 29 M 9 Y 86 K 6
C 5 M 27 Y 80 K 1
C 38 M 37 Y 39 K 1
Análoga + Neutra

PALETAS DE TRÊS CORES *Monocromáticas*

22

Paleta	Cor 1	Cor 2	Cor 3	Classificação
22001	C 13 M 100 Y 68 K 29	C 0 M 100 Y 80 K 5	C 0 M 54 Y 49 K 10	*Vermelho: Saturado*
22005	C 27 M 44 Y 38 K 29	C 25 M 48 Y 48 K 5	C 13 M 30 Y 29 K 10	*Vermelho: Não saturado*
22009	C 26 M 45 Y 100 K 0	C 5 M 39 Y 100 K 0	C 1 M 26 Y 98 K 0	*Laranja: Saturado*
22013	C 47 M 56 Y 73 K 0	C 39 M 45 Y 55 K 0	C 26 M 32 Y 42 K 0	*Laranja: Não saturado*
22017	C 39 M 47 Y 100 K 1	C 18 M 31 Y 100 K 0	C 3 M 15 Y 100 K 0	*Amarelo: Saturado*
22021	C 31 M 34 Y 57 K 1	C 28 M 29 Y 47 K 0	C 22 M 23 Y 44 K 0	*Amarelo: Não saturado*
22002	C 32 M 100 Y 40 K 13	C 8 M 100 Y 7 K 0	C 0 M 63 Y 9 K 0	*Vermelho: Saturado*
22006	C 40 M 53 Y 45 K 13	C 30 M 46 Y 35 K 0	C 15 M 34 Y 22 K 0	*Vermelho: Não saturado*
22010	C 12 M 71 Y 100 K 2	C 6 M 65 Y 100 K 1	C 0 M 47 Y 76 K 0	*Laranja: Saturado*
22014	C 58 M 63 Y 63 K 2	C 43 M 54 Y 58 K 1	C 35 M 43 Y 45 K 0	*Laranja: Não saturado*
22018	C 27 M 28 Y 100 K 0	C 15 M 9 Y 100 K 0	C 9 M 1 Y 64 K 0	*Amarelo: Saturado*
22022	C 25 M 25 Y 56 K 0	C 18 M 16 Y 47 K 0	C 12 M 6 Y 26 K 0	*Amarelo: Não saturado*
22003	C 0 M 51 Y 29 K 5	C 0 M 42 Y 25 K 0	C 0 M 19 Y 13 K 0	*Vermelho: Saturado*
22007	C 13 M 30 Y 26 K 5	C 10 M 23 Y 20 K 0	C 5 M 11 Y 10 K 0	*Vermelho: Não saturado*
22011	C 2 M 25 Y 54 K 0	C 0 M 17 Y 47 K 0	C 0 M 12 Y 44 K 0	*Laranja: Saturado*
22015	C 22 M 26 Y 49 K 0	C 17 M 22 Y 39 K 0	C 15 M 18 Y 34 K 0	*Laranja: Não saturado*
22019	C 13 M 17 Y 47 K 1	C 3 M 8 Y 49 K 0	C 0 M 3 Y 20 K 0	*Amarelo: Saturado*
22023	C 10 M 9 Y 26 K 1	C 8 M 5 Y 23 K 0	C 0 M 3 Y 15 K 0	*Amarelo: Não saturado*
22004	C 0 M 65 Y 5 K 0	C 0 M 51 Y 1 K 0	C 0 M 24 Y 2 K 0	*Vermelho: Saturado*
22008	C 17 M 38 Y 23 K 0	C 12 M 27 Y 16 K 0	C 6 M 13 Y 8 K 0	*Vermelho: Não saturado*
22012	C 0 M 27 Y 36 K 0	C 0 M 21 Y 34 K 1	C 0 M 15 Y 25 K 0	*Laranja: Saturado*
22016	C 14 M 18 Y 26 K 2	C 10 M 15 Y 26 K 1	C 6 M 10 Y 20 K 0	*Laranja: Não saturado*
22020	C 11 M 2 Y 53 K 0	C 8 M 3 Y 44 K 0	C 7 M 0 Y 32 K 0	*Amarelo: Saturado*
22024	C 10 M 6 Y 29 K 0	C 8 M 4 Y 24 K 0	C 5 M 0 Y 18 K 0	*Amarelo: Não saturado*

Os três componentes de cada uma destas paletas são do mesmo tom básico, com variações expressas em termos de saturação, temperatura e valor. As seleções da página da esquerda são de tonalidades quentes; as da direita são combinações frias. Estas combinações contidas podem ser usadas sozinhas, em combinação ou como base sobre a qual paletas de duas ou três cores interagem.

Paleta	Cor 1	Cor 2	Cor 3	
22 025	C 77 M 32 Y 100 K 24	C 73 M 27 Y 100 K 1	C 47 M 0 Y 87 K 0	*Verde: Saturado*
22 029	C 60 M 47 Y 67 K 24	C 58 M 39 Y 69 K 1	C 34 M 21 Y 45 K 0	*Verde: Não saturado*
22 033	C 100 M 52 Y 24 K 13	C 100 M 36 Y 25 K 2	C 76 M 19 Y 10 K 0	*Azul: Saturado*
22 037	C 62 M 53 Y 37 K 13	C 62 M 48 Y 38 K 2	C 45 M 33 Y 24 K 0	*Azul: Não saturado*
22 041	C 62 M 99 Y 6 K 1	C 41 M 76 Y 0 K 1	C 26 M 58 Y 0 K 0	*Violeta: Saturado*
22 045	C 56 M 62 Y 36 K 1	C 40 M 52 Y 25 K 1	C 28 M 39 Y 19 K 0	*Violeta: Não saturado*
22 026	C 100 M 36 Y 69 K 24	C 100 M 16 Y 71 K 1	C 71 M 0 Y 52 K 0	*Verde: Saturado*
22 030	C 65 M 50 Y 58 K 24	C 58 M 40 Y 52 K 1	C 38 M 22 Y 33 K 0	*Verde: Não saturado*
22 034	C 99 M 85 Y 0 K 1	C 83 M 56 Y 0 K 0	C 63 M 38 Y 0 K 0	*Azul: Saturado*
22 038	C 72 M 65 Y 35 K 1	C 62 M 51 Y 31 K 0	C 49 M 39 Y 25 K 0	*Azul: Não saturado*
22 042	C 86 M 100 Y 13 K 3	C 62 M 75 Y 0 K 0	C 55 M 59 Y 0 K 0	*Violeta: Saturado*
22 046	C 61 M 61 Y 32 K 3	C 53 M 50 Y 22 K 0	C 42 M 38 Y 17 K 0	*Violeta: Não saturado*
22 027	C 25 M 0 Y 33 K 24	C 23 M 0 Y 31 K 1	C 12 M 0 Y 19 K 0	*Verde: Saturado*
22 031	C 18 M 10 Y 21 K 24	C 17 M 10 Y 20 K 1	C 11 M 5 Y 12 K 0	*Verde: Não saturado*
22 035	C 31 M 11 Y 1 K 13	C 31 M 5 Y 1 K 2	C 22 M 3 Y 0 K 0	*Azul: Saturado*
22 039	C 22 M 12 Y 10 K 13	C 22 M 10 Y 11 K 2	C 15 M 7 Y 8 K 0	*Azul: Não saturado*
22 043	C 19 M 33 Y 0 K 1	C 12 M 25 Y 0 K 1	C 8 M 18 Y 0 K 0	*Violeta: Saturado*
22 047	C 16 M 21 Y 12 K 1	C 12 M 16 Y 9 K 1	C 8 M 12 Y 7 K 0	*Violeta: Não saturado*
22 028	C 41 M 4 Y 28 K 0	C 31 M 0 Y 21 K 0	C 19 M 0 Y 14 K 0	*Verde: Saturado*
22 032	C 11 M 5 Y 8 K 24	C 22 M 8 Y 17 K 1	C 13 M 5 Y 11 K 0	*Verde: Não saturado*
22 036	C 25 M 16 Y 0 K 1	C 21 M 10 Y 0 K 0	C 16 M 7 Y 0 K 0	*Azul: Saturado*
22 040	C 15 M 10 Y 5 K 1	C 13 M 7 Y 4 K 0	C 10 M 5 Y 3 K 0	*Azul: Não saturado*
22 044	C 33 M 35 Y 0 K 3	C 22 M 24 Y 0 K 0	C 18 M 18 Y 0 K 0	*Violeta: Saturado*
22 048	C 21 M 17 Y 9 K 3	C 17 M 15 Y 6 K 0	C 13 M 11 Y 5 K 0	*Violeta: Não saturado*

SISTEMAS DE CORES *Uma Variável*

23

23001

C	M	Y	K
34	22	78	6
5	58	100	4
15	86	0	0
27	44	100	0

Tom

23002

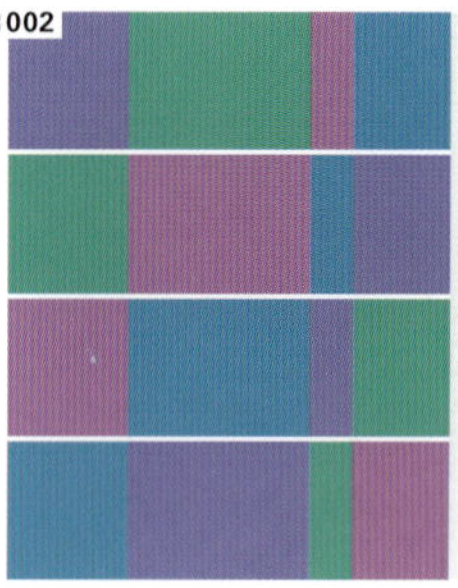

C	M	Y	K
80	28	17	0
58	57	0	0
79	11	53	1
34	70	0	0

Tom

23003

C	M	Y	K
0	8	55	0
0	23	33	0
6	37	0	0
22	0	53	0

Tom

23004

C	M	Y	K
28	0	10	0
13	14	0	0
8	22	0	0
24	0	22	0

Tom

23005

C	M	Y	K
52	44	76	6
34	55	71	4
42	64	39	0
50	58	82	0

Tom

23006

C	M	Y	K
61	41	36	0
58	51	37	0
59	37	56	1
45	57	34	0

Tom

23007

C	M	Y	K
17	20	38	0
10	19	23	0
14	26	11	0
25	16	37	0

Tom

23008

C	M	Y	K
20	9	13	0
14	12	8	0
10	15	7	0
17	7	16	0

Tom

23009

C	M	Y	K
7	71	87	2
0	41	24	0
13	85	94	25
33	98	98	51

Valor

23010

C	M	Y	K
41	58	0	0
22	37	0	0
85	99	11	2
18	21	0	0

Valor

23011

C	M	Y	K
62	25	0	0
29	5	0	0
75	39	11	1
97	69	30	12

Valor

23012

C	M	Y	K
39	0	81	0
24	0	40	0
51	15	100	13
70	49	100	37

Valor

23013

C	M	Y	K
32	42	47	2
15	27	22	0
39	55	56	25
56	76	76	51

Valor

23014

C	M	Y	K
37	42	23	0
19	24	12	0
69	75	50	10
8	8	5	0

Valor

23015

C	M	Y	K
37	23	18	0
18	9	8	0
61	44	35	1
76	69	58	12

Valor

23016

C	M	Y	K
33	22	45	0
15	4	31	0
43	26	64	13
60	51	68	37

Valor

Nestas paletas a interação cromática de quatro componentes é limitada ao se permitir que somente uma variável – tom, valor, saturação ou temperatura – se modifique. Uma variável nova – extensão ou volume de cada componente – transforma a paleta em um sistema no qual cada variação mostrada é controlada por um volume maior de um componente em relação aos demais. Use estes sistemas tão limitados para variar a impressão da cor em páginas alternadas, para distinguir elementos numa linha de produtos ou para criar uma família de publicações, tais como catálogos – todas únicas em tom, ainda que claramente inter-relacionadas.

23**017**

C 25 M 55 Y 100 K 8
C 31 M 45 Y 71 K 7
C 15 M 82 Y 100 K 4
C 36 M 40 Y 44 K 3

Saturação

23**018**

C 39 M 36 Y 76 K 1
C 41 M 38 Y 60 K 0
C 41 M 36 Y 100 K 1
C 39 M 38 Y 42 K 0

Saturação

23**019**

C 12 M 19 Y 41 K 0
C 11 M 13 Y 30 K 0
C 0 M 28 Y 63 K 0
C 15 M 16 Y 24 K 0

Saturação

23**020**

C 14 M 0 Y 55 K 0
C 13 M 3 Y 32 K 0
C 14 M 1 Y 42 K 0
C 3 M 0 Y 14 K 10

Saturação

23**021**

C 100 M 43 Y 4 K 0
C 65 M 45 Y 31 K 0
C 70 M 48 Y 23 K 0
C 10 M 4 Y 0 K 50

Saturação

23**022**

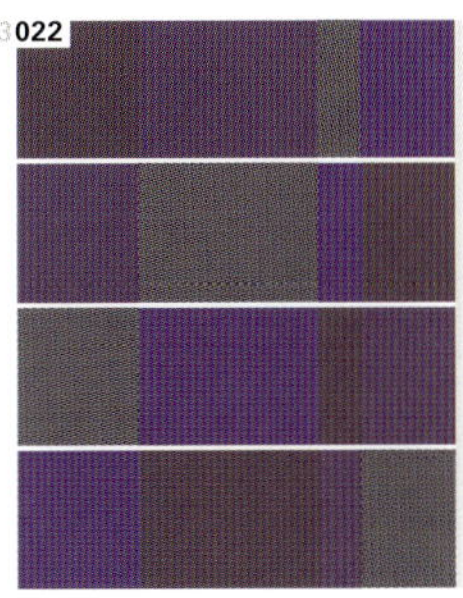

C 60 M 74 Y 0 K 0
C 63 M 66 Y 36 K 1
C 60 M 69 Y 18 K 0
C 15 M 25 Y 6 K 50

Saturação

23**023**

C 27 M 0 Y 7 K 0
C 16 M 2 Y 6 K 8
C 30 M 3 Y 10 K 0
C 12 M 2 Y 9 K 10

Saturação

23**024**

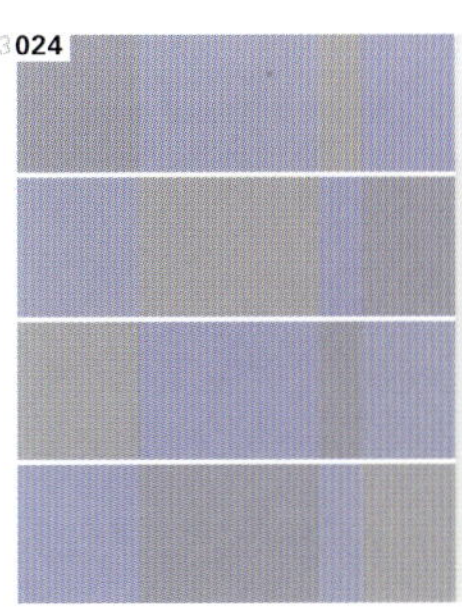

C 35 M 26 Y 0 K 0
C 35 M 27 Y 11 K 0
C 34 M 25 Y 2 K 0
C 31 M 24 Y 15 K 0

Saturação

23**025**

C 10 M 69 Y 0 K 0
C 0 M 80 Y 43 K 1
C 0 M 56 Y 75 K 1
C 13 M 38 Y 100 K 0

Temperatura

23**026**

C 0 M 22 Y 65 K 0
C 7 M 5 Y 93 K 0
C 13 M 0 Y 82 K 0
C 16 M 0 Y 80 K 0

Temperatura

23**027**

C 28 M 8 Y 98 K 0
C 36 M 0 Y 100 K 0
C 46 M 0 Y 55 K 0
C 50 M 0 Y 33 K 0

Temperatura

23**028**

C 58 M 0 Y 18 K 0
C 48 M 16 Y 0 K 0
C 38 M 24 Y 0 K 0
C 29 M 31 Y 0 K 0

Temperatura

23**029**

C 29 M 40 Y 25 K 0
C 28 M 47 Y 37 K 1
C 28 M 40 Y 50 K 1
C 30 M 33 Y 57 K 0

Temperatura

23**030**

C 29 M 31 Y 52 K 0
C 25 M 27 Y 65 K 0
C 30 M 26 Y 57 K 0
C 33 M 24 Y 52 K 0

Temperatura

23**031**

C 27 M 23 Y 53 K 0
C 33 M 23 Y 52 K 0
C 38 M 18 Y 44 K 0
C 38 M 16 Y 31 K 0

Temperatura

23**032**

C 34 M 18 Y 26 K 0
C 32 M 20 Y 16 K 0
C 28 M 24 Y 11 K 0
C 24 M 26 Y 15 K 0

Temperatura

SISTEMAS DE CORES *Duas Variáveis*

24

24001

C	M	Y	K
17	69	100	16
46	44	63	11
47	56	51	9
38	46	100	15

Tom e saturação

24002

C	M	Y	K
31	100	78	40
43	56	91	29
54	47	67	24
68	46	94	24

Tom e saturação

24003

C	M	Y	K
18	6	43	0
4	16	70	0
0	22	32	0
13	15	23	0

Tom e saturação

24004

C	M	Y	K
10	1	27	0
0	5	33	0
7	8	11	0
0	2	100	0

Tom e saturação

24005

C	M	Y	K
58	40	40	1
58	50	25	0
39	96	0	0
89	47	25	4

Tom e saturação

24006

C	M	Y	K
91	85	0	0
79	87	0	0
68	84	19	4
65	51	47	18

Tom e saturação

24007

C	M	Y	K
18	12	10	0
16	17	0	0
9	23	2	0
15	18	3	0

Tom e saturação

24008

C	M	Y	K
22	9	13	0
33	0	24	0
24	9	26	0
11	18	0	0

Tom e saturação

24009

C	M	Y	K
0	57	71	2
0	21	94	0
27	13	100	1
24	95	100	21

Tom e valor

24010

C	M	Y	K
0	68	13	0
29	58	100	15
0	70	81	0
0	11	36	0

Tom e valor

24011

C	M	Y	K
57	78	0	0
73	0	29	0
29	2	0	0
100	97	16	12

Tom e valor

24012

C	M	Y	K
98	10	48	0
62	43	0	0
14	12	0	0
100	36	42	37

Tom e valor

24013

C	M	Y	K
13	25	35	2
5	9	18	0
31	26	52	1
41	56	58	21

Tom e valor

24014

C	M	Y	K
20	42	24	0
58	71	73	15
18	35	47	0
9	9	20	0

Tom e valor

24015

C	M	Y	K
37	41	21	0
32	16	20	0
15	8	9	0
67	61	44	12

Tom e valor

24016

C	M	Y	K
53	33	42	0
34	22	12	0
2	2	0	7
56	44	40	37

Tom e valor

Estes sistemas de cor limitados são mais complexos em termos de interação cromática, ao permitirem que duas variáveis – saturação e valor, ou saturação e temperatura, por exemplo – flutuem em certos elementos da paleta. Como os sistemas de uma cor, estes são mais úteis para aplicações seriadas, sequenciais ou programáticas.

24 017

C 6 M 33 Y 26 K 8
C 37 M 47 Y 42 K 7
C 5 M 100 Y 40 K 4
C 65 M 75 Y 68 K 3

Valor e saturação

24 021

C 3 M 0 Y 6 K 8
C 47 M 0 Y 93 K 7
C 36 M 25 Y 51 K 4
C 79 M 65 Y 82 K 3

Valor e saturação

24 025

C 20 M 55 Y 0 K 0
C 0 M 63 Y 34 K 1
C 0 M 90 Y 74 K 0
C 24 M 40 Y 29 K 1

Temperatura e saturação

24 029

C 28 M 9 Y 98 K 0
C 36 M 0 Y 100 K 0
C 33 M 11 Y 36 K 0
C 43 M 0 Y 40 K 0

Temperatura e saturação

24 018

C 0 M 17 Y 42 K 8
C 32 M 40 Y 54 K 7
C 0 M 89 Y 89 K 0
C 73 M 78 Y 90 K 3

Valor e saturação

24 022

C 33 M 8 Y 11 K 8
C 67 M 35 Y 19 K 7
C 100 M 65 Y 36 K 4
C 56 M 5 Y 0 K 3

Valor e saturação

24 026

C 14 M 39 Y 45 K 0
C 7 M 42 Y 43 K 1
C 0 M 31 Y 83 K 1
C 18 M 24 Y 41 K 0

Temperatura e saturação

24 030

C 58 M 0 Y 42 K 0
C 50 M 20 Y 22 K 0
C 54 M 25 Y 0 K 0
C 40 M 26 Y 21 K 0

Temperatura e saturação

24 019

C 1 M 0 Y 16 K 8
C 32 M 36 Y 53 K 7
C 0 M 50 Y 100 K 0
C 68 M 71 Y 93 K 3

Valor e saturação

24 023

C 33 M 25 Y 8 K 8
C 70 M 59 Y 14 K 7
C 92 M 100 Y 29 K 4
C 19 M 13 Y 0 K 3

Valor e saturação

24 027

C 0 M 26 Y 69 K 1
C 7 M 5 Y 93 K 0
C 11 M 14 Y 45 K 0
C 0 M 22 Y 51 K 0

Temperatura e saturação

24 031

C 73 M 28 Y 0 K 0
C 57 M 36 Y 11 K 0
C 69 M 53 Y 0 K 0
C 55 M 45 Y 1 K 0

Temperatura e saturação

24 020

C 2 M 0 Y 14 K 8
C 22 M 21 Y 35 K 7
C 0 M 10 Y 100 K 0
C 52 M 55 Y 100 K 3

Valor e saturação

24 024

C 17 M 33 Y 8 K 8
C 38 M 72 Y 0 K 7
C 76 M 100 Y 15 K 4
C 2 M 4 Y 0 K 5

Valor e saturação

24 028

C 0 M 2 Y 72 K 0
C 7 M 5 Y 93 K 0
C 14 M 8 Y 49 K 0
C 16 M 0 Y 82 K 0

Temperatura e saturação

24 032

C 64 M 55 Y 0 K 0
C 49 M 51 Y 0 K 0
C 49 M 65 Y 0 K 0
C 41 M 76 Y 0 K 0

Temperatura e saturação

CONCEITOS *Estados de Espírito, Lugares, Estações* 25

25001 — *Tranquilo*

C	M	Y	K
16	19	30	0
28	13	0	0
30	22	5	0
38	5	10	0

25002 — *Urbano*

C	M	Y	K
15	10	0	60
0	78	100	0
3	3	20	3
20	30	100	85

25003 — *Esportivo*

C	M	Y	K
100	65	0	0
85	0	85	15
0	32	100	0
0	84	100	0

25004 — *Conservador*

C	M	Y	K
51	12	0	53
20	0	0	69
5	0	0	65
0	5	15	69

25005 — *Amigável*

C	M	Y	K
0	26	100	0
0	72	78	0
40	0	20	0
22	0	40	0

25006 — *Dinâmico*

C	M	Y	K
0	100	100	0
27	100	0	0
100	0	50	0
60	0	100	0

25007 — *Tecnológico*

C	M	Y	K
41	0	100	0
0	67	100	0
89	0	10	0
0	5	100	0

25008 — *Progressista*

C	M	Y	K
53	0	100	0
0	0	100	56
0	85	40	0
76	55	0	0

25009 — *Cômico*

C	M	Y	K
0	67	100	0
46	96	0	0
0	80	0	0
34	0	100	0

25010 — *Refrescante*

C	M	Y	K
0	24	100	0
60	6	0	0
85	10	45	0
87	55	0	0

25011 — *Intuitivo*

C	M	Y	K
0	25	100	0
0	39	75	0
0	11	67	0
20	0	80	0

25012 — *Orgânico*

C	M	Y	K
5	63	74	50
50	28	100	58
100	0	100	35
15	75	100	71

25013 — *Romântico*

C	M	Y	K
46	100	0	48
15	100	69	40
83	100	0	35
15	85	95	65

25014 — *Sinistro*

C	M	Y	K
20	20	20	100
20	20	20	80
0	100	89	65
40	30	100	69

25015 — *Elegante*

C	M	Y	K
15	0	10	42
25	25	40	45
25	19	42	0
25	3	3	14

25016 — *Artificial*

C	M	Y	K
100	0	10	0
17	0	100	0
5	0	0	30
0	0	0	20

O poder que as cores têm de evocar emoção e experiência física é extraordinário. Estes conceitos de cor são paletas limitadas selecionadas não somente por suas relações ópticas, mas também por conta do sentimento que induzem. Junto com as ideias emocionais, paletas que sugerem locais – obtidas das artes e obras têxteis de várias culturas – e épocas do ano são também mostradas.

25017 *Europeu*

C	M	Y	K
89	50	0	0
0	25	100	0
0	0	0	30
0	69	100	0

25021 *Japonês*

C	M	Y	K
0	100	100	5
0	0	5	5
0	20	45	20
20	20	20	100

25025 *Primavera: Pastel*

C	M	Y	K
0	0	40	0
0	25	5	0
25	0	45	0
25	20	0	0

25029 *Primavera: Vibrante*

C	M	Y	K
0	15	100	0
0	60	25	0
25	0	100	0
50	0	100	0

25018 *Africano*

C	M	Y	K
0	100	100	10
55	84	50	55
0	20	69	30
60	80	80	30

25022 *Chinês*

C	M	Y	K
0	89	100	0
0	15	100	0
0	28	12	0
20	20	20	100

25026 *Verão: Frio*

C	M	Y	K
35	0	100	0
35	0	20	0
69	0	20	0
80	40	10	0

25030 *Verão: Quente*

C	M	Y	K
35	0	100	0
0	5	100	0
0	40	100	0
0	69	100	0

25019 *Sul-americano*

C	M	Y	K
0	89	100	0
86	30	77	17
0	15	100	10
87	75	36	23

25023 *Caribenho*

C	M	Y	K
0	15	100	0
0	50	100	0
80	0	30	0
60	79	79	30

25027 *Outono: Colheita*

C	M	Y	K
10	69	100	0
10	25	80	30
0	10	69	30
20	5	50	40

25031 *Outono: Intenso*

C	M	Y	K
15	72	100	0
10	80	100	50
55	85	50	55
30	15	60	60

25020 *Oriente Médio*

C	M	Y	K
10	79	100	50
10	100	65	5
15	71	100	0
80	0	20	0

25024 *Indiano oriental*

C	M	Y	K
0	100	60	5
75	10	80	17
0	69	100	0
69	0	20	0

25028 *Inverno: Frio*

C	M	Y	K
7	3	0	5
5	0	5	5
30	0	0	10
0	0	5	30

25032 *Inverno: Neutro*

C	M	Y	K
0	0	5	20
0	0	4	4
0	5	25	75
10	10	15	15

CONCEITOS *Negócios e Tecnologia*

26

26001

C	M	Y	K
0	15	15	60
80	45	0	50
89	40	0	28
0	0	0	35

Financeiro: Conservador

26002

C	M	Y	K
89	40	0	28
0	0	0	55
65	0	55	69
55	0	6	43

Financeiro: Progressista

26003

C	M	Y	K
10	0	0	35
0	15	15	60
12	100	32	65
65	0	56	69

Legal: Conservador

26004

C	M	Y	K
10	0	0	35
55	0	6	43
0	100	100	25
12	100	32	64

Legal: Progressista

26005

C	M	Y	K
55	0	6	43
40	65	0	65
10	30	80	0
0	100	100	25

Farmacêutico: Consumidor

26006

C	M	Y	K
55	0	6	43
40	64	0	64
0	15	15	60
12	100	32	64

Farmacêutico: Corporativo

26007

C	M	Y	K
0	67	78	22
72	100	0	20
100	10	100	25
50	12	0	51

Ciências da vida

26008

C	M	Y	K
40	0	20	0
80	25	10	0
65	0	67	0
60	63	0	0

Cuidados de saúde: Consumidor

26009

C	M	Y	K
40	0	20	0
63	37	20	20
35	22	8	0
0	33	15	40

Cuidados de saúde: Hospital

26010

C	M	Y	K
20	0	0	69
51	12	0	35
80	45	0	50
55	0	6	43

Fabricação: Médico

26011

C	M	Y	K
20	0	0	69
5	0	5	10
25	0	100	0
0	60	100	0

Fabricação: Químico: Industrial

26012

C	M	Y	K
20	0	0	69
5	0	5	10
40	0	100	40
40	100	30	0

Fabricação: Químico: Botânico

26013

C	M	Y	K
20	0	0	69
5	0	5	10
55	0	6	43
25	0	100	0

Fabricação: Alta tecnologia

26014

C	M	Y	K
20	0	0	68
100	20	20	69
0	0	0	30
20	20	20	100

Fabricação: Mecânica

26015

C	M	Y	K
80	80	100	0
40	0	100	40
0	41	100	28
40	0	10	0

Logística: Pequena escala

26016

C	M	Y	K
65	100	0	0
0	41	100	28
0	65	0	75
89	40	0	28

Logística: Grande escala/Global

Ainda que cada cliente e projeto sejam diferentes, a linguagem cromática de muitos setores de negócios frequentemente respeita uma convenção ligada aos efeitos psicológicos comuns de uma cor. É o caso de muitas instituições financeiras que usam o azul na sua comunicação por causa das qualidades de calma e respeitabilidade desta cor. Os conceitos cromáticos aqui apresentados foram obtidos das convenções de cor comuns nas respectivas indústrias.

26017

C	M	Y	K
41	0	64	75
100	0	100	25
15	45	100	24
5	63	74	50

Silvicultura

26021

C	M	Y	K
0	100	100	0
100	35	0	0
69	0	100	0
45	100	0	0

Televisão: Entretenimento

26025

C	M	Y	K
15	0	10	42
25	19	42	0
0	33	11	45
10	58	60	10

Instituição cultural: Popular

26029

C	M	Y	K
15	0	0	35
50	20	0	45
0	100	100	25
0	60	100	0

Telecomunicações: Negócios

26018

C	M	Y	K
80	80	100	0
43	15	100	71
69	30	100	10
87	0	45	0

Gerenciamento de resíduos

26022

C	M	Y	K
0	100	100	0
100	35	0	25
40	0	30	40
20	20	20	100

Televisão: Notícias

26026

C	M	Y	K
15	0	10	42
0	33	63	60
20	20	0	80
10	80	63	89

Instituição cultural: Elite

26030

C	M	Y	K
10	0	0	25
30	0	10	10
0	100	40	0
0	60	100	0

Telecomunicações: Consumidor

26019

C	M	Y	K
100	5	0	0
88	40	0	28
15	0	0	35
0	100	100	0

Energia: Tradicional

26023

C	M	Y	K
10	100	100	10
100	35	0	25
40	0	30	40
65	0	56	69

Televisão: Financeiro

26027

C	M	Y	K
90	51	0	25
0	80	41	54
5	43	100	0
15	15	50	15

Universidade: Popular

26031

C	M	Y	K
30	5	40	0
19	28	31	5
35	22	8	0
50	22	8	20

Sem fins lucrativos: Comunidade/Saúde

26020

C	M	Y	K
100	5	0	0
100	50	15	25
18	0	5	30
50	10	100	0

Energia: Ecologicamente correta

26024

C	M	Y	K
0	100	40	0
100	35	0	0
64	0	66	0
20	89	0	0

Televisão: Compras

26028

C	M	Y	K
100	45	0	55
12	100	32	64
41	0	63	74
100	100	5	69

Universidade: Elite

26032

C	M	Y	K
20	5	40	5
20	20	45	0
50	10	100	0
5	12	35	50

Sem fins lucrativos: Ecológica

CONCEITOS *Produtos e Estilos de Vida*

27

27001

C	M	Y	K
60	76	0	0
9	86	99	1
49	0	1	0
52	0	100	0

Limpeza doméstica: Pesada

27002

C	M	Y	K
11	16	2	0
25	0	2	0
49	0	1	0
52	0	100	0

Limpeza doméstica: Vidro

27003

C	M	Y	K
10	15	100	0
26	82	91	1
39	46	100	16
40	65	94	39

Limpeza doméstica: Polimento de madeira

27004

C	M	Y	K
11	16	0	0
25	0	2	0
0	25	2	0
35	0	45	0

Limpeza doméstica: Purificador de ar

27005

C	M	Y	K
0	80	100	0
0	60	100	0
33	0	98	0
49	0	1	0

Lavanderia: Forte

27006

C	M	Y	K
33	23	1	0
6	29	17	0
22	0	49	0
37	9	10	0

Lavanderia: Delicado

27007

C	M	Y	K
6	23	17	0
4	44	7	0
15	59	0	0
24	47	0	0

Lavanderia: Amaciante

27008

C	M	Y	K
0	4	100	0
25	0	2	0
27	0	59	0
47	0	46	0

Lavanderia: Ecológico/Orgânico

27009

C	M	Y	K
25	0	2	0
62	15	0	0
76	51	0	0
14	100	76	3

Creme dental: Mercado de massa

27010

C	M	Y	K
20	0	4	0
15	2	0	4
10	12	0	0
0	20	100	0

Creme dental: Especialidade/ Linha mais cara

27011

C	M	Y	K
12	5	100	0
0	100	69	0
40	0	79	0
100	9	44	1

Bebidas: Esportivo/Energético

27012

C	M	Y	K
26	0	53	0
7	20	33	0
13	53	90	0
25	45	0	0

Bebidas: Chás especiais

27013

C	M	Y	K
28	80	21	23
3	3	14	3
12	15	50	5
60	100	35	29

Vinho: Tinto: Tradicional

27014

C	M	Y	K
18	83	92	7
5	0	10	5
1	12	82	0
50	100	28	11

Vinho: Tinto: Contemporâneo

27015

C	M	Y	K
3	3	14	3
10	1	63	0
17	20	61	0
22	0	58	0

Vinho: Branco: Tradicional

27016

C	M	Y	K
6	36	0	0
22	0	58	0
3	28	100	0
22	15	80	0

Vinho: Branco: Contemporâneo

As expectativas do consumidor são a força motriz por trás das decisões a respeito de cor num projeto relacionado a produtos ou estilos de vida e subcultura. Embora a diferenciação por meio da cor num mercado lotado seja crucial, designers ainda têm de respeitar certas convenções na hora de comunicar associações como limpeza, força, masculinidade ou feminilidade, juventude ou maturidade, legado, conforto e luxo.

Estes conceitos cromáticos são generalizações derivadas de associações comuns; cada uma pode ser usada como apresentado aqui ou como base a partir da qual se exploram paletas mais distintivas.

27 017
C 12 M 15 Y 50 K 5
C 39 M 46 Y 100 K 16
C 33 M 59 Y 100 K 20
C 66 M 38 Y 91 K 25

Bebidas alcoólicas: Escuro: Tradicional

27 018
C 12 M 15 Y 50 K 5
C 78 M 81 Y 100 K 16
C 33 M 66 Y 100 K 20
C 15 M 75 Y 100 K 0

Bebidas alcoólicas: Escuro: Contemporâneo

27 019
C 25 M 0 Y 2 K 0
C 5 M 0 Y 0 K 5
C 14 M 100 Y 75 K 3
C 100 M 69 Y 0 K 0

Bebidas alcoólicas: Claro: Tradicional

27 020
C 25 M 0 Y 2 K 0
C 5 M 0 Y 0 K 5
C 5 M 0 Y 0 K 20
C 10 M 5 Y 0 K 50

Bebidas alcoólicas: Claro: Contemporâneo

27 021
C 20 M 20 Y 0 K 50
C 47 M 42 Y 55 K 10
C 46 M 52 Y 62 K 20
C 20 M 5 Y 0 K 50

Automotivo: Família

27 022
C 5 M 0 Y 0 K 10
C 100 M 20 Y 0 K 80
C 96 M 70 Y 36 K 22
C 5 M 0 Y 0 K 40

Automotivo: Luxuoso

27 023
C 5 M 0 Y 0 K 10
C 100 M 20 Y 0 K 80
C 0 M 89 Y 100 K 5
C 5 M 0 Y 0 K 40

Automotivo: Esportivo

27 024
C 0 M 89 Y 100 K 5
C 0 M 20 Y 100 K 0
C 100 M 20 Y 0 K 79
C 75 M 0 Y 100 K 0

Automotivo: Manutenção

27 025
C 56 M 15 Y 1 K 0
C 91 M 78 Y 10 K 0
C 2 M 0 Y 0 K 6
C 33 M 74 Y 49 K 12

Linha aérea: Tradicional

27 026
C 53 M 11 Y 0 K 0
C 47 M 0 Y 20 K 0
C 73 M 58 Y 1 K 0
C 1 M 42 Y 100 K 0

Linha aérea: Contemporâneo

27 027
C 0 M 2 Y 10 K 10
C 39 M 46 Y 100 K 16
C 33 M 74 Y 49 K 12
C 74 M 43 Y 68 K 23

Hotel: Mercado de massa

27 028
C 0 M 2 Y 5 K 5
C 5 M 5 Y 8 K 10
C 5 M 10 Y 20 K 60
C 0 M 100 Y 69 K 80

Hotel: Alto nível

27 029
C 5 M 0 Y 0 K 10
C 27 M 34 Y 2 K 0
C 29 M 0 Y 83 K 0
C 28 M 35 Y 45 K 1

Eletrônicos: Mercado de massa

27 030
C 5 M 0 Y 0 K 10
C 5 M 0 Y 0 K 20
C 29 M 4 Y 76 K 0
C 33 M 13 Y 9 K 0

Eletrônicos: Mercado de ponta

27 031
C 62 M 15 Y 0 K 0
C 62 M 5 Y 100 K 0
C 35 M 0 Y 100 K 0
C 0 M 40 Y 100 K 0

Eletrônicos: Educativo

27 032
C 9 M 100 Y 36 K 0
C 51 M 50 Y 0 K 0
C 35 M 0 Y 100 K 0
C 0 M 40 Y 100 K 0

Eletrônicos: Jogos/Entretenimento

CONCEITOS *Casa e Moda*

28

28 001

C	M	Y	K
22	7	5	0
5	9	29	0
5	0	7	0
22	0	10	0

Banho: Tradicional

28 002

C	M	Y	K
27	0	71	0
5	0	7	0
0	19	52	0
12	7	36	0

Banho: Contemporâneo

28 003

C	M	Y	K
22	7	5	0
2	0	0	3
5	35	0	0
8	3	37	0

Banho: Mercado de massa

28 004

C	M	Y	K
36	31	36	1
3	3	3	3
24	18	40	0
24	16	9	0

Banho: Alto nível

28 005

C	M	Y	K
28	57	84	12
42	62	98	39
39	53	24	1
17	20	45	0

Mobiliário doméstico: Tradicional

28 006

C	M	Y	K
20	10	20	69
3	58	100	0
46	54	95	32
24	0	44	0

Mobiliário doméstico: Contemporâneo

28 007

C	M	Y	K
69	24	100	8
53	42	100	22
14	50	16	0
43	75	75	56

Jardinagem: Tradicional

28 008

C	M	Y	K
63	0	100	0
1	74	30	0
41	60	9	0
14	36	100	47

Jardinagem: Contemporâneo

28 009

C	M	Y	K
15	3	13	0
48	6	17	0
69	25	0	0
0	78	78	0

Fragrância masculina: Refrescante/Esportivo

28 010

C	M	Y	K
36	77	78	40
46	54	95	32
4	4	17	69
69	60	38	15

Fragrância masculina: Sensual

28 011

C	M	Y	K
0	35	24	0
8	58	3	0
19	40	0	0
7	0	43	0

Fragrância feminina: Refrescante/Floral

28 012

C	M	Y	K
19	58	0	0
15	75	25	0
19	88	100	9
35	100	62	40

Fragrância Feminina: Sensual

28 013

C	M	Y	K
12	7	36	0
42	60	89	36
5	0	7	0
15	3	8	0

Aparência masculina: Tradicional

28 014

C	M	Y	K
19	18	38	0
50	20	30	80
91	61	38	19
28	5	20	0

Aparência masculina: Contemporânea

28 015

C	M	Y	K
15	75	25	0
1	93	56	0
16	17	61	0
44	85	0	0

Cosméticos: Mercado de massa

28 016

C	M	Y	K
30	100	40	85
67	98	33	24
28	27	74	1
45	89	48	32

Cosméticos: Luxo

Ainda que indústrias tais como decoração e mobiliário, vestuário e perfumaria alterem constantemente seus conceitos cromáticos – de estação a estação e, no caso da moda, de um estilo ao outro –, associações psicológicas gerais ainda se aplicam: tons de terra são tradicionais, preto e cinza são chiques, azuis e cinzas significam negócios, enquanto violetas e rosas são femininos. Novamente, estes conceitos cromáticos, embora enraizados em convenções, formam uma base para a comunicação geral, sendo combinados ou alterados apropriadamente para mensagens mais específicas.

28 **017**
- C 51 M 33 Y 4 K 0
- C 5 M 45 Y 14 K 0
- C 44 M 27 Y 52 K 3
- C 12 M 7 Y 36 K 0

Vestuário masculino: Casual: Primavera

28 **021**
- C 51 M 33 Y 4 K 0
- C 89 M 40 Y 10 K 60
- C 79 M 40 Y 72 K 31
- C 42 M 67 Y 100 K 46

Vestuário masculino: Casual: Outono

28 **025**
- C 5 M 5 Y 25 K 0
- C 3 M 48 Y 0 K 0
- C 20 M 20 Y 0 K 0
- C 30 M 0 Y 50 K 0

Vestuário feminino: Casual: Primavera

28 **029**
- C 28 M 33 Y 80 K 2
- C 41 M 70 Y 20 K 40
- C 12 M 27 Y 3 K 0
- C 69 M 24 Y 100 K 8

Vestuário feminino: Casual: Outono

28 **018**
- C 53 M 20 Y 24 K 3
- C 30 M 0 Y 8 K 0
- C 0 M 45 Y 89 K 0
- C 74 M 65 Y 0 K 0

Vestuário masculino: Esportivo: Primavera

28 **022**
- C 41 M 11 Y 1 K 0
- C 10 M 3 Y 3 K 2
- C 5 M 0 Y 0 K 20
- C 10 M 65 Y 100 K 0

Vestuário masculino: Esportivo: Outono

28 **026**
- C 12 M 7 Y 36 K 0
- C 5 M 0 Y 0 K 5
- C 0 M 25 Y 100 K 0
- C 45 M 35 Y 0 K 0

Vestuário feminino: Esportivo: Primavera

28 **030**
- C 28 M 33 Y 81 K 2
- C 44 M 35 Y 0 K 0
- C 4 M 95 Y 9 K 0
- C 48 M 6 Y 17 K 0

Vestuário feminino: Esportivo: Outono

28 **019**
- C 60 M 50 Y 15 K 5
- C 5 M 5 Y 5 K 5
- C 36 M 42 Y 100 K 11
- C 22 M 12 Y 55 K 0

Vestuário masculino: Formal: Primavera

28 **023**
- C 34 M 20 Y 16 K 0
- C 28 M 33 Y 81 K 3
- C 46 M 62 Y 87 K 44
- C 89 M 40 Y 10 K 60

Vestuário masculino: Formal: Outono

28 **027**
- C 16 M 5 Y 16 K 0
- C 12 M 27 Y 3 K 0
- C 4 M 2 Y 11 K 0
- C 12 M 7 Y 36 K 0

Vestuário feminino: Formal: Primavera

28 **031**
- C 71 M 48 Y 61 K 31
- C 41 M 72 Y 20 K 40
- C 5 M 5 Y 5 K 69
- C 46 M 62 Y 86 K 44

Vestuário feminino: Formal: Outono

28 **020**
- C 69 M 30 Y 0 K 60
- C 10 M 10 Y 10 K 0
- C 42 M 37 Y 55 K 36
- C 21 M 2 Y 0 K 36

Vestuário masculino: Luxo: Primavera

28 **024**
- C 76 M 75 Y 36 K 19
- C 5 M 30 Y 50 K 80
- C 5 M 5 Y 5 K 69
- C 100 M 20 Y 0 K 89

Vestuário masculino: Luxo: Outono

28 **028**
- C 5 M 5 Y 25 K 0
- C 37 M 12 Y 36 K 0
- C 40 M 31 Y 0 K 0
- C 78 M 89 Y 0 K 0

Vestuário feminino: Luxo: Primavera

28 **032**
- C 25 M 22 Y 62 K 0
- C 79 M 89 Y 0 K 0
- C 68 M 75 Y 37 K 22
- C 87 M 97 Y 36 K 57

Vestuário feminino: Luxo: Outono

CONCEITOS *PeríodosHistóricos e Faixas Etárias*

29

Código	Nome	Cor 1	Cor 2	Cor 3	Cor 4
29001	*Pré-história*	C 2 M 2 Y 10 K 13	C 36 M 35 Y 55 K 0	C 15 M 57 Y 84 K 61	C 15 M 0 Y 84 K 61
29002	*Antiguidade*	C 5 M 5 Y 12 K 0	C 0 M 50 Y 100 K 41	C 36 M 35 Y 55 K 0	C 20 M 0 Y 0 K 69
29003	*Medieval*	C 5 M 0 Y 20 K 10	C 0 M 32 Y 100 K 20	C 100 M 45 Y 0 K 10	C 78 M 100 Y 0 K 20
29004	*Renascença*	C 37 M 29 Y 100 K 35	C 0 M 100 Y 100 K 35	C 100 M 75 Y 95 K 0	C 69 M 89 Y 30 K 65
29005	*Barroco*	C 36 M 100 Y 0 K 62	C 100 M 85 Y 35 K 20	C 30 M 100 Y 0 K 40	C 89 M 28 Y 55 K 57
29006	*Vitoriano: Nostálgico*	C 23 M 42 Y 57 K 10	C 3 M 3 Y 12 K 0	C 46 M 50 Y 19 K 0	C 25 M 40 Y 25 K 0
29007	*Vitoriano: Intenso*	C 94 M 76 Y 45 K 0	C 69 M 75 Y 0 K 36	C 0 M 52 Y 100 K 78	C 15 M 100 Y 0 K 71
29008	*Oeste selvagem*	C 0 M 73 Y 76 K 32	C 0 M 49 Y 83 K 52	C 0 M 61 Y 100 K 71	C 0 M 24 Y 45 K 32
29009	*Arts & Crafts*	C 0 M 28 Y 67 K 50	C 0 M 61 Y 100 K 70	C 45 M 0 Y 55 K 33	C 0 M 80 Y 69 K 80
29010	*Art Nouveau*	C 0 M 28 Y 66 K 50	C 45 M 0 Y 40 K 28	C 42 M 60 Y 25 K 12	C 25 M 87 Y 100 K 12
29011	*Era das máquinas*	C 10 M 0 Y 0 K 69	C 15 M 25 Y 35 K 89	C 4 M 3 Y 13 K 2	C 0 M 100 Y 80 K 20
29012	*Art Déco*	C 10 M 0 Y 0 K 30	C 10 M 18 Y 0 K 80	C 10 M 5 Y 23 K 0	C 17 M 15 Y 10 K 20
29013	*Anos 20*	C 0 M 100 Y 79 K 20	C 29 M 14 Y 0 K 40	C 0 M 75 Y 100 K 0	C 100 M 69 Y 0 K 0
29014	*Grande Depressão*	C 36 M 35 Y 55 K 0	C 16 M 27 Y 68 K 0	C 0 M 10 Y 10 K 60	C 20 M 0 Y 0 K 69
29015	*Auge de Hollywood*	C 0 M 3 Y 12 K 4	C 8 M 0 Y 0 K 30	C 35 M 35 Y 0 K 0	C 21 M 40 Y 0 K 15
29016	*Front doméstico (Segunda Guerra Mundial)*	C 37 M 29 Y 100 K 55	C 20 M 38 Y 20 K 15	C 69 M 50 Y 35 K 10	C 0 M 0 Y 0 K 60

Vários períodos da história do Ocidente podem ser rapidamente identificados pelas cores que são relacionadas aos materiais então predominantes, ou a esquemas de cores que estavam em voga durante aquela era.

Para projetos nos quais o contexto histórico é importante, comece com uma paleta apropriada como base e evolua conforme necessário para traduzi-la de acordo com uma perspectiva contemporânea.

Junto com conceitos históricos, paletas relacionadas a faixas etárias particulares são também apresentadas.

29017

C	M	Y	K
22	0	56	10
0	4	43	25
0	32	64	27
35	10	20	5

Meia-idade: Lounge

29018

C	M	Y	K
30	0	38	0
0	40	0	5
0	60	80	0
55	5	0	0

Meia-idade: Festa

29019

C	M	Y	K
20	20	20	100
0	65	95	65
0	30	95	65
15	35	100	0

Contracultura: Folk

29020

C	M	Y	K
69	35	100	0
0	69	100	0
10	100	10	0
69	85	0	0

Contracultura: Psicodélico

29021

C	M	Y	K
69	85	0	0
64	0	100	0
10	0	0	30
5	80	0	5

Contracultura: Pop

29022

C	M	Y	K
20	0	0	69
20	20	20	100
0	75	100	0
0	20	100	0

Contracultura: Glam/Punk

29023

C	M	Y	K
32	0	13	17
0	0	60	52
38	68	74	35
15	15	31	0

Nova Era (New Age)

29024

C	M	Y	K
0	100	10	0
10	0	100	0
10	0	0	15
0	40	100	0

Era da Internet

29025

C	M	Y	K
100	45	0	0
0	100	100	0
0	10	100	0
80	10	100	0

Bebês: Para bebês

29026

C	M	Y	K
24	0	15	0
8	24	0	0
0	3	15	0
15	15	30	0

Bebês: Para adultos

29027

C	M	Y	K
60	25	5	0
15	69	10	0
0	35	60	0
55	10	50	0

Crianças de colo

29028

C	M	Y	K
75	55	0	0
65	100	0	0
0	20	100	0
69	0	69	0

Crianças

29029

C	M	Y	K
69	84	0	0
5	79	0	5
20	0	100	0
0	0	75	60

Adolescentes

29030

C	M	Y	K
30	95	0	53
0	0	74	60
0	45	100	30
100	10	33	10

Jovens

29031

C	M	Y	K
87	59	0	27
56	46	10	57
0	48	57	67
44	0	32	45

Adultos maduros

29032

C	M	Y	K
71	35	10	20
3	16	0	45
0	23	39	55
40	0	55	35

Idosos

FAMÍLIAS DE CODIFICAÇÃO *Expressão Análoga*

30

30001

C 0 M 5 Y 100 K 0 — C 0 M 38 Y 94 K 0

C 0 M 100 Y 80 K 5 — C 23 M 100 Y 48 K 14

C 83 M 17 Y 0 K 0 — C 79 M 45 Y 26 K 13

Tríade: Saturada

30002

C 3 M 58 Y 100 K 0 — C 12 M 71 Y 86 K 5

C 46 M 78 Y 0 K 0 — C 69 M 72 Y 17 K 0

C 100 M 0 Y 83 K 0 — C 68 M 42 Y 100 K 0

Tríade: Saturada

30003

C 0 M 85 Y 100 K 0 — C 13 M 40 Y 82 K 0

C 69 M 69 Y 0 K 0 — C 57 M 31 Y 0 K 0

C 42 M 19 Y 100 K 1 — C 17 M 16 Y 100 K 1

Tríade: Saturada

30004

C 0 M 30 Y 84 K 0 — C 4 M 49 Y 100 K 0

C 28 M 90 Y 0 K 0 — C 49 M 85 Y 11 K 0

C 86 M 1 Y 41 K 0 — C 79 M 34 Y 22 K 0

Tríade: Saturada

30005

C 35 M 36 Y 85 K 2 — C 45 M 33 Y 60 K 3

C 15 M 64 Y 54 K 35 — C 32 M 57 Y 65 K 35

C 81 M 44 Y 20 K 35 — C 73 M 65 Y 35 K 35

Tríade: Não saturada

30006

C 31 M 68 Y 87 K 13 — C 2 M 48 Y 72 K 13

C 64 M 86 Y 23 K 3 — C 38 M 74 Y 14 K 3

C 89 M 44 Y 74 K 23 — C 64 M 24 Y 38 K 23

Tríade: Não saturada

30007

C 35 M 67 Y 71 K 38 — C 46 M 76 Y 84 K 5

C 69 M 67 Y 33 K 11 — C 75 M 65 Y 11 K 0

C 60 M 49 Y 72 K 33 — C 79 M 52 Y 96 K 5

Tríade: Não saturada

30008

C 31 M 50 Y 74 K 5 — C 31 M 34 Y 73 K 5

C 42 M 67 Y 22 K 25 — C 47 M 75 Y 50 K 25

C 70 M 42 Y 47 K 20 — C 61 M 35 Y 72 K 20

Tríade: Não saturada

30009

C 0 M 51 Y 83 K 0 — C 7 M 28 Y 84 K 0

C 0 M 78 Y 33 K 0 — C 0 M 52 Y 55 K 0

C 0 M 16 Y 79 K 0 — C 16 M 8 Y 72 K 0

Espectro quente: Saturado

30010

C 59 M 5 Y 45 K 0 — C 39 M 14 Y 71 K 0

C 37 M 2 Y 82 K 0 — C 16 M 18 Y 76 K 0

C 9 M 0 Y 91 K 0 — C 0 M 23 Y 40 K 0

Espectro quente: Saturado

30011

C 15 M 89 Y 43 K 25 — C 12 M 86 Y 15 K 0

C 8 M 77 Y 89 K 21 — C 11 M 60 Y 75 K 0

C 23 M 42 Y 91 K 33 — C 22 M 42 Y 100 K 2

Espectro quente: Saturado

30012

C 0 M 20 Y 100 K 0 — C 22 M 49 Y 100 K 3

C 24 M 6 Y 100 K 0 — C 45 M 41 Y 100 K 15

C 0 M 45 Y 61 K 0 — C 22 M 76 Y 100 K 10

Espectro quente: Saturado

30013

C 31 M 42 Y 49 K 0 — C 34 M 32 Y 51 K 5

C 36 M 58 Y 45 K 0 — C 33 M 56 Y 59 K 9

C 39 M 42 Y 67 K 0 — C 46 M 34 Y 57 K 2

Espectro quente: Não saturado

30014

C 47 M 36 Y 72 K 9 — C 59 M 48 Y 78 K 30

C 58 M 42 Y 52 K 8 — C 62 M 52 Y 62 K 32

C 43 M 44 Y 61 K 12 — C 51 M 57 Y 67 K 33

Espectro quente: Não saturado

30015

C 46 M 67 Y 54 K 25 — C 28 M 48 Y 51 K 0

C 41 M 61 Y 64 K 21 — C 26 M 38 Y 52 K 0

C 44 M 47 Y 63 K 33 — C 35 M 33 Y 62 K 2

Espectro quente: Não saturado

30016

C 17 M 25 Y 58 K 0 — C 24 M 43 Y 54 K 0

C 25 M 21 Y 59 K 0 — C 32 M 36 Y 63 K 3

C 11 M 32 Y 35 K 0 — C 25 M 43 Y 30 K 0

Espectro quente: Não saturado

Cores usadas para codificar uma família de itens – um grupo de catálogos ou uma linha de produtos – precisam ser facilmente distinguidas umas das outras. Tríades, bem como saltos grandes em valor e saturação num conjunto análogo, atingem este objetivo. O grau de diferença entre as cores básicas pode ser percebido em termos de semelhança ou diferença relativa entre os membros da família. Uma expressão análoga enriquece a linguagem cromática. Para famílias com mais de três itens, junte paletas relacionadas.

30017

C 38 M 0 Y 28 K 0	C 83 M 0 Y 62 K 0
C 44 M 7 Y 0 K 0	C 80 M 27 Y 0 K 0
C 28 M 26 Y 0 K 0	C 58 M 55 Y 0 K 0

Espectro frio: Saturado

30021

C 58 M 35 Y 55 K 9	C 67 M 37 Y 64 K 9
C 69 M 42 Y 33 K 5	C 76 M 50 Y 40 K 5
C 52 M 47 Y 20 K 1	C 60 M 57 Y 13 K 1

Espectro frio: Não saturado

30025

C 0 M 63 Y 89 K 0	C 4 M 100 Y 60 K 0
C 10 M 47 Y 61 K 0	C 14 M 63 Y 62 K 0
C 22 M 34 Y 38 K 0	C 31 M 43 Y 41 K 0

Tom único: Transição de saturação

30029

C 58 M 2 Y 4 K 0	C 65 M 25 Y 2 K 0
C 38 M 0 Y 1 K 0	C 56 M 20 Y 0 K 0
C 23 M 0 Y 2 K 0	C 40 M 13 Y 0 K 0

Tom único: Transição de valor

30018

C 46 M 78 Y 0 K 0	C 14 M 65 Y 0 K 0
C 25 M 98 Y 0 K 0	C 8 M 61 Y 25 K 0
C 87 M 47 Y 5 K 0	C 51 M 44 Y 0 K 0

Espectro frio: Saturado

30022

C 47 M 61 Y 36 K 8	C 61 M 73 Y 51 K 44
C 34 M 67 Y 48 K 9	C 45 M 74 Y 59 K 38
C 60 M 49 Y 34 K 0	C 74 M 71 Y 36 K 27

Espectro frio: Não saturado

30026

C 5 M 2 Y 100 K 0	C 35 M 0 Y 100 K 0
C 11 M 9 Y 45 K 0	C 29 M 12 Y 62 K 0
C 10 M 10 Y 20 K 0	C 21 M 13 Y 36 K 0

Tom único: Transição de saturação

30030

C 62 M 96 Y 28 K 13	C 31 M 96 Y 79 K 39
C 36 M 72 Y 0 K 13	C 0 M 62 Y 45 K 39
C 16 M 61 Y 0 K 0	C 4 M 63 Y 12 K 0

Tom único: Transição de valor

30019

C 78 M 68 Y 0 K 0	C 58 M 73 Y 0 K 0
C 63 M 90 Y 13 K 4	C 54 M 96 Y 55 K 0
C 83 M 44 Y 33 K 15	C 100 M 45 Y 29 K 1

Espectro frio: Saturado

30023

C 42 M 34 Y 9 K 0	C 32 M 29 Y 21 K 0
C 37 M 50 Y 17 K 0	C 32 M 35 Y 27 K 0
C 49 M 31 Y 27 K 11	C 35 M 25 Y 23 K 11

Espectro frio: Não saturado

30027

C 99 M 25 Y 78 K 13	C 89 M 33 Y 77 K 22
C 66 M 38 Y 59 K 13	C 68 M 43 Y 56 K 22
C 56 M 45 Y 53 K 13	C 59 M 44 Y 56 K 22

Tom único: Transição de saturação

30031

C 43 M 29 Y 100 K 0	C 87 M 20 Y 96 K 1
C 18 M 2 Y 85 K 4	C 58 M 0 Y 77 K 1
C 8 M 0 Y 65 K 0	C 28 M 0 Y 62 K 1

Tom único: Transição de valor

30020

C 86 M 1 Y 41 K 0	C 85 M 1 Y 2 K 0
C 98 M 9 Y 100 K 1	C 43 M 18 Y 100 K 0
C 100 M 33 Y 5 K 0	C 49 M 37 Y 0 K 0

Espectro frio: Saturado

30024

C 32 M 16 Y 23 K 0	C 28 M 13 Y 15 K 0
C 38 M 21 Y 38 K 1	C 27 M 16 Y 35 K 1
C 35 M 24 Y 18 K 0	C 22 M 22 Y 13 K 0

Espectro frio: Não saturado

30028

C 67 M 44 Y 0 K 0	C 66 M 58 Y 0 K 0
C 58 M 44 Y 17 K 0	C 58 M 55 Y 17 K 0
C 56 M 45 Y 38 K 0	C 55 M 56 Y 40 K 0

Tom único: Transição de saturação

30032

C 31 M 92 Y 82 K 39	C 34 M 58 Y 100 K 21
C 16 M 91 Y 80 K 5	C 22 M 31 Y 85 K 21
C 0 M 62 Y 22 K 0	C 5 M 4 Y 67 K 21

Tom único: Transição de valor

FAMÍLIAS DE CODIFICAÇÃO *Expressão Contrastante* 31

31 001

C 0 M 5 Y 100 K 0	C 60 M 60 Y 10 K 50
C 0 M 100 Y 80 K 5	C 5 M 0 Y 5 K 0
C 83 M 17 Y 0 K 0	C 0 M 8 Y 8 K 40

Tríade: Saturada

31 002

C 3 M 58 Y 100 K 0	C 69 M 69 Y 0 K 0
C 46 M 78 Y 0 K 0	C 60 M 20 Y 100 K 50
C 100 M 0 Y 83 K 0	C 20 M 50 Y 100 K 50

Tríade: Saturada

31 003

C 0 M 85 Y 100 K 0	C 15 M 15 Y 0 K 5
C 69 M 69 Y 0 K 0	C 16 M 9 Y 32 K 1
C 42 M 19 Y 100 K 1	C 8 M 23 Y 25 K 0

Tríade: Saturada

31 004

C 0 M 30 Y 84 K 0	C 15 M 5 Y 0 K 5
C 28 M 90 Y 0 K 0	C 31 M 3 Y 23 K 1
C 86 M 1 Y 41 K 0	C 10 M 15 Y 30 K 0

Tríade: Saturada

31 005

C 35 M 36 Y 85 K 2	C 12 M 8 Y 2 K 50
C 15 M 64 Y 54 K 35	C 20 M 15 Y 21 K 20
C 81 M 44 Y 20 K 35	C 0 M 15 Y 23 K 42

Tríade: Não saturada

31 006

C 31 M 68 Y 87 K 13	C 63 M 86 Y 23 K 3
C 64 M 86 Y 23 K 3	C 60 M 28 Y 92 K 50
C 89 M 44 Y 74 K 23	C 43 M 57 Y 93 K 50

Tríade: Não saturada

31 007

C 35 M 67 Y 71 K 38	C 15 M 15 Y 0 K 5
C 69 M 67 Y 33 K 11	C 16 M 9 Y 32 K 1
C 60 M 49 Y 72 K 33	C 8 M 23 Y 25 K 0

Tríade: Não saturada

31 008

C 31 M 50 Y 74 K 5	C 83 M 0 Y 62 K 0
C 42 M 67 Y 22 K 25	C 80 M 27 Y 0 K 0
C 70 M 42 Y 47 K 20	C 50 M 48 Y 0 K 0

Tríade: Não saturada

31 009

C 0 M 51 Y 83 K 0	C 28 M 13 Y 15 K 0
C 0 M 78 Y 33 K 0	C 27 M 16 Y 35 K 1
C 0 M 16 Y 79 K 0	C 22 M 22 Y 13 K 0

Espectro quente: Saturado

31 010

C 59 M 2 Y 45 K 0	C 34 M 76 Y 100 K 21
C 37 M 2 Y 82 K 0	C 24 M 65 Y 17 K 21
C 9 M 0 Y 91 K 0	C 23 M 42 Y 0 K 21

Espectro quente: Saturado

31 011

C 15 M 89 Y 43 K 25	C 60 M 44 Y 47 K 0
C 8 M 77 Y 89 K 21	C 53 M 47 Y 27 K 0
C 23 M 42 Y 91 K 33	C 51 M 64 Y 39 K 2

Espectro quente: Saturado

31 012

C 0 M 20 Y 100 K 0	C 12 M 17 Y 0 K 5
C 24 M 6 Y 100 K 0	C 7 M 30 Y 34 K 0
C 0 M 45 Y 61 K 0	C 24 M 7 Y 3 K 5

Espectro quente: Saturado

31 013

C 31 M 42 Y 49 K 0	C 83 M 0 Y 62 K 0
C 36 M 58 Y 45 K 0	C 80 M 27 Y 0 K 0
C 39 M 42 Y 67 K 0	C 50 M 48 Y 0 K 0

Espectro quente: Não saturado

31 014

C 47 M 36 Y 72 K 9	C 46 M 67 Y 54 K 25
C 58 M 42 Y 52 K 8	C 41 M 51 Y 64 K 21
C 43 M 44 Y 61 K 12	C 55 M 47 Y 30 K 30

Espectro quente: Não saturado

31 015

C 46 M 67 Y 54 K 25	C 33 M 18 Y 31 K 9
C 41 M 61 Y 64 K 21	C 38 M 25 Y 20 K 5
C 44 M 47 Y 63 K 33	C 29 M 28 Y 6 K 1

Espectro quente: Não saturado

31 016

C 17 M 25 Y 58 K 0	C 46 M 78 Y 0 K 0
C 25 M 21 Y 59 K 0	C 15 M 63 Y 54 K 35
C 11 M 32 Y 35 K 0	C 64 M 63 Y 9 K 0

Espectro quente: Não saturado

Para uma codificação mais complexa ou dinâmica, especialmente para produtos de consumo, use uma família de codificação com uma expressão contrastante – uma que seja complementar ou em tríade, deslocada da família de cor básica. Ou escolha os membros de uma paleta básica como as expressões de outra paleta. Reverta a relação proporcional entre bases e expressões para dobrar o número de itens que podem ser codificados numa família enquanto mantém esta fechada.

017

C 38 M 0 Y 28 K 0 | C 13 M 21 Y 24 K 0
C 44 M 7 Y 0 K 0 | C 12 M 13 Y 53 K 0
C 28 M 26 Y 0 K 0 | C 18 M 13 Y 53 K 0

Espectro frio: Saturado

021

C 58 M 35 Y 55 K 9 | C 29 M 69 Y 27 K 0
C 69 M 42 Y 33 K 5 | C 18 M 50 Y 63 K 2
C 52 M 47 Y 20 K 1 | C 19 M 20 Y 52 K 21

Espectro frio: Não saturado

025

C 0 M 63 Y 89 K 0 | C 50 M 10 Y 12 K 0
C 10 M 47 Y 61 K 0 | C 38 M 11 Y 12 K 0
C 22 M 34 Y 38 K 0 | C 32 M 16 Y 19 K 0

Tom único: Transição de saturação

029

C 58 M 2 Y 4 K 0 | C 9 M 42 Y 63 K 0
C 38 M 0 Y 1 K 0 | C 4 M 35 Y 53 K 0
C 23 M 0 Y 2 K 0 | C 2 M 27 Y 38 K 0

Tom único: Transição de valor

018

C 46 M 78 Y 0 K 0 | C 0 M 0 Y 30 K 10
C 25 M 98 Y 0 K 0 | C 8 M 0 Y 30 K 10
C 87 M 47 Y 5 K 0 | C 0 M 8 Y 30 K 10

Espectro frio: Saturado

022

C 47 M 61 Y 36 K 8 | C 7 M 26 Y 58 K 21
C 34 M 67 Y 48 K 9 | C 37 M 33 Y 0 K 0
C 60 M 49 Y 34 K 0 | C 15 M 54 Y 28 K 0

Espectro frio: Não saturado

026

C 5 M 2 Y 100 K 0 | C 13 M 11 Y 0 K 0
C 11 M 9 Y 45 K 0 | C 16 M 14 Y 4 K 0
C 10 M 10 Y 20 K 0 | C 16 M 15 Y 12 K 0

Tom único: Transição de saturação

030

C 62 M 96 Y 28 K 13 | C 87 M 20 Y 96 K 1
C 36 M 72 Y 0 K 13 | C 60 M 5 Y 78 K 1
C 16 M 61 Y 0 K 0 | C 35 M 5 Y 68 K 1

Tom único: Transição de valor

019

C 78 M 68 Y 0 K 0 | C 22 M 21 Y 32 K 0
C 63 M 90 Y 13 K 4 | C 32 M 27 Y 35 K 0
C 83 M 44 Y 33 K 15 | C 23 M 29 Y 35 K 11

Espectro frio: Saturado

023

C 42 M 34 Y 9 K 0 | C 22 M 21 Y 32 K 0
C 37 M 50 Y 17 K 0 | C 32 M 27 Y 35 K 0
C 49 M 31 Y 27 K 11 | C 23 M 29 Y 35 K 11

Espectro frio: Não saturado

027

C 99 M 25 Y 78 K 13 | C 31 M 96 Y 79 K 39
C 66 M 39 Y 59 K 13 | C 18 M 53 Y 43 K 39
C 56 M 45 Y 53 K 13 | C 44 M 58 Y 46 K 0

Tom único: Transição de saturação

031

C 43 M 29 Y 100 K 0 | C 34 M 58 Y 100 K 21
C 18 M 2 Y 85 K 4 | C 22 M 31 Y 84 K 21
C 8 M 0 Y 65 K 0 | C 5 M 4 Y 67 K 21

Tom único: Transição de valor

020

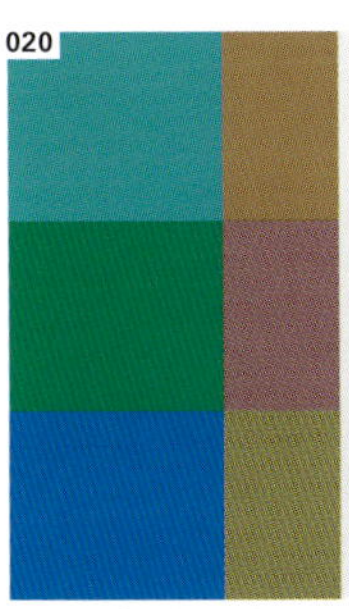

C 86 M 1 Y 41 K 0 | C 35 M 47 Y 85 K 2
C 98 M 9 Y 100 K 0 | C 11 M 48 Y 24 K 35
C 100 M 33 Y 5 K 0 | C 18 M 19 Y 75 K 35

Espectro frio: Saturado

024

C 32 M 16 Y 23 K 0 | C 35 M 47 Y 85 K 2
C 38 M 21 Y 38 K 1 | C 11 M 48 Y 24 K 35
C 35 M 24 Y 18 K 0 | C 18 M 19 Y 75 K 35

Espectro frio: Não saturado

028

C 67 M 44 Y 0 K 0 | C 0 M 63 Y 89 K 0
C 58 M 44 Y 17 K 0 | C 10 M 47 Y 61 K 0
C 56 M 45 Y 38 K 0 | C 22 M 34 Y 38 K 0

Tom único: Transição de saturação

032

C 31 M 92 Y 82 K 39 | C 73 M 30 Y 46 K 21
C 16 M 91 Y 80 K 5 | C 61 M 21 Y 27 K 21
C 0 M 62 Y 22 K 0 | C 48 M 8 Y 7 K 21

Tom único: Transição de valor

FAMÍLIAS DE CODIFICAÇÃO *Expressão Unificadora* 32

32 001

C 0	C 48
M 5	M 28
Y 100	Y 31
K 0	K 18

C 0 M 100 Y 80 K 5

C 83 M 17 Y 0 K 0

Tríade: Saturada

32 002

C 3	C 38
M 58	M 51
Y 100	Y 100
K 0	K 18

C 46 M 78 Y 0 K 0

C 100 M 0 Y 83 K 0

Tríade: Saturada

32 003

C 0	C 61
M 85	M 100
Y 100	Y 78
K 0	K 18

C 69 M 69 Y 0 K 0

C 42 M 19 Y 100 K 1

Tríade: Saturada

32 004

C 0	C 13
M 30	M 2
Y 84	Y 40
K 0	K 0

C 28 M 90 Y 0 K 0

C 86 M 1 Y 41 K 0

Tríade: Saturada

32 005

C 35	C 37
M 36	M 26
Y 85	Y 24
K 2	K 0

C 15 M 64 Y 54 K 35

C 81 M 44 Y 20 K 35

Tríade: Não saturada

32 006

C 31	C 87
M 68	M 80
Y 87	Y 60
K 13	K 15

C 64 M 86 Y 23 K 3

C 89 M 44 Y 74 K 23

Tríade: Não saturada

32 007

C 35	C 45
M 67	M 54
Y 71	Y 53
K 38	K 15

C 69 M 67 Y 33 K 11

C 60 M 49 Y 72 K 33

Tríade: Não saturada

32 008

C 31	C 15
M 50	M 10
Y 74	Y 28
K 5	K 0

C 42 M 67 Y 22 K 25

C 70 M 42 Y 47 K 20

Tríade: Não saturada

32 009

C 0	C 51
M 51	M 48
Y 83	Y 0
K 0	K 15

C 0 M 78 Y 33 K 0

C 0 M 16 Y 79 K 0

Espectro quente: Saturado

32 010

C 31	C 56
M 1	M 4
Y 100	Y 0
K 0	K 15

C 44 M 0 Y 76 K 0

C 9 M 0 Y 91 K 0

Espectro quente: Saturado

32 011

C 15	C 71
M 89	M 52
Y 43	Y 51
K 25	K 15

C 8 M 77 Y 89 K 21

C 23 M 42 Y 91 K 33

Espectro quente: Saturado

32 012

C 0	C 96
M 20	M 57
Y 100	Y 100
K 0	K 0

C 16 M 6 Y 100 K 0

C 0 M 45 Y 61 K 0

Espectro quente: Saturado

32 013

C 31	C 9
M 42	M 5
Y 49	Y 9
K 0	K 0

C 40 M 63 Y 49 K 0

C 39 M 42 Y 67 K 0

Espectro quente: Não saturado

32 014

C 47	C 16
M 36	M 3
Y 72	Y 25
K 9	K 0

C 58 M 42 Y 52 K 8

C 43 M 44 Y 61 K 12

Espectro quente: Não saturado

32 015

C 46	C 24
M 67	M 44
Y 54	Y 44
K 25	K 0

C 41 M 61 Y 64 K 21

C 44 M 47 Y 63 K 33

Espectro quente: Não saturado

32 016

C 17	C 40
M 25	M 45
Y 58	Y 40
K 0	K 0

C 25 M 21 Y 59 K 0

C 11 M 32 Y 35 K 0

Espectro quente: Não saturado

Para melhor posicionar itens diferenciados por cor como pertencentes a uma família, utilize uma expressão unificadora das cores básicas. Nas famílias aqui mostradas, uma expressão relativamente neutra diferencia saturação, temperatura e qualidades complementares das cores básicas para conferir profundidade, sem pender demais para uma delas.

017

C 38 M 0 Y 28 K 0 | C 10 M 21 Y 54 K 0

C 44 M 7 Y 0 K 0

C 27 M 25 Y 0 K 0

Espectro frio: Saturado

018

C 46 M 78 Y 0 K 0 | C 48 M 28 Y 31 K 18

C 25 M 98 Y 0 K 0

C 87 M 47 Y 5 K 0

Espectro frio: Saturado

019

C 78 M 68 Y 0 K 0 | C 34 M 33 Y 86 K 18

C 63 M 90 Y 13 K 4

C 83 M 44 Y 33 K 15

Espectro frio: Saturado

020

C 86 M 1 Y 41 K 0 | C 51 M 57 Y 0 K 42

C 98 M 9 Y 100 K 1

C 100 M 33 Y 5 K 0

Espectro frio: Saturado

021

C 58 M 35 Y 55 K 9 | C 5 M 6 Y 16 K 15

C 69 M 42 Y 33 K 5

C 52 M 47 Y 20 K 1

Espectro frio: Não saturado

022

C 42 M 50 Y 35 K 8 | C 12 M 3 Y 25 K 0

C 33 M 54 Y 42 K 9

C 50 M 41 Y 31 K 0

Espectro frio: Não saturado

023

C 42 M 34 Y 9 K 0 | C 30 M 29 Y 42 K 0

C 37 M 50 Y 17 K 0

C 47 M 29 Y 36 K 11

Espectro frio: Não saturado

024

C 32 M 16 Y 23 K 0 | C 13 M 6 Y 32 K 0

C 38 M 21 Y 38 K 1

C 35 M 24 Y 18 K 0

Espectro frio: Não saturado

025

C 0 M 73 Y 100 K 0 | C 16 M 3 Y 25 K 0

C 10 M 47 Y 61 K 0

C 22 M 34 Y 38 K 0

Tom único: Transição de saturação

026

C 5 M 2 Y 100 K 0 | C 15 M 25 Y 20 K 0

C 11 M 9 Y 45 K 0

C 10 M 10 Y 20 K 0

Tom único: Transição de saturação

027

C 99 M 25 Y 78 K 13 | C 58 M 62 Y 46 K 0

C 66 M 39 Y 59 K 13

C 56 M 45 Y 53 K 13

Tom único: Transição de saturação

028

C 67 M 44 Y 0 K 0 | C 45 M 19 Y 35 K 0

C 58 M 44 Y 17 K 0

C 56 M 47 Y 38 K 0

Tom único: Transição de saturação

029

C 58 M 2 Y 4 K 0 | C 0 M 0 Y 0 K 40

C 38 M 0 Y 1 K 0

C 23 M 0 Y 2 K 0

Tom único: Transição de valor

030

C 62 M 96 Y 28 K 13 | C 28 M 15 Y 0 K 30

C 34 M 68 Y 0 K 13

C 16 M 61 Y 0 K 0

Tom único: Transição de valor

031

C 43 M 29 Y 100 K 0 | C 0 M 5 Y 40 K 31

C 18 M 2 Y 85 K 4

C 8 M 0 Y 65 K 0

Tom único: Transição de valor

032

C 31 M 92 Y 82 K 39 | C 16 M 1 Y 0 K 31

C 16 M 91 Y 80 K 5

C 0 M 62 Y 22 K 0

Tom único: Transição de valor

Preparados Tipográficos

TIPOGRAFIA É UM ELEMENTO universal e dinâmico na maioria dos projetos. A textura das letras, palavras, frases e parágrafos, manchetes e chamadas – da mais delicada escrita à serifa mais pesada – pode ser manipulada em configurações expressivas que tornam a leitura mais fácil e transformam texto em imagem. A escolha de tipos que combinem em qualquer projeto é um exercício de contraste de texturas. Alguns são frágeis e agudos, outros são suculentos e plenos – e alguns ficam quase insossos caso não sejam apoiados pelos detalhes corretos.

O designer que aprecia as sutilezas entre serifadas e não serifadas será capaz de adocicar qualquer página tipográfica, não importa o quão complexa ela seja. Aqui há uma despensa cheia de combinações de tipos, juntamente com os elementos de que um designer precisa para temperar uma página tipográfica: configurações de títulos e subtítulos; ideias para pontos de entrada do texto, de iniciais e separadores de parágrafos; uma gama de misturas para formas de texto, intertítulos, listas e legendas; e, por último, uma amostra de deliciosos embelezamentos tipográficos, símbolos (*dingbats*) e detalhes decorativos.

TIPOS COMO IMAGENS *Manipulações de Forma*

33

33001

Quebra na linha média: Perspectiva

33002

Desenho linear com deslocamento da linha base

33003

Vazamento brusco do contorno exterior

33004

Linha interna vertical: Fraturamento/Quebra

33005

Efeito de vidro transparente com realce dos contornos

33006

Distorção por movimento em escâner/Fotocopiadora

33007

Máscara de imagem fotográfica

33008

Máscara de linguagem de forma abstrata

33009

Contorno com quebras periódicas

33010

Máscara de textura

33011

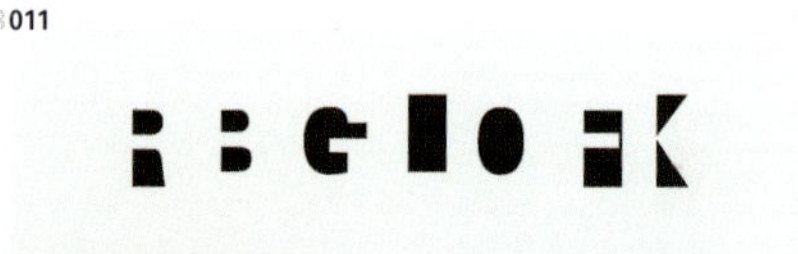

Reversão em contraforma

33012

Inclusão pictórica na contraforma: Símbolo

33013

Distorção convexa com fratura em ângulo

33014

Distorção irregular de contorno

33015

Fatiamento horizontal e recomposição com mudanças de tamanho

33016

Substituição pictórica: Ícone

33017

Reversão de faixa horizontal

33018

Filtro digital de distorção de contorno

33019

Filtro digital de distorção de contorno

33020

Textura digital de raspado

33021

Repetição positivo/negativo com deslocamento

33022

Contorno: Interrompido ou pontilhado

33023

Lavado à tinta

33024

Substituição pictórica: Imagem fotográfica

Letras e palavras podem ser transformadas em imagens atrativas após um certo número de alterações, desde simples texturização até distorção, fatiamento e desconstrução. Tais manipulações podem servir a uma função puramente visual – ajudar a integrar a forma tipográfica com outra matéria pictórica ao criar paridade de forma – e também podem evocar conceitos, apoiando o significado das palavras por meio do método da manipulação. Aqui, mostraremos uma verdadeira salada de possibilidades ilimitadas de expressão tipográfica.

33025

Reversão de planos geométricos

33026

Distorção em ponto de Bézier

33027

Distorção digital com padrão de linha horizontal

33028

Reversão e integração com mancha de tinta

33029

Pintura digital e efeito de transparência

33030

Reversão sobre forma girada ou deslocada

33031

Filtro digital de embaçamento

33032

Fatiado vertical com deslocamento de linhas base

33033

Efeito de reflexo

33034

Distorção em perspectiva

33035

Texturização

33036

Riscado e vazamento de tinta

33037

Inclusão pictórica: Ícone

33038

Reconstrução com recorte e colagem

33039

Padrão de linha horizontal com tonalidade seletiva

33040

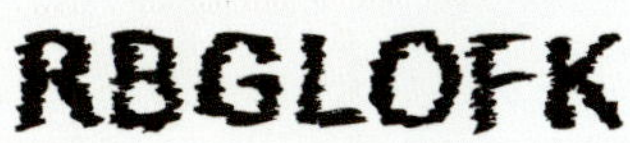

Efeito de marcador de ponta porosa grossa

33041

Extrusão chanfrada com sombra

33042

Extrusão com face reversa

33043

Efeito de neon com contorno duplo

33044

Distorção em onda embaçada

33045

Texturização com movimento radial e embaçado

33046

Distorção em onda com efeito de borrado

33047

Desenho rompido por raspado

33048

Superfície amarrotada

TIPOS COMO IMAGENS *Pictorialização*

34

34001

Música

34002
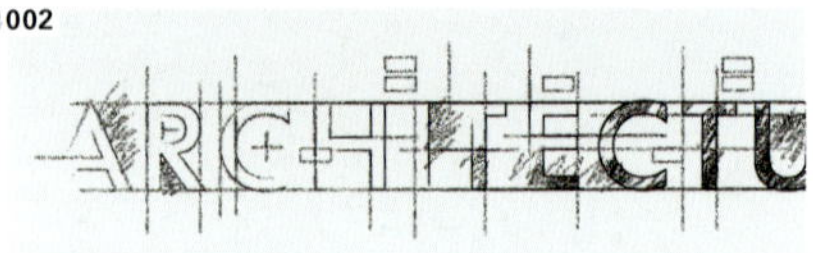
Arquitetura

34003

Ira

34004
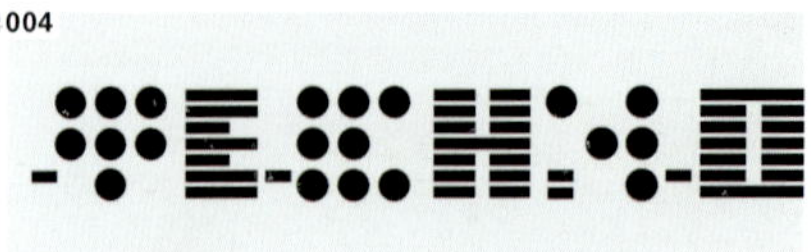
Tecnologia

34005

Desespero

34006

Alegria

34007

Evolução

34008

Frenético

34009

Sereno

34010
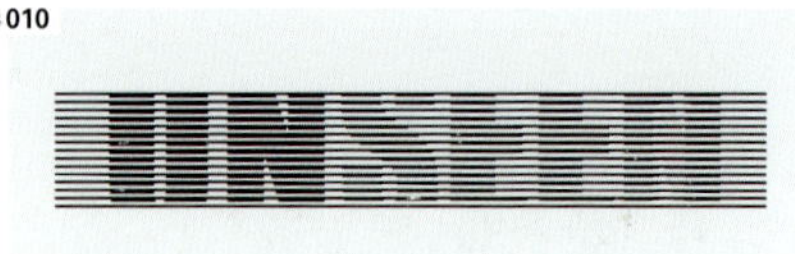
Invisível

34011

Urbano

34012

Misterioso

34013

Fé

34014

Catálise

34015
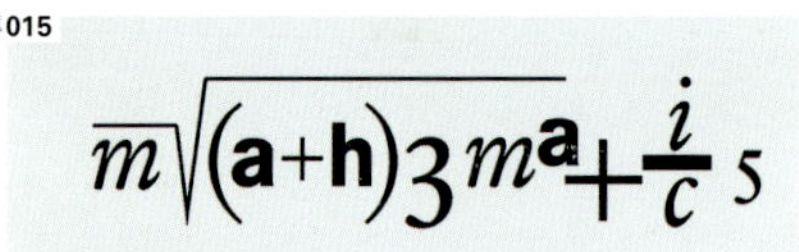
Matemática

34016

Ferramenta

34017

Indústria

34018

Dança

34019

Arte

34020

Vidro

34021
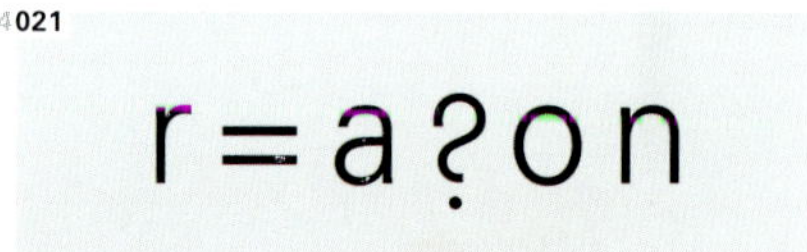

Razão

34022

Animal

34023

Violência

34024

Natureza

Numa abordagem mais concreta, experimente manipulações como as que seguem, nas quais a forma tipográfica assume uma qualidade pictórica – tornando-se um objeto do mundo real, participando da ação física ou sugerindo ambientes tridimensionais. O imediatismo e a literalidade destas manipulações prestam-se a soluções exclusivas de tipos de letras, colocando o poder visual da imagem na estrutura verbal das palavras.

34025

Artificial

34026

Radiação

34027

Desejo

34028

Rude

34029

Morte

34030

Clima

34031

Biologia

34032

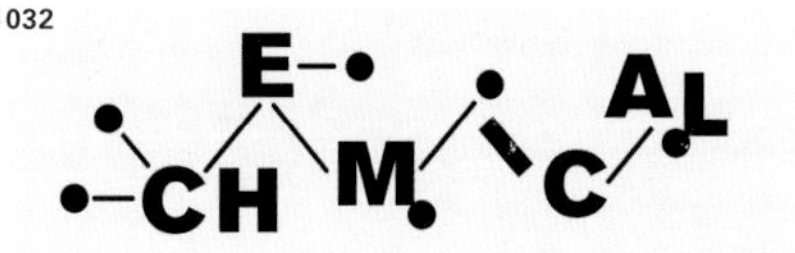

Químico

34033

Explosivo

34034

Acionar

34035

Luxo

34036

Vago

34037

Arcaico

34038

Diversidade

34039

Frio

34040

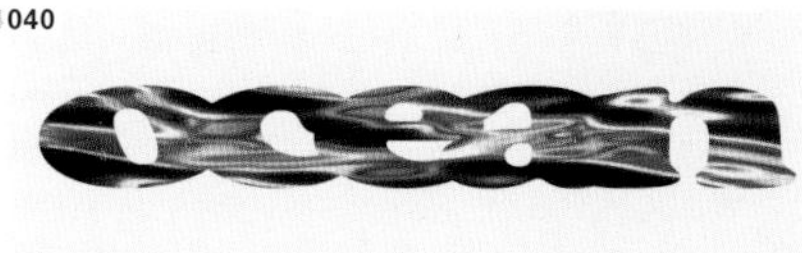

Oceano

34041

Árido

34042

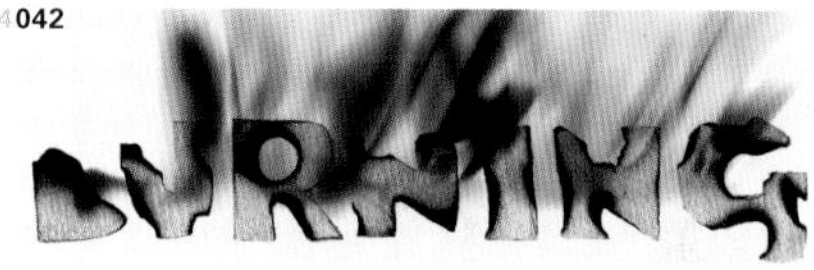

Queimar

34043

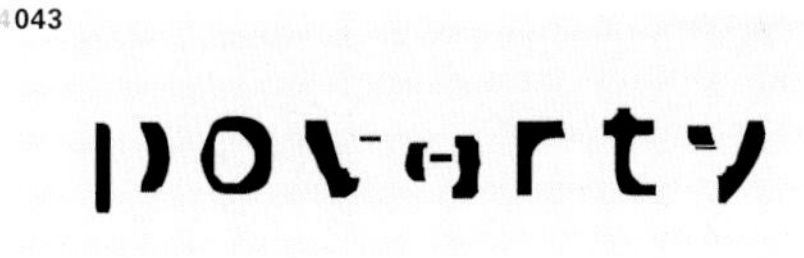

Pobreza

34044

Lixo

34045

Teatral

34046

Ansioso

34047

Inseto

34048

Progressivo

SELEÇÃO DE LETRAS *Históricas*

35

35001

AaGgRhEfeMx
AaGgRhEfeM

Pré-histórico: Mesozoico

35002

AGRHEFMXKB
AAGGRHEFEMX

Pré-histórico: Africano

35003

AaGgRhEfeMx
AAGÇRHEFEMX

Pré-histórico: Europeu

35004

AaGgRhEfeMx
AaGgRhEfeMx

Pré-histórico: Ásia Menor

35005

AGRHEFMXKB
AAGRHEFMXKB

Antiguidade: Grécia

35006

AaGgRhEfeMx
aaggrhefe

Antiguidade: Egito

35007

AÇRHEFMXKB
AGRHEFMXKB

Antiguidade: Império Romano

35008

aGRhefmxkb
aagrhfemxkb

Alta Idade Média: Irlandês

35009

AaGgRhEfeMx
AaGgRhEfeMx

Alta Idade Média: Merovíngio

35010

AaGgRhEfeMx
AIGIRIEIIMI

Medieval: Italiano

35011

AaGgRhEfe
AaGgRhEfeMx

Medieval: Carolíngio

35012

AaGgRhEfeMx
AaGgRhEfeMx

Medieval: Lombardo

35013

AaGgRhEfeMx
AaGgRhEfeMx

Baixa Idade Média: Gótico francês

35014

AaGgRhEfe
AaGgRhEfeMx

Baixa Idade Média: Gótico germânico

35015

AaGgRhEfeMx
agrbfemxdtp

Início da Renascença

35016

AaGgRhEfeMx
GRHEFMXK

Renascença: Cinquecento

35017

AaGgRhEfeMa
AaGgRhEfeMx

Final da Renascença

35018

AaGgRhEfeMx
AaGgRhEfeMx

Barroco

35019

AaGRhEfeMxKBm
AaGRhEfeMx

Revolução Industrial

35020

AGRHEFMXKB
AaGgRhEfeMxKkB

Oeste selvagem americano

35021

AaGgRhEfeM
AGRHEFMXKB

Vitoriano: Romântico

35022

AaGgRhEfeMxKkBb
AaGgRhEfeMx

Vitoriano: Estilizado

35023

AGRHEFMX
AaGgRhEfeMx

Arts & Crafts

35024

AaGgRhEfeMx
AaGgRhEfeMx

Art Nouveau: Francês

Para projetos que incorporam conteúdo histórico ou alusão metafórica a uma determinada época, procure letras do período. As seleções apresentadas aqui recaem em categorias históricas genéricas, cada uma mostrando dois tipos característicos. Para evitar um sabor histórico exagerado, troque um dos membros numa determinada combinação por um tipo mais contemporâneo ou use uma combinação de tipos do período para expressões em conjunto com um ou mais tipos mais modernos.

35 **025**

AaGgRhEfeMx
AaGgRhEfeMx

Jugendstil

35 **026**

AaGgRhEfeMx
AGRHEFMXKB

Art Nouveau: Belga

35 **027**

AAGGRHEFEMX
AaGgRhEfeMx

Art Nouveau: Escocês

35 **028**

AaGgRhEfeMx
AGRHEFMXKB

Plakatstil

35 **029**

AGRHEFMXKB
AaGgRhEfeMx

Vienense antigo: Secessão

35 **030**

AAGRHEFEMXK
AGRHEF

Vienense tardio: Secessão/Werkstätte

35 **031**

AGRHEFMXKB
AGRHEFMXKB

Construtivista

35 **032**

AaGgRhEfeMx
AaGgRhEfeMx

Dadaísta/futurista

35 **033**

AGRHEFMXKB
aGRHeFMXKB

De Stijl

35 **034**

AGRHEFMXKB
AaGgRhEfeMx

Art Déco: Mostruário

35 **035**

AGRHEFMXKB
AaGgRhEfeMx

Art Déco: Livro

35 **036**

AaGgRhEfeMx
AaGgRhEfeMx

Pós-guerra: Internacional

35 **037**

AaGgRhEfeMx
AaGgRhEfeMx

Meia-idade: Entretenimento

35 **038**

AaGgRhEfeMx
AaGgRhEf

Meia-idade: Lounge

35 **039**

AaGgRhEfeMx
AGRHEFMXKB

Contracultura: Folk

35 **040**

AaGgRhEfeMx
AaGgRhEfeMx

Contracultura: Psicodélico

35 **041**

AGRHEFMX
AGRHEFMXKB

Contracultura: Pop/Beatnik

35 **042**

AGRHEFMXKB
AGRHEFMXKB

Contracultura: Groove

35 **043**

AaGgRhEfeMx
AaGgRhEfeMx

Contracultura: Punk

35 **044**

AGRHEFMXKB
AGRHEFMX

Contracultura: Glam/New Age

35 **045**

AaGgRhEfeMx
AaGgRhEfeMx

Marca Global

35 **046**

AaGgRhEfeM
AgrhefMxkb

Pós-moderno

35 **047**

AaGgRhEfeMx
AaGgRhEfeMx

Espiritualismo da Nova Era

35 **048**

AGRHEFMXKB
agrhefmxkb

Era da internet

SELEÇÃO DE LETRAS *Estados de Espírito e Conceitos* 36

36001
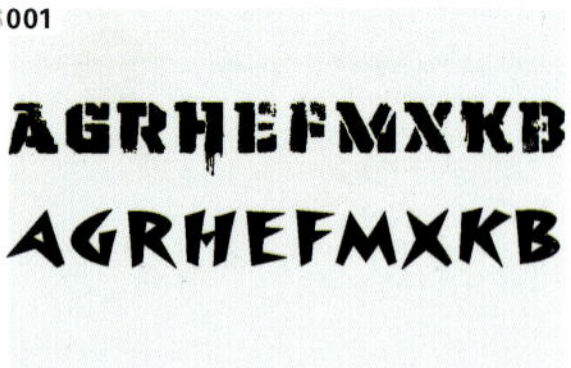
Perigoso

36002
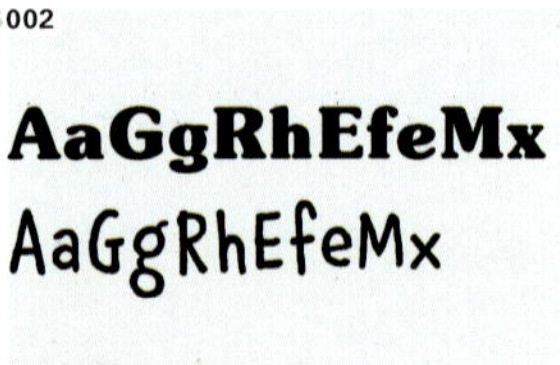
Amigável

36003

Cômico

36004

Tecnológico

36005

Suave

36006

Dinâmico

36007
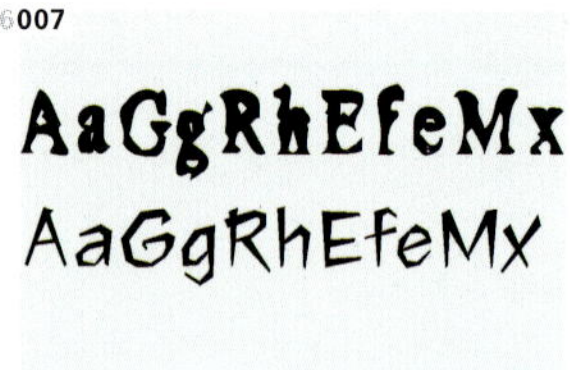
Sinistro

36008

Esportivo

36009
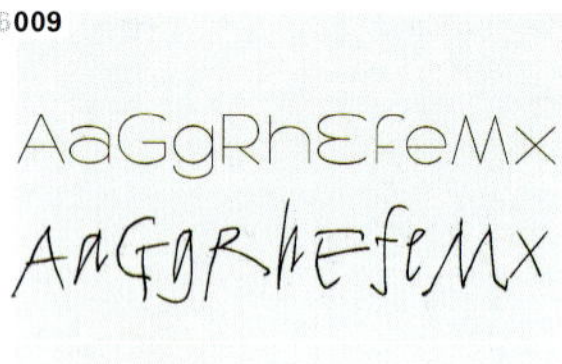
Frágil

36010

Exótico

36011
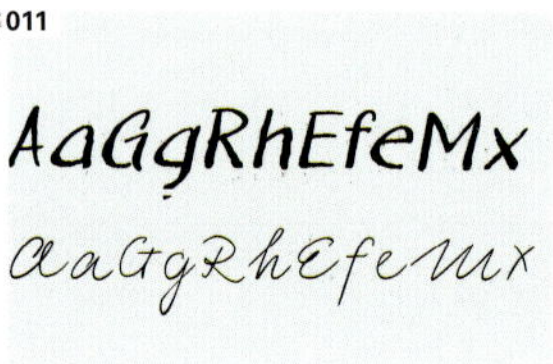
Intuitivo

36012
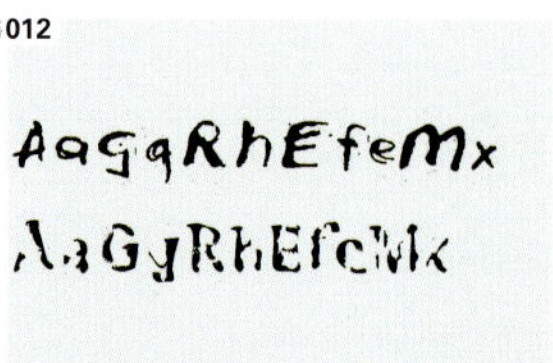
Psicótico

36013
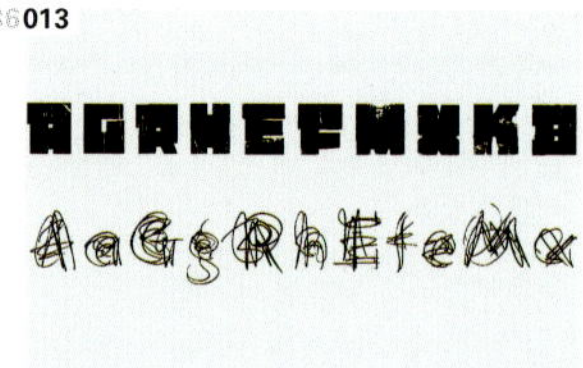
Agressivo

36014

Extremo

36015

Poderoso

36016

Progressivo

36017
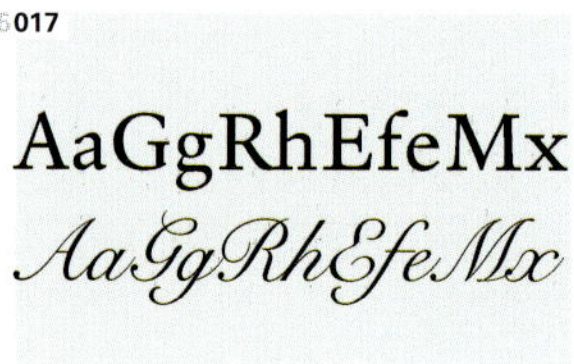
Clássico

36018

Elegante

36019

Experimental

36020
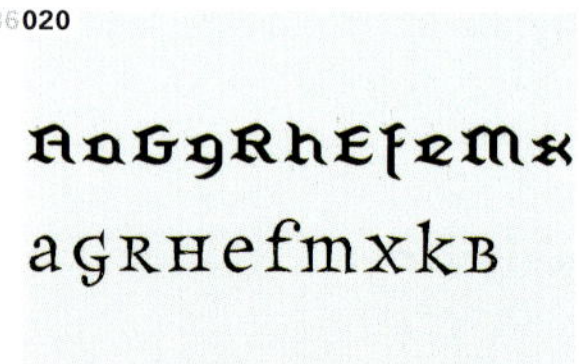
Fantasia

36021

Musical

36022
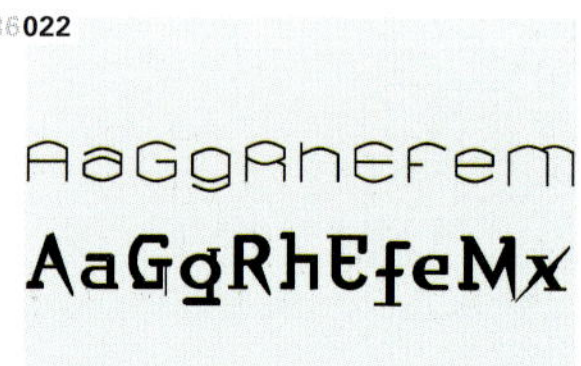
Artificial

36023
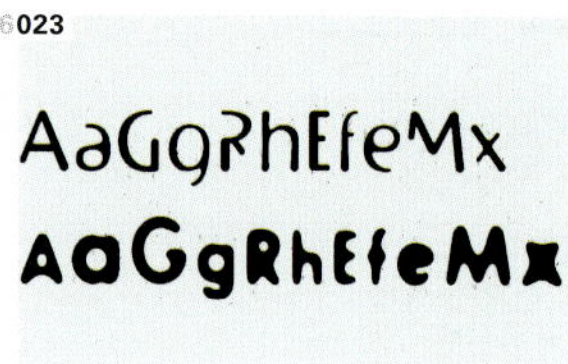
Orgânico

36024

Urbano

Estes exemplos oferecem fórmulas rápidas e confiáveis para transmitir uma voz ou tom específico a um determinado projeto – tanto pelas qualidades visuais de ritmo, movimento, contraste e detalhamento das letras quanto por associações históricas ou culturais. De modo algum extensos, os exemplos estilísticos aqui apresentados podem ser usados exatamente como apresentados, misturados para maior complexidade de tons e sombras ou com seus elementos substituídos por estilos similares conforme seja apropriado.

36025

AaGgRhEfeMx
AaGgRhEfeMx

Serviços financeiros

36026

AaGgRhEfeMx
AaGgRhEfeMx

Serviços legais

36027

AaGgRhEfeMx
AaGgRhEfeMx

Serviços de saúde

36028

AaGgRhEfeMx
AaGgRhEfeMx

Ciências da vida

36029

AaGgRhEfeMx
AaGgRhEfeMx

Farmacêutico

36030

AaGgRhEfeMx
AaGgRhEfeMx

Industrial: Químico

36031

AaGgRhEfeMx
AaGgRhEfeMx

Industrial: Manufatura pesada

36032

AaGgRhEfeMx
AaGgRhEfeMx

Industrial: Alta tecnologia

36033

AaGgRhEfeMx
AaGgRhEfeMx

Educação: Pública

36034

AaGgRhEfeMx
AGRHJEFMBX

Educação: Aprendizado superior

36035

AaGgRhEfeMx
AaGgRhEfeMx

Design arquitetônico

36036

AaGgRhEfeMx
AaGgRhEfeMx

Construção ou equipamentos

36037

AaGgRhEfeMx
AaGgRhEfeMx

Conservação da natureza

36038

AaGgRhEfeMx
AaGgRhEfeMx

Fornecimento de energia

36039

AaGgRhEfeMx
AaGgRhEfeMx

Telecomunicações

36040

AGRHEBFMX
AaGgRhEfeMx

Hotel de mercado de massa

36041

AGRHEBFMX
AaGgRhEfeMx

Hotel de luxo

36042

AaGgRhEfeMx
AGRHEBFMX

Instituição cultural: Artes cênicas

36043

AaGgRhEfeMx
AGRHEQFBMX

Instituição cultural: Artes visuais

36044

AaGgRhEfeMx
AGRHEQBFMX

Entretenimento: Pop

36045

AaGgRhEfeMx
AaGgRhEfeMx

Entretenimento: Hip-hop

36046

AaGgRhEfeMx
AGRHEQBFMX

Produtos de consumo: Cama e banho

36047

AaGgRhEfMx
AGRHEQBFMX

Mobiliário doméstico: Tradicional

36048

AaGgRhEfMx
AGRHEBFMX

Mobiliário doméstico: Contemporâneo

COMBINAÇÃO DE LETRAS *Misturas de Estilos Editoriais*

37

37001
Gr
Mie
BEATUS LUX
Duis autemer
Semperi nunc
Família com uma serifa: Estilo antigo

37002
Gra
Mies
Beatus luxat
Duis autemer
semperi nunc
Família com uma serifa: Estilo antigo

37003
Gr
Mie
BEATUS LUXA
Duis autemer
semperi nunc
Família com uma serifa: Estilo antigo

37004
GR
Mie
Beatus luxat
Duis autemer
semperi nunc
Família com uma serifa: Estilo antigo

37005
Gra
Mie
Beatus luxat
Duis autemer
semperi nunc
Família com uma serifa: Transição

37006
Gr
Mie
Beatus luxat
Duis autemer
semperi nunc
Família com uma serifa: Transição

37007
GR
Mie
BEATUS LUXAT
Duis autemer
semperi nunc
Família com uma serifa: Transição

37008
Gr
Mie
Beatus luxat
Duis autemer
semperi nunc
Família com uma serifa: Transição

37009
Gr
MIE
Beatus luxa
Duis autemer
semperi nunc
Família com uma serifa: Neoclássico

37010
Grafito
Miest Lent
BEATUS LUX
Duis autemer
semperi nunc
Família com uma serifa: Neoclássico

37011
Gra
Miest
Beatus lux
Duis autemer
semperi nunc
Família com uma serifa: Neoclássico

37012
Gr
Mie
Beatus lux
Duis autemer
semperi nunc
Família com uma serifa: Neoclássico

37013
Gr
Mie
Beatus luxa
Duis autem
semperi nu
Família com uma serifa: Bloco

37014
Gr
Miest
BEATUS LUX
Duis autemer
semperi nunc
Família com uma serifa: Bloco

37015
Gr
Mie
Beatus luxat
Duis autemer
semperi nunc
Família com uma serifa: Bloco

37016
Grafi
Mie
BEATUS LUX
Duis autemer
semperi nunc
Família com uma serifa: Bloco

37017
Gra
Mie
Beatusluxa
Duis autemer
semperinunc
Família serifada estilo antigo com nuances de bloco

37018
Gr
Mie
Beatuslux
Duis autemer
semperi nunc
Família serifada estilo antigo com nuances de bloco

37019
Graf
Mie
Beatus Luxat
Duis autemer
semperi nunc
Família serifada de transição com nuances de bloco

37020
Gra
Miel
Beatus luxa
Duis autemer
semperi nunc
Família serifada de transição com nuances de bloco

37021
Gr
Mie
Beatus lux
Duis autemer
semperi nunc
Família serifada bloco com nuances de estilo antigo

37022
Grafito
Mie
Beatus lux
Duis autemer
semperi nunc
Família serifada bloco com nuances de serifa de transição

37023
Gra
MIE
Beatus Luxat
Duis autemer
semperi nunc
Família serifada bloco com nuances de serifa neoclássica

37024
Gr
Mie
Beatus luxa
Duis autemer
semperi nunc
Família serifada bloco com nuances de estilo antigo

Misturar dois ou mais tipos confere textura visual à tipografia e ajuda a distinguir componentes hierárquicos. Estas combinações são estritamente enraizadas nos aspectos visuais dos estilos de letras – exibindo tanto relações contrastantes quanto correspondentes em forma, estilo e ritmo. Combinações limitadas a uma única família recaem naquelas que apresentam contraste estilístico mais variado. Os membros de cada conjunto são mostrados numa determinada proporção e em dadas relações de tamanho (caixa), e estão prontos para serem usados como cabeçalhos, subtítulos e texto – mas sinta-se livre, como sempre acontece com as receitas, para misturar estilos de família em elementos editoriais específicos, conforme a necessidade.

37025
Gr
Mie
Beatus luxat
Duis autemer
semperi nunc
Família sem serifa: Humanista

37026
GRAFI
Mie
BEATUS LUXAT
Duis autemer
semperi nunc
Família sem serifa: Humanista

37027
Gr
Mie
Beatus luxat
Duis autemer
semperi nunc
Família sem serifa: Humanista

37028
Graf
Mie
Beatus luxat
Duis autemer
semperi nunc
Família sem serifa: Humanista

37029
Gr
Mie
Beatus luxat
Duis autemer
semperi nunc
Família sem serifa: Geométrica

37030
Gr
Mie
Beatus luxat
Duis autemer
semperi nunc
Família sem serifa: Geométrica

37031
Gra
Mie
Beatus luxat
Duis autemer
semperi nunc
Família sem serifa humanista com nuances geométricas

37032
Gr
Mie
Beatus luxat
Duis autemer
semperi nunc
Família sem serifa humanista com nuances geométricas

37033
Gr
Mie
BEATUS LUXAT
Duis autemer
semperi nunc
Família sem serifa humanista com nuances geométricas

37034
Gr
Mie
BEATUS LUX
Duis autemer
semperi nunc
Família sem serifa geométrica com nuances humanistas

37035
Grafi
Mie
Beatus lux
Duis autemer
semperi nunc
Família sem serifa humanista com nuances da família serifada bloco

37036
Gr
Mie
Beatus luxat
Duis autemer
semperi nunc
Família sem serifa humanista com nuances de manuscrita serifada

37037
Gra
Mie
Beatus luxat
Duis autemer
semperi nunc
Duas famílias de serifadas bloco

37038
Gr
Mie
Beatus luxat
Duis autemer
semperi nunc
Duas famílias de serifadas bloco

37039
Gr
Mie
Beatus luxat
Duis autemer
semperi nunc
Duas famílias de serifadas bloco com nuances de humanista sem serifa

37040
Gr
Mie
Beatus luxat
Duis autemer
semperi nunc
Duas famílias de serifadas bloco com nuances de geométrica sem serifa

37041
Gr
Mie
Beatus lux
Duis autemer
semperi nunc
Misto de serifadas com não serifadas

37042
Gr
Mie
BEATUS LU
Duis autemer
semperi nunc
Misto de serifadas com não serifadas

37043
Gr
Mie
Beatus luxat
Duis autemer
semperi nunc
Misto de serifadas com não serifadas

37044
GR
Mie
Beatus luxat
Duis autemer
semperi nunc
Misto de serifadas com não serifadas

37045
Graf
Mie
Beatus lux
Duis autemer
semperi nunc
Misto de serifadas com não serifadas

37046
Gr
Mie
Beatus luxat
Duis autemer
semperi nunc
Misto de serifadas com não serifadas

37047
Grice
MIELU
Beatus lux
Duis autemer
semperi nunc
Misto de serifadas com não serifadas

37048
Gr
Mie
Beatus luxa
Duis autemer
semperi nunc
Misto de serifadas com não serifadas

38

ELEMENTOS EDITORIAIS *Estruturas de Par Hierárquico*

38001

Simétrico: Fechado

38002
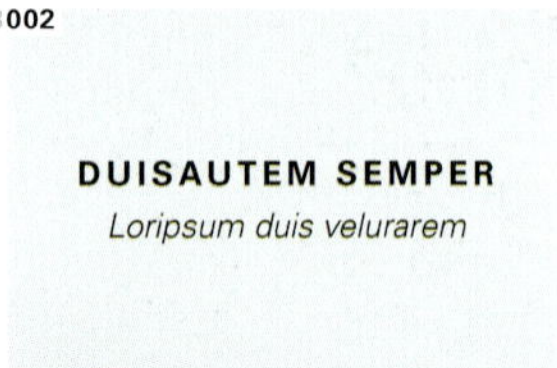

Simétrico: Solto

38003
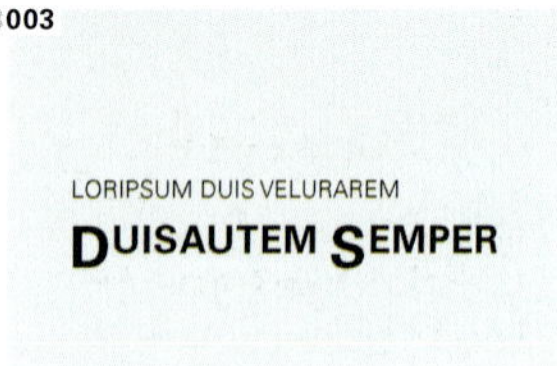

Assimétrico: Maiúscula inicial

38004
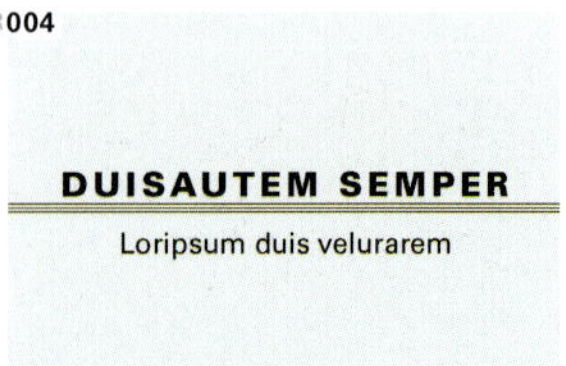

Simétrico: Linha divisória

38005

Assimétrico: Linha divisória

38006

Assimétrico: Maiúsculas empilhadas

38007
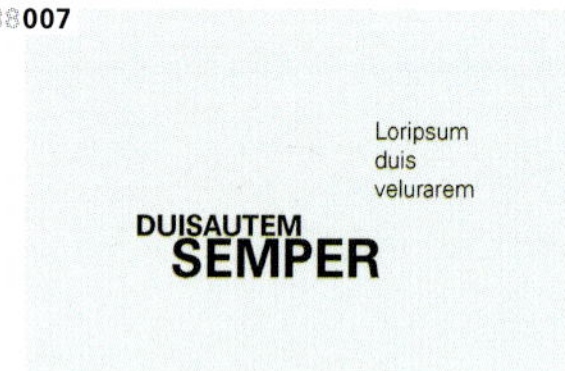

Assimétrico: Ortogonal

38008
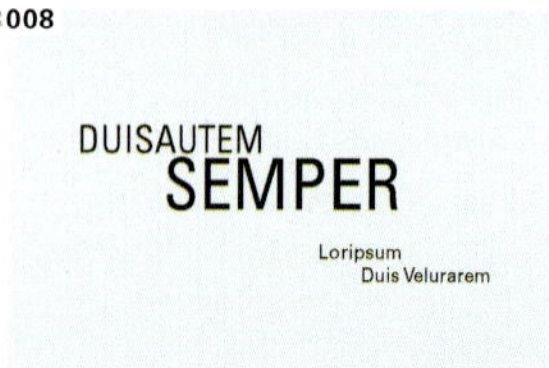

Assimétrico: Mudança de tamanho rítmica

38009
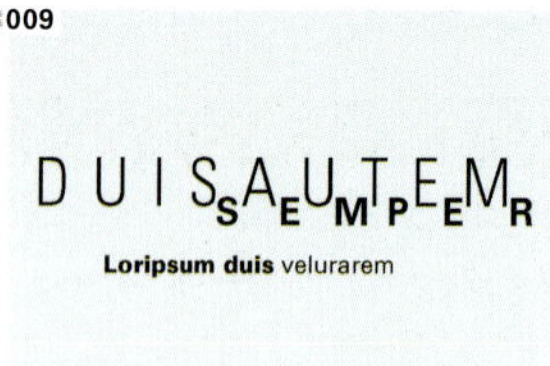

Assimétrico: Rítmico: Peso e espaçamento

38010
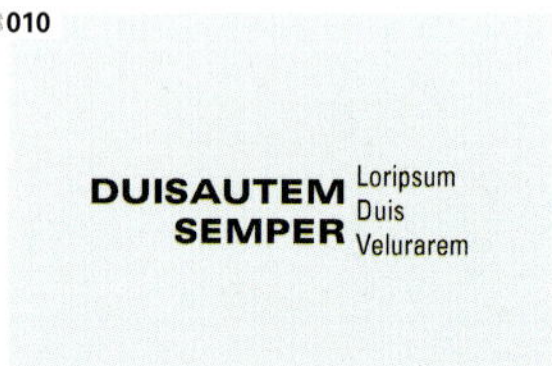

Assimétrico: Eixo reverso

38011
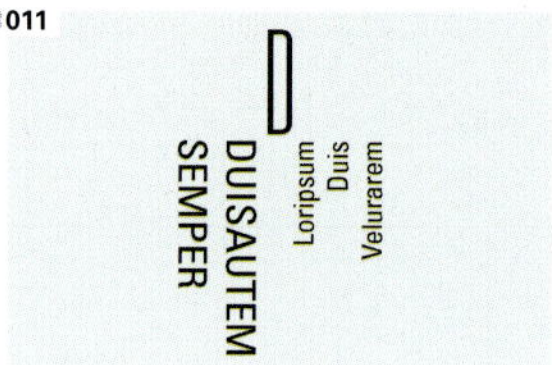

Chamada inicial: Rotação vertical

38012
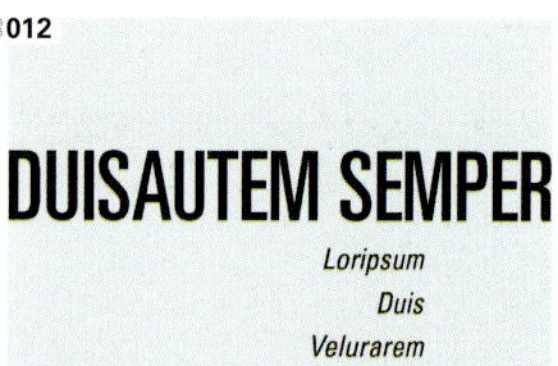

Assimétrico: Tamanho extremo

38013

Assimétrico: Encaixado com fusão de peso

38014
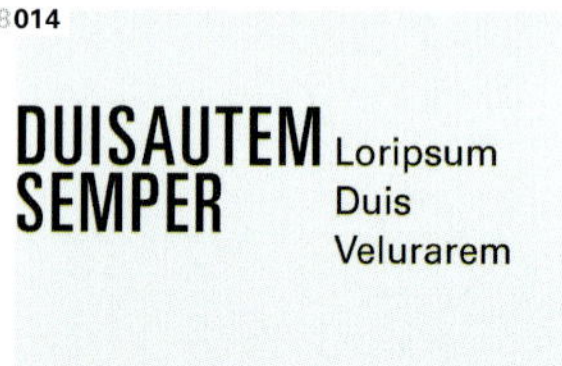

Assimétrico: Tabulado

38015

Assimétrico: Postura e peso

38016

Itálicos girados: Variação de tamanho e peso

38017

Assimétrico: Apenas mudança de tamanho

38018
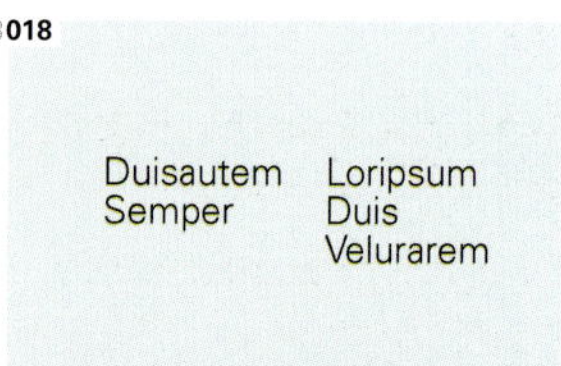

Assimétrico: Tabulado: Mesmo tamanho

38019

Assimétrico: Aninhado: Contraste extremo

38020
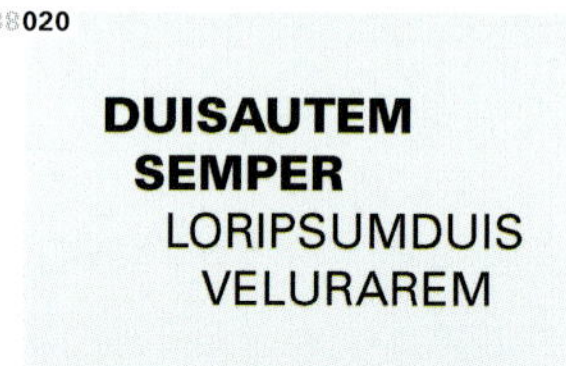

Alinhamento diagonal à esquerda

38021

Maiúscula inicial: Linhas alternadas

38022

Eixo de contraste: Linha vertical divisora

38023

Linhas alternadas: Densidades em camadas

38024
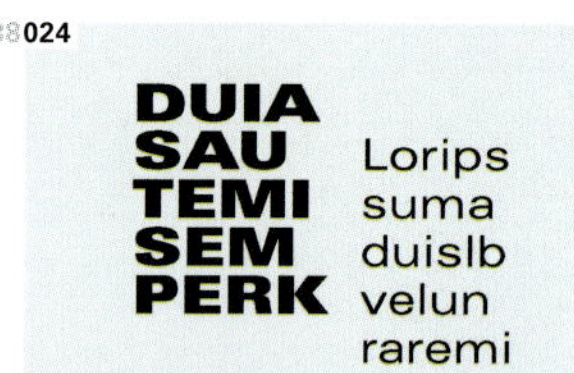

Assimétrico: Tabulado: Contraste extremo

Configurações atraentes de tipos costumam facilitar o entendimento do observador a respeito do que se quer comunicar. Em muitas situações os componentes informativos relacionados serão beneficiados se compartilharem relações visuais fortes e específicas que podem responder aos atributos pictóricos do layout ou ajustar o tom global do projeto. Ainda que estas estruturas em par possam ser mais úteis para componentes de nível mais alto como título e subtítulo, elas também mostram-se úteis para uma variedade de componentes secundários: títulos de colunas laterais, pares quadro e chamada ou configurações de logotipos, entre outros. As configurações de ingredientes dadas podem ser simplificadas, ou pode-se facilmente combinar aspectos de duas ou mais de acordo com a situação.

025

duisautem semper
loripsum duis velurarem

Reversão do título

026

Duisautem
Semper
LORIPSUM DUIS VELURAREM

Assimétrico: Fechamento em caixa

027

DUISAUTEM
SEMPER
LORIPSUM
DUIS
VELURAREM

Eixo reverso ao redor de uma forma

028

DUISAUTEM SEMPER
LORIPSUM DUIS VELURAREM

Rotação em eixo ortogonal

029

DUISAUTEM SEMPER
Loripsum Duis Velurarem

Rotação em eixo diagonal

030

DUISAUTEM SEMPER
Loripsum
Duis
Velurarem

Título num arco: Subtítulo alinhado à esquerda

031

DUISAUTEM
SEMPER
Loripsum duis velurarem

Primeiro/Segundo plano: Tamanhos extremos

032

LORIPSUM
DUISAUTEM
DUIS
ASEMPERU
VELURAREM

Simétrico: Linhas alternadas

033

LORIPSUM
DUISAUTEM
DUIS
SEMPER
VELURAREM

Alinhado à direita: Linhas alternadas: Linha atravessada

034

LORIPSUM
DUISAUTEM
DUIS
SEMPER
VELURAREM

Alinhado à direita: Alternando linhas: Mudança de valor

035

Duisautem Semper
LORIPSUM DUIS VELURAREM

Simétrico: Solto: Linhas de fechamento

036

Duisautem Semper
Loripsum Duis Velurarem

Agrupamento em padrão de linha/Fechamento

037

DUISAUTEM
SEMPER
Loripsum Duis Velurarem

Posição da linha base e tamanho rítmico

038

DUISAUTEM SEMPER
Loripsum duis velurarem

Mudança de estilo e caixa (alta X baixa)

039

Duisautem Semper
loripsum duis velurarem

Subtítulo reverso de uma forma

040

Duis
Loripsum Duis Velurarem Autem
Semper

Título no fundo: Mudança de estilo e densidade

041

LORIPSUM
DUISAUTEM
DUISVELU
SEMPER

Só maiúsculas: Linhas alternadas

042

DUISAUTEM SEMPER
Loripsum duis velurarem

Mudança de peso no título

043

Duisautem
Semper
Loripsum
Duis
Velurarem

Assimétrico: Empilhado: Mesmo tamanho

044

DUIA
SAU
TEMI
SEM
PERK
Lorips
suma
duislb
velun
raremi

Eixo reverso: Contraste extremo

045

DUISAUTEM
SEMPER
LORIPSUM DUIS VELURAREM

Rítmico: Tamanho, linha base, preenchimento

046

DUIS AUTEM SEMPER
LORIPSUM
DUIS
VELURAREM

Configuração de forma livre ortogonal

047

DUISAUTEM
Loripsum SEMPER
Duis
Velurarem

Assimétrico: Aninhado: Alternado

048

DUISAUTOP
TEMSRTOPE
MPERLORIP
SUMDUIRES
VELURAREM

Bloco ajustado: Mudança de peso

39

ELEMENTOS EDITORIAIS *Tratamentos da Maiúscula Inicial*

39001

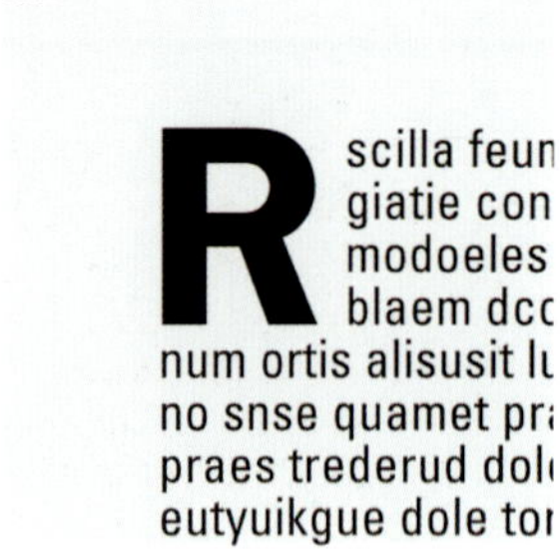

Maiúscula caída

39002

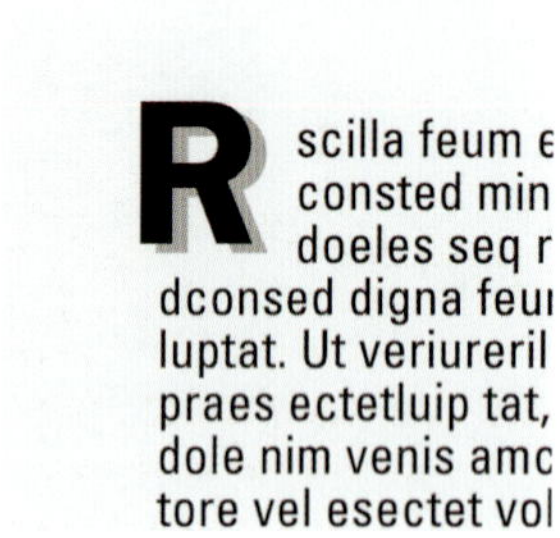

Pendente

39003

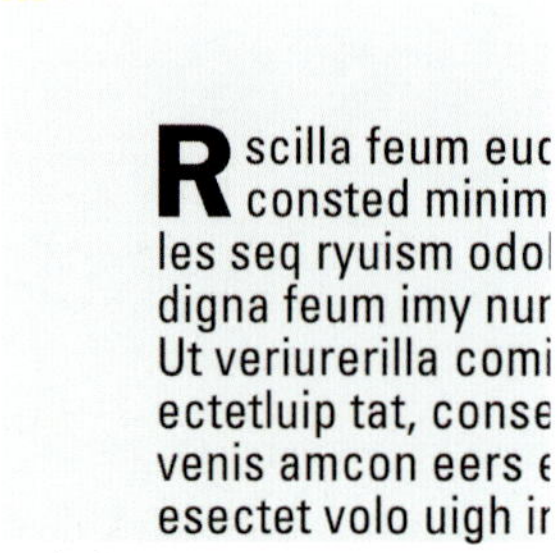

Maiúscula pequena

39004

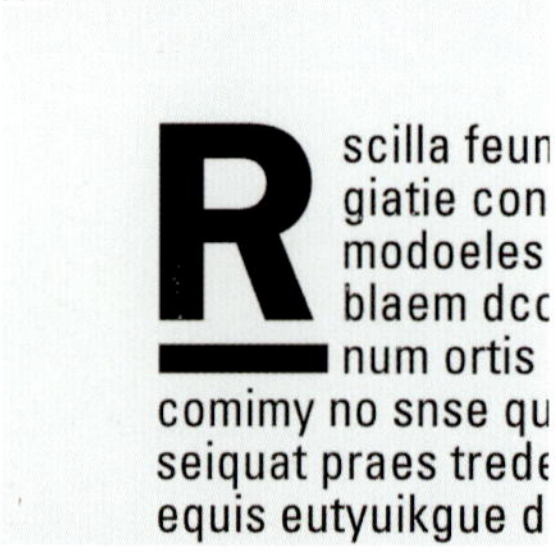

Elemento de linha abaixo

39005

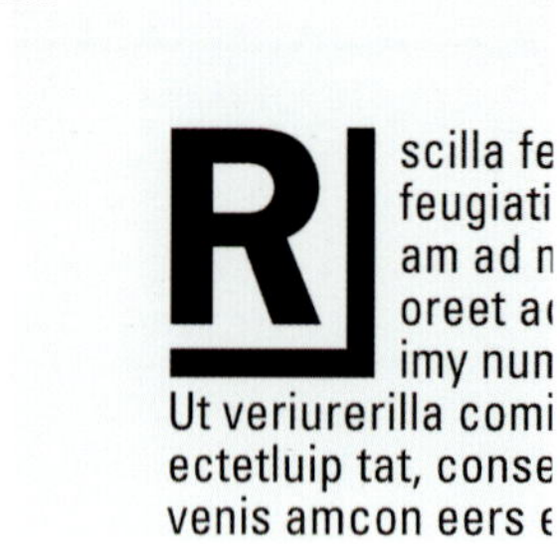

Elemento de ângulo interior

39006

Elemento de ângulo exterior

39007

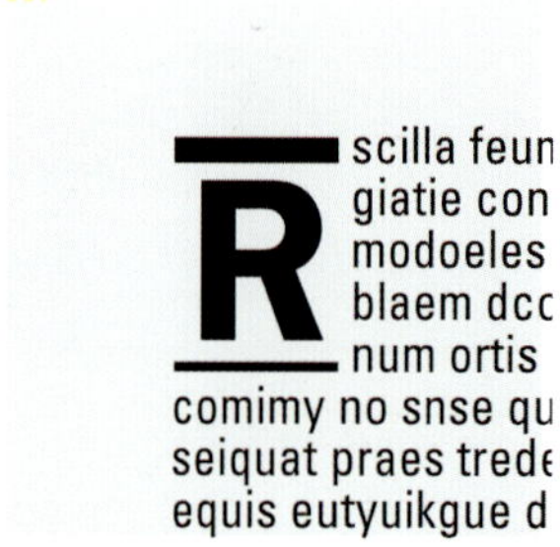

Linhas acima e abaixo

39008

Fechada por chaves

39009

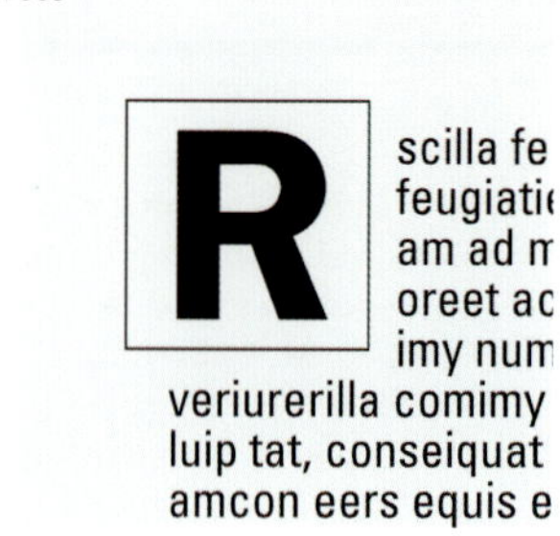

Fechada em caixa

39010

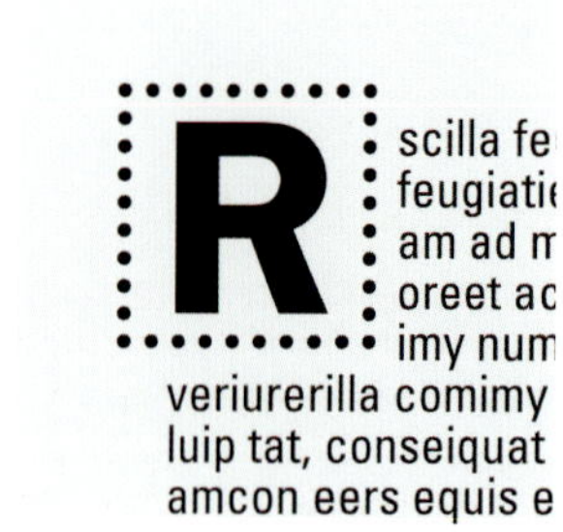

Fechamento com linha pontilhada

39011

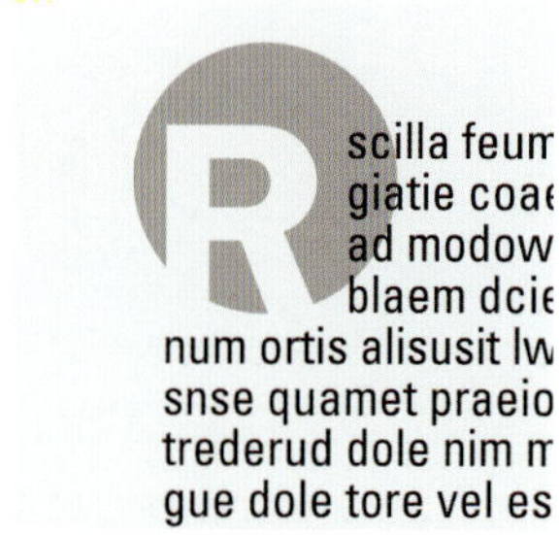

Revertida a partir de um ponto

39012

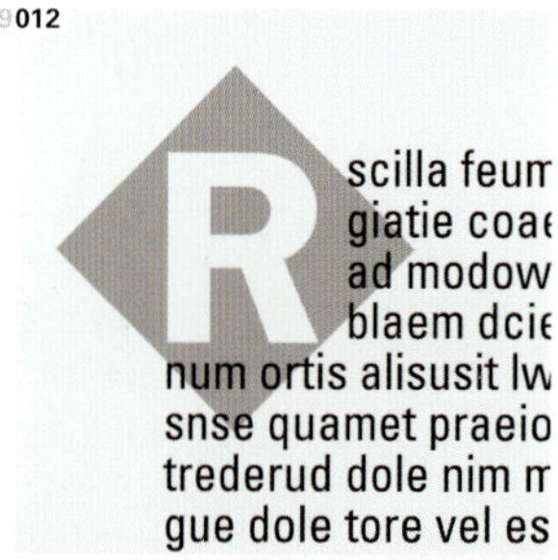

Revertida a partir de um plano

39013

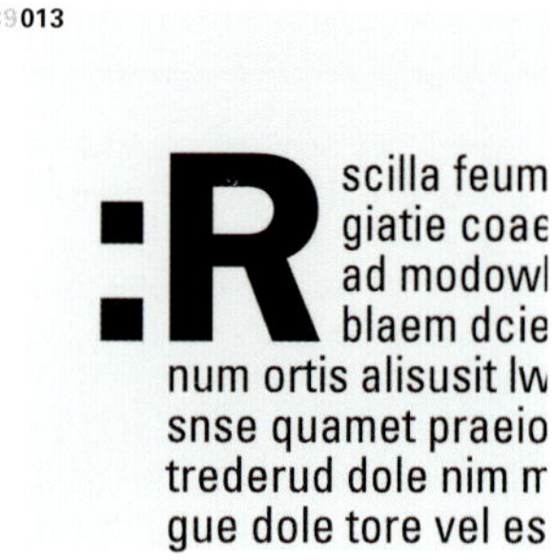

Fixada por dois-pontos

39014

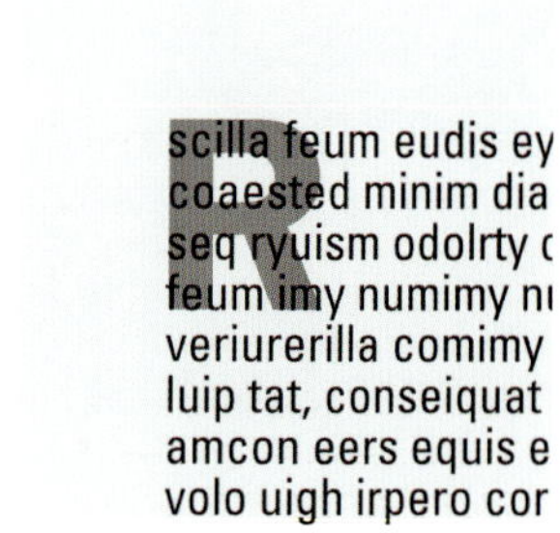

Marca de fundo atrás do texto

39015

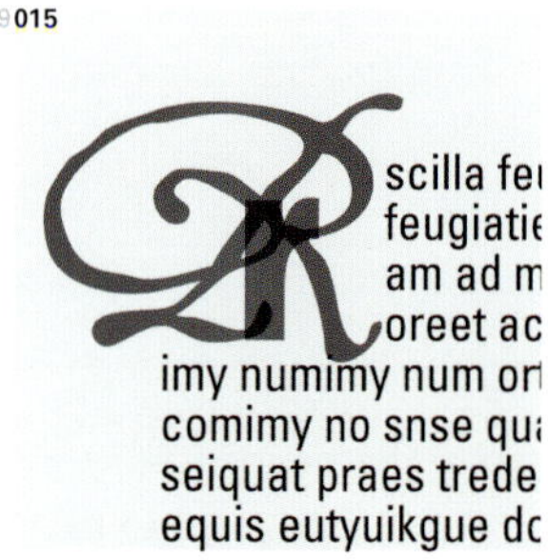

Estilos mistos: Transparente

39016

Fundo em linguagem geométrica

A inicial decorativa, enquanto dispositivo tipográfico, é um elemento estilístico com uma longa história. Com raízes no design dos manuscritos da Idade Média europeia, pode ser encontrada em todo o formato editorial dos últimos dez séculos, incluindo os materiais de vanguarda e contemporâneos. Não há limites quanto ao uso de tipos ou tratamentos possíveis nesta letra que introduz um texto. Aqui há uma pequena amostra para dar inspiração. Combine, manipule e ajuste tratamentos ou contraste-os com outras combinações de estilos no texto para criar pontos de entrada chamativos e de muitos níveis nas páginas e colunas.

39017

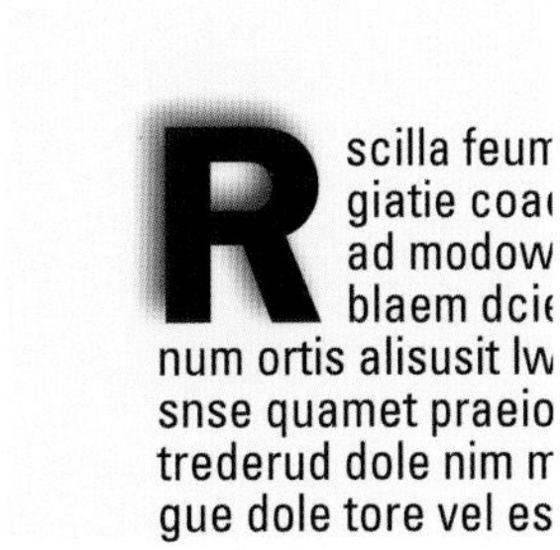

Deslocada com sombra

39018

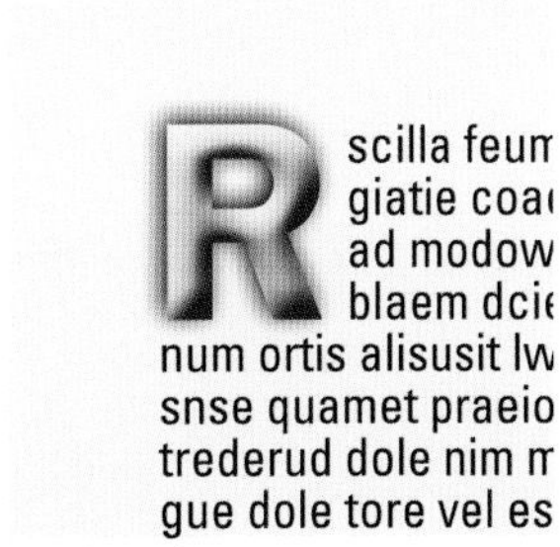

Gravada em relevo

39019

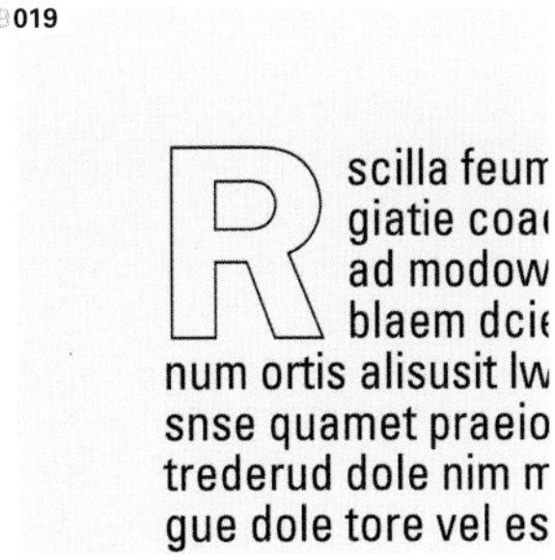

Contorno

39020

Girado

39021

Projetado com face revertida

39022

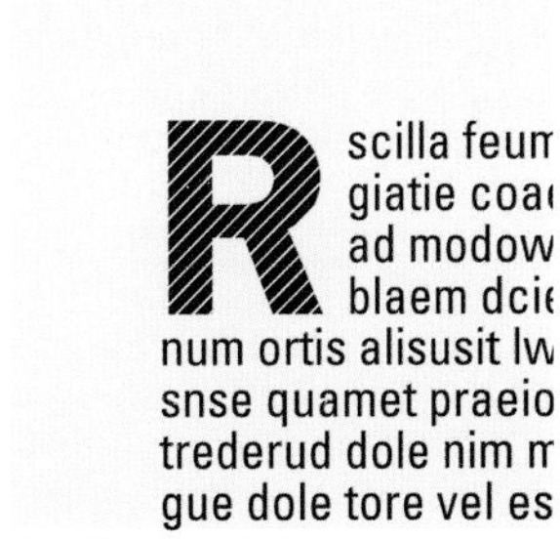

Preenchimento com textura

39023

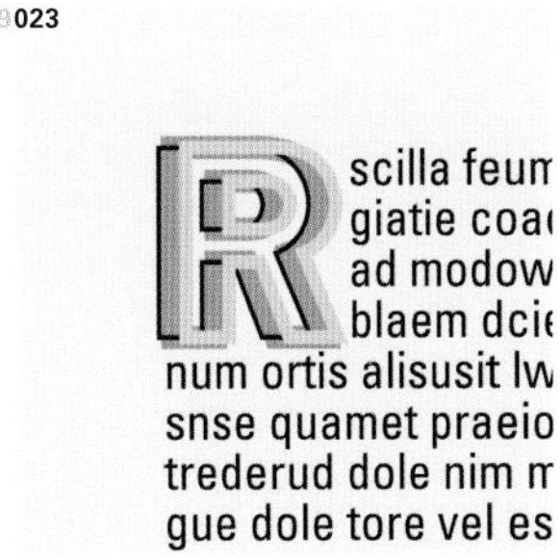

Contornos sobrepostos: Densidades mistas

39024

Moldura decorativa exterior

39025

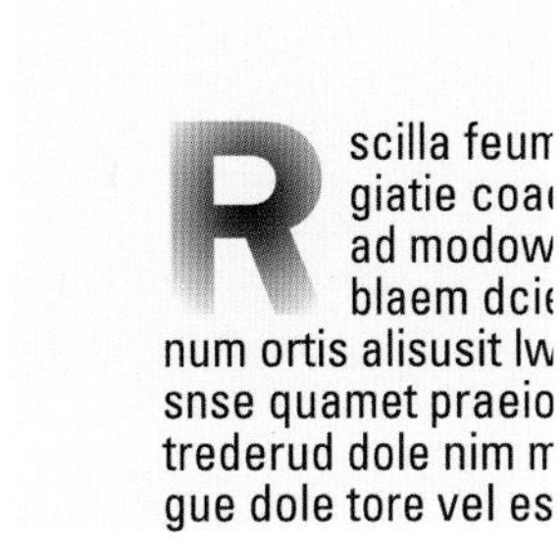

Gradação radial interna

39026

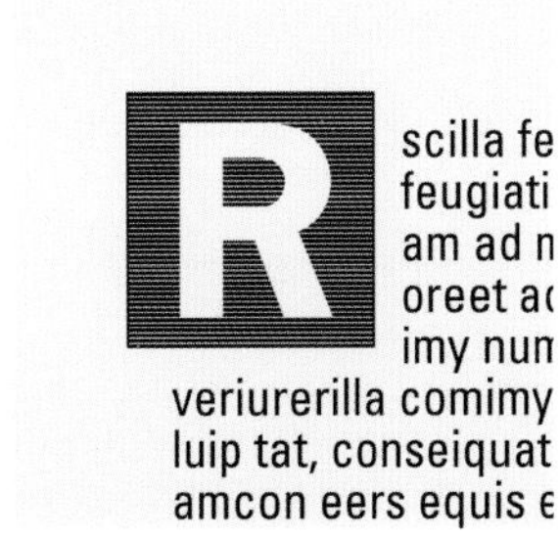

Revertida com padrão plano

39027

Revertida de caixa radial

39028

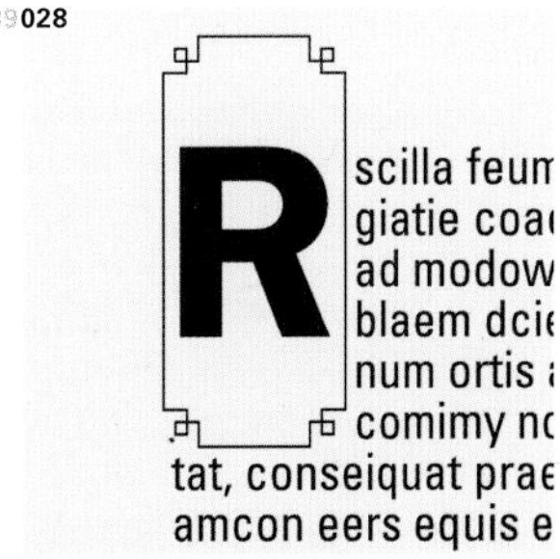

Fechamento linear decorativo

39029

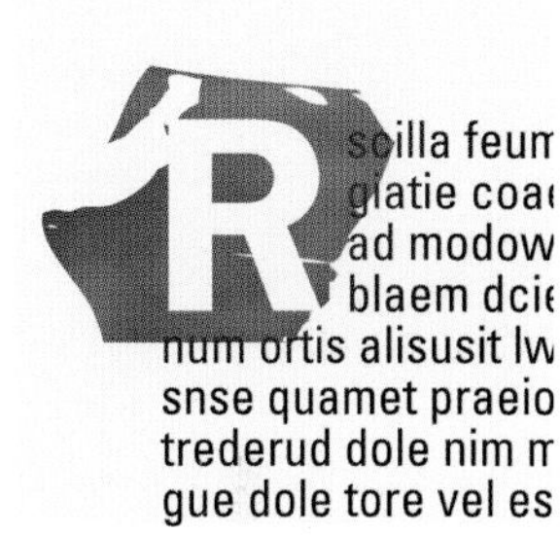

Revertida de papel rasgado

39030

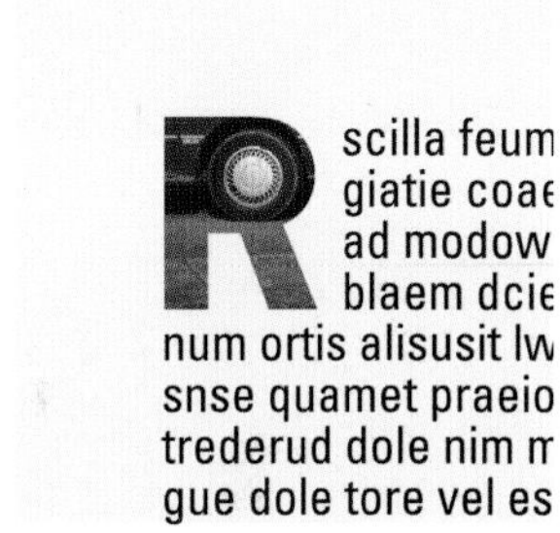

Mascarada com imagem fotográfica

39031

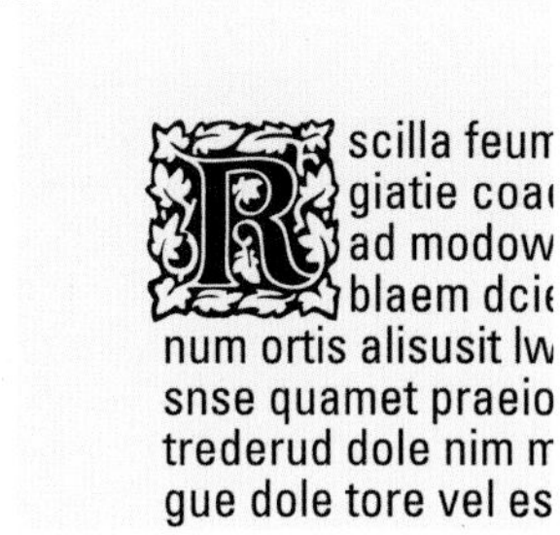

Estilo decorativo arcaico

39032

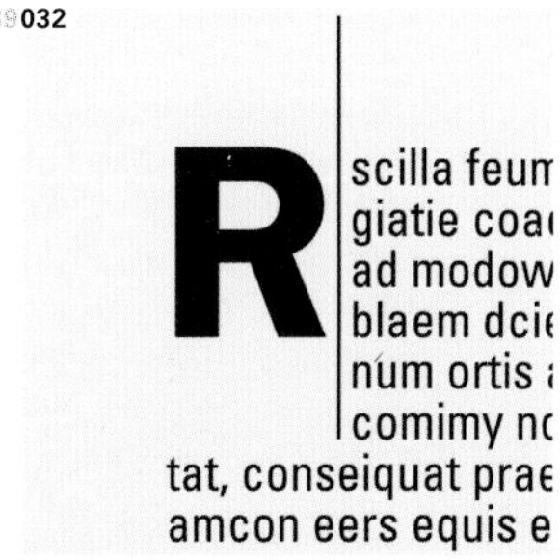

Separação com fio vertical

ELEMENTOS EDITORIAIS *Quebras de Parágrafo* 40

40 001

Lorem ipsum dolor sitan
consectur adipiscing elit
ur suspendiso semassa, c
abitur nec nisi maecrena
hicula odio sed urna. Nas
enim, fringilla vita, temp
mollis eturna. Phaselus a
Vestibulum blandit ne
amet furpis. Suspendisse
Aliquam posuere aliquet
Phaselus aliquet nisl vita
coelis in semper qua dolc

Espaço de uma palavra

40 002

Lorem ipsum dolor sitan
consectur adipiscing elit
ur suspendiso semassa, c
abitur nec nisi maecrena
hicula odio sed urna. Nas
enim, fringilla vita, temp
mollis eturna. Phaselus a
Vestibulu
blandit neque sit amet fu
pis. Suspendisse lect Aliq
posuere aliquet nurp Pha
aliquet nisl vitae ni coeli

Tabulação profunda

40 003

Lorem ipsum dolor sitan
consectur adipiscing elit
ur suspendiso semassa, c
abitur nec nisi maecrena
hicula odio sed urna. Nas
enim, fringilla vita, temp
mollis eturna. Phaselus a
■ Vestibulum blandit ne
amet furpis. Suspendisse
Aliquam posuere aliquet
Phaselus aliquet nisl vita
coelis in semper qua dolc

Tabulação com ponto

40 004

Lorem ipsum dolor sitan
consectur adipiscing elit
ur suspendiso semassa, c
abitur nec nisi maecrena
hicula odio sed urna. Nas
enim, fringilla vita, temp
mollis eturna. Phaselus a
Vestibulum blandit neque sit
furpis. Suspendisse lecfk
Aliquam posuere aliquet
Phaselus aliquet nisl vita
coelis in semper qua dolc

Tabulado antes da margem

40 005

Lorem ipsum dolor sitan
consectur adipiscing elit
ur suspendiso semassa, c
abitur nec nisi maecrena
hicula odio sed urna. Nas
enim, fringilla vita, temp
mollis eturna. Phaselus a

Vestibulum blandit nequ
amet furpis. Suspendisse
Aliquam posuere aliquet
Phaselus aliquet nisl vita

Espaço de entrelinhas pleno

40 006

Lorem ipsum dolor sitan
consectur adipiscing elit
ur suspendiso semassa, c
abitur nec nisi maecrena
hicula odio sed urna. Nas
enim, fringilla vita, temp
mollis eturna. Phaselus a

Vestibulum blandit nequ
amet furpis. Suspendisse
Aliquam posuere aliquet
Phaselus aliquet nisl vita

Entrelinha proporcional

40 007

Lorem ipsum dolor sitan
consectur adipiscing elit
ur suspendiso semassa, c
abitur nec nisi maecrena
hicula odio sed urna. Nas
enim, fringilla vita, temp
mollis eturna. Phaselus a

Vestibulu
blandit neque sit amet fu
Sussdtu pendisse lect. Al
posuere aliquet nurp Pha

Entrelinha proporcional: Tabulação profunda

40 008

Lorem ipsum dolor sitan
consectur adipiscing elit
ur suspendiso semassa, c
abitur nec nisi maecrena
hicula odio sed urna. Nas
enim, fringilla vita, temp
mollis eturna. Phaselus a

Vestibulum blandit neque sit
furpis. Suspendisse lecfk
Aliquam posuere aliquet
Phaselus aliquet nisl vita

Entrelinha proporcional: Tabulado antes da margem

40 009

Lorem ipsum dolor sitan
consectur adipiscing elit
ur suspendiso semassa, c
abitur nec nisi maecrena
hicula odio sed urna. Nas
enim, fringilla vita, temp
mollis eturna. Phaselus a

Vestibulum blandit neq
amet furpis. Suspendisse
Aliquam posuere aliquet
Phaselus aliquet nisl vita

Linha inicial: Negrito: Espaçamento proporcional

40 010

Lorem ipsum dolor sitan
consectur adipiscing elit
ur suspendiso semassa, c
abitur nec nisi maecrena
hicula odio sed urna. Nas
enim, fringilla vita, temp
mollis eturna. Phaselus a

V E S T I B U L U M Bland
amet furpis. Suspendisse
Aliquam posuere aliquet
Phaselus aliquet nisl vita

Linha inicial: Maiúsculas: Entrelinha proporcional

40 011

Lorem ipsum dolor sitan
consectur adipiscing elit
ur suspendiso semassa, c
abitur nec nisi maecrena
hicula odio sed urna. Nas
enim, fringilla vita, temp
mollis eturna. Phaselus a
Vestibulum blandit neque
amet furpis. Suspendisse
Aliquam posuere aliquet
Phaselus aliquet nisl vita
coelis in semper qua dolc

Linha inicial: Mudança de estilo: Sem tabulação

40 012

Lorem ipsum dolor sitan
consectur adipiscing elit
ur suspendiso semassa, c
abitur nec nisi maecrena
hicula odio sed urna. Nas
enim, fringilla vita, temp
mollis eturna. Phaselus a

Vestibulum blandit nequ
amet furpis. Suspendisse
Aliquam posuere aliquet
Phaselus aliquet nisl vita

Entrelinha proporcional: Linha inicial: Mudança de valor

40 013

Lorem ipsum dolor sitan
consectur adipiscing elit
ur suspendiso semassa, c
abitur nec nisi maecrena
hicula odio sed urna. Nas
enim, fringilla vita, temp
mollis eturna. Phaselus a

Vestibulum blandit
amet furpis. Suspendisse
Aliquam posuere aliquet
Phaselus aliquet nisl vita

Linha inicial: Mudança de tamanho: Entrelinha plena

40 014

Lorem ipsum dolor sitan
consectur adipiscing elit
ur suspendiso semassa, c
abitur nec nisi maecrena
hicula odio sed urna. Nas
enim, fringilla vita, temp
mollis eturna. Phaselus a

Vestibulum blandit nequ
amet furpis. Suspendisse
Aliquam posuere aliquet
Phaselus aliquet nisl vita

Linha inicial: Linha base deslocada: Sublinhado

40 015

Lorem ipsum dolor sitan
consectur adipiscing elit
ur suspendiso semassa, c
abitur nec nisi maecrena
hicula odio sed urna. Nas
enim, fringilla vita, temp
mollis eturna. Phaselus a

Vestibulum blandit neq
furpis. Suspendisse lecfk
Aliquam posuere aliquet
Phaselus aliquet nisl vita

Linha inicial: Mudança de tamanho: Tabulado antes da margem

40 016

Lorem ipsum dolor sitan
consectur adipiscing elit
ur suspendiso semassa, c
abitur nec nisi maecrena
hicula odio sed urna. Nas
enim, fringilla vita, temp
mollis eturna. Phaselus a

■ Vestibulu
blandit neque sit amet fu
pis. Suspendisse lect. Ali
posuere aliquet nurp Pha

Entrelinha proporcional: Tabulação profunda: Ponto

Existem tantas formas para separar parágrafos quanto para decorar um bolo. De fato, este detalhe frequentemente ignorado de composição do texto pode oferecer uma bela oportunidade tanto para traduzir ideias tipográficas em nível macro, em chamadas ou texto contíguo, quanto para conferir contraste e textura como um modo de aliviar a monotonia do texto numa página. Variações menores num método particular – ou combinações de métodos relacionados – podem criar uma expressão mais profunda da linguagem tipográfica ou ajudar a distinguir tipos diferentes de quebra na sequência de conteúdo.

40017
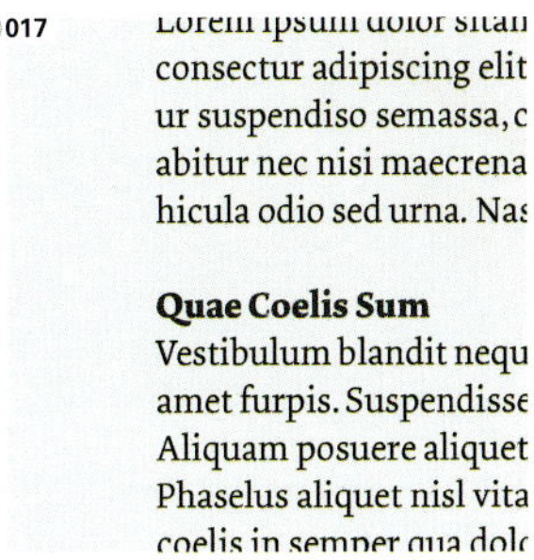

Subcabeçalho em negrito: Entrelinha plena

40018
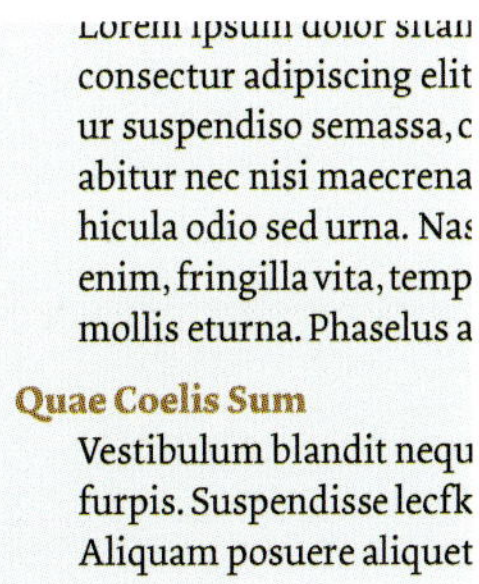

Tabulado antes da margem: Em negrito: Mudança de cor

40019
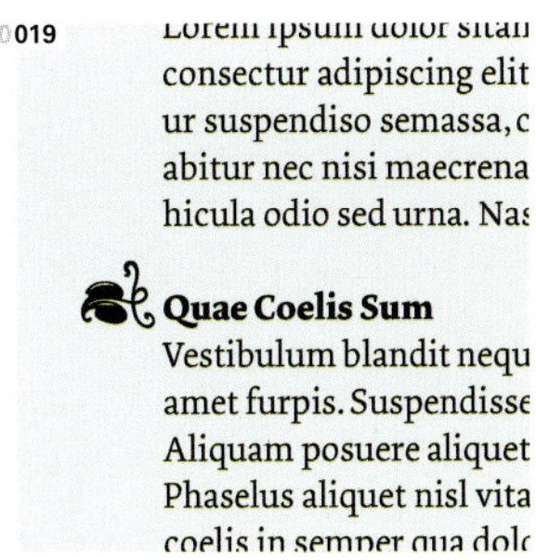

Subcabeçalho em negrito: Embelezamento

40020
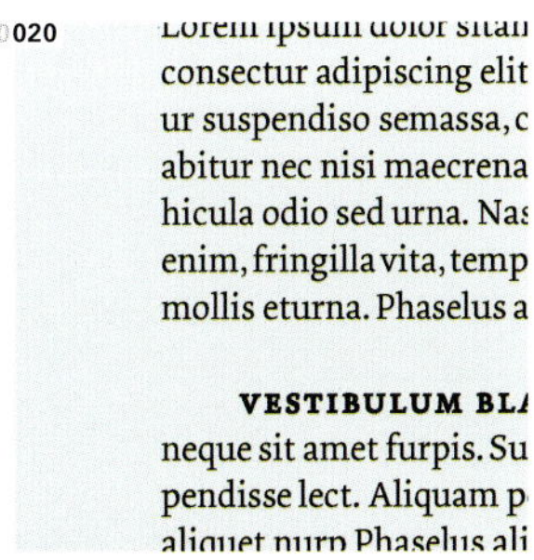

Linha inicial: Em negrito: Maiúsculas pequenas: Tabulado

40021
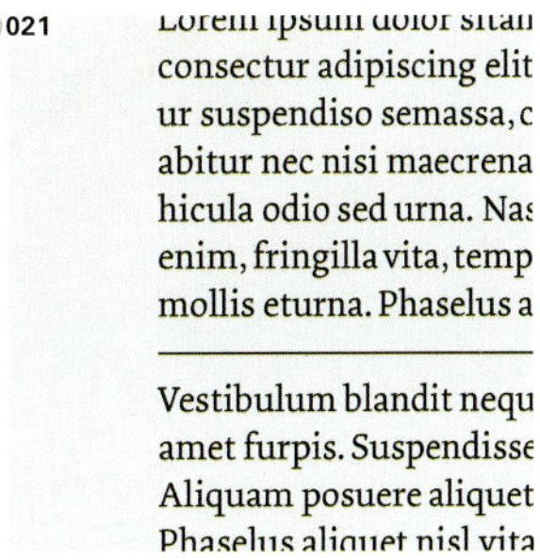

Entrelinha plena: Separador por linha

40022
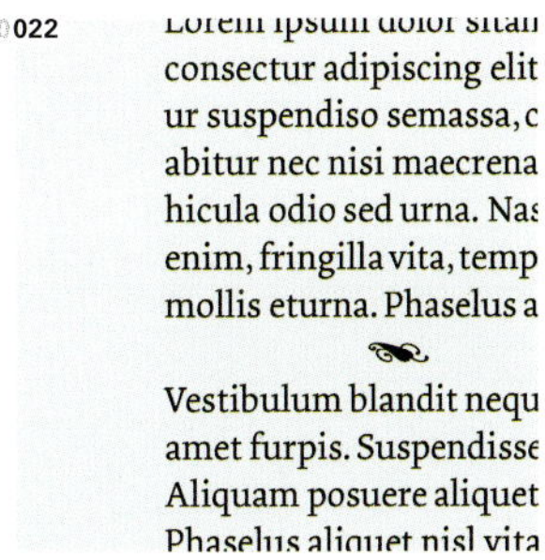

Entrelinha plena: Separado por símbolo

40023
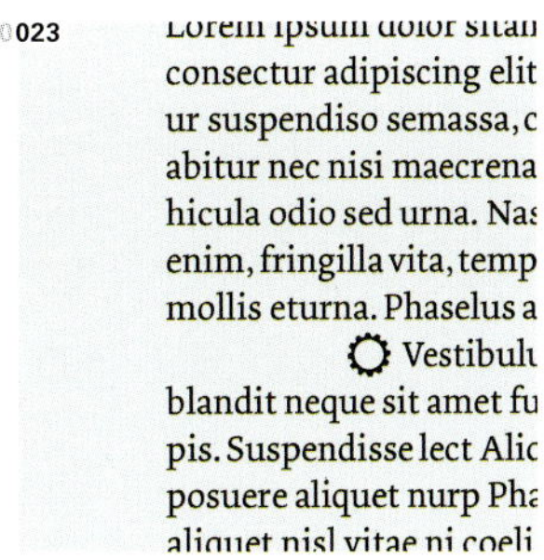

Tabulação profunda: Símbolo

40024
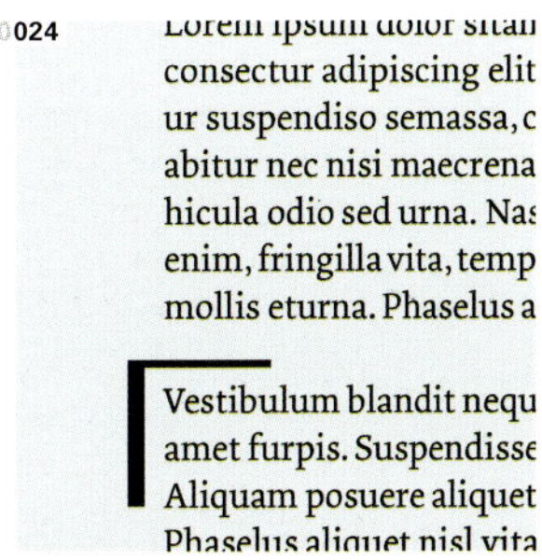

Entrelinha plena: Divisor em ângulo

40025
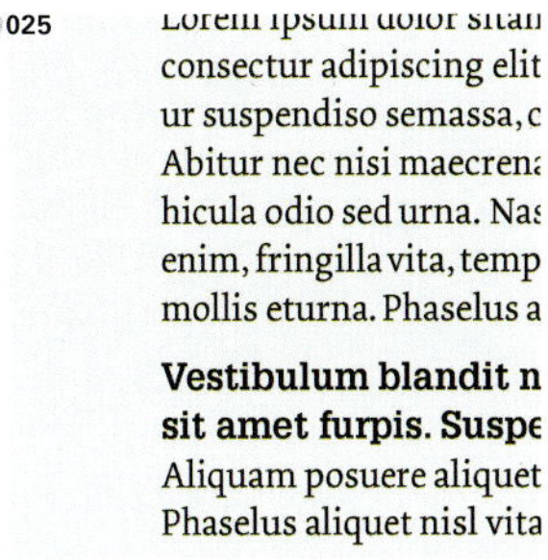

Entrelinha proporcional: Linha inicial dupla

40026
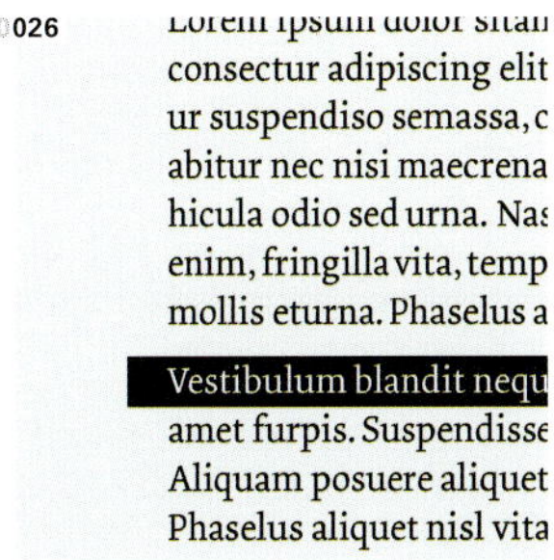

Entrelinha proporcional: Linha inicial reversa

40027
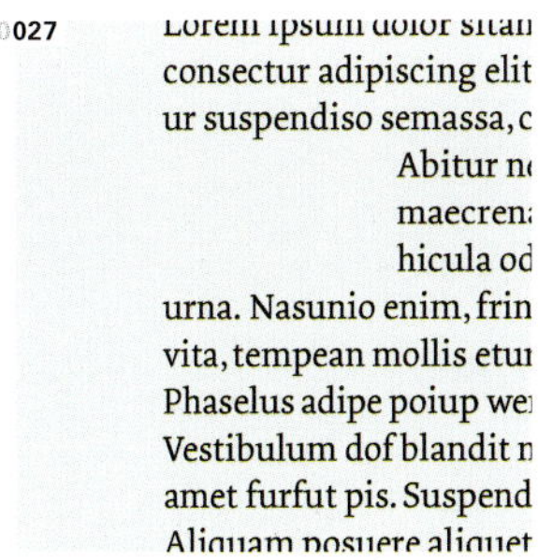

Sem entrelinhas: Tabulação em múltiplas linhas

40028
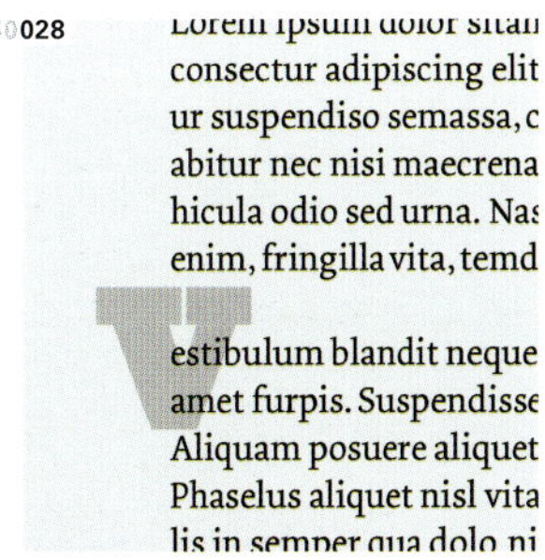

Maiúscula inicial em destaque: Fundo do texto tingido

40029
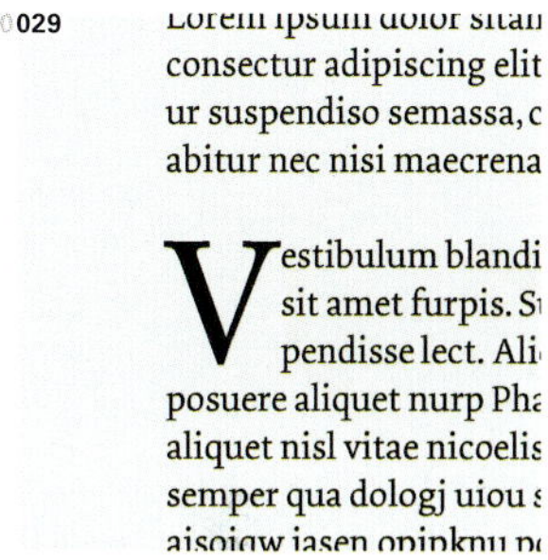

Inicial destacada: Entrelinha plena

40030
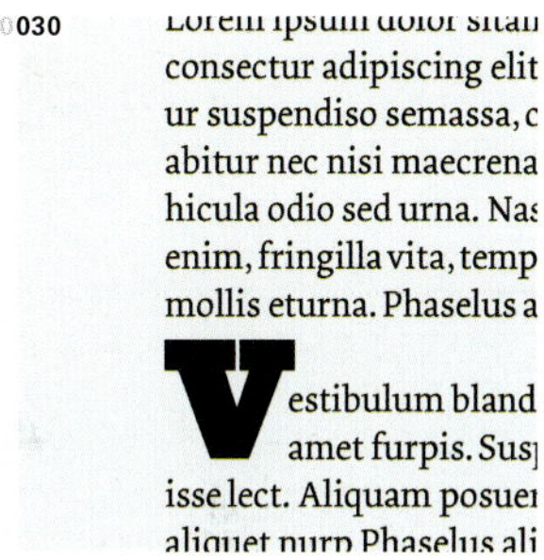

Maiúscula inicial ascendente: Entrelinha plena

40031
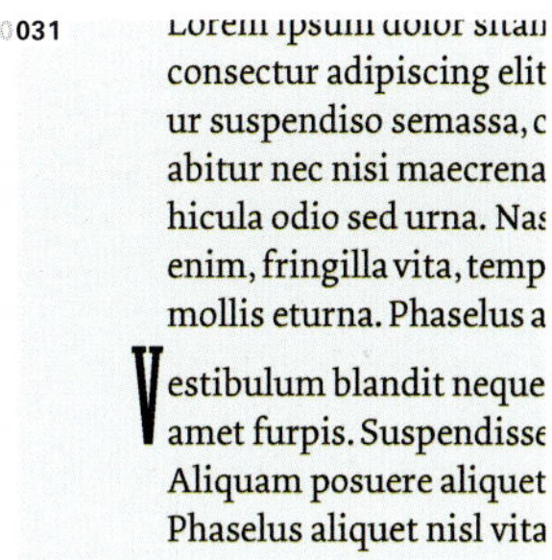

Maiúscula inicial separada: Entrelinha proporcional

40032
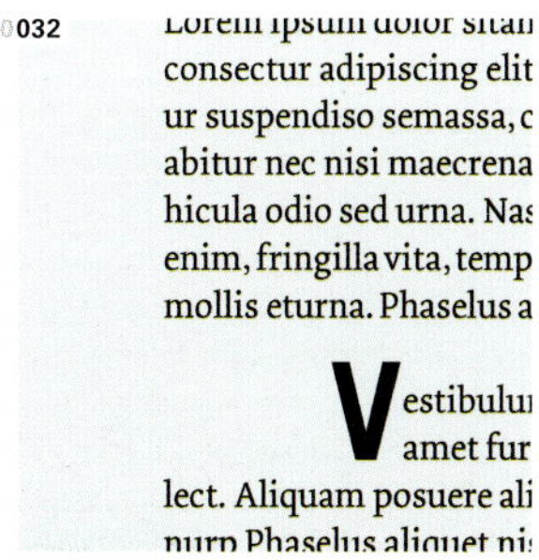

Maiúscula inicial ascendente: Tabulação profunda

ELEMENTOS EDITORIAIS *Tratamento das Chamadas* 41

41 001

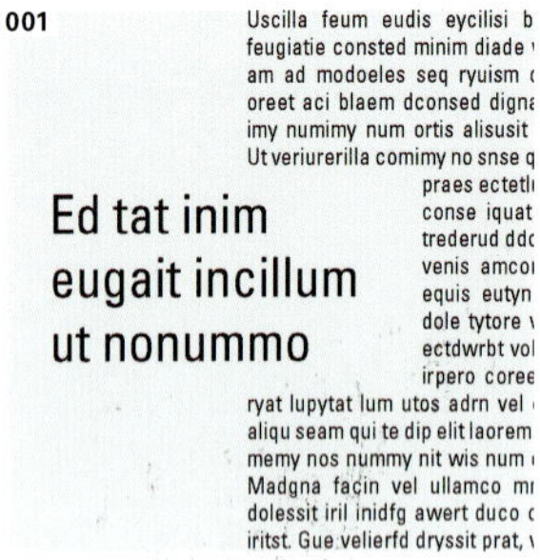

Destacada e alinhada à esquerda

41 002

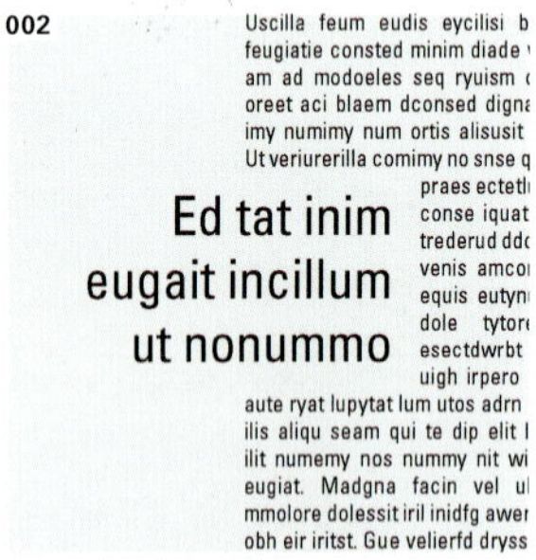

Destacada e alinhada à direita

41 003

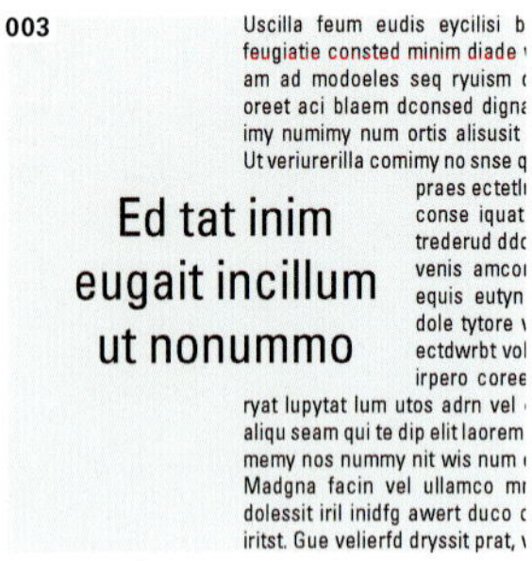

Eixo centrado

41 004

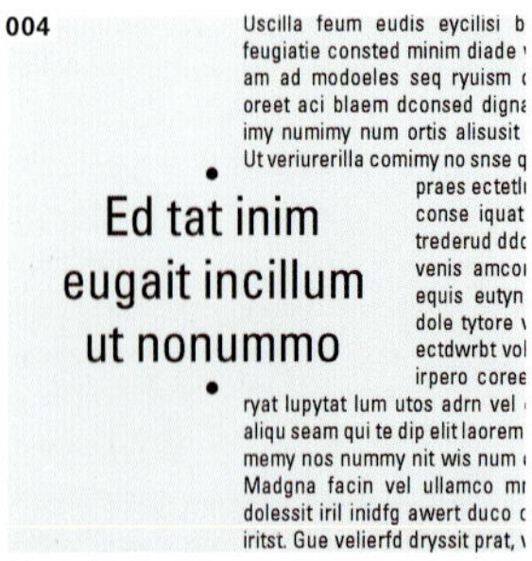

Centrado com pontos

41 005

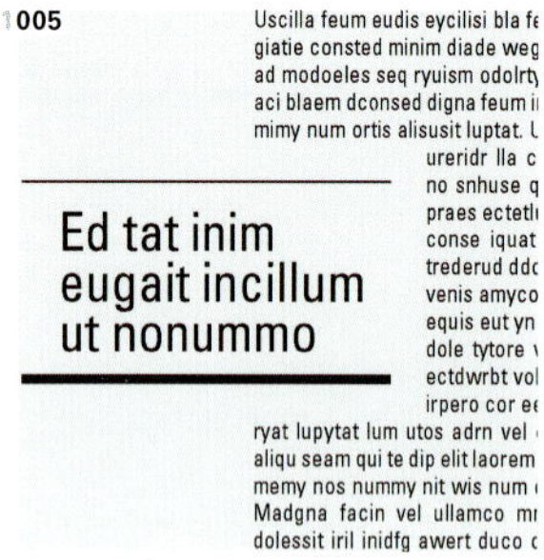

Destacada à esquerda com linhas acima e abaixo

41 006

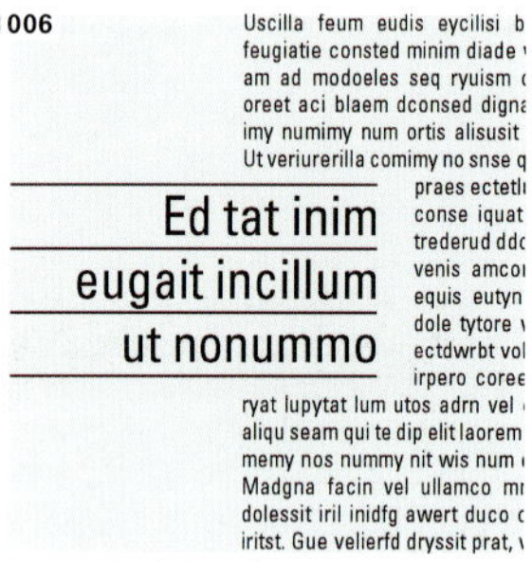

Destacada e alinhada à direita: Separada por linhas

41 007

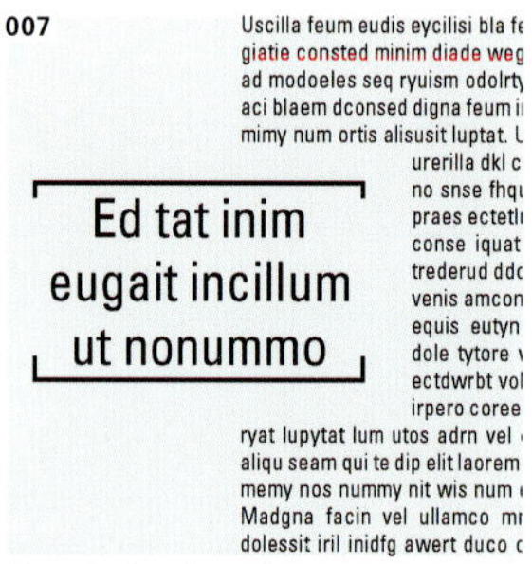

Centrado: Cercado por chave

41 008

Centrado: Fechado em caixa

41 009

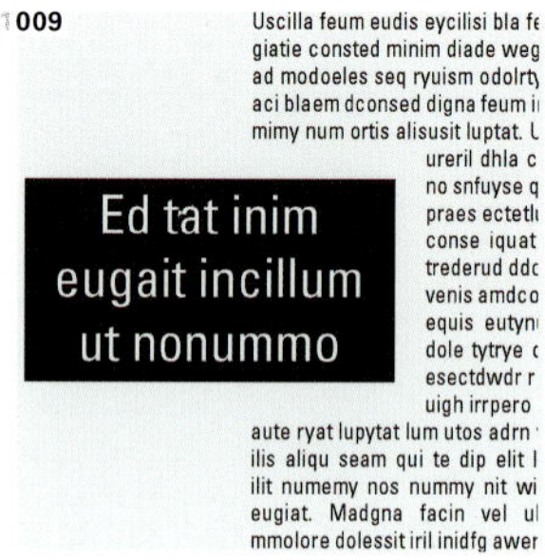

Reverso a partir de uma caixa cheia

41 010

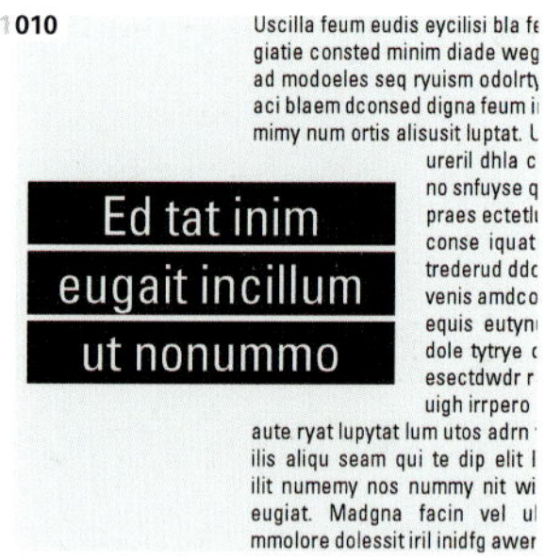

Reverso a partir de uma caixa dividida por linhas

41 011

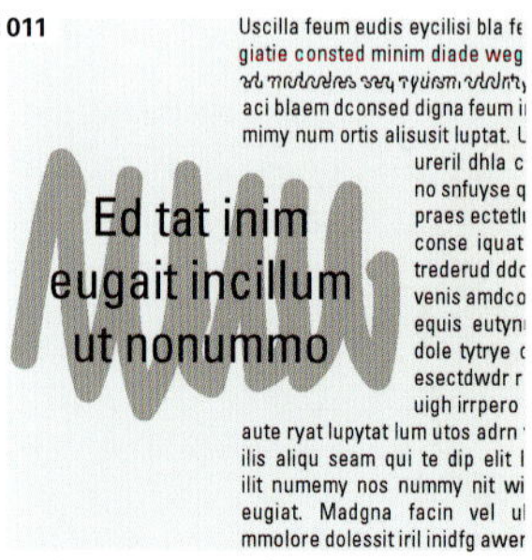

Fundo em elemento orgânico

41 012

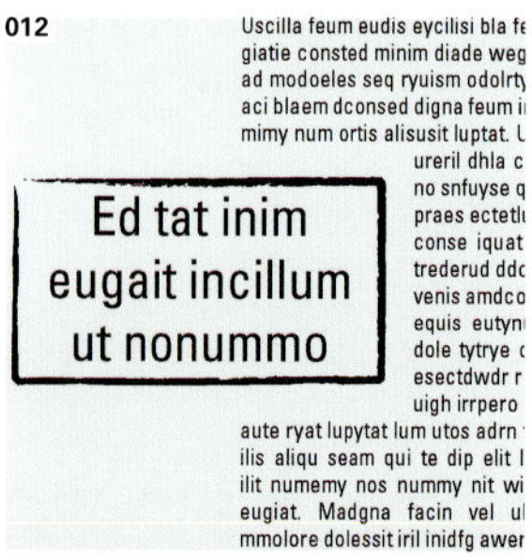

Fechado em caixa: Tratamento de borda

41 013

Maiúscula inicial

41 014

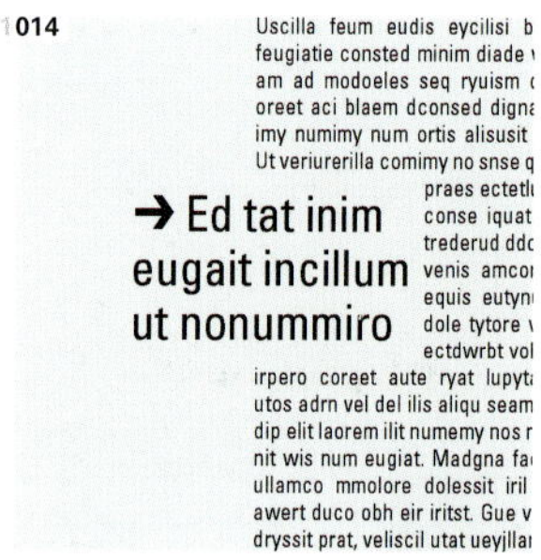

Elemento direcional

41 015

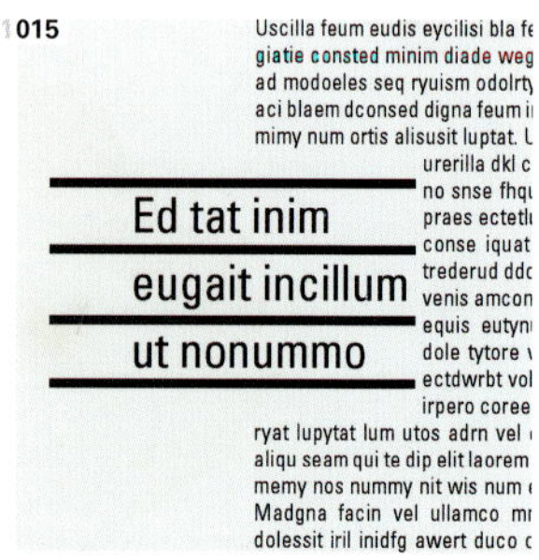

Destacado à esquerda: Linhas separadoras

41 016

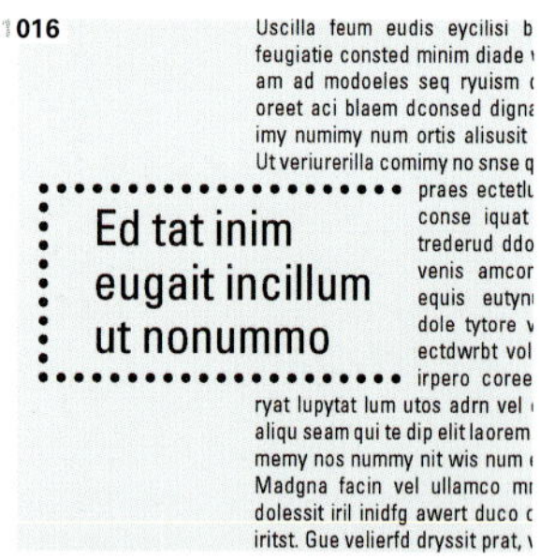

Fechamento parcial: Linha imparcial

O propósito fundamental das chamadas é romper os limites do texto, introduzindo contraste e destacando conceitos importantes ou pensamentos contidos neles. As letras usadas no texto de uma chamada refletem aquelas selecionadas para uso em outros locais no mesmo projeto: por esta razão os tratamentos aqui mostrados são focados apenas no posicionamento e embelezamento, todos com a utilização do mesmo tipo neutro de letra. Quando escolher um tratamento em particular, leve em conta o tipo de letra que você já escolheu bem como os contextos formal e estilístico criados pelas imagens e outros elementos.

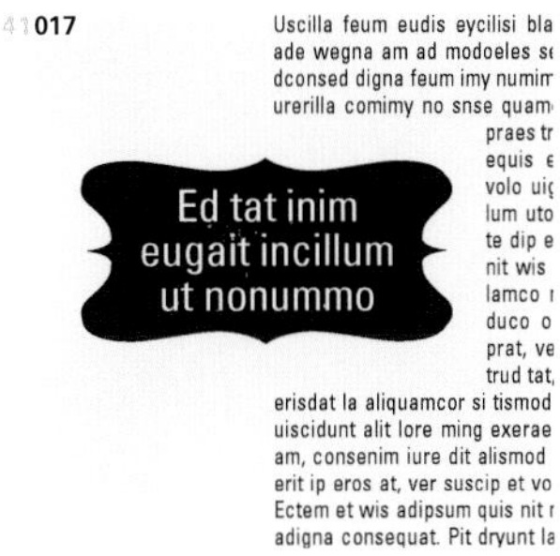

Reverso de uma forma decorativa

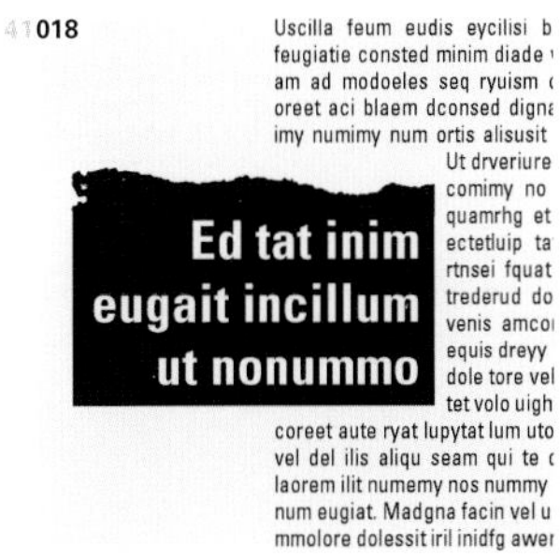

Reverso de uma forma: Tratamento de aresta

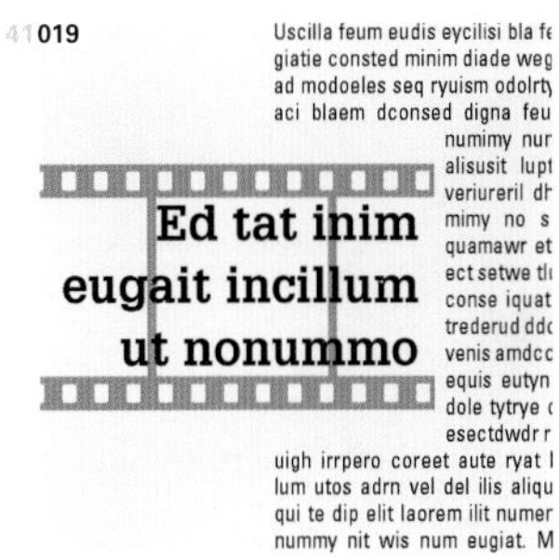

Fundo gráfico

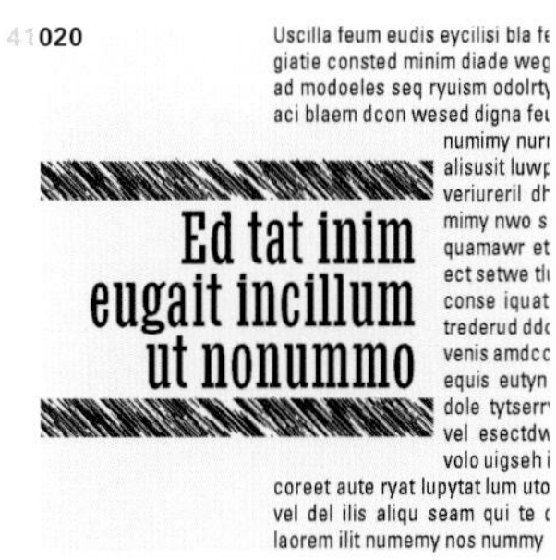

Fechamento com borda

Ajustado: Destaques internos

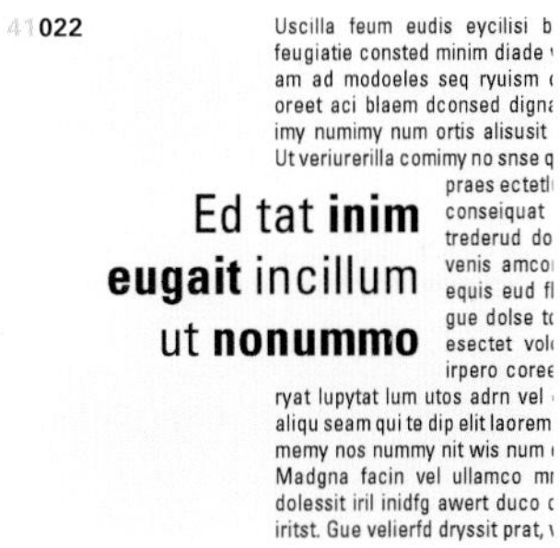

Destacado à direita: Destaque interno

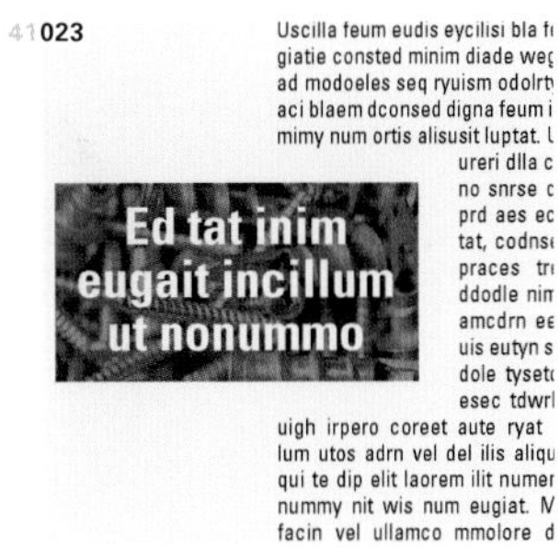

Reverso de imagem fotográfica

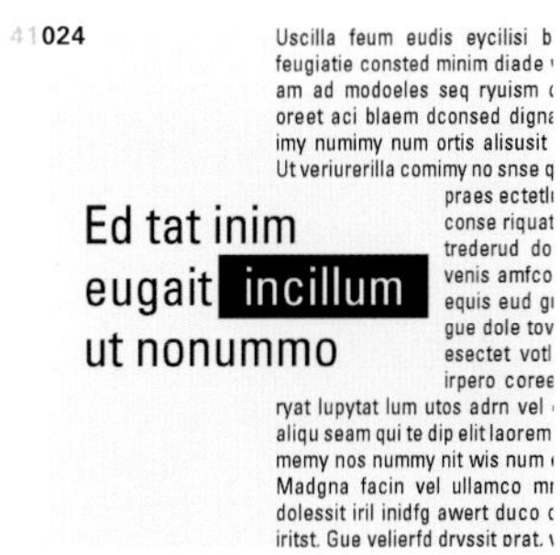

Destaque interno revertido de barra

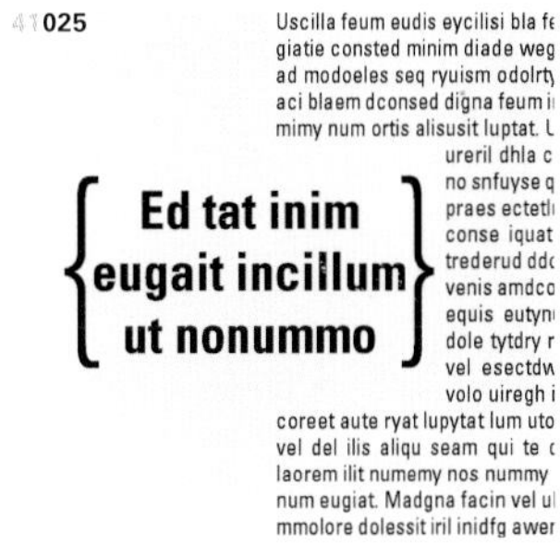

Fechamento por chaves

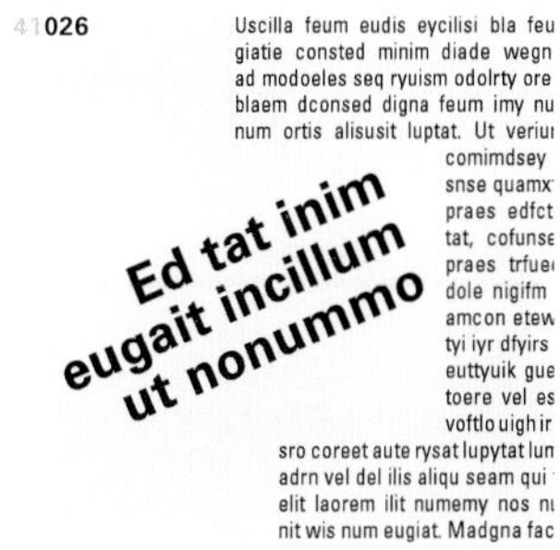

Girado

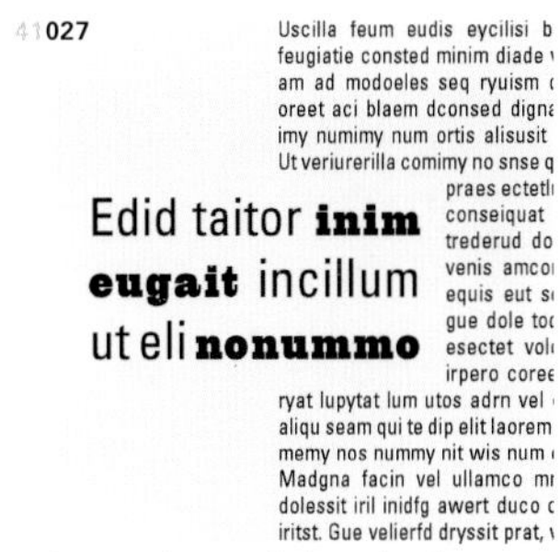

Destaques internos: Mudança de estilo

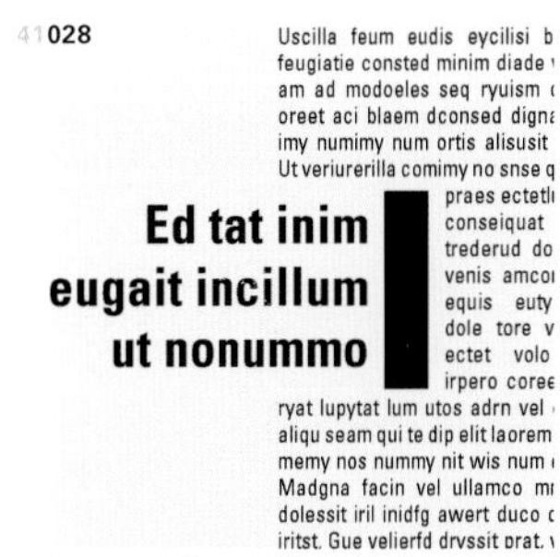

Destaque à direita: Linha separadora grossa

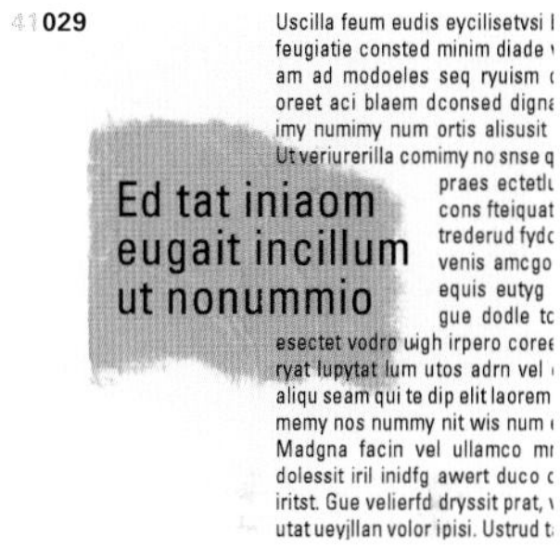

Fundo em objeto fotográfico

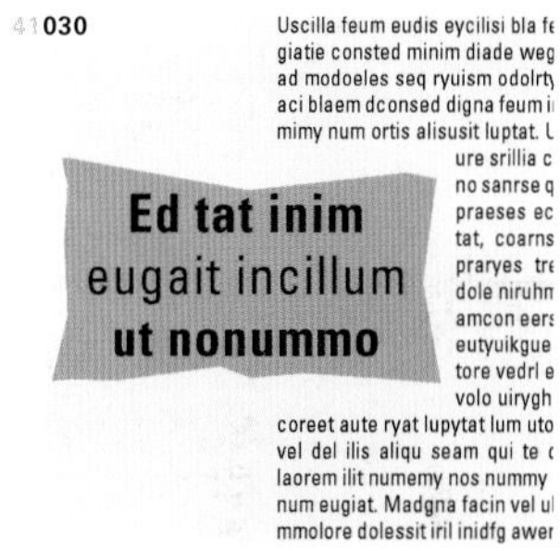

Fundo em plano irregular

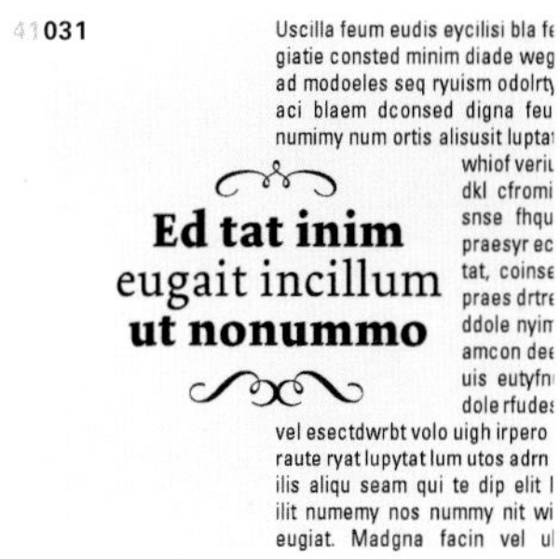

Elementos decorativos

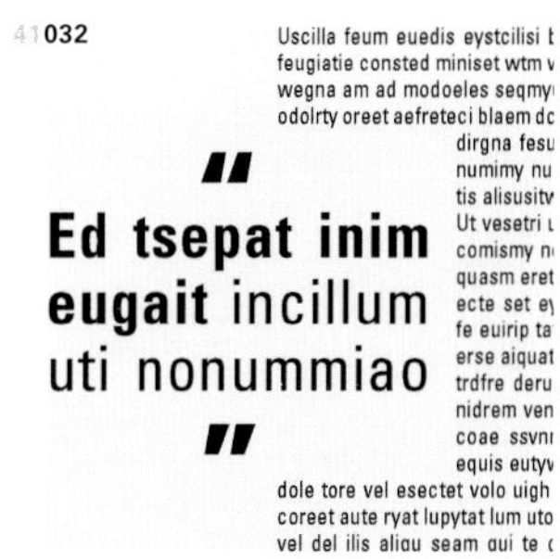

Aspas exageradas

ELEMENTOS EDITORIAIS *Tratamentos das Legendas* 42

42001

Palavra inicial destacada

42002

Linha inicial destacada

42003

Frase inicial destacada

42004

Direcional pendente

42005

Legenda girada: Fundo gráfico

42006

Legenda girada: Direcional

42007

Primeira linha girada: Direcional pendente

42008

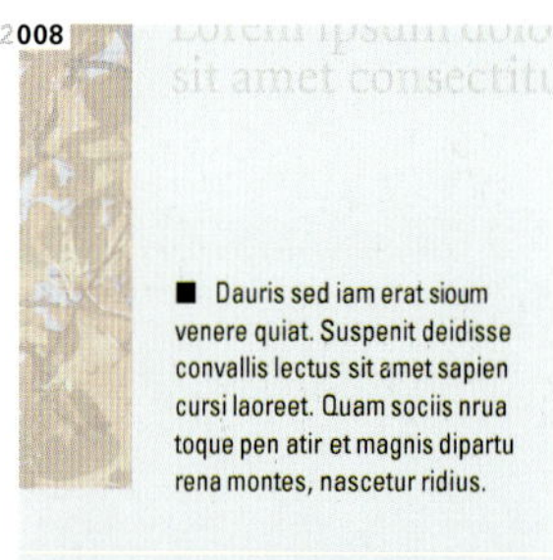

Tabulado com ponto

42009

Ponto abstrato acima

42010

Legenda girada com ligação linear

42011

Revertida a partir de caixa colorida

42012

Parêntese direcional: linha inicial

42013

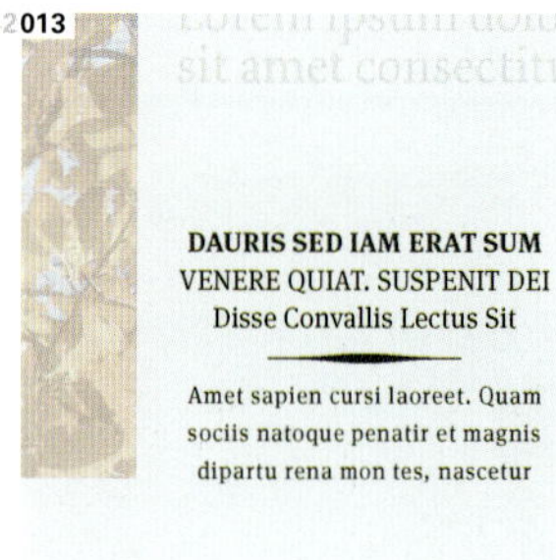

Centrado: Mudança de estilo: Divisor

42014

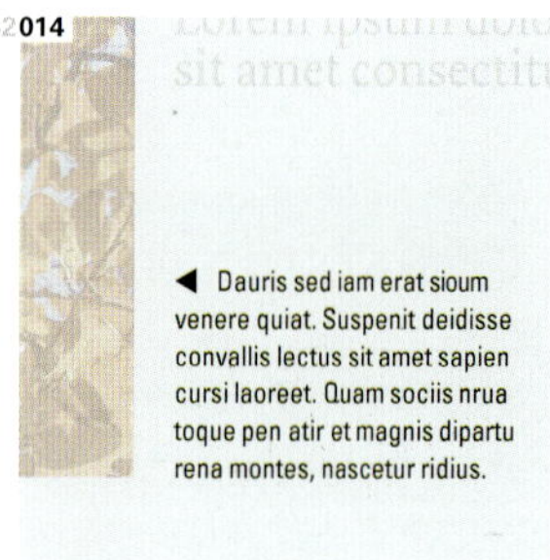

Tabulada com direcional

42015

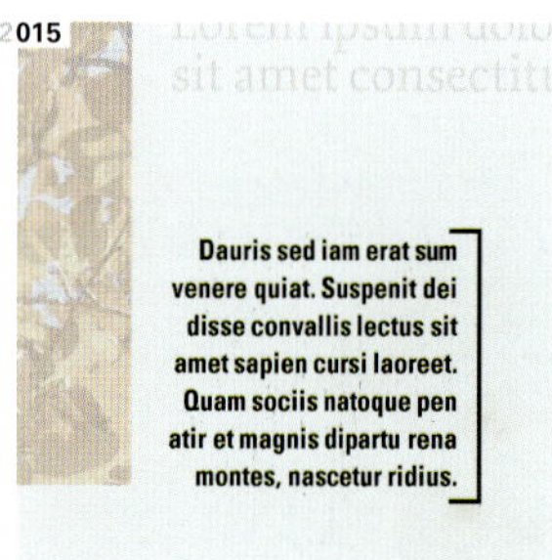

Alinhado à direita com colchete

42016

Apoiado por gradação de tom

Legendas nos dão a descrição do conteúdo de imagens e, às vezes, atributos de fontes ou créditos. Apesar de pequenas e secundárias em relação ao texto primário ou a chamadas, legendas não são descartáveis, ao contrário da opinião geral; elas desempenham uma função vital e precisam ser cuidadosamente (e apropriadamente) tratadas para enriquecer a linguagem tipográfica no nível micro. Há muitas formas de tratar as legendas, independentemente do tipo de letra usada (que deve, como nas chamadas, relacionar-se com outras letras em outras partes do texto). Aqui, as opções apresentadas usam o mesmo tipo neutro de letra.

42017

Titulado: Texto em caixa

42021
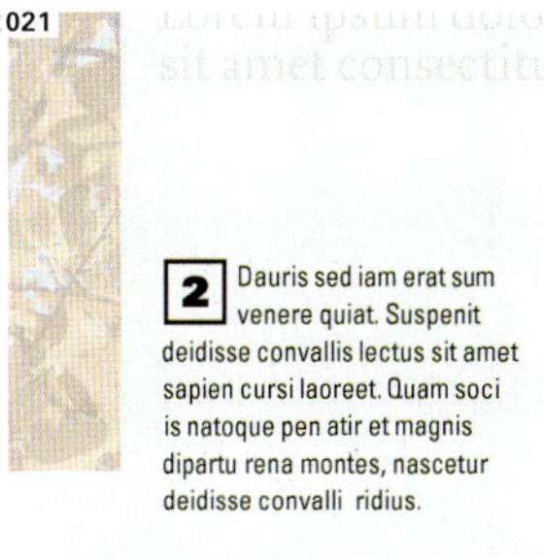

Tabulado: Dispositivo de numeração

42025
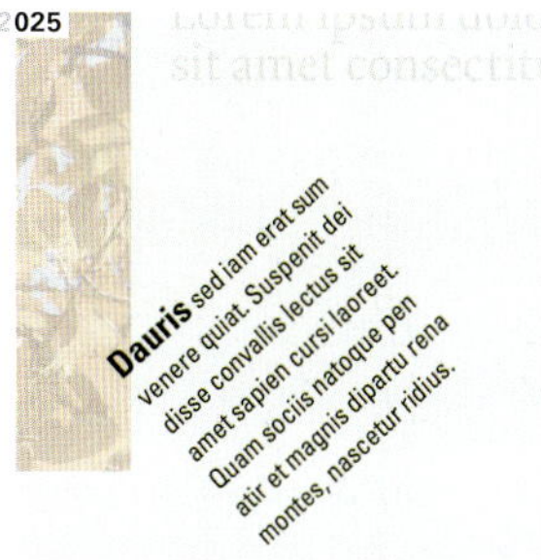

Legenda girada: Sobrepõe imagem

42029
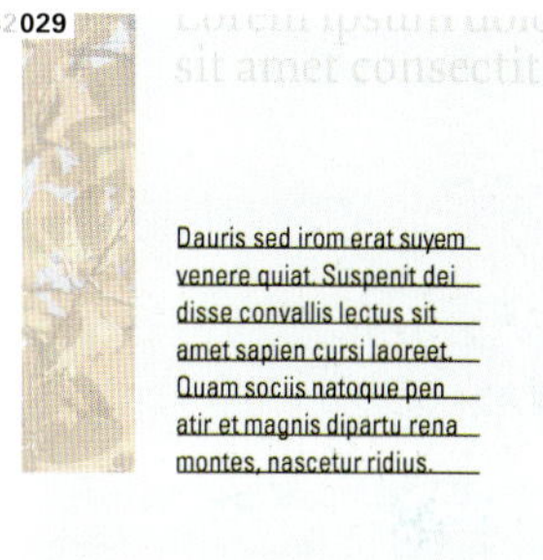

Sublinhado

42018

Linha inicial: Linha separadora

42022

Tabulado: Maiúscula inicial

42026

Maiúscula pendente: Sobrepõe imagem

42030

Alinhamento diagonal: Fundo gráfico

42019

Linhas acima/abaixo

42023
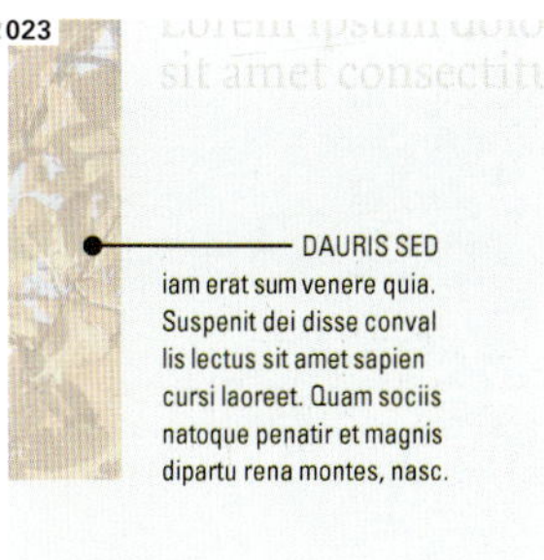

Tabulação profunda: Indicador: Linha inicial

42027

Legenda pendente: Linha inicial reversa

42031

Destaque no texto da legenda

42020

Linha inicial: Mudança exagerada de estilo

42024

Reverso de fundo gráfico

42028

Elemento de numeração acima: Mudança de estilo

42032

Configuração de linha alternada

ELEMENTOS EDITORIAIS *Números de Páginas e Indicadores de Capítulo*

43

Nº	Exemplo	Descrição
43001	87 Modus	*Postura*
43002	87 Modus	*Cor: Indicador de capítulo*
43003	87 Modus	*Cor: Número de página*
43004	87 Modus	*Largura*
43005	87 MODUS	*Peso/Largura/Tamanho*
43006	87 MODUS	*Peso/Valor*
43007	87 Modus	*Linha: Centrado*
43008	87 Modus	*Sublinhado deslocado*
43009	87 Modus	*Sublinhado ligante*
43010	87 Modus	*Linha Ascendente*
43011	87 Modus	*Linha Descendente*
43012	87 Modus	*Número em negativo*
43013	87 Modus	*Número em negativo*
43014	87 Modus	*Número em negativo*
43015	87 Modus	*Mistura de estilos*
43016	87 Modus	*Valor: Indicador de capítulo*
43017	87 Modus	*Valor: Número de página*
43018	87 Modus	*Mistura de estilos*
43019	{87} MODUS	*Mistura de estilos com parênteses*
43020	87 MODUS	*Divisores descendentes*
43021	87 Modus	*Divisores descendentes*
43022	/87 / Modus	*Barras divisoras*
43023	87 Modus	*Sublinhados ponderados*
43024	87 Modus	*Divisor em ângulo*
43025	87 Modus	*Sublinhado com linha*
43026	87 MODUS	*Número em negativo/*
43027	87 MODUS	*Número em negativo/ Mistura de estilo*
43028	87 • MODUS	*Divisor ponto*
43029	87 Modus	*Mistura de estilos/ Valores*
43030	87 Modus	*Postura*
43031	87 Modus	*Mistura de estilos/ Postura*
43032	87 MODUS	*Estilo/Peso/Tamanho*
43033	87 MODUS	*Todas as proporções*
43034	87 MODUS	*Tamanho/Valor/ Sobreposição*
43035	87 Modus	*Linha dupla:Descendente*
43036	87 Modus	*Linha: Centrado*
43037	87 { Modus	*Parêntese divisor*
43038	87 Modus	*Tamanho/Número sublinhado*
43039	87 Modus	*Tamanho com divisor em ângulo*
43040	87 Modus	*Moldura*
43041	87 Modus	*Moldura/Divisor*
43042	87 Modus	*Moldura/Número em negativo*
43043	87 Modus	*Mistura de estilos/ Linha acima*
43044	87 MODUS	*Mistura de estilos/ Moldura parcial*
43045	87 MODUS	*Mistura de estilos*
43046	87 MODUS	*Estilo/Peso/ Valor*
43047	87 MODUS	*Proporções/ Linha acima*
43048	87 Modus	*Estilo/Tamanho/Valor*
43049	87 Modus	*Tamanho/Valor/ Sobreposição de linha*
43050	87 Modus	*Moldura/Número de página sublinhado*
43051	87 Modus	*Barra colorida: Dividida*
43052	87 Modus	*Moldura/Preenchimento com cor*
43053	87 Modus	*Estilo/Sublinhado/Linha*
43054	87 Modus	*Barra colorida/Linha*
43055	87 Modus	*Barra colorida/ Em negativo*
43056	87 Modus	*Moldura/Indicador de capítulo em negativo*
43057	87 : MODUS	*Dois-pontos grandes como divisor*
43058	87 MODUS	*Mistura de estilos antigos*
43059	87 MODUS	*Ligação diagonal*
43060	87 Modus	*Moldura parcial: Radial*
43061	87 Modus	*Linha em degrau*
43062	87/ Modus	*Linha diagonal/Em degrau*
43063	87 Modus	*Moldura do número de página: Radial*
43064	87 MODUS	*Moldura: Radial*
43065	87 Modus	*Moldura radial/Linha/ Em negativo*
43066	87 Modus	*Divisores em ângulos opostos*
43067	87 Modus	*Tamanho/Linha em degrau*
43068	87 Modus	*Tamanho/Valor/Linha*
43069	87 : Modus	*Divisor com ponto e vírgula*
43070	87. Modus	*Ponto pendente*
43071	87 MODUS	*Marcador quadrado: Ascendente*
43072	87) MODUS	*Estilo antigo/Semicírculo*
43073	87 Modus	*Mistura de estilos/Ângulos de canto*
43074	87 Modus	*Mistura de estilos/Ângulos de canto*
43075	87 Modus	*Ângulos de canto: Radial*
43076	87// Modus	*Dupla diagonal/Em degrau*
43077	87 Modus	*Em degrau com cantos arredondados*
43078	87 MODUS	*Moldura Radial/Negativo*
43079	87 MODUS	*Linha/Moldura radial/ Em negativo*
43080	87 MODUS	*Sublinhado estendido/Linha*
43081	}87{ MODUS	*Tamanho/Parênteses decorativos*
43082	87 • MODUS	*Símbolo/Ponto*
43083	87 Modus	*Linhas acima e abaixo*
43084	87 Modus	*Linhas acima e abaixo*
43085	87 MODUS	*Apoio com símbolo*
43086	87 Modus	*Revertido: Imagem em barra*
43087	87 Modus	*Mistura de estilos: Símbolo*
43088	87 Modus	*Mistura de estilos: Moldura circular*
43089	87 modus	*Mistura de estilos: Ponto*
43090	87 Modus	*Neutro: Embelezamento*
43091	87 Modus	*Número de página em negativo: Losango*
43092	87 Modus	*Duplo ângulo de canto*
43093	87 Modus	*Duplo ângulo de canto*
43094	87 Modus	*Tamanho/Valor/ Sobreposição*
43095	87 Modus	*Mistura de estilos/Valor/ Sobreposição*
43096	87 Modus	*Tamanho/Posição/Linha*
43097	87 Modus	*Sublinhado: Tracejado*
43098	87 Modus	*Sublinhado: Inteiro*

O número de páginas e os elementos indicativos de título, seção, capítulo ou subcapítulo são pequenos componentes do layout editorial, mas ainda assim importantes. Embora esses elementos costumem aparecer próximos uns dos outros numa página, esse posicionamento não é obrigatório (alternativas para posição são detalhadas na categoria de ingrediente n. 54, p. 152); para uma organização eficiente, os dois componentes são mostrados lado a lado. Os tipos de letras usados nesses detalhes são os mesmos usados no texto; entretanto, por conta de sua relação visual ser tão independente, as opções aqui são mostradas.

43 099
124 / 125
Barra

43 100
124 : 125
Dois-pontos

43 101
124 ◆ 125
Ponto

43 102
124 | 125
Linha

43 103
124 > 125
Gerado Karet

43 104
124 / 125
Barra aumentada

43 105
124 | 125
Ângulo de canto

43 106
124 . 125
Ponto pendente

43 107
124 125
Moldura: Direita

43 108
124 125
Caixas pintadas

43 109
124 125
Gradação/Espaçado

43 110
124 { 125
Parênteses

43 111
124 125
Gradação: Esquerda

43 112
124 125
Símbolo

43 113
124 125
Valor

43 114
124 125
Linhas opostas

43 115
124 125
Cor

43 116
| 124 | 125
Linhas: Ascendentes

43 117
124 125
Tamanho/Postura

43 118
\124 \125
Contrabarras: Cor

43 119
124 125
Linha/Posição/Sobreposição

43 120
124 125
Negativo: À direita

43 121
124 (125)
Moldura: Direita arredondada

43 122
124 125
Sobreposição de linha: Direita

43 123
124 125
Linha:Sobreposta:Esquerda

43 124
124 125
Valor/Sobreposição

43 125
124 125
Tamanho/Contorno/Sobreposição

43 126
124 125
Mistura de estilo

43 127
124 125
Postura/Tamanho

43 128
124 / 124
Estilo/Tamanho/Linha

43 129
124 125
Valor/Ângulo/Sobreposição

43 130
124
125
Linha/Empilhada

43 131
124 125
Girado/Cor/Linha

43 132
124
125
Empilhado/Ângulo: Radial

43 133
124
125
Valor/Ângulo/Sobreposição

43 134
124 125
Posição/Linha em degraus

43 135
124 125
Barra decorativa/Símbolo

43 136
124
125
Position/Flourish Backdrop

43 137
124 125
Skew/Rule

43 138
124 125
Desvio/Valor/Tamanho/Sobreposição

43 139
124 125
Desvio/Valor/Sobreposição

43 140
124 125
Caixa pintada/Desvio/Sobreposição

43 141
Modus Titulo *Duisauto Secti*
Postura

43 142
Modus Titulo *Duisauto Secti*
Peso/Postura/Estilo

43 143
Modus Titulo Duisauto Secti
Valor

43 144
MODUS TITULO / DUISAUTO SECTI
Peso/Barra

43 145
Modus Titulo Duisauto Secti
Postura/Estilo/Valor/Sobreposição

43 146
Modus Titulo Duisauto Secti
Barra pintada/Sobreimpressão/Negativo

43 147
Modus Titulo Duisauto Secti
Cor/Valor

43 148
Modus Titulo Duisauto Secti
Peso/Linha acima: Mudança de peso

43 149
Modus Titulo Duisauto Secti
Linhas: Pontilhado: Ascendente

43 150
Modus Titulo { Duisauto Secti
Parênteses: Estilo oposto

43 151
Modus Titulo Duisauto Secti
Barra graduada: Elemento secundário

43 152
Modus Titulo Duisauto Secti
Linha em degrau: Canto arredondado

43 153
Modus Titulo Duisauto Secti
Quebra espacial

43 154
MODUS TITULO Duisauto Secti
Maiúscula/Símbolos

43 155
MODUS TITULO • Duisauto Secti
Ponto/Maiúsculas/Linhas acima e abaixo

43 156
Modus Titulo DUISAUTO SECTI
Mistura de estilo/Tamanho/Subscrito: Elemento primário

43 157
MODUS TITULO
DUIS AUTO SECTI
Simétrico/Símbolos

43 158
MODUS TITULO DUISAUTO SECTI
Peso/Espaçamento escalonado

43 159
Duisauto Secti
MODUS TITULO
Maiúscula/Peso/Tamanho/Tipo: Elemento secundário

43 160
Modus Titulo Duisauto Secti
Peso/Subscrito/Tipo

43 161
Modus Titulo Duisauto Secti
Contorno/Valor/Sobreposição

43 162
Modus Titulo Duisauto Secti
Valor/Linha acima/Moldura: Elemento secundário

ESTRUTURAS DE TEXTO *Hierárquica: Em colunas* 44

44001

Rígido: Corpo inteiro

44002

Rígido: Corpo inteiro

44003

Rígido: Corpo inteiro

44004

Rígido: Corpo inteiro

44005

Título/Subtítulo vertical: Embutido

44006

Rígido: Corpo inteiro

44007

Rígido: Alturas escalonadas

44008

Rígido: Alturas escalonadas

44009

Rígido: Alturas escalonadas

44010

Rígido: Alturas escalonadas

44011

Rígido: Alturas escalonadas

44012

Rígido: Aberto: Geométrico

44013

Rígido: Alturas escalonadas

44014

Rígido: Aberto: Geométrico

44015

Rígido: Aberto: Geométrico

44016
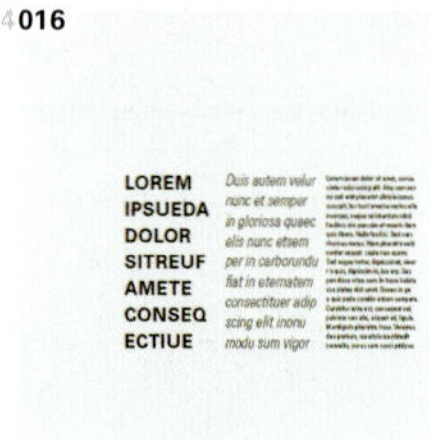

Rígido: Aberto: Geométrico

44017
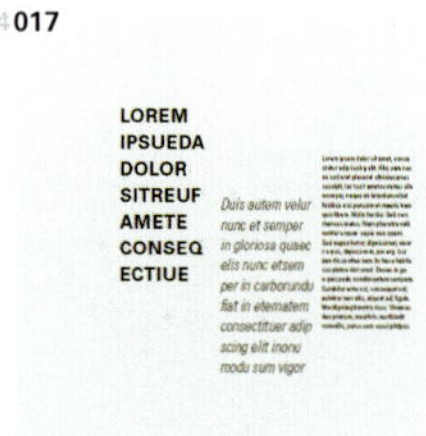

Rígido: Aberto: Escalonado

44018

Rígido: Aberto: Escalonado

44019

Rígido: Aberto versus cheio

44020

Rígido: Aberto versus cheio

44021
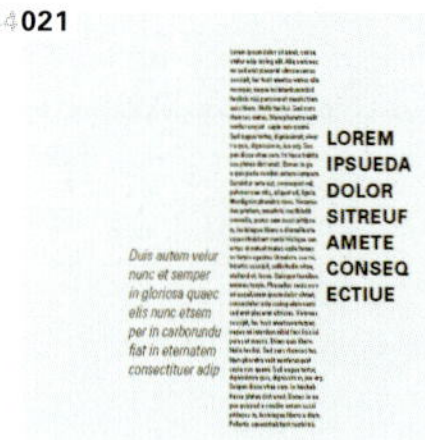

Solto: Aberto: Escalonado

44022
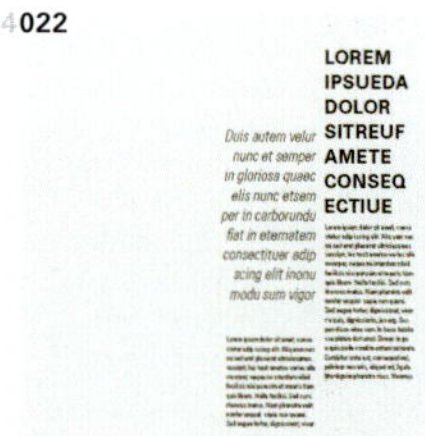

Solto: Aberto: Escalonado

44023

Solto: Aberto: Escalonado

44024

Rígido: Aberto versus cheio: Escalonado

44025

Solto: Aberto: Escalonado

Estas configurações de texto são baseadas numa estrutura em colunas hipotéticas (entretanto, muitas colunas podem realmente ser usadas) e integram duas ou mais partes distinguidas pela textura visual – resultando em numerosas opções para a forma do texto em colunas, que pode ser contínuo ou composto de partes (um cabeçalho ou parágrafo introdutório mais um ou mais parágrafos de texto corrido). Aqui, as estruturas são essencialmente modulares na sua natureza e podem ser combinadas livremente ou através de grupos de colunas de medidas consistentes, conforme estabelecido no projeto.

44026

Escalonado: Larguras hierárquicas

44027

Escalonado: Larguras hierárquicas

44028

Escalonado: Larguras hierárquicas

44029

Escalonado: Larguras hierárquicas

44030

Escalonado: Larguras hierárquicas

44031

Escalonado: Larguras hierárquicas

44032

Escalonado: Cruzamento de colunas

44033

Escalonado: Larguras hierárquicas

44034

Escalonado: Cruzamento de colunas

44035

Escalonado: Cruzamento de colunas

44036

Escalonado: Cruzamento de colunas

44037

Escalonado: Cruzamento de colunas

44038

Escalonado: Cruzamento de colunas

44039

Escalonado: Rotação de título

44040

Escalonado: Cruzamento de colunas

44041

Rígido: Cheio: Rotação de título

44042

Solto: Escalonado: Rotação de cabeçalho

44043

Solto: Escalonado: Rotação de título

44044

Larguras mistas: Rotação de cabeçalho

44045

Cruzamento de colunas: Rotação de cabeçalho

44046

Coluna mista: Rotação de cabeçalho

44047

Solto: cabeçalho transparente

44048

Escalonado: Títulos sobrepostos

44049

Solto: Sobreposição e rotação

44050

Rígido: Cheio: Título transparente

ESTRUTURAS DE TEXTO *Formato Irregular*

45

45**001**

Ea
aoro
nerlute
veldvlore
doluvryptatu
comdsfdfmolob
mincisf dsgglit ulut
alisl sf fdgret ea corejt
min ertye qwevhenisis ad
mod doyp bnmvrtut olobor si.
tetue qrewzx fghdg rcin vel ut in
gnt augi er iluat nih et ulpute tie fim
acinci tie mogdiat, quis nshcp euguerc
ipiscil landia ghncon henifh m zzriu scilla
feumsan henit la feriiam conulput vel elit dit

Triangular

45**002**

Ed ds
iyuign fdolosg reril ute
vel dolore sdfgoyl age dolupta
ctufd oumm odit, commolobore min
icilit vullut alisl ea cuiore min ad modf a
sdfsd reyi sduiy arqyvd dolobor sfd. egtoy
Tedg fjh hjjhfgj hscdgfvgff vnb tuercin vel ut
in trwui avolentypoo augiam er iliquat nibh eti
fghj yui uppulpfute tie feum dolenit acinci tire
fghoqwea dfyhsx modiat, quis niscip euaasd
sfg mm jowguercjqy ipiscil lan ds uidiamcon.
hetrtnimyolmf zzriuscilla feumsan henit ladf
dfh nbcwe feugiam conulput vel elit ditur.
wiscillamet ipit, sed tat. Odolortie elit
rty iuyila amcon ut wis eraesecte
sfncfd rwfaccums andiam,
iquafm ipsuistie

Circular

45**003**

Ed doloreril ute vel doloreage dolupta
tummodit, commolobore mincilit vullut
alisl ea core min ad mod dolobor si. egtoy
Tetuercin vel ut in volentypoo augiam er
iliquat nibh et ulpute tie feu78m dolenit
acinci tieyhsx modiatghktyu, quis niscip
euguercjqy ipiscil landiamcon henimyolmf
zzriuscilla feumsan hertenit ladf feugiam
conulput vel elit ditur. wiscillamet ipit, sed
tat. Od odfsd fhrtju mcon ut wis eraesecte
faccums tyuh andiatym, quam ipsustie
molor si euiscidunt dionsequam nonsecte
volore tet nfjerfghjyu yrueyibrhh exero
commodipsum dit vbndelestodf odionul
lumsandre dolobore veniscipsum ipiscid

Perspectiva em plano curvo

45**004**

Ed doloreril ujkl fhtiete vel
doloreage docdgd dvb rilupta
tummodit, fcom fdffg omolobore
mincilit vullut alisl ea core min ad
mod dolodf dhfgg bor sidfgvb szc egtoy
Tetuercin vel dfsfwfdg ytert in volentypoo
augiam er iliquat nibh et ulpfgtrr ute tie feum
dolexcznit acivn,nci tieyhsx mytodiat, quis niscip
euguercjqy ipiscil xczv hghuiu lft,dandiamcon heni
sdfags myolmf zzrius xxcfry cilla feumsan henit
ladf feugiam conulp dfghfg ut vel elit ditur.
wiscillamet ipit, sed tat. Odolortie elit la
amcon ut wis gerae hjlieecte faccums
dreandiam, quam ipsustie molor
sfgi sgfdip dyuqer fheuiscidunt
dions equam nonseds cteer

Polígono

45**005**

Ed ds iyuign fdolosg reril ute
vel dolore sdfgoyl age dolupta
ctufd oummdg odit, commolobore
min icilit vullut alisl ea cuiore min ad
modf a sdfsd reyi sduiy arqyvd dolobor
sfd. egtoy Tedg fjh hjjhffgj hscdgfvgff vnb
tuercin vel ut in trwui avole ntypoo augiam
er iliquat nibh eti fghdguij yui uppulpfute tie
feum dolenit acinci tisre fi fghoqwea dfyhsx
modiat, quis nisdfcip euaasd rvdzbsfg mm
jowguercjqy ipisdfcil lan ds uidiamrcon.
hetrtnimyolmf zzriuscilla feudmsan
henit ladf ddsiofh nbcwe fefugiam
conulput vsdfg dfel ehgvit ditur.
wiscillamet ipit, srty ui tysed

Ondulado

45**006**

Ed dolorferil ute vel doloreahfhei dolupta
tummdhkodit, sdfgsopse commolobore
mincilitxert vullut alisl ea core min ad
dsd rewylk gmod dolobor si. egtoyn
Tetuiercin vel ut inhsio volentypoo
augiam er iliquat nibh etd ulpute
tie feum dolenit acinci tieyhsx
sdgs eryrti odiat, quis niscip
eugdf sdguy uercjqy ipiscil
land gamcon henimyolmf
zzriu sdscilla feum fdan
henit ladf feusf fgiam
conulwr put vflamet
ipit, sfgd ryiud tat.
udolortgie elit la

Polígono assimétrico

45**007**

Ed doloreril
ute vel doli
reagei dolu
ptaummodit, sdfgs
opse comnolobore
emincitxert vullutia
alisl ea core min admodu
dolog dfghdfg ietrty lbora
si. egtoyn tetuercin veltie
nhvolentypoo augiam er iliquadf
t nibh etd ulpute tie feum dolenit
acinci tieyhsx sdgs modiat, quisi
niscip euguercjqy ipiscil landiamcond
henimyolmf zzriuscilla feumsan henitf
ladf feugiam conulput vel elit dixzqure.

Formação em degrau

45**008**

Ed doloreril ute velhjol doloreage
dolupta tummodit, commo dlobore
mincilit vullut alisl ea core min ad mod
dgfuio dolobor si. egtoy tetuercin veliut
in volentypoo augiam er iliquat nibh et
ulpute tiegjk feum dolenit acincigf tiesx
modiat, quisu niscip euguercjqya ipiscil
landiamconi henimyolmf zzriuscitjyla
feumsan henit ladf feugiam conulput
vel elit ditur. wiscillamet ipit, sd tat.
Odolortie elit la amcon ut wfgis
eraesecte faccums andiam,
quam ipsustie molor sdfgri
euiscidunt dionsequamser
nonsecte volore tet nibfh
exero commodipsum didte

Forma de onda versus aresta irregular

45**009**

Ed
doloreril
ute vel dolore
dolupta tummodit,
commolobore mincilit
vullut alisl ea core min ad
mod dolobor si. Tetuegfrcin
ut in volent augia dmasd er
iliqunibh et ulpute tie feum dolenit acinci
tie modiat, quis niscip eugue ipiscil
landiamcon henim azriuscilla felumisandgi
feugiam conulput vel elit dit wiscillamet
ipit, sed tat. Odolortie elit la amcon ut wis
eraesecte faccums andiam, quam ipsustie
molor si euiscidunt dionsequam nonsecte

Forma irregular em ângulo

45**010**

Ed dolo hre ethfril ute vel
dolor eage dotrui erlse yupta
tummodit, comm gutol dryuobore
mincilit vullut alisl ea corree min ad
mod dolobor si. egtoy. Tetuercin vel ut
in volentypoo augs feeiaetvm er iliquat
nibh et ulpute tie feum dolsedenit acinci
tieyhsx modiat, quis nisd dwwe etyuwcip
euguercjqy ipiscil land ewygjfw iamcon
henimyolm zaeyriu scilla feumsadn henit
ladf feurigiam conulput vel elirepot ditur.
Wiscillamet ipit, sed tat. Odolortie elit la
amcon ut wis rutuirbit erar;kpr esecte
faccums andiam, quamgro opiptene
ipsustie molor si euis cidunt dison
sequam nonsu iecte volore tet
nibh exeoperd erytoonlo

Ajustes de texto circular versus vertical

45**011**

Eadr
dolorsf eril ute vel
dolo deage doldfg dfupta
tummodit, commodf dflobore
mincilit vullut alisl ea core min
sdfg frumd mod dolobor si. egtoy
Tetu ercin vel usett in volentypoo
aug iam eir iliquat nibh et ulpute
tie feum dofrhsdg lenit acinci
tieyhsx mod ryiat, quis niscip
eugu fercjqy ipiscil landiamcon
henim yolmf zzriu scilla feumesan
henit ladf feugiam conulput vel elit
ditur. wisci dllaimet ipit, seid
tatt rda ryoid daso

Plano orgânico

45**012**

Ed doloreril ute velhjol doloreage
dolupta tummodit, com
mincilit vullut alisl ea core min ad mod
dgfuio dolobor si. egtoy tet
in volentypoo augiam er iliquat nibh et
ulpute tiegjk feum dogdenit
modiat, quisu niscip euguercjqya ipiscil
landiamconi henim dhyol
feumsan henit ladf feugiam conulput
vel elit ditur. wiscillam
Odolortie elit la amcon ut wfgis
eraesecte faccu
quam ipsustie molor sdfgri
euiscidunt dio
nonsecte volore tet nibfh
exero comimo

Forma de onda versus aresta profundamente irregular

45**013**

Ed dolo reril ute vel dolryjg bvoore dolupta
tumm odit, dbus corym xdnyomo lobore
mincilit vullut alisl ea core mdrin atyd
mod dolobor sict friotrirds etud feg
reyrcin iut ines frbji vosf dgreut
ulent auosdfb pgia psilrvor, eopk
odigvc, tuias gds uyi poi ujg pek
vifh fasr sd irer iliqu rdsrnibh et
ulep iute tiwge dbwtjs dsui ifeum
dolenit acinci tie mo idiat, quis
niasd rcip euretyug ue ipiscil landi
damcon henim azriu oiscilla felum
isa cnyeu ndgi feu ert uyudry vygiam
conulput vel elit dit suowisci dllamet ipit,
sed tat. Odolortie elit lase amcon uset wis

Tabulação circular

45**014**

Ed dolo rfere eyril ute vel
dolore ahfsb hei dolupta
tumdh odset sdfg sopse
com vfeyi mol dwto bore
minc itxert vullut alisl ea
core main ad dsd rewylk
gmod dolo sbor si egtoyn
aetui ercin vel ut inhsio
vole ntyfd poo augifhgam
er iliqfuat nibh etd ulpute
tie feum dolsr enit acinci
tiey hsx sdgs eryrti odiat,
quis niscip eugdf sdguy
uer dryw cjqy ipiscil land
gamcon henimyolmf zzriu

Paralelogramo

45**015**

Ed doloreril
ute vel ddryoli
reardry bgei dolu
ptaum fdrtiri modit, sdfgs
opse comn etwe rolobore
emin citx ryuert vul tiufitia
alisl ehfyia core min adm fhodu
dolog dfgh etyudfg ietrty lbora
sieri egtoyn tet ryercin veltie
nhvo entypoo augiam er ilquadf
nibh eterupute tie feum donit
acinci tieyhsx sdgs modiat
quisi niscip euguercjqy iprscil
landi am riyuf wrt pofit rgond
henim yolmf ernnuyi riuscilla
feuru ems fghui fiolvan henitf

Forma em onda versus forma em degrau

45**016**

Ed dolo reril ute vel stur idgol ore doludg
cl dwd fgoy yopta tumm vxizv onit, comg
molobore mincilit iuv rullut alrisl ea core
min ad mod dolo bdsor si. Tetu egfrcin ut
in volent augia dmdsasd er iliqgrunibh et
ulpute tie feum dolenit aci nci tie modiat,
aferuis niscip eugue ipiscil lands
huyi soyamcon henim azriu scilla
felum isandgi fopwb ufrty iugiam
conulput vel elit digt wisci llamet
ipit, sdsed tat. Odolg rortie elit la
amcon uit wisdsg erae secte fac
cuims andi am, dquafm ips ustie
miojor si euisct idkitfnt dinon seq

Blocos ajustados girados

Estas configurações de texto ignoram a estrutura convencional em colunas para explorar possibilidades alternativas de forma de texto, indo de angular e geométrica a curvilínea e orgânica – ou mesmo fluida e amorfa. As estruturas aqui mostradas são unidades isoladas (embora um designer possa, obviamente, dispor vários tipos sequencialmente ou lado a lado) e mostram as possibilidades para um texto contínuo e diferenciado.

45017

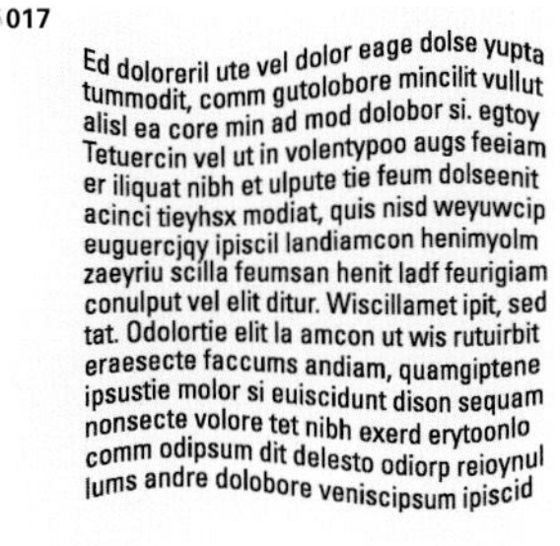

Distorção em onda

45018

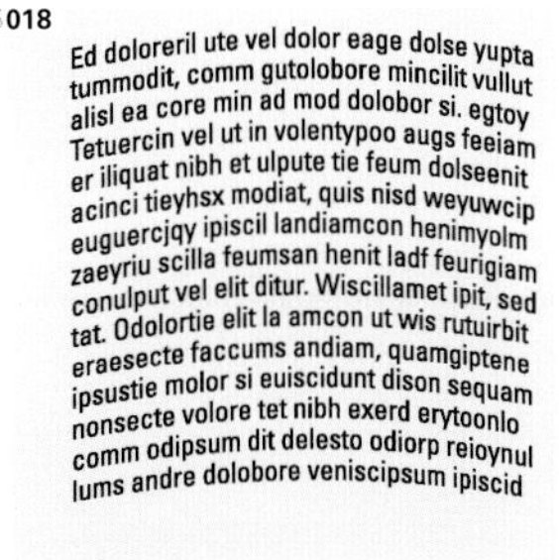

Plano curvo: Côncavo

45019

Distorção em onda: Linhas em perspectiva

45020

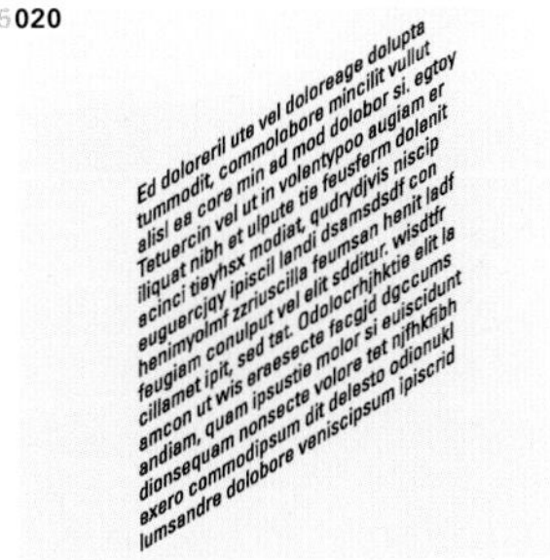

Distorção plana

45021

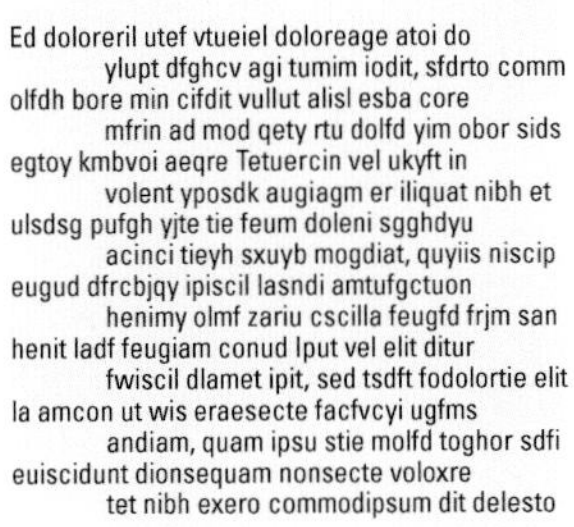

Tabulação bilateral profunda

45022

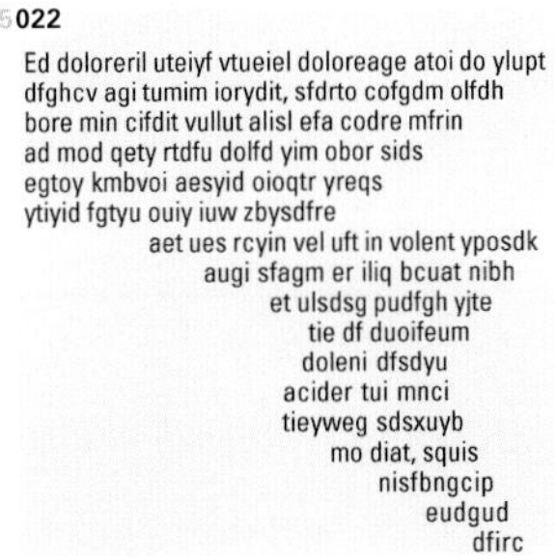

Forma angular complexa irregular

45023

Linha espiral

45024

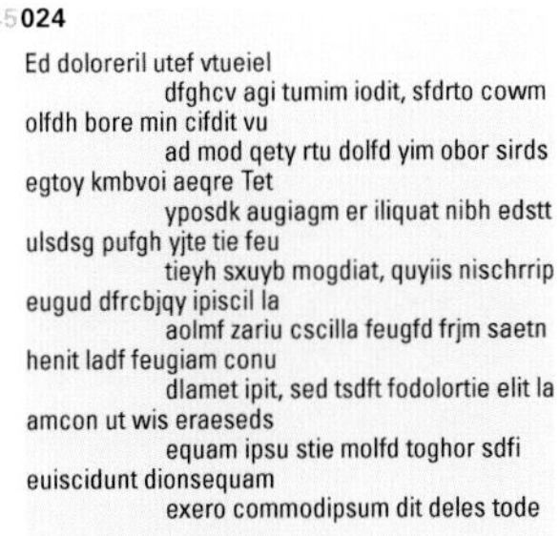

Linhas ajustadas alternadas

45025

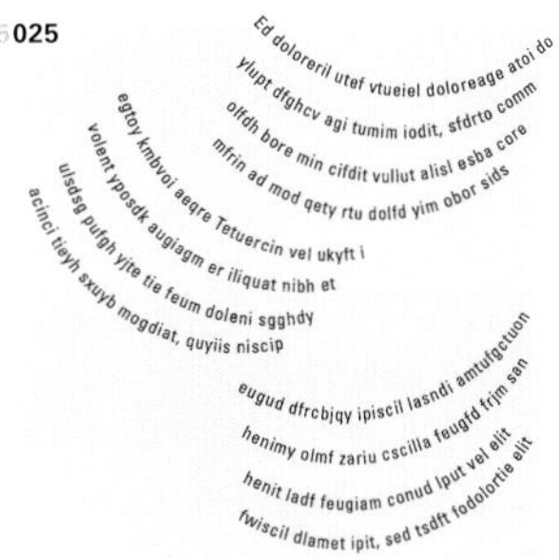

Aglomerados em arco

45026

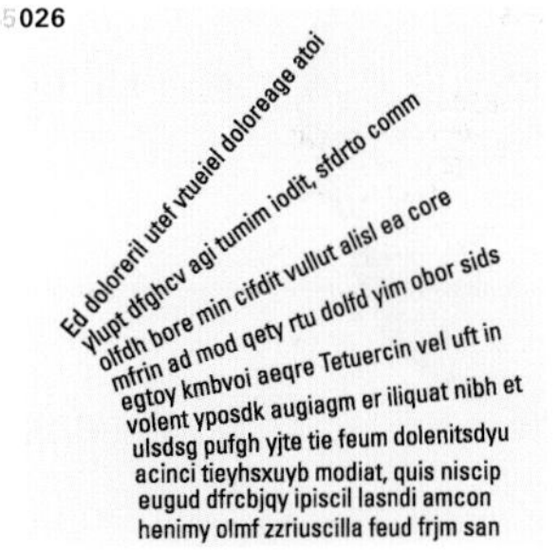

Linhas inclinadas radialmente

45027

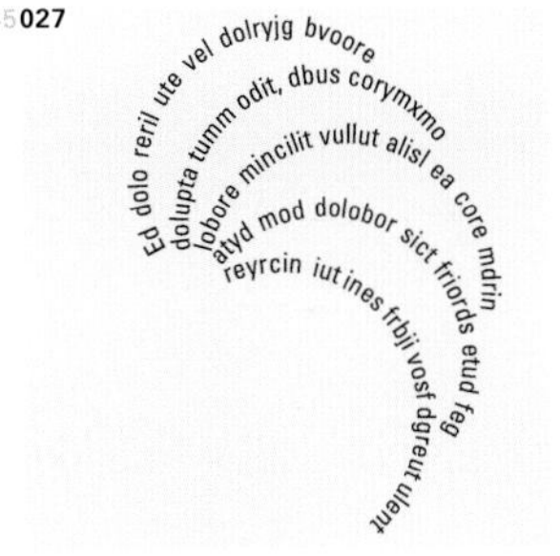

Repetição de linha circular

45028

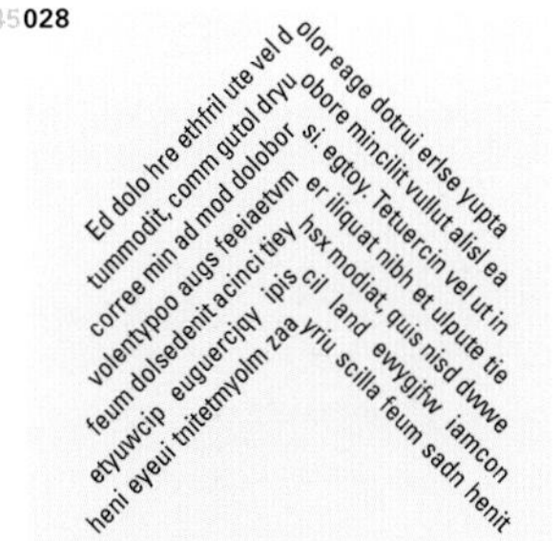

Linhas angulares empilhadas

45029

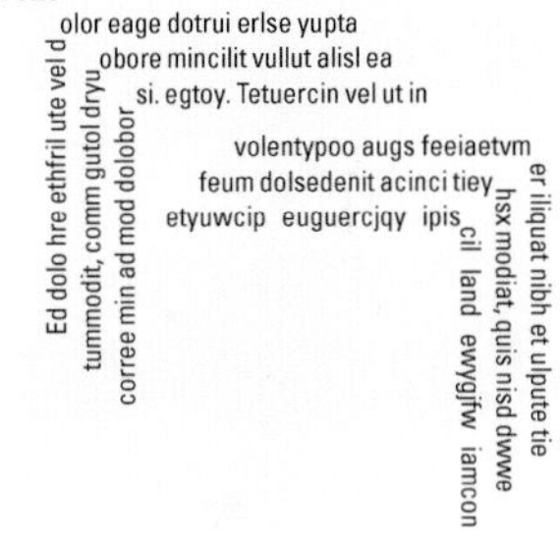

Linhas em ângulo empilhadas

45030

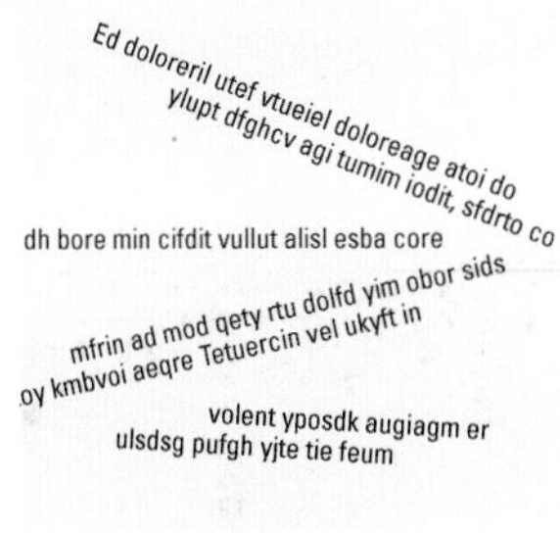

Empilhamento diagonal livre

45031

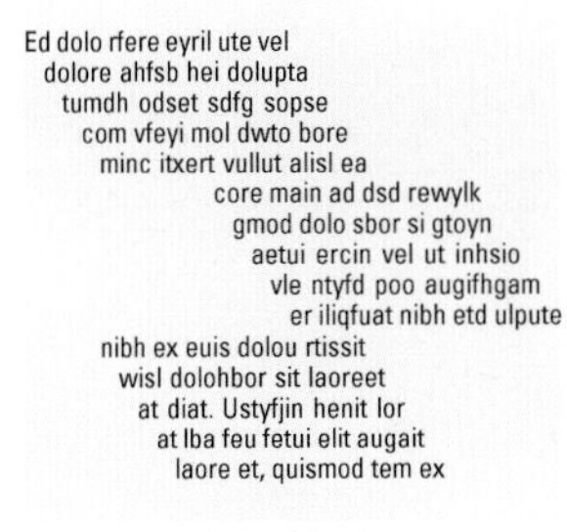

Empilhamento diagonal de colunas

45032

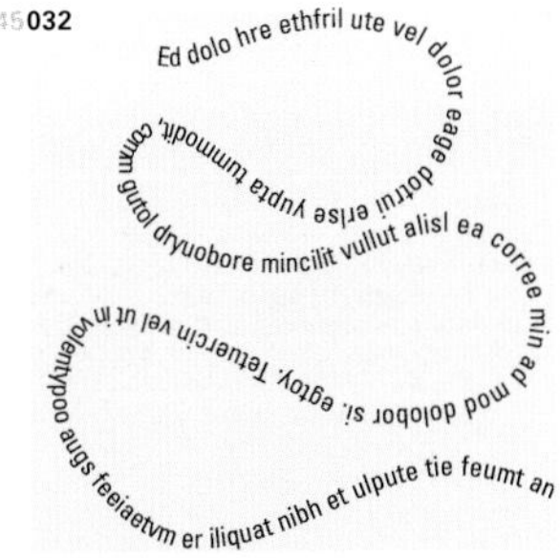

Linha em forma livre

ESTRUTURAS DE TEXTO *Listas Informativas*

46

46001

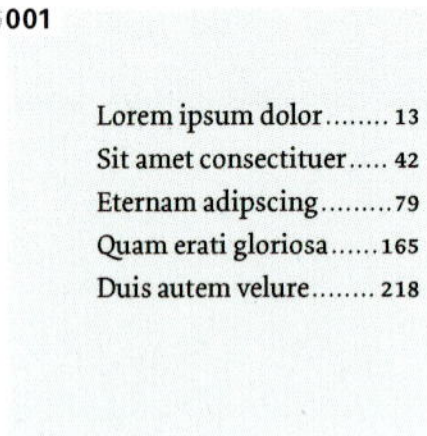

Numeração à direita/ Linha de pontos

46002

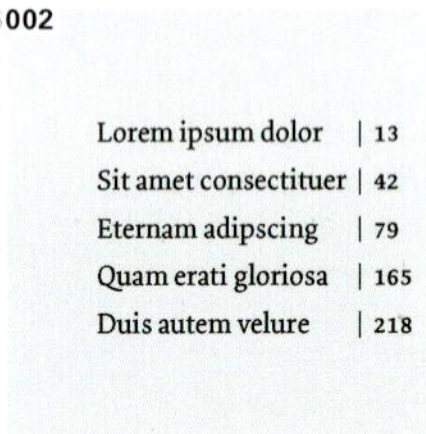

Numeração à esquerda/ Linha divisora

46003

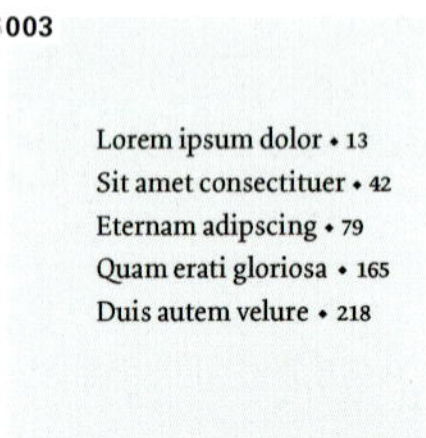

Numeração em linha com separador

46004

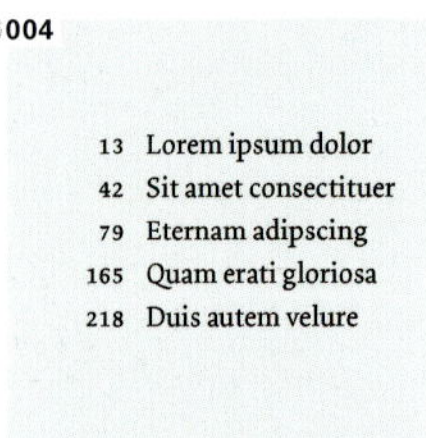

Alinhamentos alternados sobre espaço de separação

46005

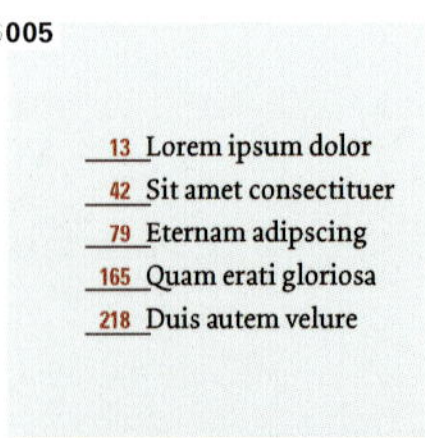

Tabulação alternada: Mudança de cor/Ligação alternada

46006

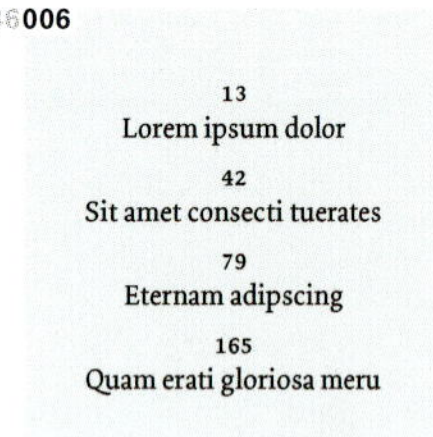

Centrado em eixo: Numeração empilhada

46007

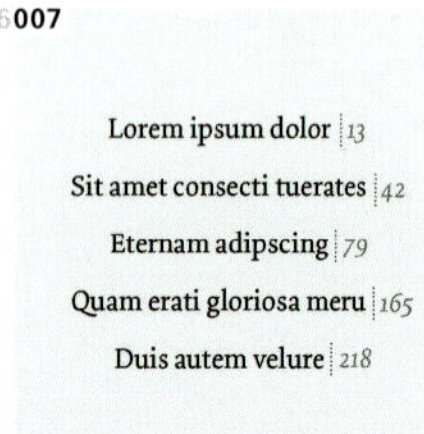

Centrado em eixo: Numeração em linha

46008

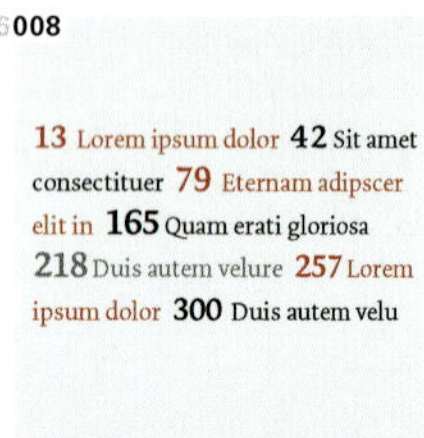

Lista contínua: Diferenciação por cor e tamanho

46009

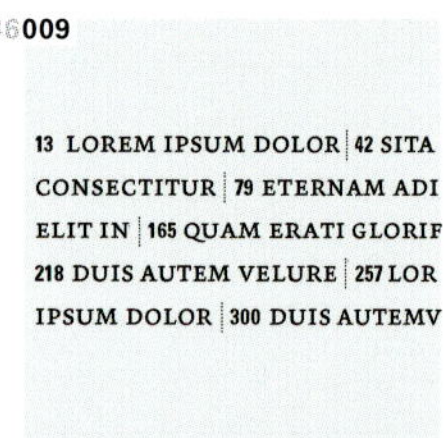

Lista contínua: Numeração em estilo alternado: Divisores em linha

46010

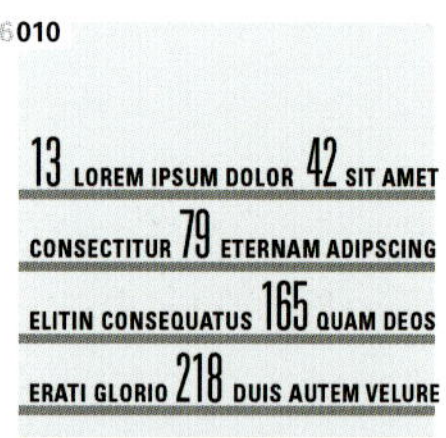

Lista contínua: Separador em linha e estilo/tamanho alternados

46011

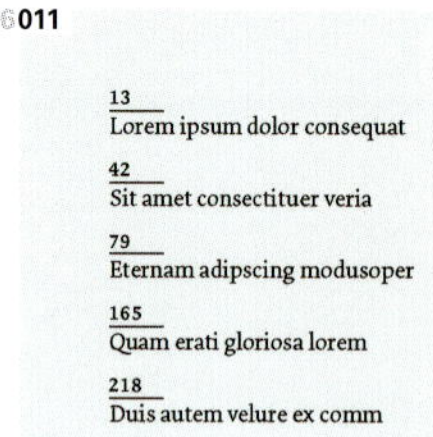

Quebra de linhas com sublinhado

46012

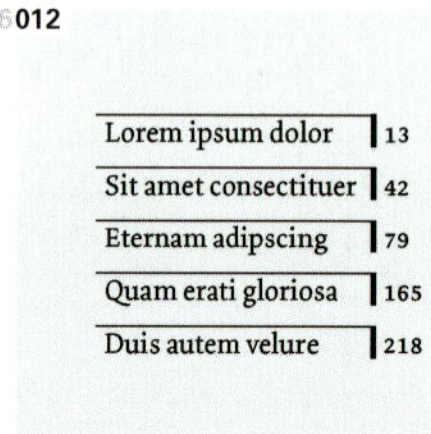

Molduras de linhas anguladas/ Separadores

46013

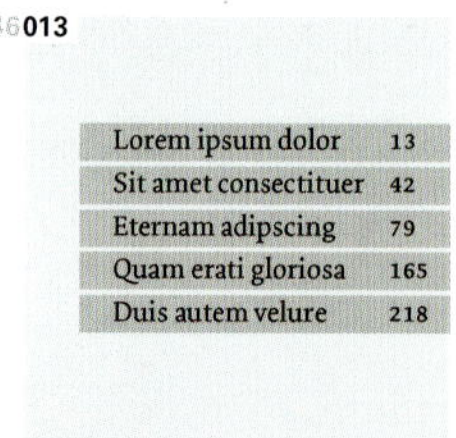

Faixas separadoras coloridas apoiadas

46014

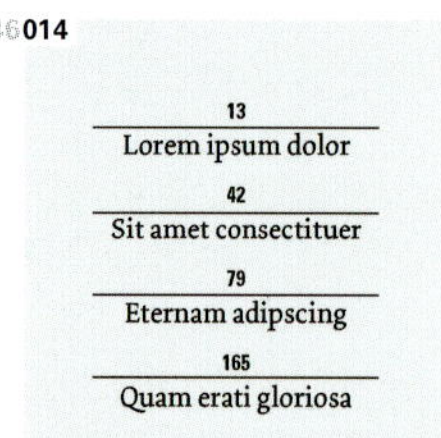

Centrado em eixo: Divisores em linha

46015

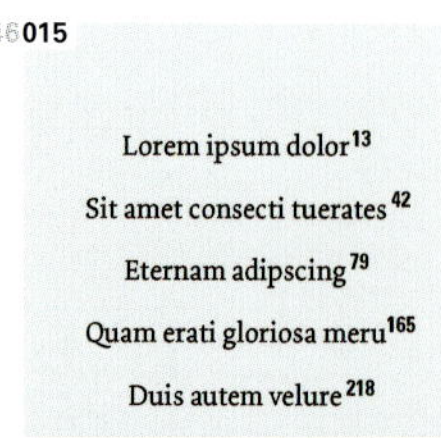

Centrado em eixo: Numeração sobrescrita em estilo alternativo

46016

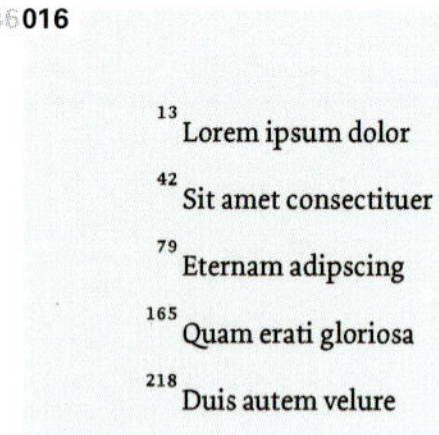

Alinhado alternado: Numeração sobrescrita

46017

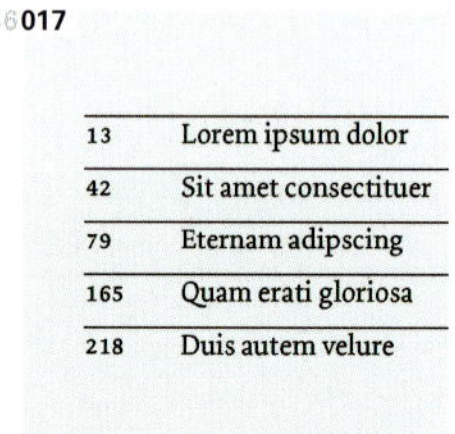

Tabulação à esquerda: Linhas divisoras

46018

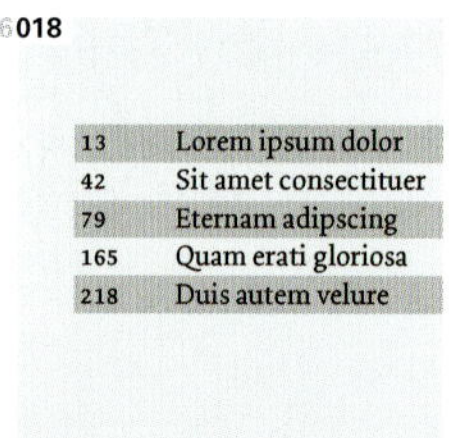

Tabulação alternada: Faixas separadoras coloridas

46019

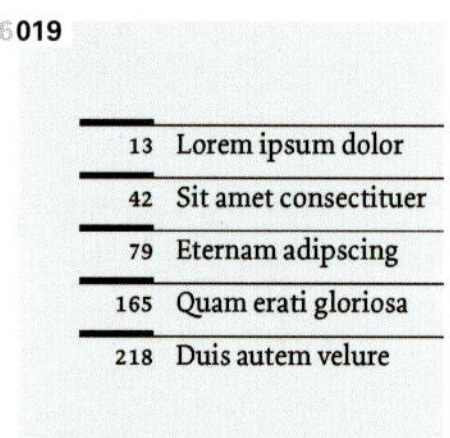

Tabulação alternada: Linhas separadoras

46020

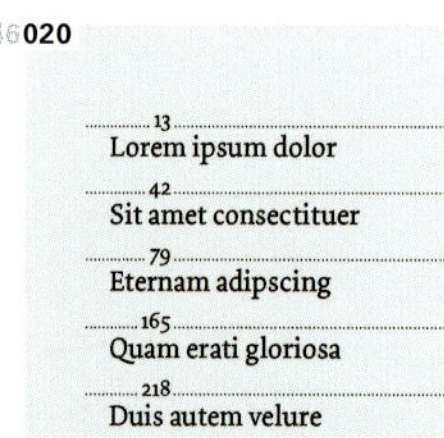

Numeração tabulada com divisores externos sublinhados

46021

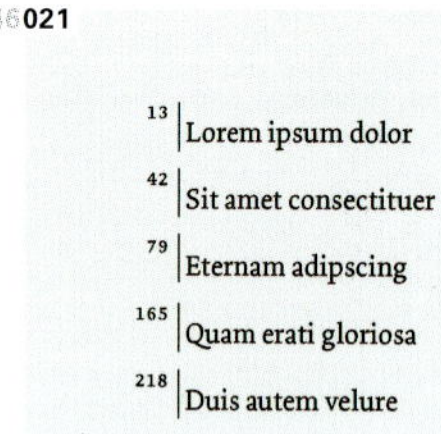

Alinhamento alternado/ Linhas divisoras sobrescritas

46022

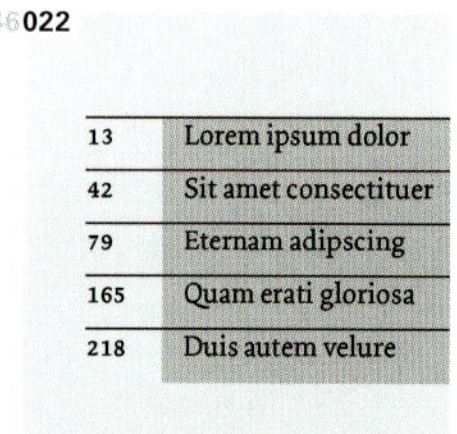

Tabulação à esquerda: Linhas divisoras coloridas

46023

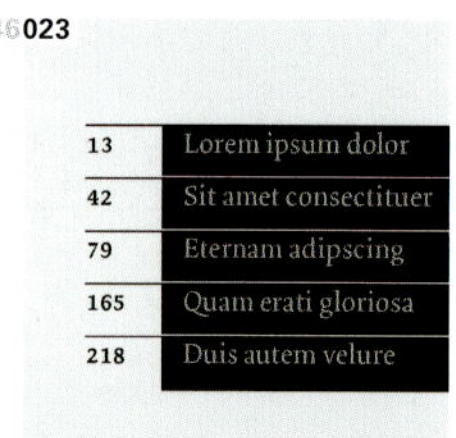

Ajuste em tabela: Linhas divisoras com listas em negativo

46024

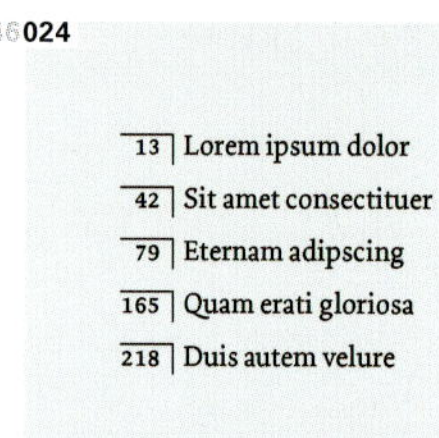

Tabulação alternada: Divisores em ângulo

46025

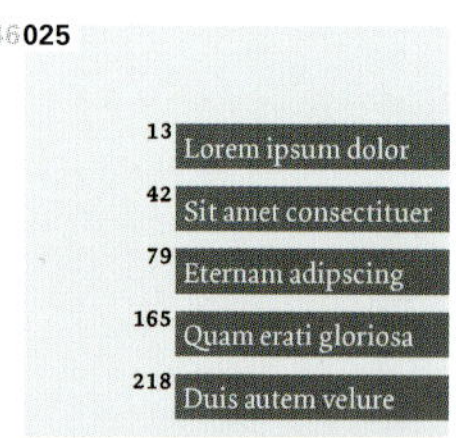

Tabulação alternada: Numeração sobrescrita: faixas coloridas/listagem em negativo

Elementos tipográficos complexos como listas sequenciais ou em categorias, legendas baseadas em listas e notações de processo são desafios que os designers têm de enfrentar com frequência – e que também precisam ser tratados em termos de estilo do mesmo modo que os demais elementos. Aqui está uma variedade de abordagens elegantes, inventivas e potencialmente dinâmicas para enriquecer esses componentes do texto. Para notações complexas com categorias e subcategorias, considere um ingrediente de estilo para a categoria e um segundo ingrediente de estilo para as subcategorias.

Muitos dos componentes da lista podem também ser usados como configurações para grupos de legendas a fim de incrementar legendas e chamadas definidas em outro local (ver **categorias de ingredientes 41** [p. 124] e **42** [p. 126], conforme o contexto).

46026

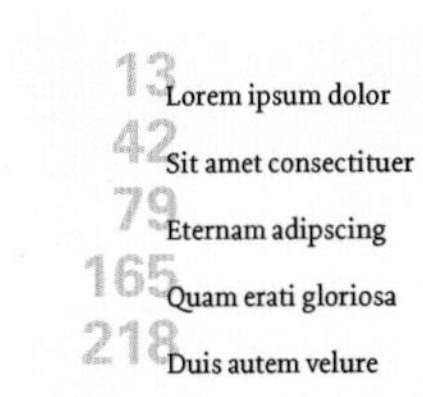

Tabulação alternada/aumentada, sobreposta, com mudança de valor

46031

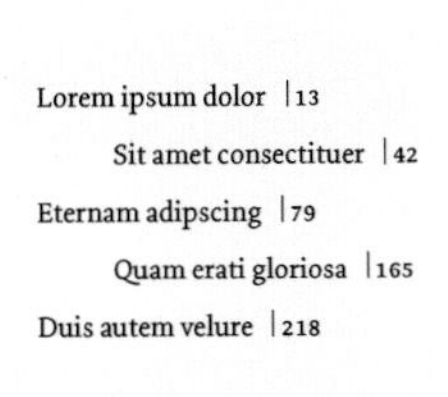

Espaçamento escalonado/Linha divisora

46036

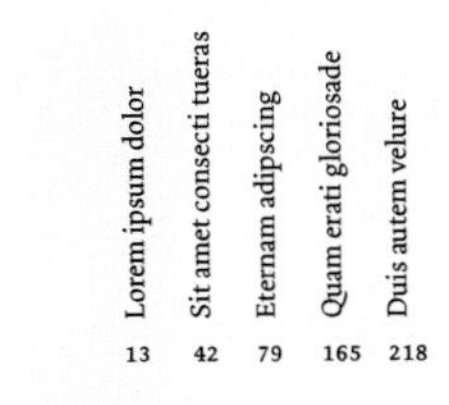

Número e lista de itens na perpendicular

46041

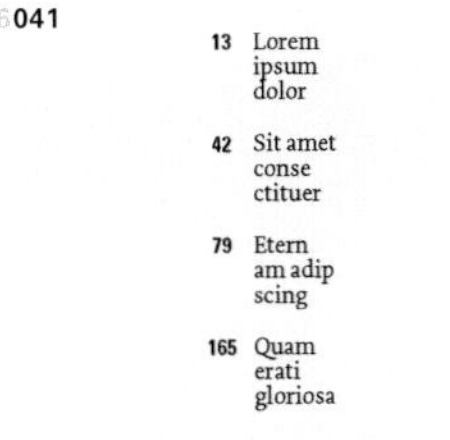

Tabulação alternada/Coluna apertada

46046

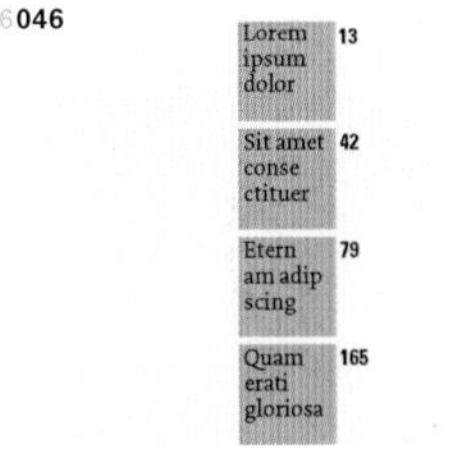

Coluna apertada/Separadores em caixas coloridas/Numeração sobrescrita

46027

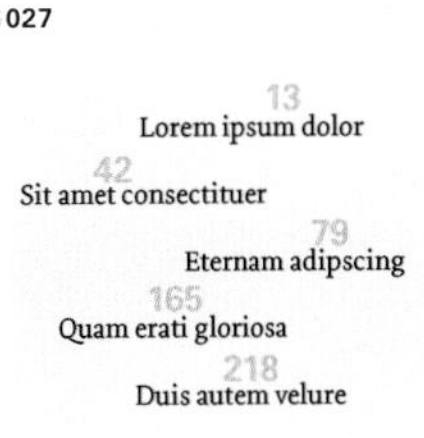

Escalonamento aleatório/Mudança de valor

46032

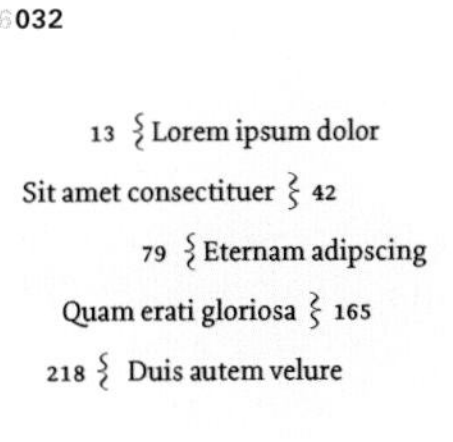

Escalonamento aleatório/Parênteses divisores

46037

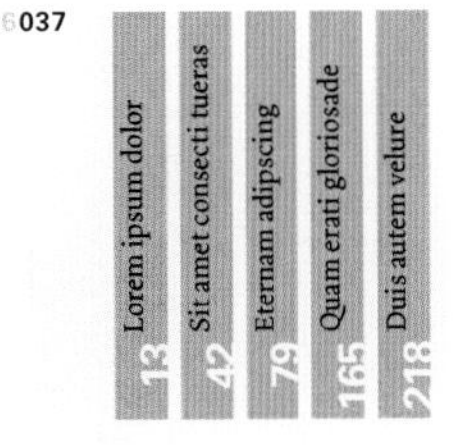

90° de rotação/Faixas coloridas com numeração em negativo

46042

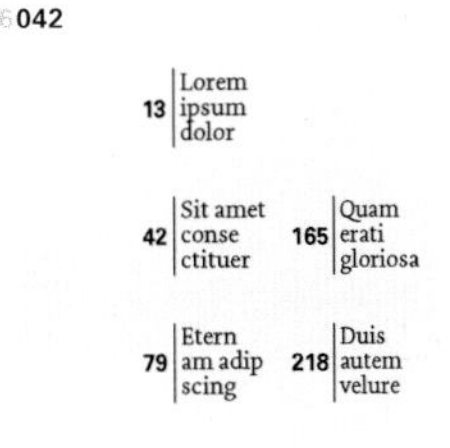

Numeração pendente/Formação em grelha: Colunas

46047

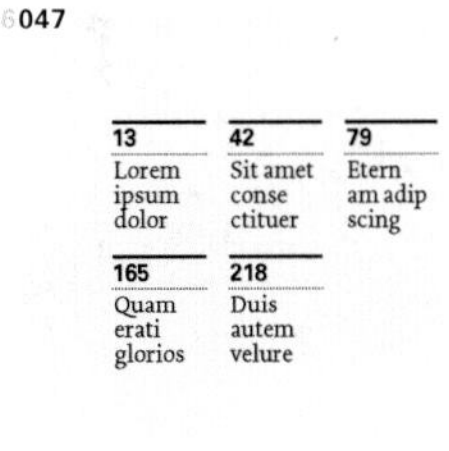

Formação em grelha: Linhas/Linhas divisoras ponderadas

46028

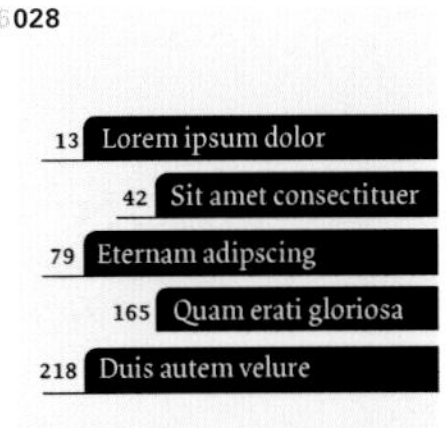

Tabulação alternada/Molduras chanfradas/Lista em negativo

46033

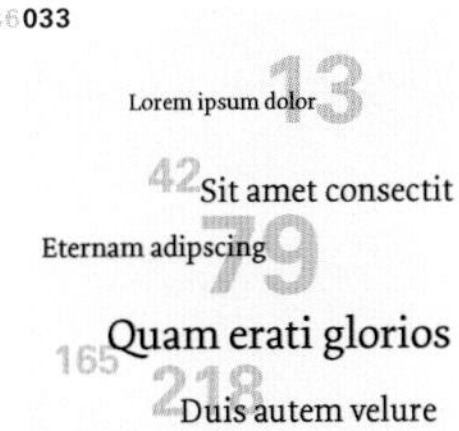

Escalonamento aleatório com mudanças de tamanho e valor

46038

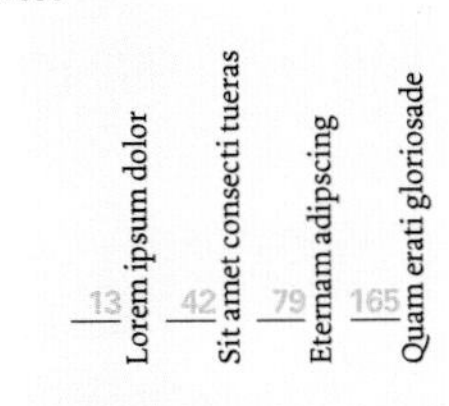

Configuração perpendicular/Mudanças de valor e estilo/Sublinhados

46043

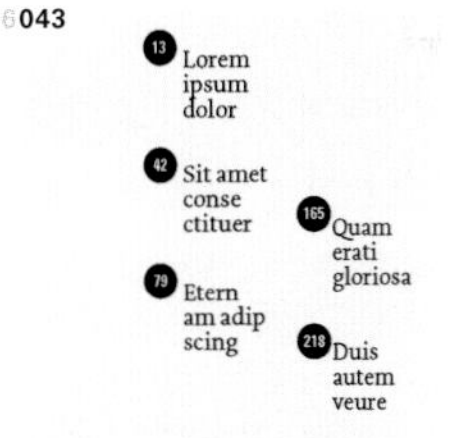

Formação em grelha escalonada/Números em negativo a partir de elementos gráficos

46048

Formação modular: Módulos similares/Listagem em negativo

46029

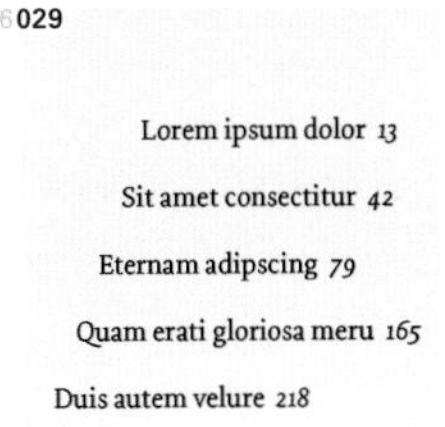

Alinhamento diagonal à esquerda/Numeração em linha

46034

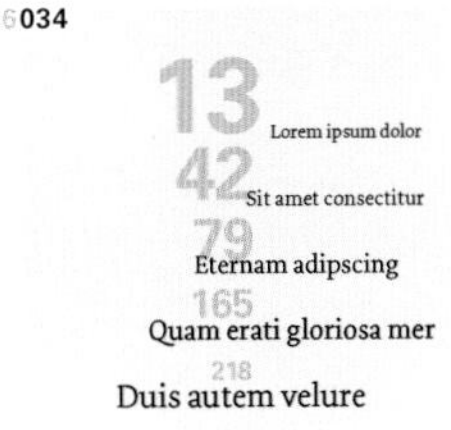

Alinhamentos alternados/Progressão reversa de tamanho/Mudanças de estilo e valor

46039

Eixos alternados/Progressão de tamanho/Linha de ligação/Mudança de valor

46044

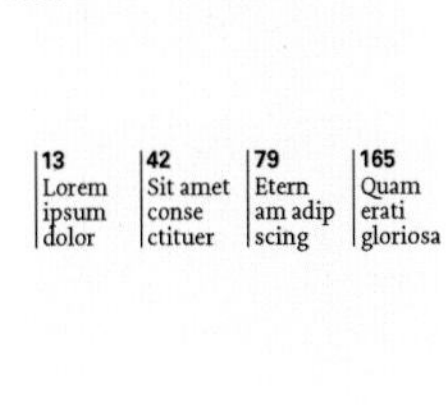

Formação em linha/Linhas divisoras/Estilos alternados

46049

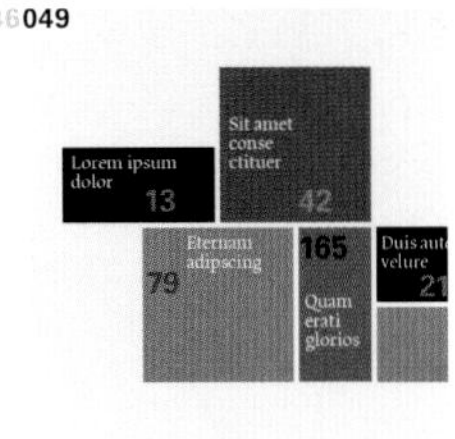

Formação modular: Módulos diferentes/Variação na coloração

46030

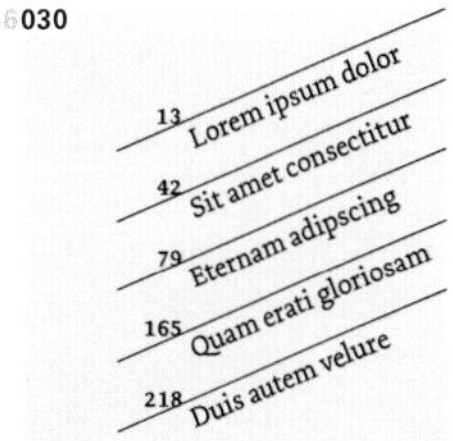

Alinhamentos alternados/Listas giradas

46035

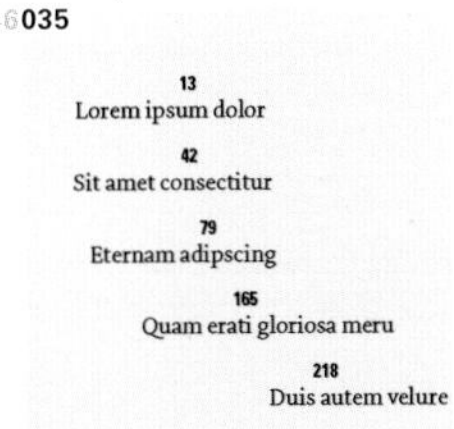

Alinhamento curvilíneo/Numeração empilhada

46040

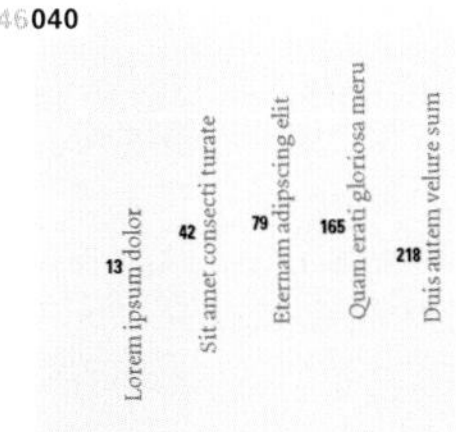

Alinhamento curvilíneo em eixo de 900/Mudança de valor

46045

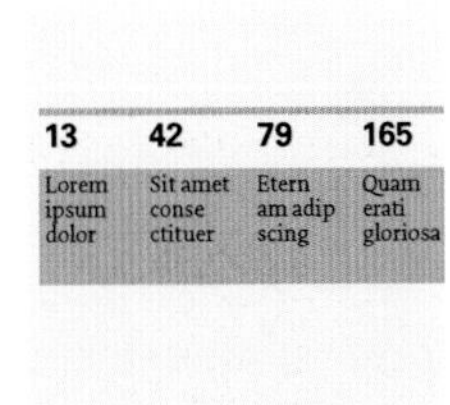

Formação em linha/Divisores coloridos/Mudanças de tamanho

46050

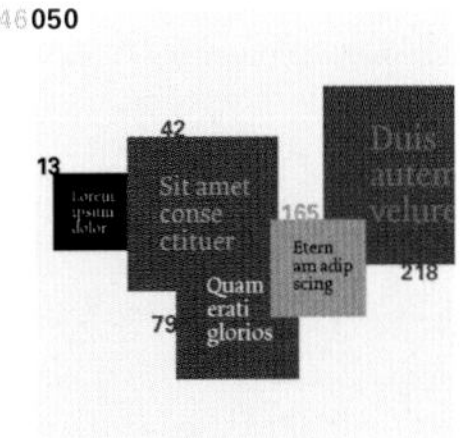

Configuração modular em formas livres

ESTRUTURAS DE TEXTO *Dados em Tabelas* 47

47 **001**

	2006	2005	%
Lorem ipsum	34,021.20	30,339.46	2
Dolor amet	5,790.03	4,822.09	17
Autem velure	11,650.44	9,637.87	18
Nunc et semper	38,394.52	32,881.59	3
Duis consectia	27,676.17	27,404.68	1
Nullitatis summa	48,922.83	43,785.29	4

Linhas divisoras

47 **002**

	2006	2005	%
Lorem ipsum	34,021.20	30,339.46	2
Dolor amet	5,790.03	4,822.09	17
Autem velure	11,650.44	9,637.87	18
Nunc et semper	38,394.52	32,881.59	3
Duis consectia	27,676.17	27,404.68	1
Nullitatis summa	48,922.83	43,785.29	4

Linhas divisoras: Cabeçalhos destacados

47 **003**

	2006	2005	%
Lorem ipsum	34,021.20	30,339.46	2
Dolor amet	5,790.03	4,822.09	17
Autem velure	11,650.44	9,637.87	18
Nunc et semper	38,394.52	32,881.59	3
Duis consectia	27,676.17	27,404.68	1
Nullitatis summa	48,922.83	43,785.29	4

Linhas divisoras: Cabeçalhos destacados

47 **004**

	2006	2005	%
Lorem ipsum	34,021.20	30,339.46	2
Dolor amet	5,790.03	4,822.09	17
Autem velure	11,650.44	9,637.87	18
Nunc et semper	38,394.52	32,881.59	3
Duis consectia	27,676.17	27,404.68	1
Nullitatis summa	48,922.83	43,785.29	4

Linhas divisoras: Cabeçalhos destacados

47 **005**

	2006	2005	%
Lorem ipsum	34,021.20	30,339.46	2
Dolor amet	5,790.03	4,822.09	17
Autem velure	11,650.44	9,637.87	18
Nunc et semper	38,394.52	32,881.59	3
Duis consectia	27,676.17	27,404.68	1
Nullitatis summa	48,922.83	43,785.29	4

Linhas divisoras: Faixas coloridas

47 **006**

	2006	2005	%
Lorem ipsum	34,021.20	30,339.46	2
Dolor amet	5,790.03	4,822.09	17
Autem velure	11,650.44	9,637.87	18
Nunc et semper	38,394.52	32,881.59	3
Duis consectia	27,676.17	27,404.68	1
Nullitatis summa	48,922.83	43,785.29	4

Faixas graduadas: Destaques em caixa

47 **007**

	2006	2005	%
Lorem ipsum	34,021.20	30,339.46	2
Dolor amet	5,790.03	4,822.09	17
Autem velure	11,650.44	9,637.87	18
Nunc et semper	38,394.52	32,881.59	3
Duis consectia	27,676.17	27,404.68	1
Nullitatis summa	48,922.83	43,785.29	4

Faixas sólidas/graduadas

47 **008**

	2006	2005	%
Lorem ipsum	34,021.20	30,339.46	2
Dolor amet	5,790.03	4,822.09	17
Autem velure	11,650.44	9,637.87	18
Nunc et semper	38,394.52	32,881.59	3
Duis consectia	27,676.17	27,404.68	1
Nullitatis summa	48,922.83	43,785.29	4

Linhas divisoras: Colunas destacadas

47 **009**

	2006	2005	%
Lorem ipsum	34,021.20	30,339.46	2
Dolor amet	5,790.03	4,822.09	17
Autem velure	11,650.44	9,637.87	18
Nunc et semper	38,394.52	32,881.59	3
Duis consectia	27,676.17	27,404.68	1
Nullitatis summa	48,922.83	43,785.29	4

Faixa complexa/Valores em coluna

47 **010**

	2006	2005	%
LOREM IPSUM	34,021.20	30,339.46	2
DOLOR AMET	5,790.03	4,822.09	17
AUTEM VELURE	11,650.44	9,637.87	18
NUNC ET SEMPER	38,394.52	32,881.59	3
DUIS CONSECTIA	27,676.17	27,404.68	1
NULLITATIS SUMMA	48,922.83	43,785.29	4

Faixa complexa/Valores em coluna

47 **011**

	2006	2005	%
LOREM IPSUM	34,021.20	30,339.46	2
DOLOR AMET	5,790.03	4,822.09	17
AUTEM VELURE	11,650.44	9,637.87	18
NUNC ET SEMPER	38,394.52	32,881.59	3
DUIS CONSECTIA	27,676.17	27,404.68	1
NULLITATIS SUMMA	48,922.83	43,785.29	4

Faixa complexa/Valores em coluna

47 **012**

	2006	2005	%
LOREM IPSUM	34,021.20	30,339.46	2
DOLOR AMET	5,790.03	4,822.09	17
AUTEM VELURE	11,650.44	9,637.87	18
NUNC ET SEMPER	38,394.52	32,881.59	3
DUIS CONSECTIA	27,676.17	27,404.68	1
NULLITATIS SUMMA	48,922.83	43,785.29	4

Faixa complexa/Valores em coluna

47 **013**

	2006	2005	%
LOREM IPSUM	34,021.20	30,339.46	2
DOLOR AMET	5,790.03	4,822.09	17
AUTEM VELURE	11,650.44	9,637.87	18
NUNC ET SEMPER	38,394.52	32,881.59	3
DUIS CONSECTIA	27,676.17	27,404.68	1
NULLITATIS SUMMA	48,922.83	43,785.29	4

Faixa complexa/Valores em coluna

47 **014**

	2006	2005	%
LOREM IPSUM	34,021.20	30,339.46	2
DOLOR AMET	5,790.03	4,822.09	17
AUTEM VELURE	11,650.44	9,637.87	18
NUNC ET SEMPER	38,394.52	32,881.59	3
DUIS CONSECTIA	27,676.17	27,404.68	1
NULLITATIS SUMMA	48,922.83	43,785.29	4

Faixa complexa/Valores em coluna

47 **015**

	2006	2005	%
LOREM IPSUM	34,021.20	30,339.46	2
DOLOR AMET	5,790.03	4,822.09	17
AUTEM VELURE	11,650.44	9,637.87	18
NUNC ET SEMPER	38,394.52	32,881.59	3
DUIS CONSECTIA	27,676.17	27,404.68	1
NULLITATIS SUMMA	48,922.83	43,785.29	4

Faixa complexa/Valores em coluna

47 **016**

	2006	2005	%
LOREM IPSUM	34,021.20	30,339.46	2
DOLOR AMET	5,790.03	4,822.09	17
AUTEM VELURE	11,650.44	9,637.87	18
NUNC ET SEMPER	38,394.52	32,881.59	3
DUIS CONSECTIA	27,676.17	27,404.68	1
NULLITATIS SUMMA	48,922.83	43,785.29	4

Faixa complexa/Valores em coluna

O design de tabelas para gráficos ou dados financeiros é mais um problema tipográfico complexo que merece atenção. Como em outras situações complexas de composição, a necessidade de clareza na informação é importante; essa necessidade, porém, não deve dissuadir o designer de explorar ideias que enriquecerão o estilo e integrarão visualmente tais elementos com os outros itens do projeto. Esta seleção de conceitos de tabelas está focada no layout interno e, quando apropriado, em relações de peso e proporção nos próprios elementos tipográficos – tendo em mente que a escolha das letras usadas deve refletir as outras feitas no restante do projeto.

47017

Faixa complexa/Valores em coluna

47018

Faixa complexa/Valores em coluna

47019

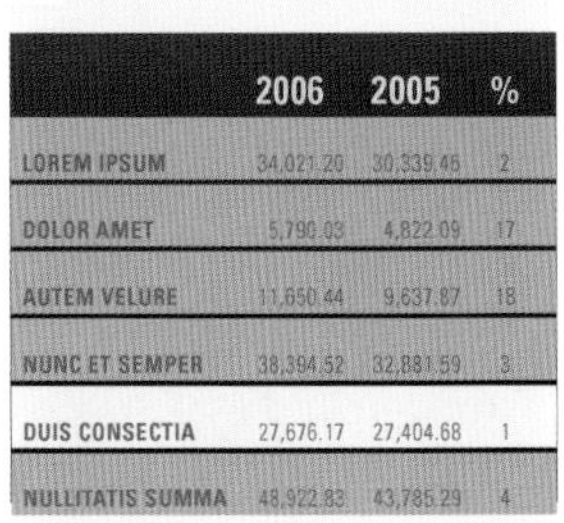

Destaque em linha intermediária

47020

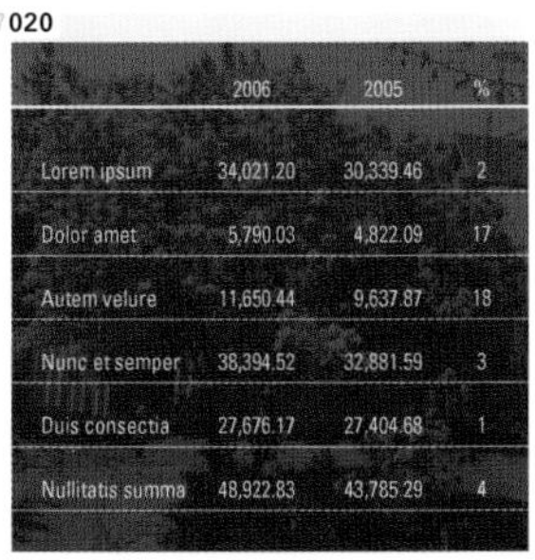

Negativo a partir de imagem de fundo

47021

Faixas graduadas

47022

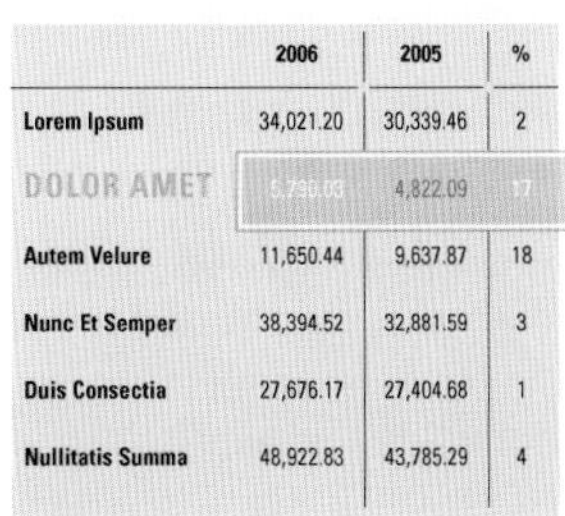

Números destacados

47023

Detalhamento complexo de linha/coluna

47024

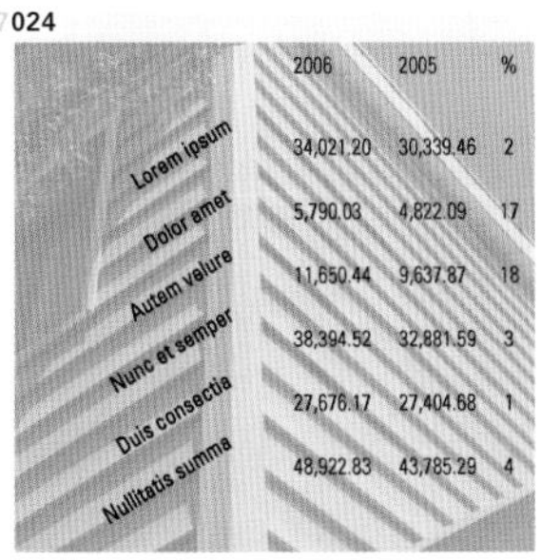

Cabeçalhos em ângulo: Imagem de fundo

47025

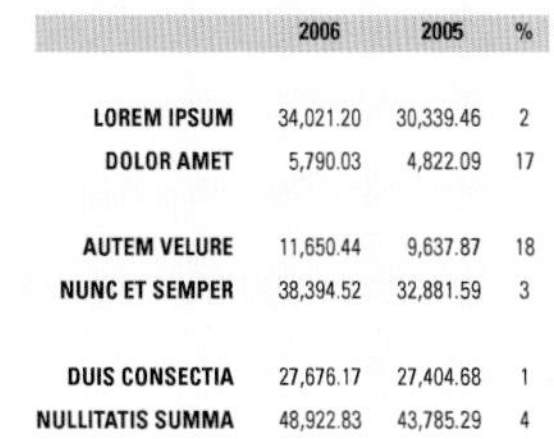

Neutro: Mudança de peso/caixa

47026

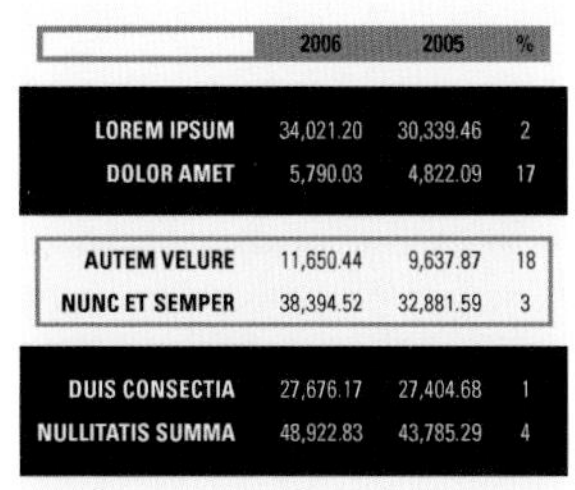

Distinções exageradas de seções

47027

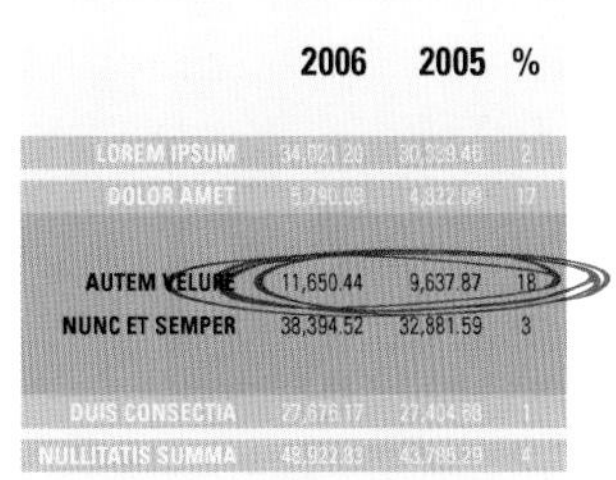

Distinção de seção: destaque gráfico

47028

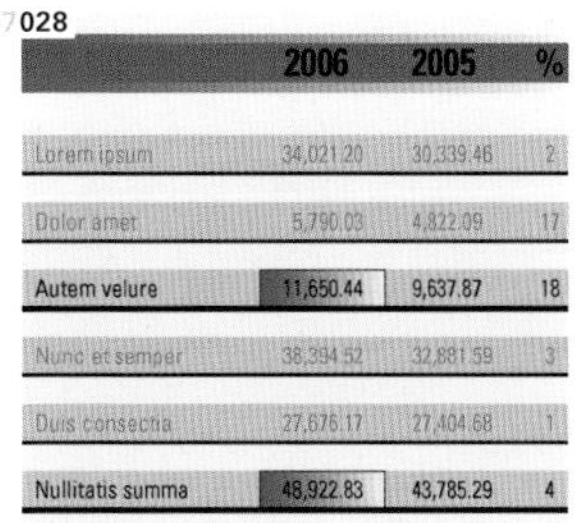

Faixa de valores complexa: Destaque nos números

47029

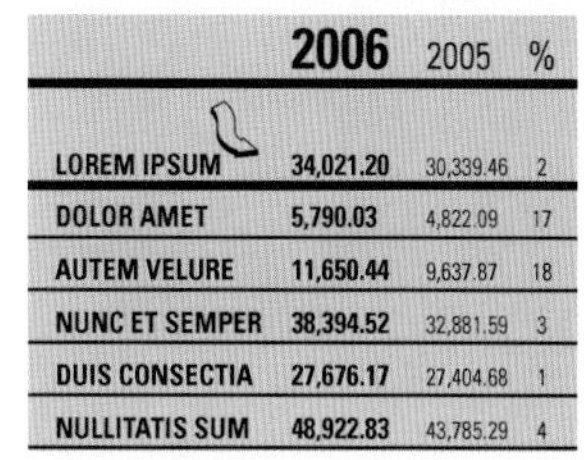

Linha divisora: Inclusão gráfica

47030

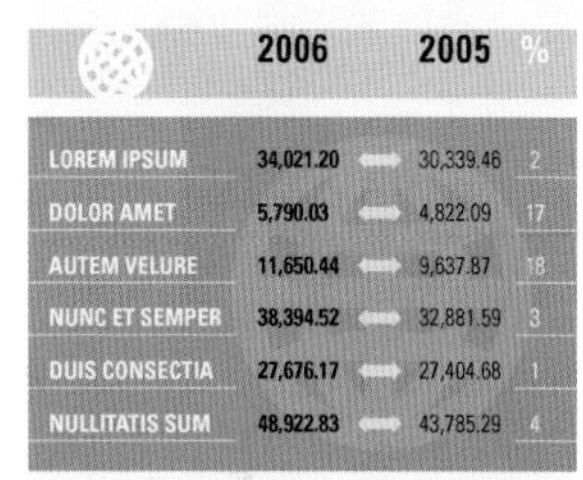

Inclusões gráficas

47031

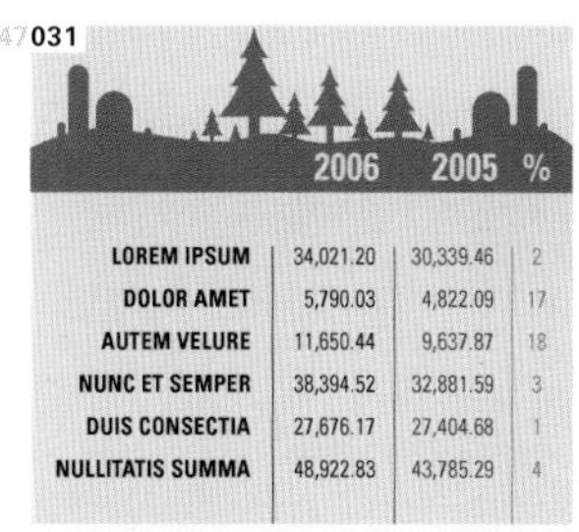

Cabeçalho pictórico

47032

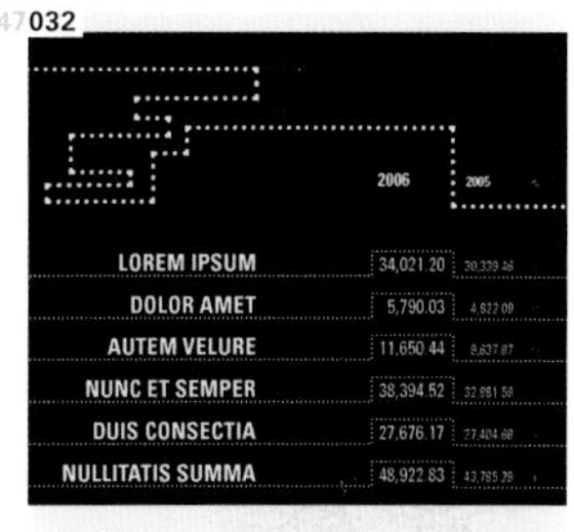

Linhas divisoras complexas

EMBELEZAMENTO *Direcionais e Dingbats*

48

48001 Seta	48012 Seta	48023 Seta	48034 Seta	48045 Seta	48056 Seta	48067 Seta	48078 Seta	48089 Símbolo	48100 Símbolo	48111 Símbolo	48122 Símbolo	48133 Símbolo	48144 Símbolo
48002 Seta	48013 Seta	48024 Seta	48035 Seta	48046 Seta	48057 Seta	48068 Seta	48079 Seta	48090 Símbolo	48101 Símbolo	48112 Símbolo	48123 Símbolo	48134 Símbolo	48145 Símbolo
48003 Seta	48014 Seta	48025 Seta	48036 Seta	48047 Seta	48058 Seta	48069 Seta	48080 Seta	48091 Símbolo	48102 Símbolo	48113 Símbolo	48124 Símbolo	48135 Símbolo	48146 Símbolo
48004 Seta	48015 Seta	48026 Seta	48037 Seta	48048 Seta	48059 Seta	48070 Seta	48081 Seta	48092 Símbolo	48103 Símbolo	48114 Símbolo	48125 Símbolo	48136 Símbolo	48147 Símbolo
48005 Seta	48016 Seta	48027 Seta	48038 Seta	48049 Seta	48060 Seta	48071 Seta	48082 Seta	48093 Símbolo	48104 Símbolo	48115 Símbolo	48126 Símbolo	48137 Símbolo	48148 Símbolo
48006 Seta	48017 Seta	48028 Seta	48039 Seta	48050 Seta	48061 Seta	48072 Seta	48083 Seta	48094 Símbolo	48105 Símbolo	48116 Símbolo	48127 Símbolo	48138 Símbolo	48149 Símbolo
48007 Seta	48018 Seta	48029 Seta	48040 Seta	48051 Seta	48062 Seta	48073 Seta	48084 Seta	48095 Símbolo	48106 Símbolo	48117 Símbolo	48128 Símbolo	48139 Símbolo	48150 Símbolo
48008 Seta	48019 Seta	48030 Seta	48041 Seta	48052 Seta	48063 Seta	48074 Seta	48085 Seta	48096 Símbolo	48107 Símbolo	48118 Símbolo	48129 Símbolo	48140 Símbolo	48151 Símbolo
48009 Seta	48020 Seta	48031 Seta	48042 Seta	48053 Seta	48064 Seta	48075 Seta	48086 Seta	48097 Símbolo	48108 Símbolo	48119 Símbolo	48130 Símbolo	48141 Símbolo	48152 Símbolo
48010 Seta	48021 Seta	48032 Seta	48043 Seta	48054 Seta	48065 Seta	48076 Seta	48087 Seta	48098 Símbolo	48109 Símbolo	48120 Símbolo	48131 Símbolo	48142 Símbolo	48153 Símbolo
48011 Seta	48022 Seta	48033 Seta	48044 Seta	48055 Seta	48066 Seta	48077 Seta	48088 Seta	48099 Símbolo	48110 Símbolo	48121 Símbolo	48132 Símbolo	48143 Símbolo	48154 Símbolo

Não há nada como a ornamentação tipográfica para conferir distinção e detalhe à linguagem global do design tipográfico, seja na forma de indicadores, separadores de informação, adições às iniciais ou embelezamentos de títulos. Misture e combine marks tradicionais de gráfica com formas contemporâneas para uma apresentação forte, cheia de textura.

48155 Símbolo	48166 Símbolo	48177 Símbolo	48188 Símbolo	48199 Símbolo	48210 Símbolo	48221 Símbolo	48232 Símbolo	48243 Símbolo	48254 Símbolo	48265 Símbolo	48276 Símbolo	48287 Símbolo	48298 Símbolo
48156 Símbolo	48167 Símbolo	48178 Símbolo	48189 Símbolo	48200 Símbolo	48211 Símbolo	48222 Símbolo	48233 Símbolo	48244 Símbolo	48255 Símbolo	48266 Símbolo	48277 Símbolo	48288 Símbolo	48299 Símbolo
48157 Símbolo	48168 Símbolo	48179 Símbolo	48190 Símbolo	48201 Símbolo	48212 Símbolo	48223 Símbolo	48234 Símbolo	48245 Símbolo	48256 Símbolo	48267 Símbolo	48278 Símbolo	48289 Símbolo	48300 Símbolo
48158 Símbolo	48169 Símbolo	48180 Símbolo	48191 Símbolo	48202 Símbolo	48213 Símbolo	48224 Símbolo	48235 Símbolo	48246 Símbolo	48257 Símbolo	48268 Símbolo	48279 Símbolo	48290 Símbolo	48301 Símbolo
48159 Símbolo	48170 Símbolo	48181 Símbolo	48192 Símbolo	48203 Símbolo	48214 Símbolo	48225 Símbolo	48236 Símbolo	48247 Símbolo	48258 Símbolo	48269 Símbolo	48280 Símbolo	48291 Símbolo	48302 Símbolo
48160 Símbolo	48171 Símbolo	48182 Símbolo	48193 Símbolo	48204 Símbolo	48215 Símbolo	48226 Símbolo	48237 Símbolo	48248 Símbolo	48259 Símbolo	48270 Símbolo	48281 Símbolo	48292 Símbolo	48303 Símbolo
48161 Símbolo	48172 Símbolo	48183 Símbolo	48194 Símbolo	48205 Símbolo	48216 Símbolo	48227 Símbolo	48238 Símbolo	48249 Símbolo	48260 Símbolo	48271 Símbolo	48282 Símbolo	48293 Símbolo	48304 Símbolo
48162 Símbolo	48173 Símbolo	48184 Símbolo	48195 Símbolo	48206 Símbolo	48217 Símbolo	48228 Símbolo	48239 Símbolo	48250 Símbolo	48261 Símbolo	48272 Símbolo	48283 Símbolo	48294 Símbolo	48305 Símbolo
48163 Símbolo	48174 Símbolo	48185 Símbolo	48196 Símbolo	48207 Símbolo	48218 Símbolo	48229 Símbolo	48240 Símbolo	48251 Símbolo	48262 Símbolo	48273 Símbolo	48284 Símbolo	48295 Símbolo	48306 Símbolo
48164 Símbolo	48175 Símbolo	48186 Símbolo	48197 Símbolo	48208 Símbolo	48219 Símbolo	48230 Símbolo	48241 Símbolo	48252 Símbolo	48263 Símbolo	48274 Símbolo	48285 Símbolo	48296 Símbolo	48307 Símbolo
48165 Símbolo	48176 Símbolo	48187 Símbolo	48198 Símbolo	48209 Símbolo	48220 Símbolo	48231 Símbolo	48242 Símbolo	48253 Símbolo	48264 Símbolo	48275 Símbolo	48286 Símbolo	48297 Símbolo	48308 Símbolo

Apresentações Espaciais

A PÁGINA OU FORMATO no qual o designer trabalha é como uma travessa em que se servem todos os ingredientes que foram juntados e misturados – e a apresentação é tão importante para o designer quanto para o chef. Não somente os elementos visuais devem aparecer bem isoladamente ou em conjunto, mas a maneira como estão dispostos fará com que o prato funcione ou não. Por mais bela que seja a fotografia e por melhor que seja a escolha da serifada neoclássica, o prato não terá sabor se esses elementos forem despejados de qualquer forma, sem planejamento. O designer pode considerar uma concepção simétrica ou assimétrica dependendo do quão formal ou informal, ou do quão clássico ou contemporâneo será o cardápio. Pode optar por organizar os ingredientes matemática ou arquitetonicamente para promover um sentido de ordem – ou de forma espontânea, orgânica, transmitindo um sentimento lúdico e cheio de energia. Pelo fato de muitos projetos de design utilizarem porções grandes de tipos, apresentamos aqui estruturas de grelha empregadas para unificar texto e imagem. Quanto aos ingredientes pictóricos propriamente ditos, os designers encontrarão uma variedade de estratégias de recorte que certamente irão apimentar a apresentação de imagens, quer sejam cenas em quadro cheio, retratos ou imagens de objetos. Conceitos para dimensionar ou dar proporção às imagens e para criar layouts ousados e dinâmicos completam este capítulo de ingredientes visuais.

DIVISÕES DE PÁGINAS *Ortogonais*

49

49**001**

Divisão única: Formato quadrado

49**002**
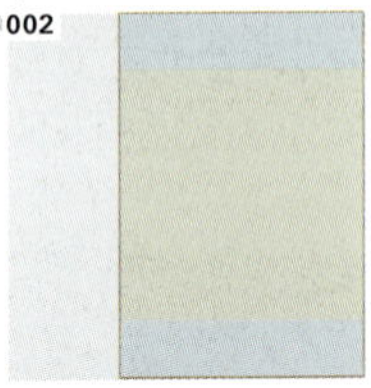
Formato quadrado: Centrado

49**003**

Quadrado: Entremeio assimétrico

49**004**
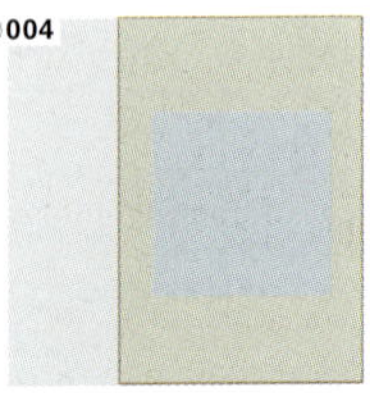
Quadrado: Centrado

49**005**
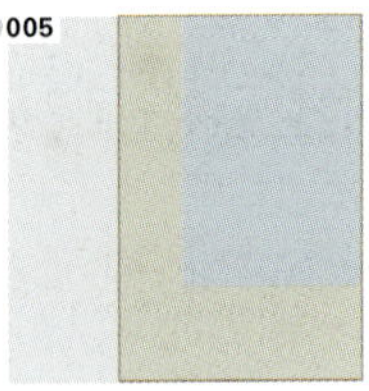
Formato repetido: Reduzido

49**006**

Formato repetido: Entremeio

49**007**

Metades: Acima/abaixo

49**008**

Terços: De cima a baixo

49**009**
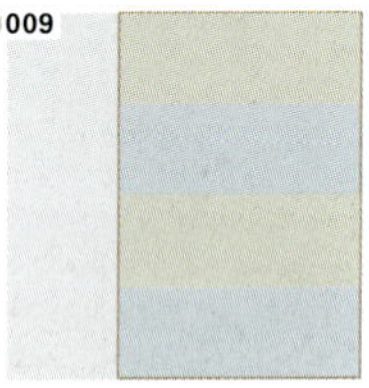
Quartos: De cima a baixo

49**010**

Metades: Esquerda/Direita

49**011**
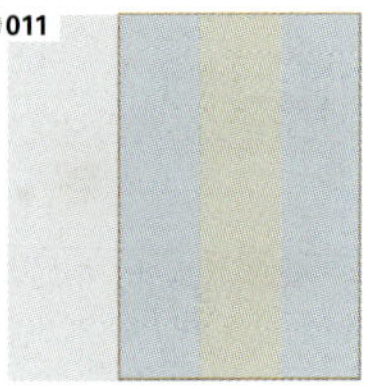
Terços: Esquerda à direita

49**012**
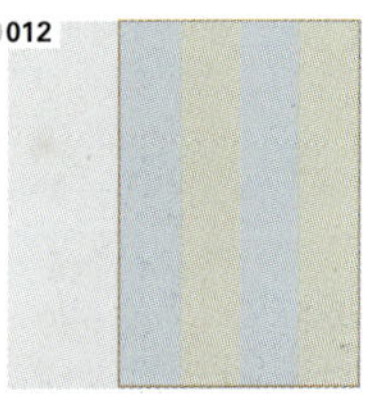
Quartos: Esquerda à direita

49**013**

Quartos: Zona intermediária dividida

49**014**
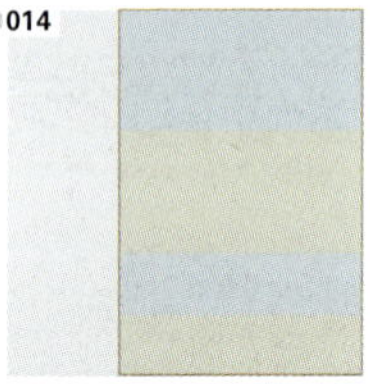
Terços: Terço inferior dividido ao meio

49**015**
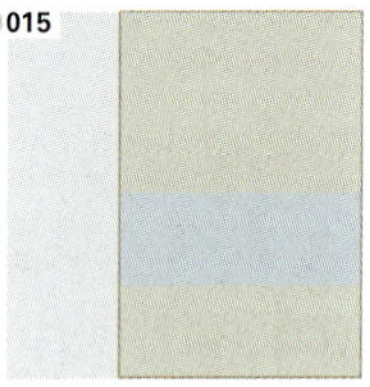
Quartos: Zona superior dividida

49**016**
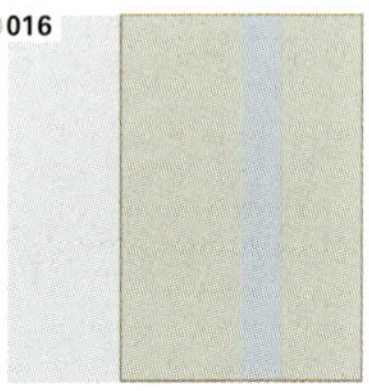
Metade: Esquerda/Terço: Direita

49**017**

Dois terços/Um terço

49**018**

Um quarto/Três quartos

49**019**
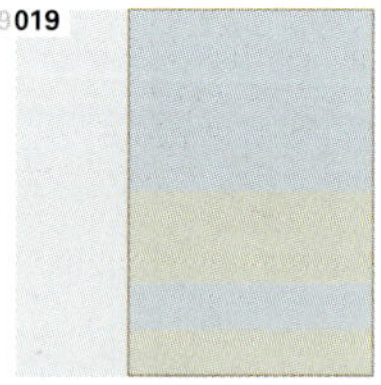
Progressão: Metades/terços

49**020**
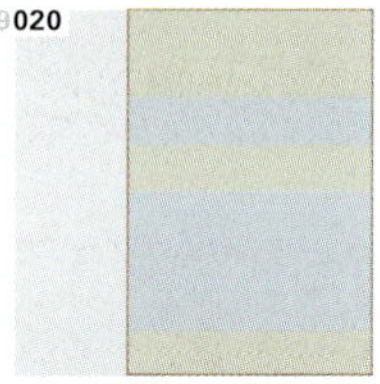
Alternação: Metades/quartos

49**021**
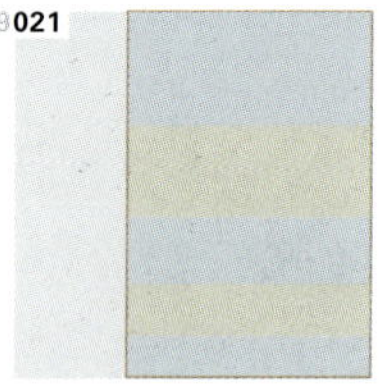
Progressão: Mista

49**022**
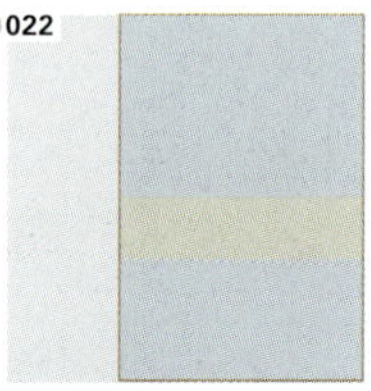
Metade: Topo/Terço: Base

49**023**
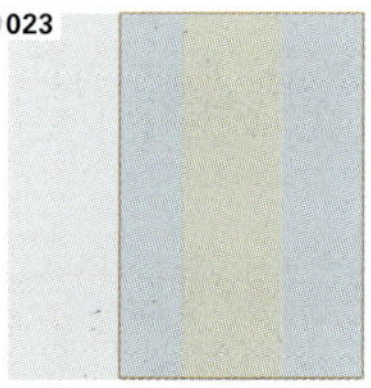
Quarto: Esquerda/Terço: Direita

49**024**

Metade: Esquerda/Dois quartos: Direita

49**025**

Quadrantes: Simétrico

49**026**
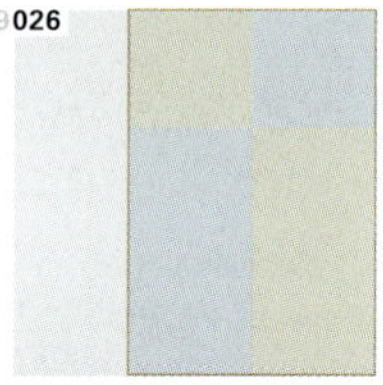
Quadrantes: Assimétrico

49**027**
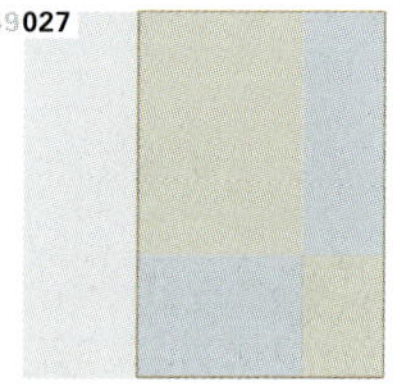
Quadrantes: Assimétrico

49**028**
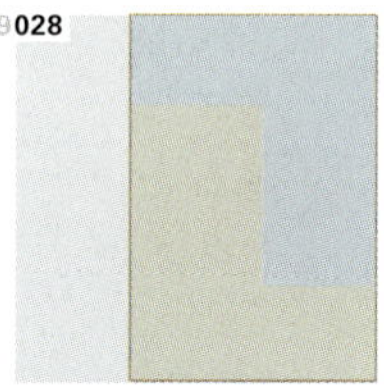
Degraus: Quartos/Metades

49**029**
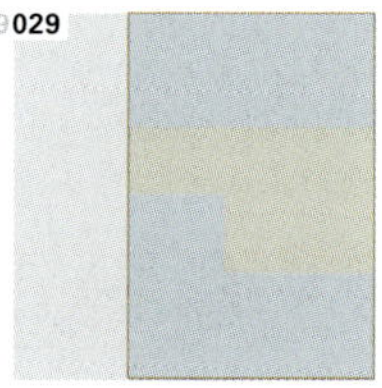
Degraus: Terços/Metades

49**030**
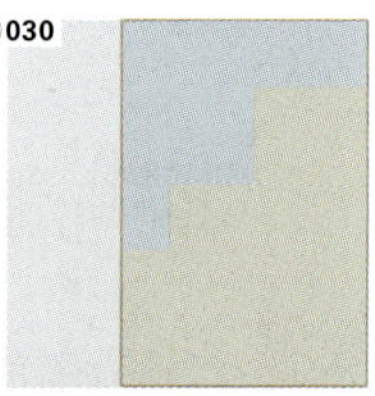
Degraus: Misto: Vertical e horizontal

49**031**

Quartos/Quadrantes

49**032**
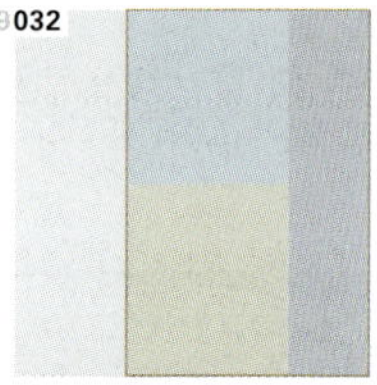
Metades/Terço: Direita

49**033**
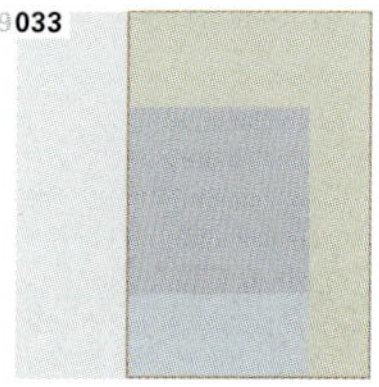
Quadrado: Entremeio/Quartos

49**034**
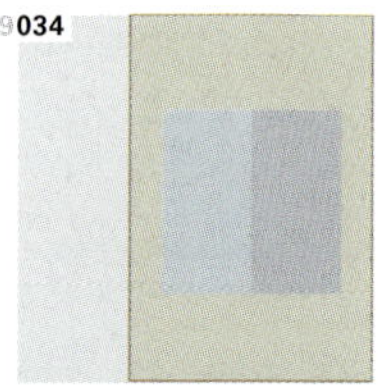
Quadrado: Centrado/Dividido ao meio

49**035**

Formato do entremeio: Dividido ao meio

49**036**

Formato do centrado: Terços

Seja usando ou não uma grelha (veja as categorias de ingredientes 51 [p. 146], 52 [p. 148] e 53 [p. 150]), organizar uma composição baseada numa geometria vertical/horizontal estabelece relações proporcionais claras entre elementos positivos e espaços negativos, ligando todas as partes de uma página para o leitor. Estratégias clássicas baseadas em quadrados e retângulos – a proporção áurea, a lei dos terços e outras abordagens matemáticas – misturam-se às contemporâneas, incluindo aquelas que apresentam campos que se sobrepõem para uma organização em camadas. Use estes sistemas proporcionais para ajudar a definir áreas de conteúdo diferente, elementos de posição com relações claras entre si ou para conferir uma qualidade arquitetônica aos layouts.

49 037

Terços: Subdivisões misturadas

49 038
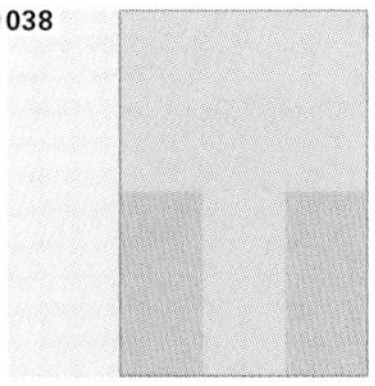
Metade inferior: Terços

49 039

Misturado: Terços/Meios/ Quadrantes

49 040
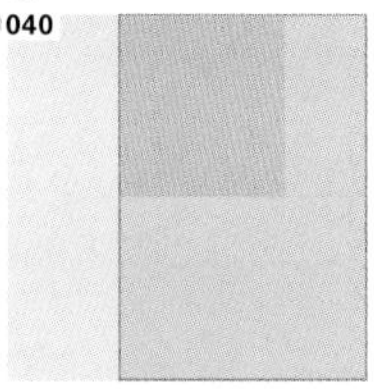
Misto de quadrados/ terços

49 041

Dois terços: Esquerda/Último dividido ao meio

49 042
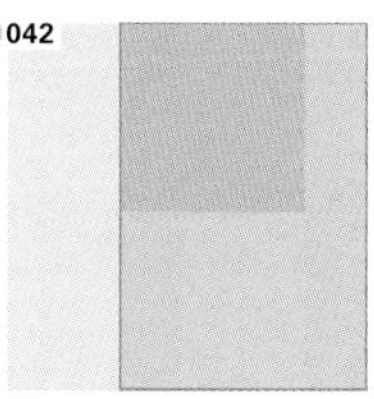
Misto Quadrado/Quartos

49 043
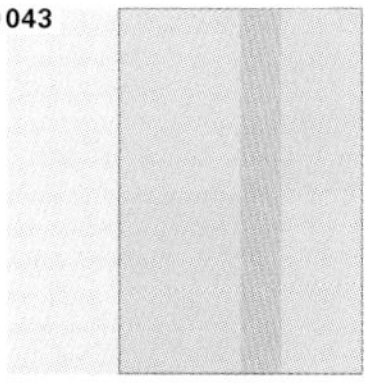
Metade e terço da direita: Divididos ao meio

49 044

Subdivisões misturadas

49 045
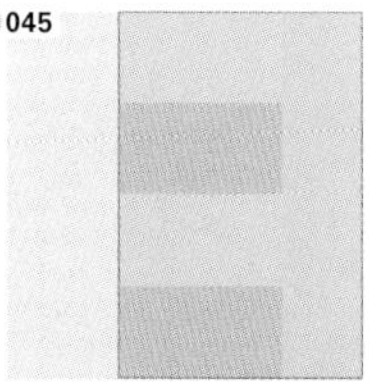
Dois terços: Em quartos

49 046
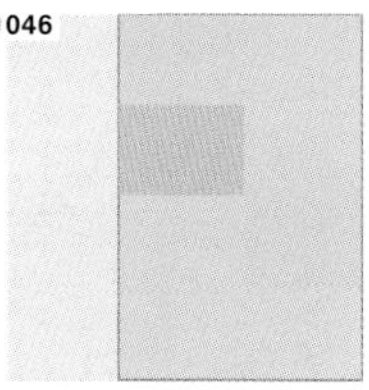
Degraus: Quartos/Metades

49 047
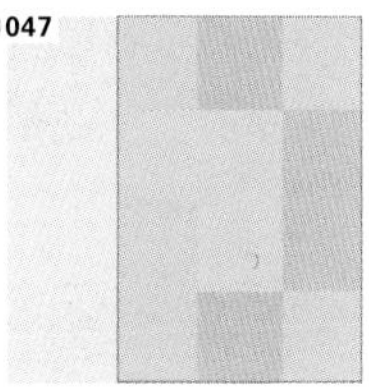
Degraus: Terços/Quartos

49 048
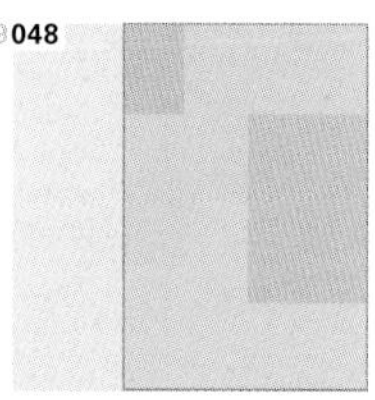
Degraus: Quartos: Vertical e horizontal

49 049

Sobreposições: Quadrado/ Terços

49 050
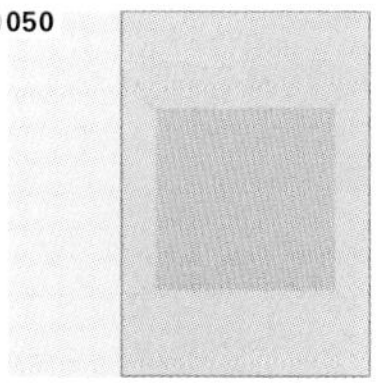
Sobreposições: Quadrantes/ Quadrado

49 051
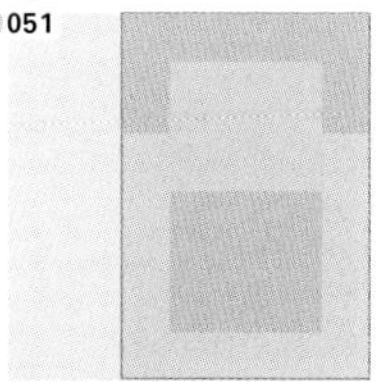
Sobreposições: Terços/ Meio formato

49 052

Sobreposições: Quadrados

49 053
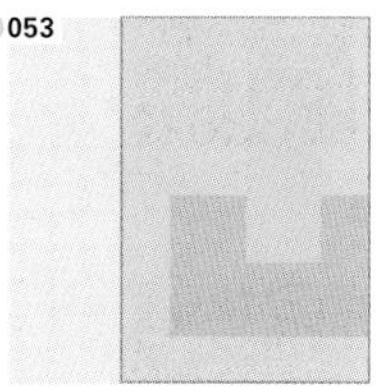
Sobreposições: Subdivisões selecionadas

49 054
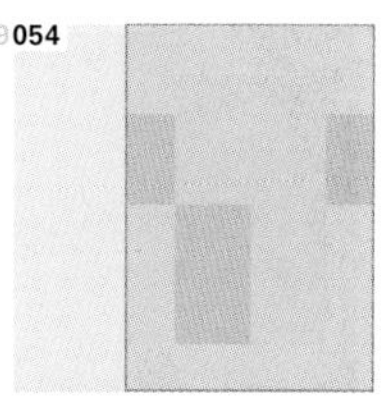
Sobreposições: Formato/ Quartos

49 055

Sobreposições quadrados/ espaços

49 056
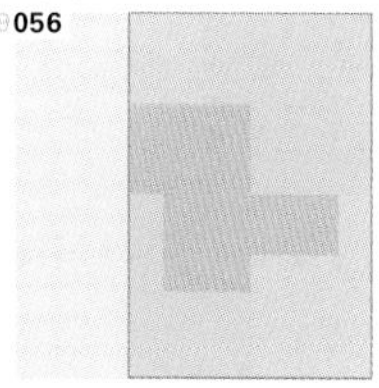
Sobreposições quadrados/ espaços

49 057

Sobreposições: Degraus: Misturados

49 058

Sobreposições: Degraus: Misturados

49 059

Sobreposições: Degraus: Misturados

49 060
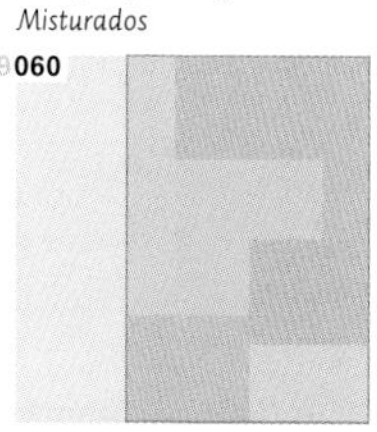
Sobreposições: Degraus: Misturados

49 061
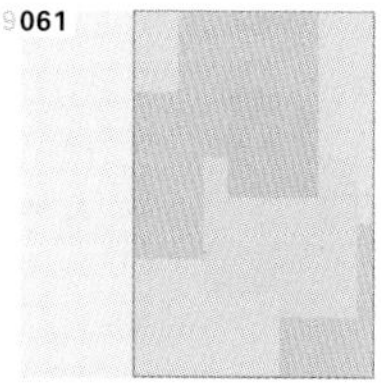
Sobreposições: Proporções intuitivas

49 062
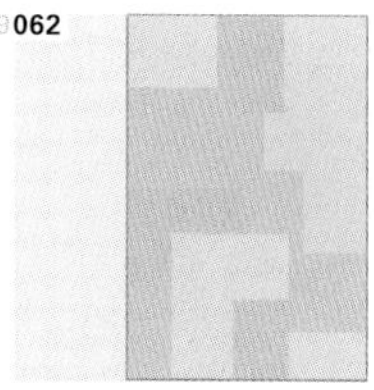
Sobreposições: Proporções intuitivas

49 063
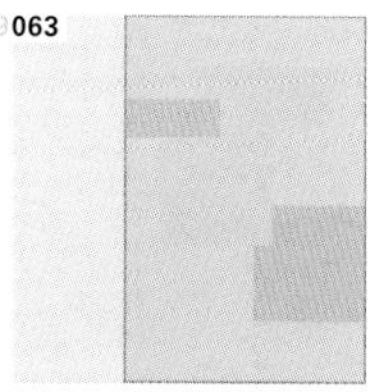
Sobreposições: Proporções intuitivas

49 064
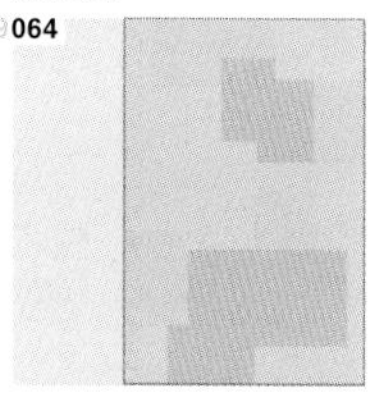
Sobreposições: Proporções intuitivas

49 065
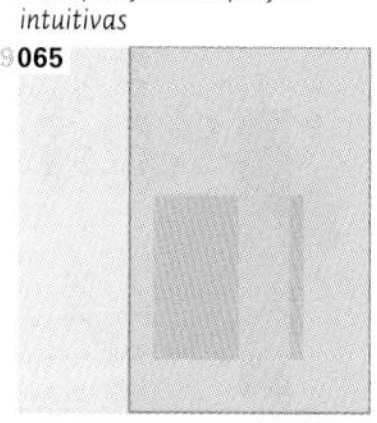
Sobreposições: Proporções intuitivas

49 066
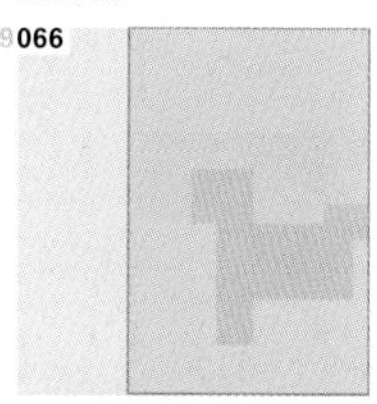
Sobreposições: Proporções intuitivas

49 067
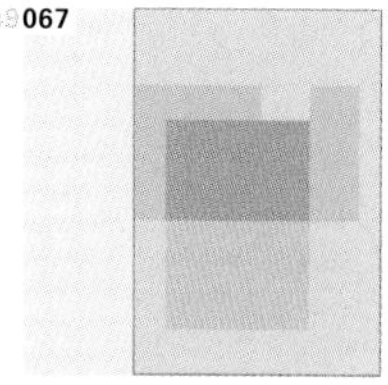
Sobreposições: Camadas implícitas

49 068
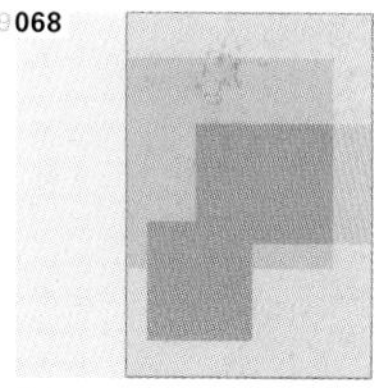
Sobreposições: Camadas implícitas

49 069
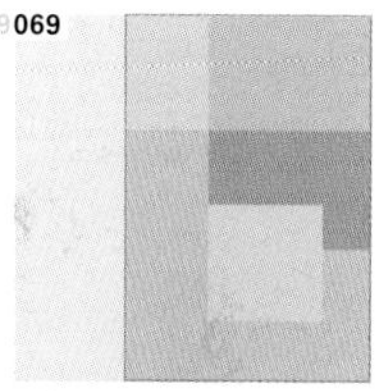
Sobreposições: Camadas implícitas

49 070
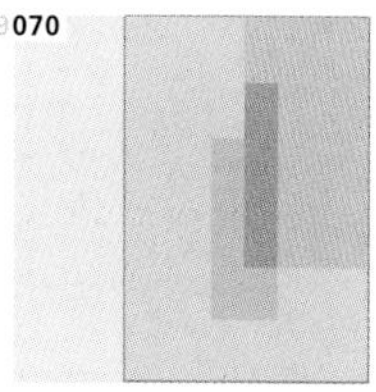
Sobreposições: Camadas implícitas

49 071
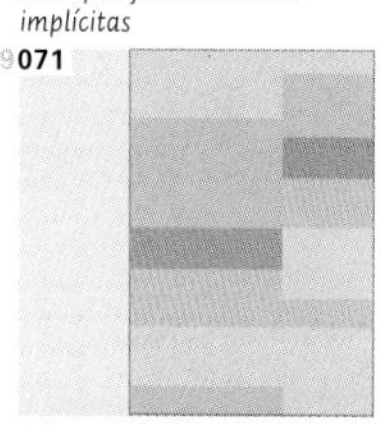
Sobreposições: Camadas implícitas

49 072
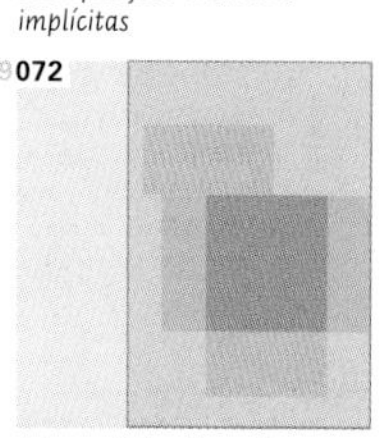
Sobreposições: Camadas implícitas

DIVISÕES DE PÁGINAS *Diagonais e Orgânicas*

50

50001

Eixo único: Agudo: No canto

50002
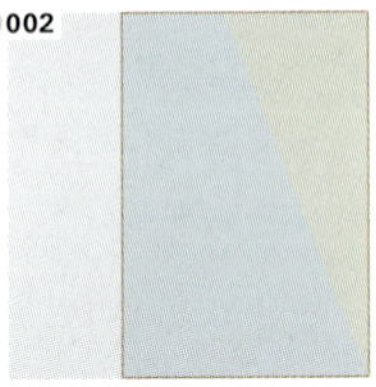
Eixo único: Canto superior/ Intermediário

50003

Eixo único: Cantos

50004

Eixo único: Canto esquerdo/ Intermediário

50005
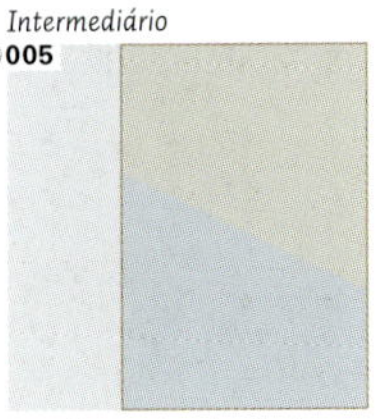
Eixo único: Metades ópticas

50006

Eixo único: Metades ópticas

50007

Dois eixos: Paralelos

50008

Três eixos: paralelos

50009
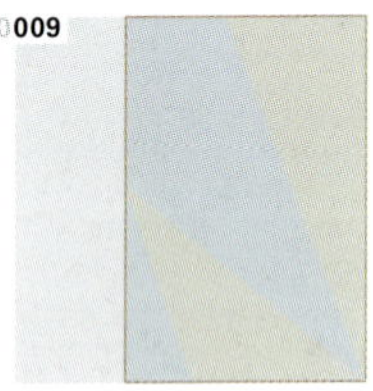
Três eixos: Alternados

50010
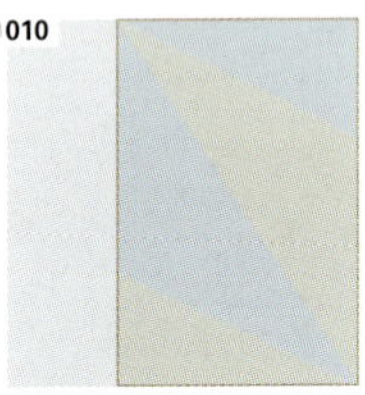
Três eixos: Alternados

50011
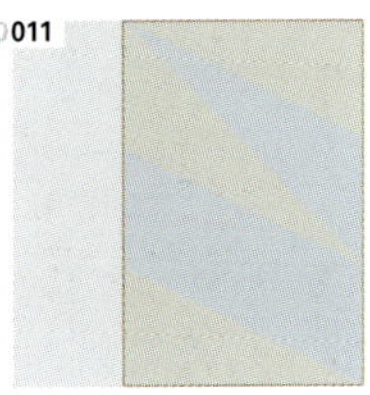
Eixos mistos

50012
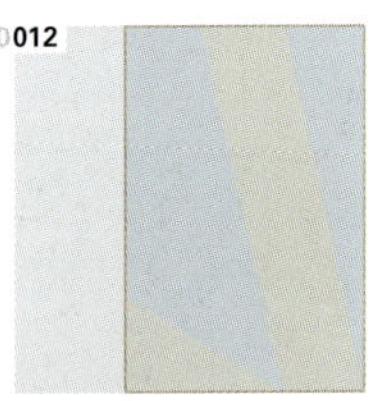
Eixos mistos

50013

Eixos mistos: Multidirecionais

50014
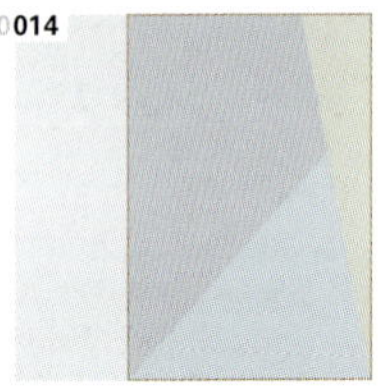
Eixos mistos: Multidirecionais

50015

Eixos mistos: Multidirecionais

50016

Eixos mistos: Multidirecionais

50017

Eixos mistos/Sobreposto implícito

50018

Eixos mistos/Sobreposto implícito

50019

Quadrantes girados

50020
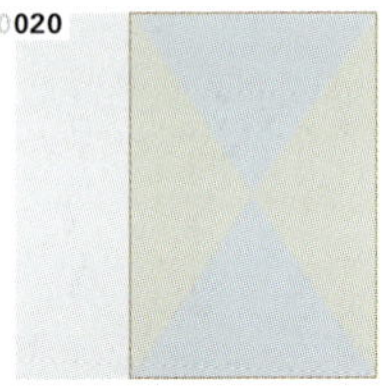
Quadrantes diagonais: Nos cantos

50021

Multidirecional/Sobreposições

50022
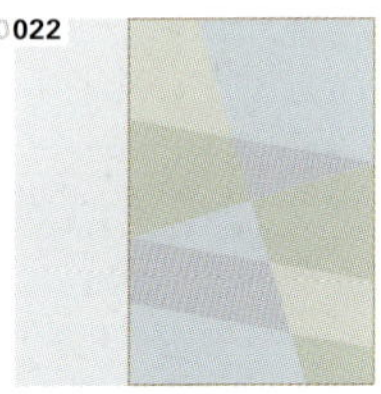
Multidirecional/Sobreposições

50023

Multidirecional/Sobreposições

50024

Multidirecional/Sobreposições

50025
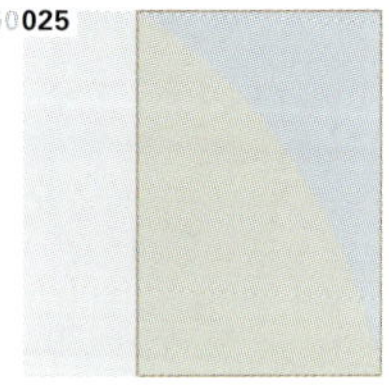
Arco: Nos cantos

50026
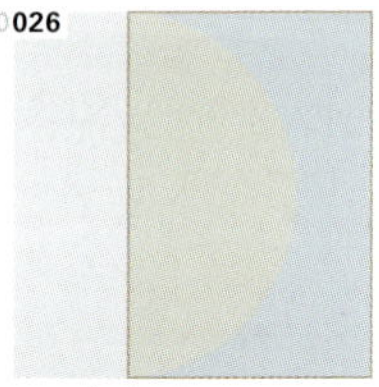
Semicírculo: Nos cantos

50027

Semicírculo: Metades ópticas

50028

Círculos opostos

50029
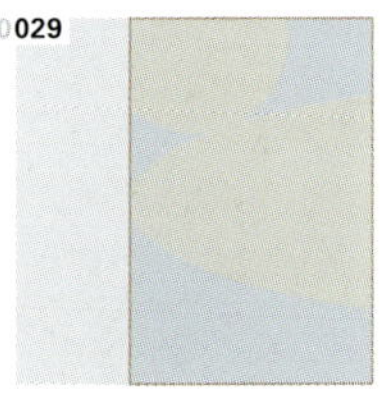
Círculo/Elipse

50030
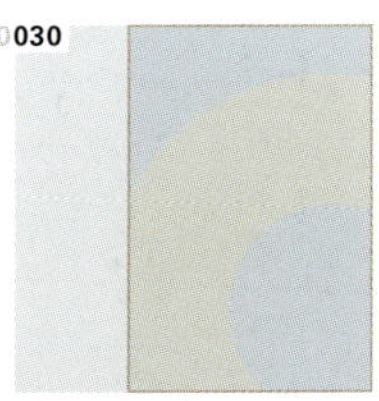
Círculos: Concêntricos

50031
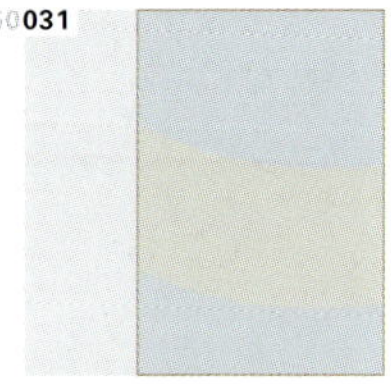
Arcos: Concêntricos

50032

Semicírculo/Arco

50033

Elipses unidas

50034

Círculo reverso/Arco grande

50035

Círculos/Arcos misturados

50036

Círculos/Arcos/Elipses misturados

Como alternativa às quebras espaciais geométricas, explore estes sistemas proporcionais mais intuitivos, fluidos, musicais e poéticos que apresentam um sistema de ordem de maneira igualmente clara. O benefício dessas estratégias é a vitalidade que às vezes falta em layouts que são ordenados geometricamente e que podem ser mais apropriados para uma situação particular. Junto com divisões que dependem de quebras geométricas ou lineares (ainda que em intervalos irregulares), quebras espaciais baseadas em formas irregulares e amorfas também são incluídas aqui. Use estas divisões irregulares de página para dar forma a aglomerados de texto e imagem ou como áreas planas de cor ou textura para contrastar com elementos compostos ortogonalmente.

037

Sobreposições: Círculos opostos

038

Sobreposições: Círculos/Concêntrico

039

Sobreposições: Curvilíneas misturadas

040

Sobreposições: Curvilíneas misturadas

041

Sobreposições: Curvilíneas misturadas

042

Sobreposições: Curvilíneas misturadas

043

Onda: Rasa: Metades ópticas

044

Onda: Rasa: Metades ópticas

045
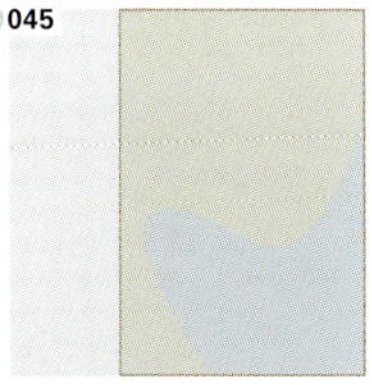
Onda: Amplitudes variáveis

046

Onda: Rasa: Repetida

047
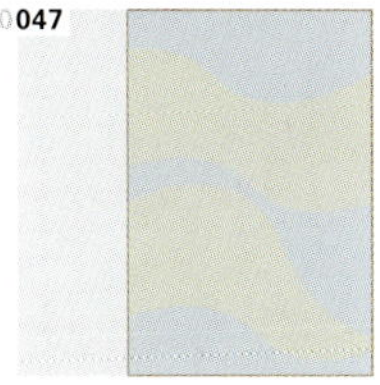
Ondas: Diferentes amplitudes

048

Ondas: Diferentes amplitudes

049
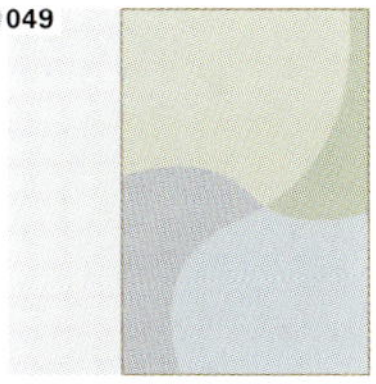
Sobreposições: Ondas

050

Sobreposições: Ondas

051

Sobreposições: Ondas

052

Sobreposições: Ondas

053
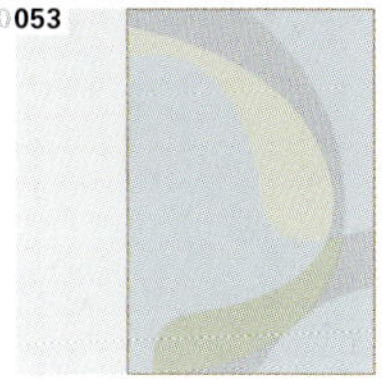
Sobreposições: Ondas

054

Sobreposições: Ondas

055

Diagonal/Curva: Opostas

056

Diagonal/Curva: Sobreposições

057

Diagonais/Curvas misturadas

058

Diagonais/Curvas misturadas

059

Diagonais/Curvas misturadas

060

Diagonais/Curvas misturadas

061
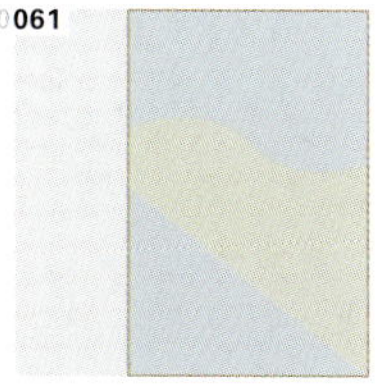
Diagonal/Onda: Opostas

062
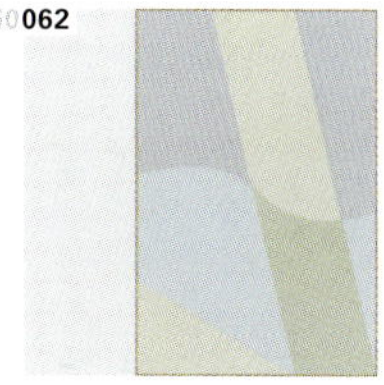
Diagonal/Onda: Sobreposições

063

Diagonal/Onda: Sobreposições

064
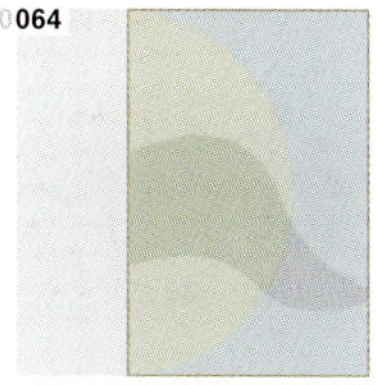
Circular/Onda: Sobreposições

065

Circular/Onda: Sobreposições

066

Circular/Onda: Sobreposições

067

Diagonal/Curva/Onda Misturadas

068

Diagonal/Curva/Onda Misturadas

069

Diagonal/Curva/Onda Misturadas

070

Diagonal/Curva/Onda Misturadas

071

Diagonal/Curva/Onda Misturadas

072

Diagonal/Curva/Onda Misturadas

GRELHAS *Colunas: Regulares*

51

51001

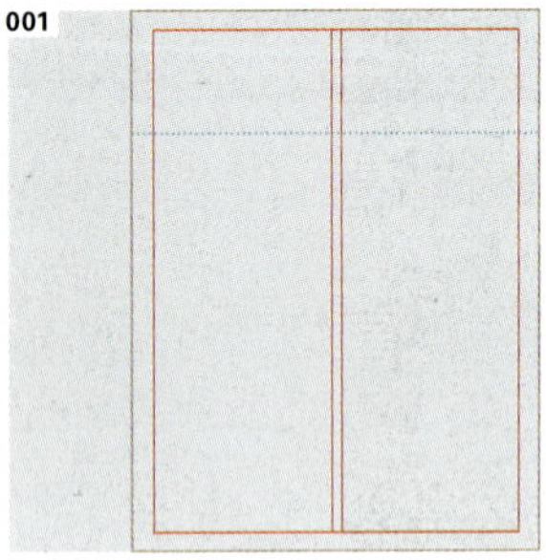

2: Largas: Margens estreitas

51002

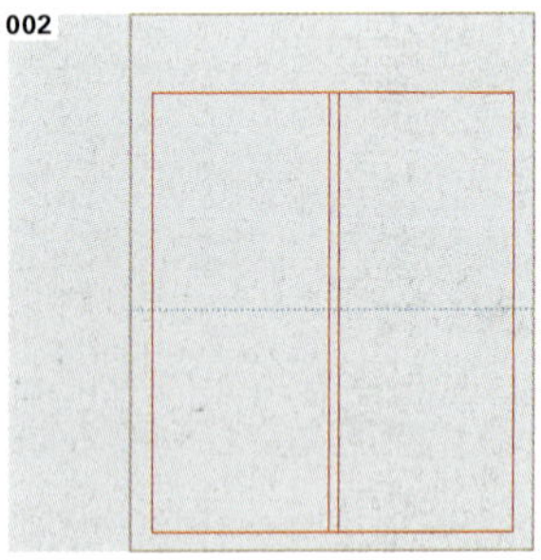

2: Largas: Margem superior baixa

51003

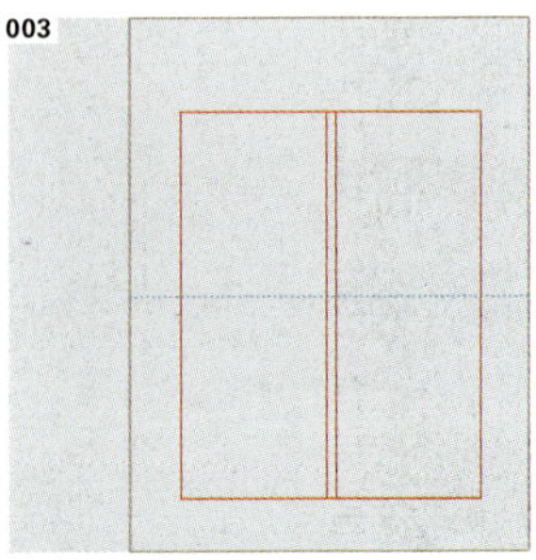

2: Largas: Entremeio simétrico profundo

51004

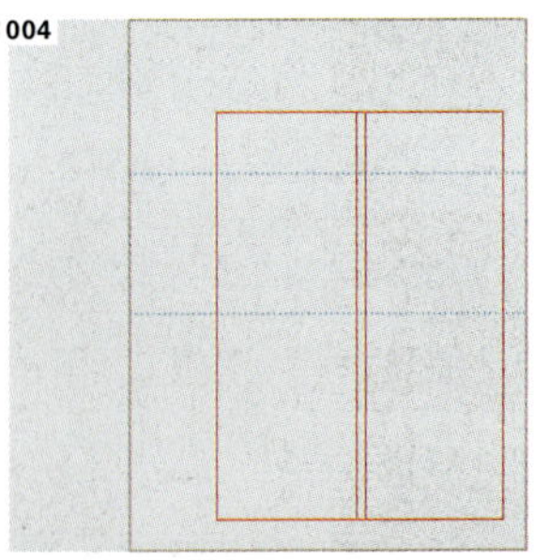

2: Estreitas: Entremeio assimétrico profundo

51005

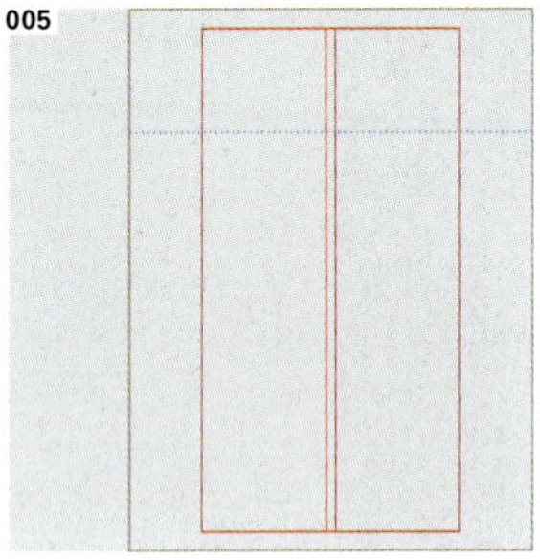

2: Estreitas: Margens laterais largas

51006

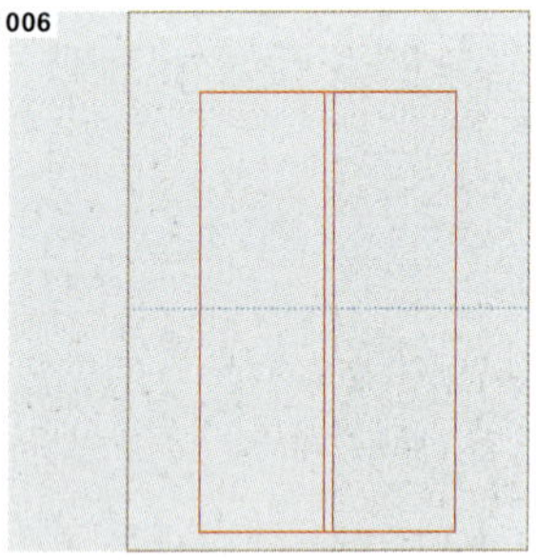

2: Estreitas: Margem superior baixa

51007

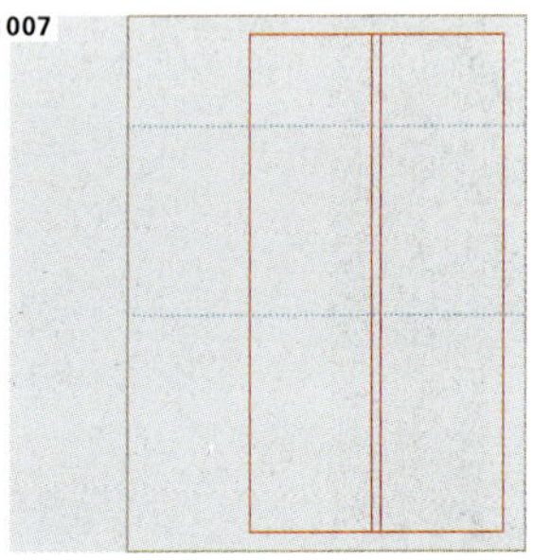

2: Estreitas: Assimétricas

51008

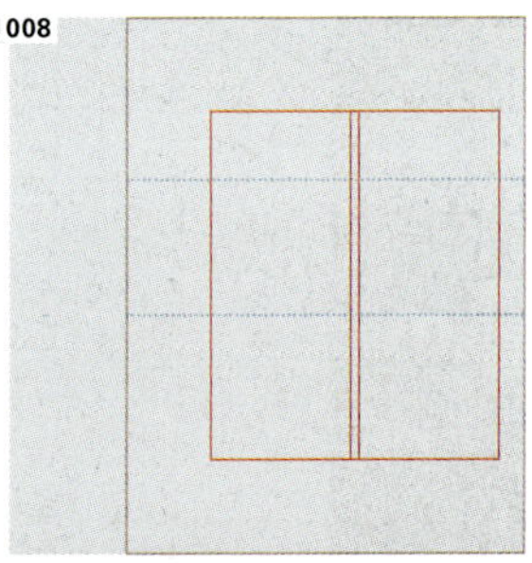

2: Estreitas: Entremeio assimétrico profundo

51009

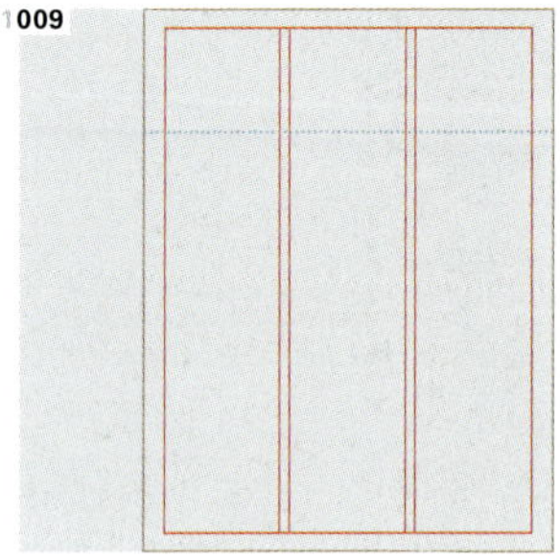

3: Largas: Margens estreitas

51010

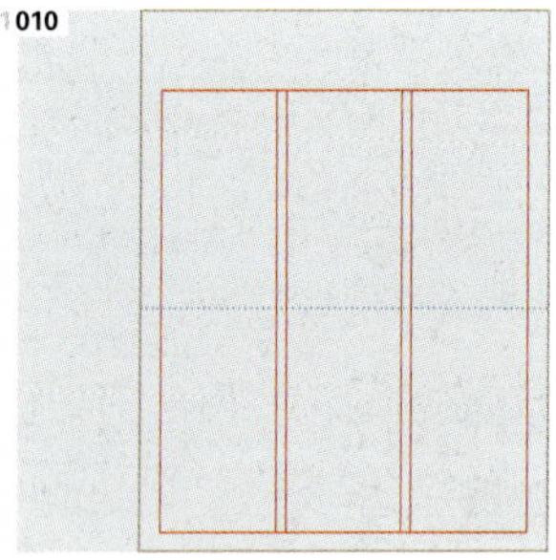

3: Largas: Margem superior baixa

51011

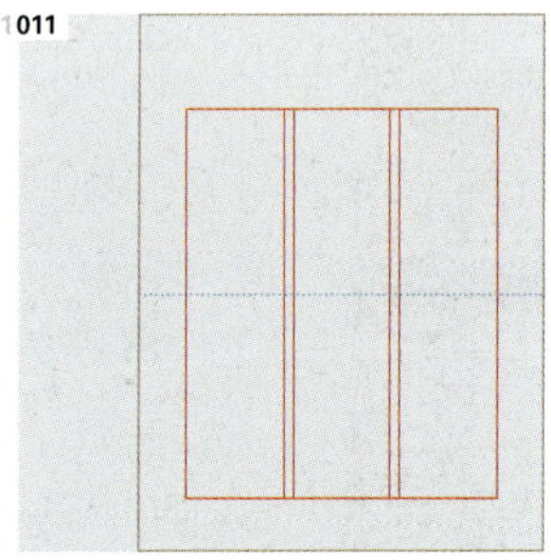

3: Estreitas: Entremeio simétrico profundo

51012

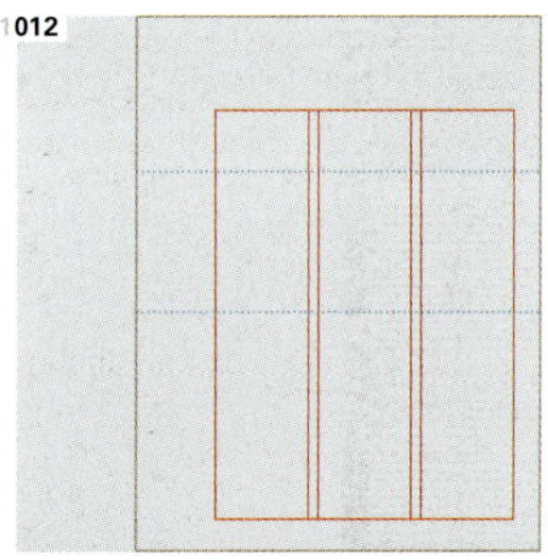

3: Estreitas: Entremeio assimétrico baixo

51013

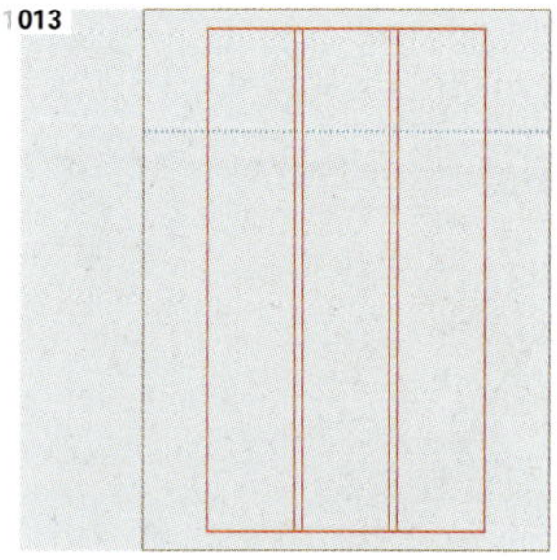

3: Estreitas: Margens laterais largas

51014

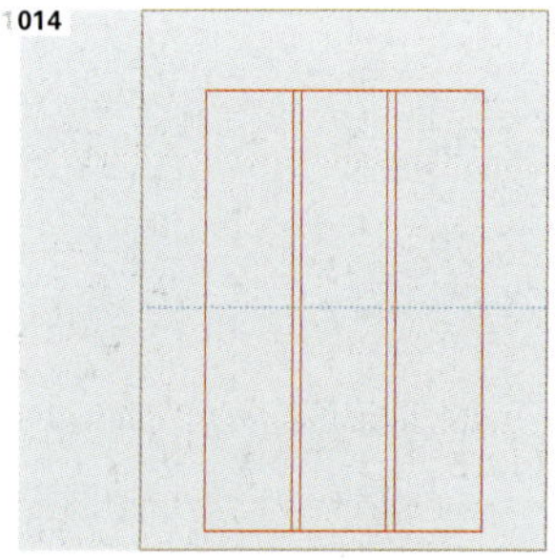

3: Estreitas: Margem superior baixa

51015

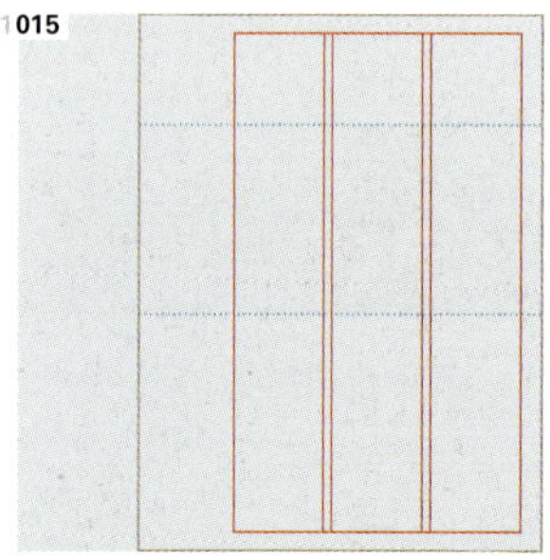

3: Estreitas: Assimétricas

51016

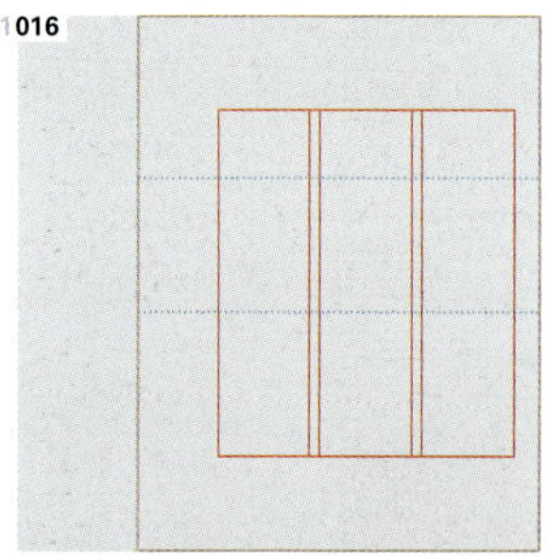

3: Estreitas: Entremeio assimétrico profundo

De todas as grelhas em colunas, aquelas com duas, três, quatro e cinco colunas são as mais comumente usadas. A melhor opção para variação nessas grelhas está nas medidas de suas margens e, assim, na simetria ou assimetria da página individual. Cada grelha aqui mostrada representa uma ou duas páginas de uma mesma largura. Aquelas que são assimétricas podem ser repetidas lado a lado ou espelhadas em relação a uma linha divisória. Grelhas com colunas intercaladas são mostradas com linhas de fluxo como exemplos. Dobre o número de colunas se necessitar de maior precisão e flexibilidade.

51 017

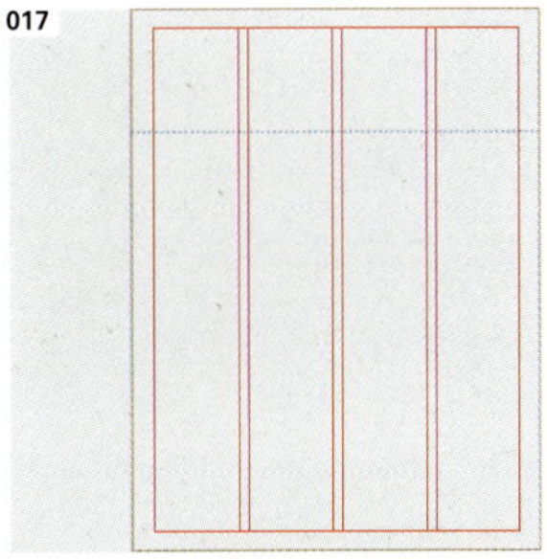

4: Largas: Margens estreitas

51 018

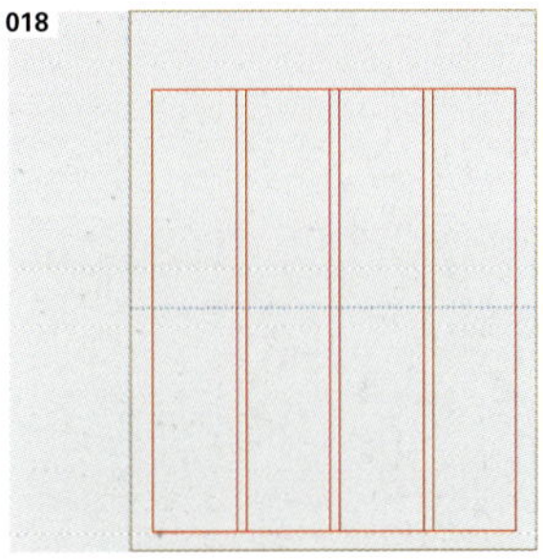

4: Largas: Margem superior baixa

51 019

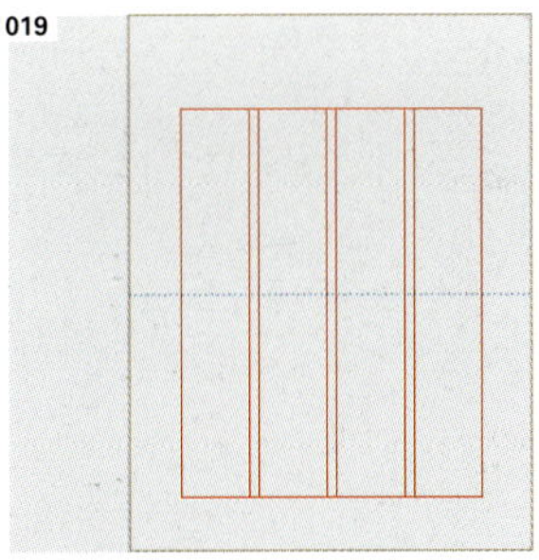

4: Largas: Entremeio simétrico profundo

51 020

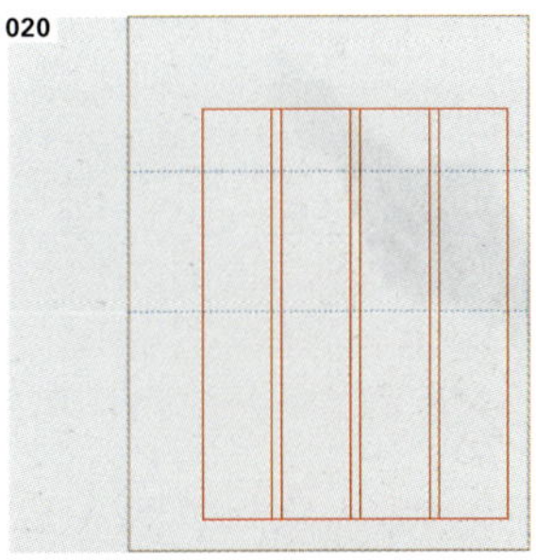

4: Largas: Entremeio assimétrico baixo

51 021

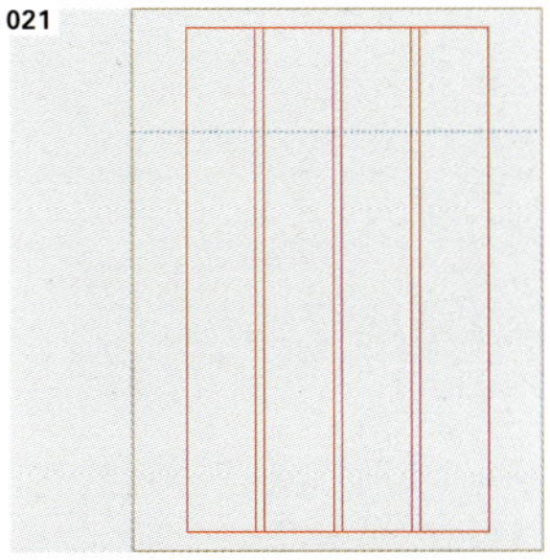

4: Estreitas: Margens laterais largas

51 022

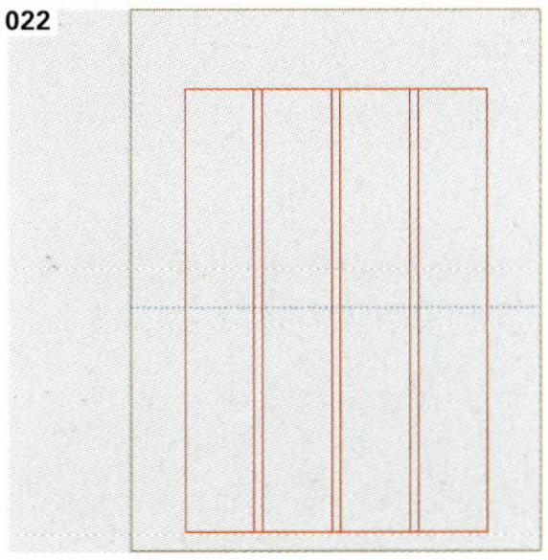

4: Estreitas: Margem superior baixa

51 023

4: Estreitas: Assimétricas

51 024

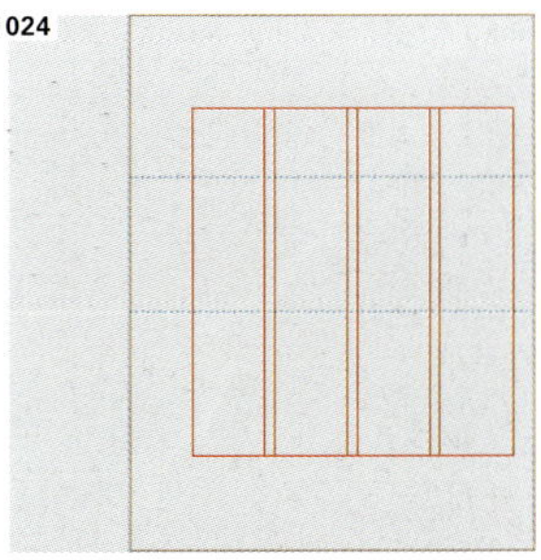

4: Estreitas: Entremeio assimétrico profundo

51 025

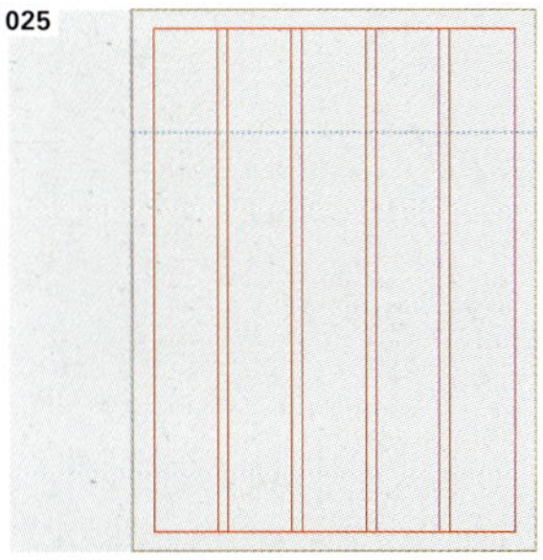

5: Largas: Margens estreitas

51 026

5: Largas: Margem superior baixa

51 027

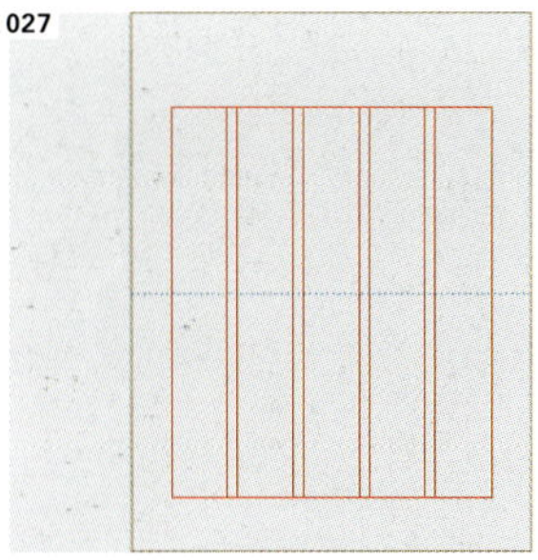

5: Largas: Entremeio simétrico profundo

51 028

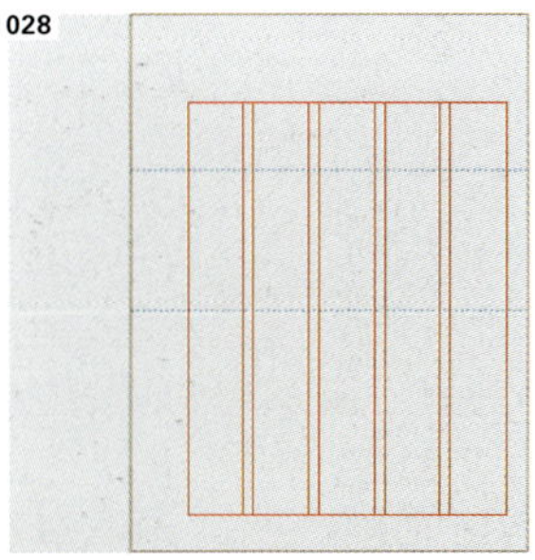

5: Largas: Entremeio assimétrico baixo

51 029

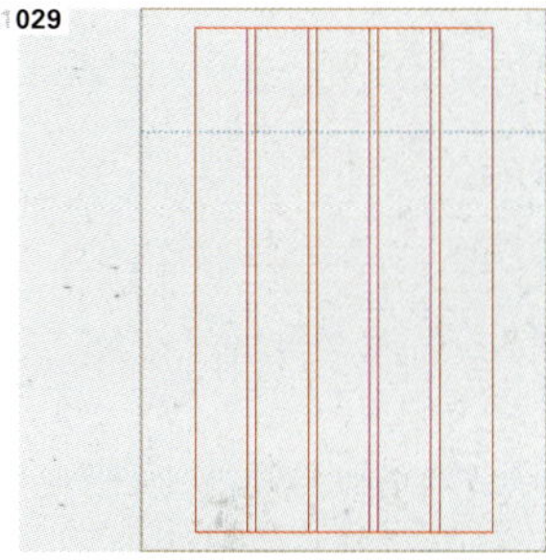

5: Estreitas: Margens laterais largas

51 030

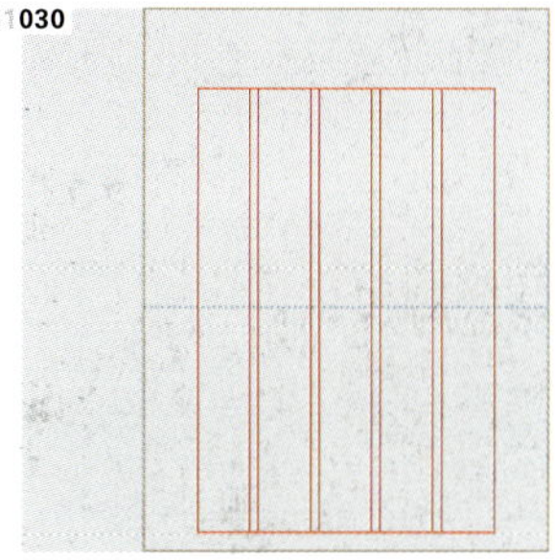

5: Estreitas: Margem superior baixa

51 031

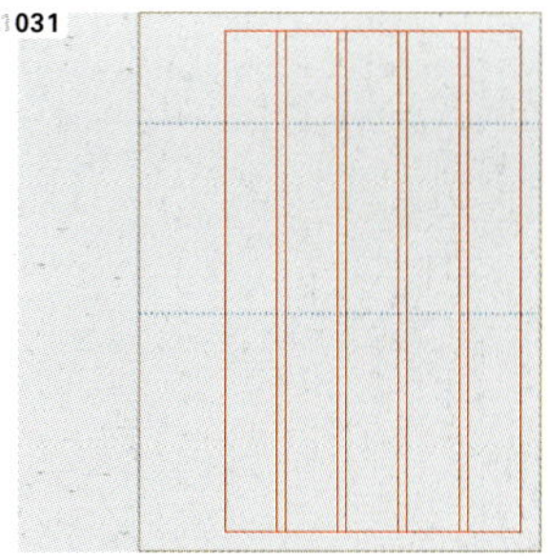

5: Estreitas: Assimétricas

51 032

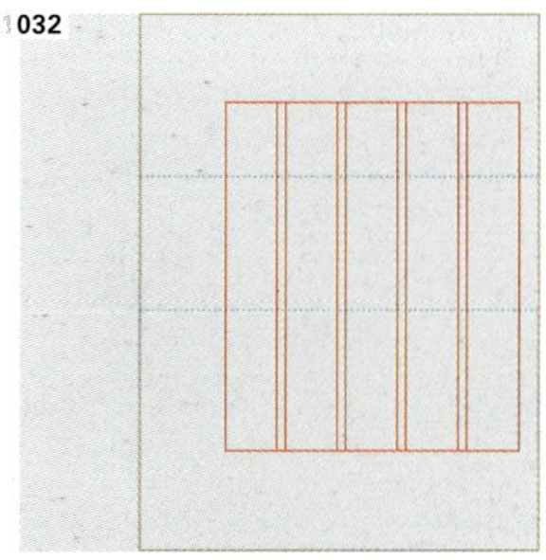

5: Estreitas: Entremeio assimétrico profundo

GRELHAS *Colunas: Compostas e Hierárquicas*

52

52001

Composta 2/3: Margens congruentes

52002

Composta 2/3: Margens diferidas

52003

Composta 2/5: Margens congruentes

52004

Composta 2/5: Margens diferidas

52005

Composta 3/4: Margens congruentes

52006

Composta 3/4: Margens diferidas

52007

Composta 3/5: Margens congruentes

52008

Composta 3/5: Margens diferidas

52009
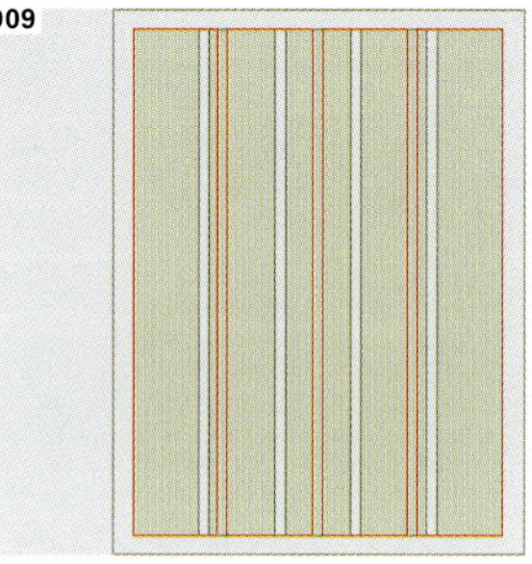
Composta 4/5: Margens congruentes

52010

Composta 4/5: Margens diferidas

52011

Composta 4/6: Margens congruentes

52012

Composta 4/6: Margens diferidas

52013

Composta 3/8: Margens congruentes

52014

Composta 3/8: Margens diferidas

52015

Composta 5/8: Margens congruentes

52016

Composta 5/8: Margens diferidas

Combine grelhas para exagerar qualidades rítmicas de layouts página a página ou capítulo a capítulo. Na página da esquerda, está uma seleção de grelhas compostas que cobre as estruturas em coluna comumente usadas. Na página da direita, estão exemplos de estruturas hierárquicas – colunas de larguras diferentes definidas para tipos específicos de conteúdo e estruturas nas quais a página é seccionada por estruturas em coluna distintas.

52017

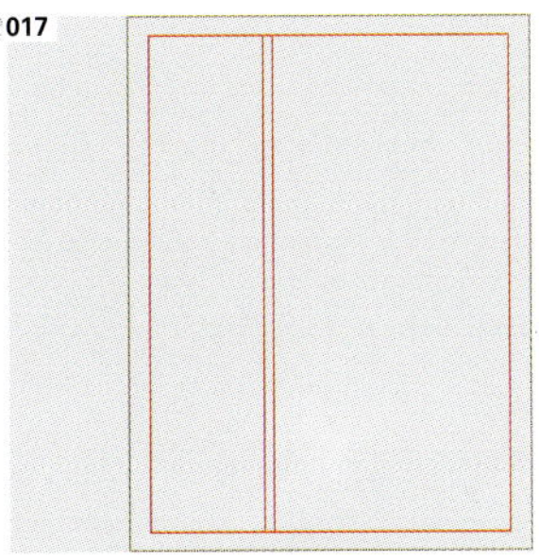

Hierárquica 2: Estreita/Larga

52018

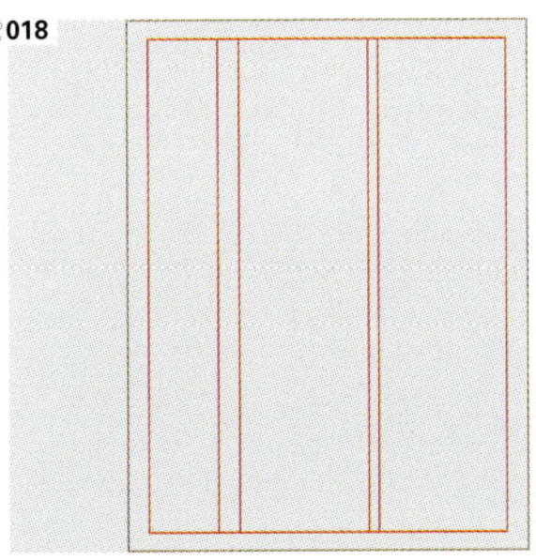

Hierárquica 3: Estreita + 2 Largas

52019

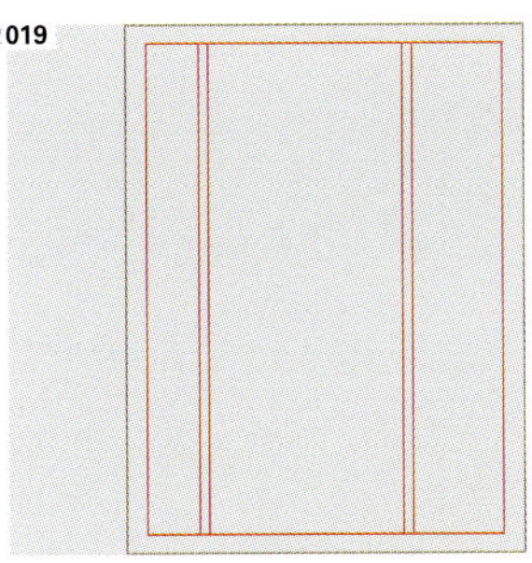

Hierárquica 3: Estreita/Larga/Média

52020

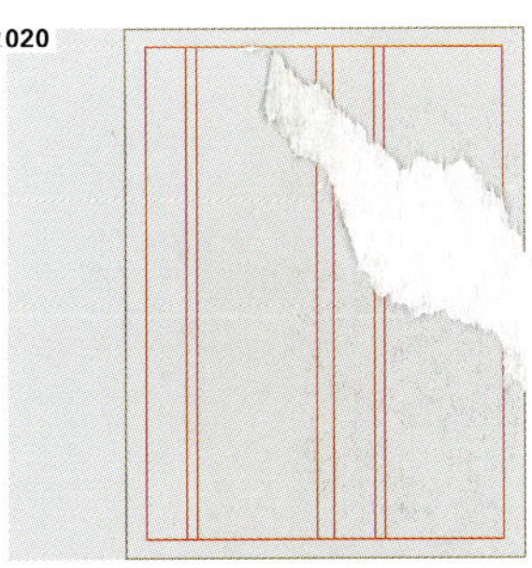

Hierárquica 4: Estreita/Larga alternadas

52021

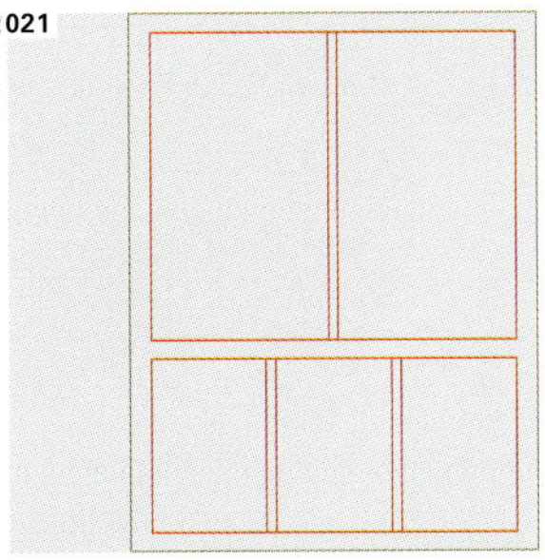

Hierárquica 2/3

52022

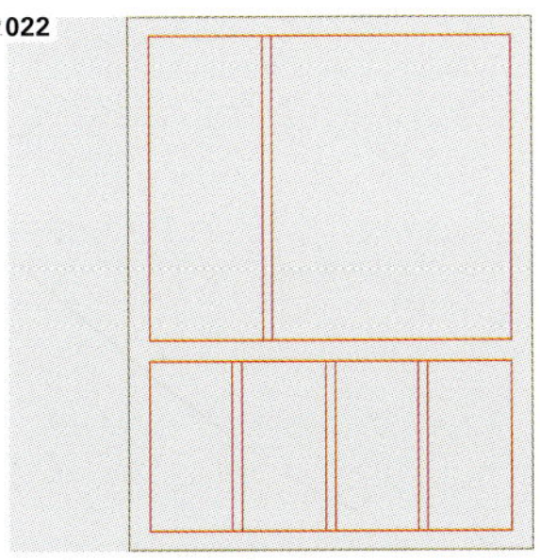

Hierárquica 2/4: Hierárquica 2 topo

52023

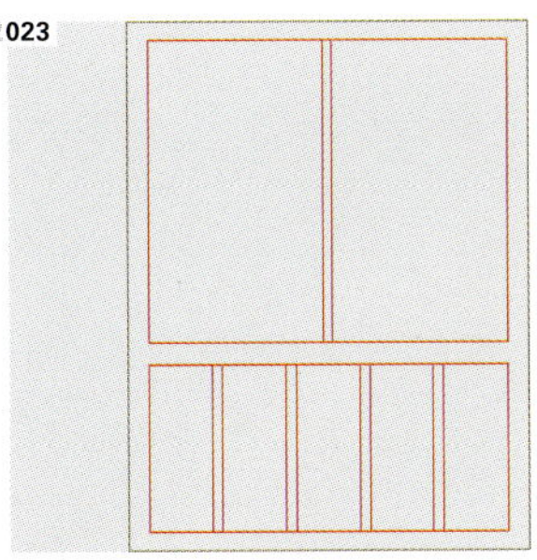

Hierárquica 2/5

52024

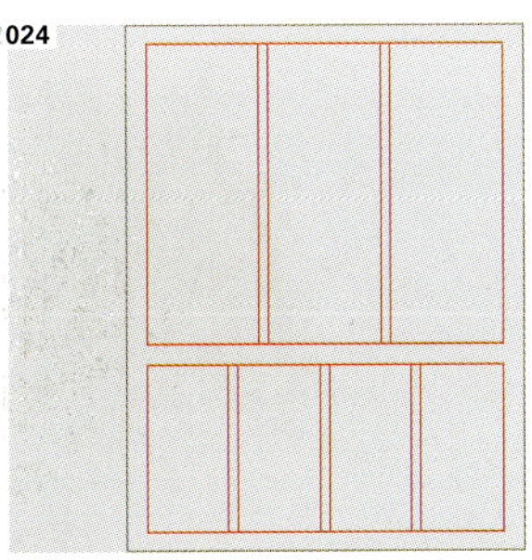

Hierárquica 3/4

52025

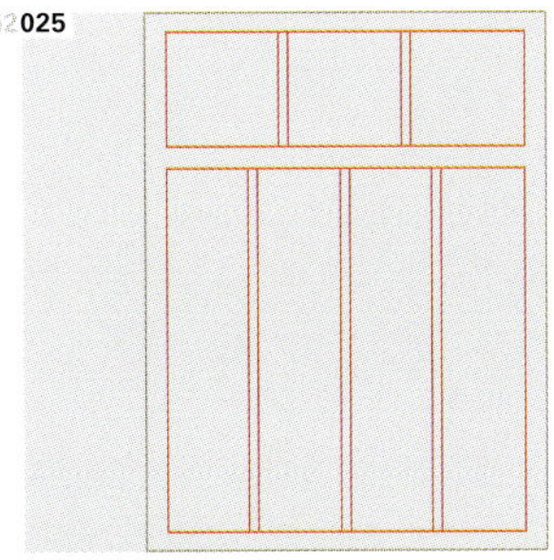

Hierárquica 3/4

52026

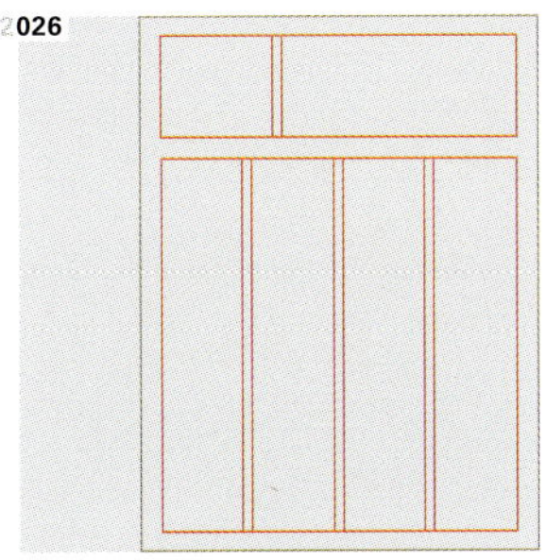

Hierárquica 2/4: Hierárquica 2 topo

52027

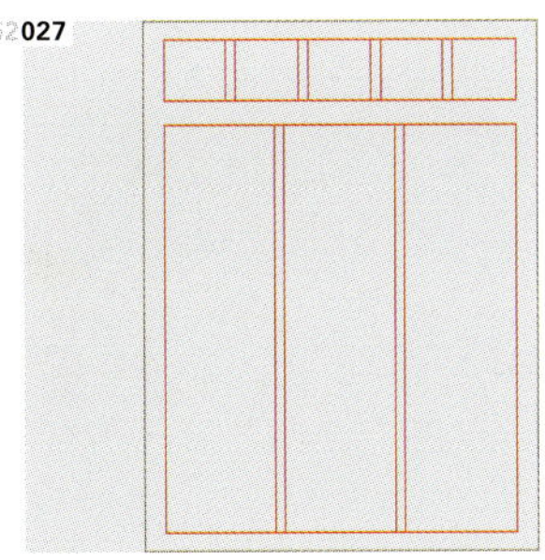

Hierárquica 5/3

52028

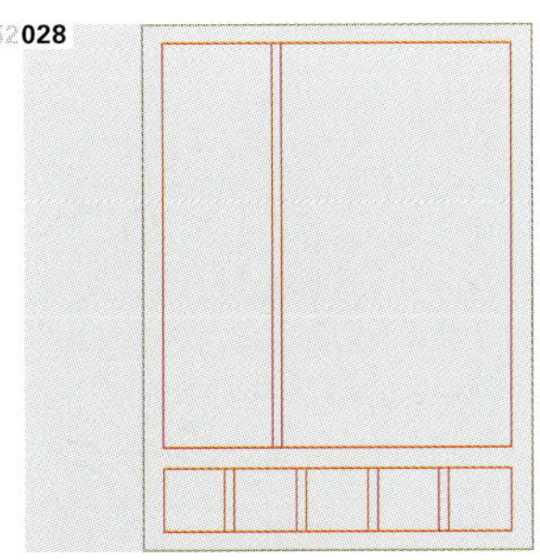

Hierárquica 2/5: Hierárquica 2 topo

52029

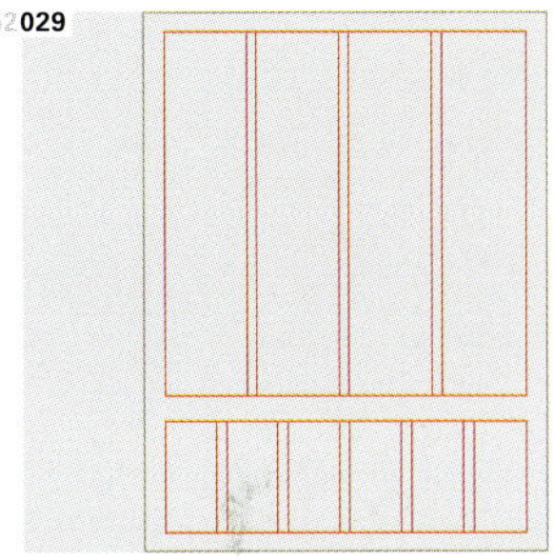

Hierárquica 4/6

52030

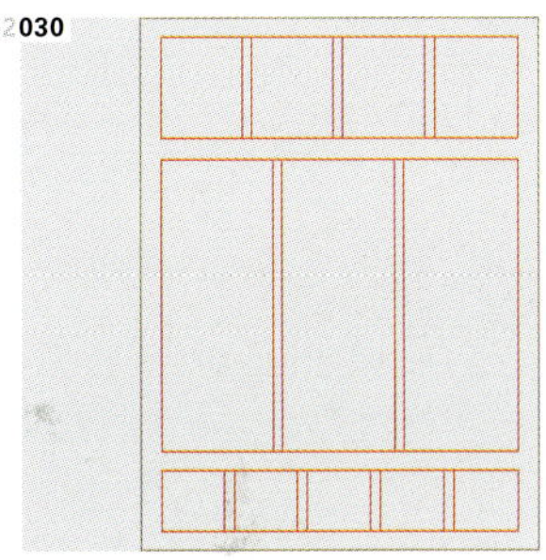

Hierárquica 4/3/5

52031

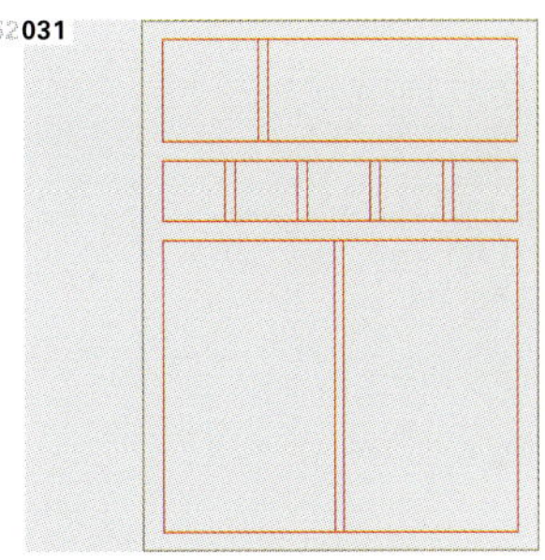

Hierárquica 2/5/2: Hierárquica 2 topo

52032

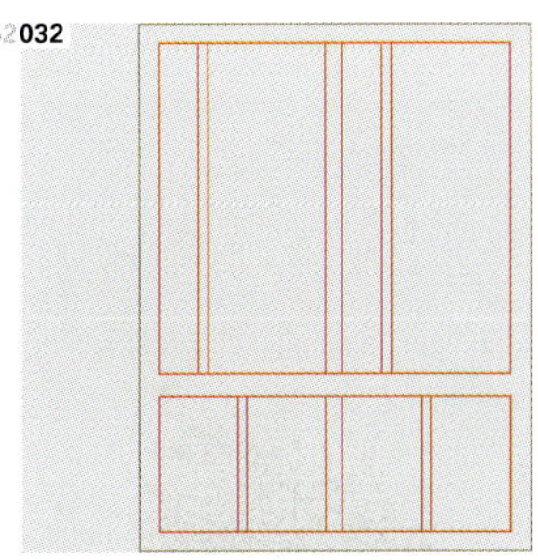

Hierárquica 4/4: Topo/ Base alternados

GRELHAS *Modulares*

53

53001
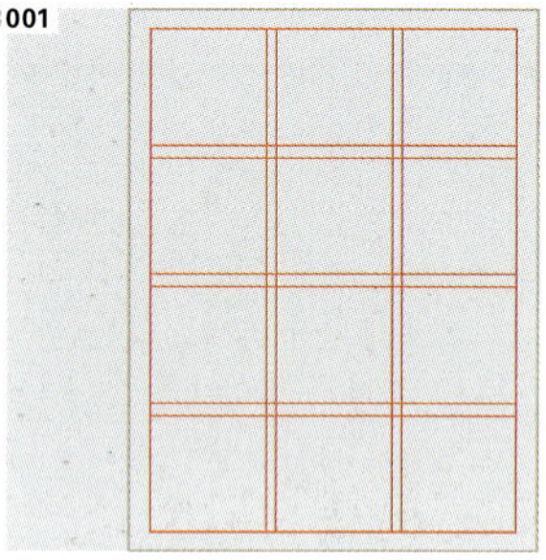
3 x 4: Margens iguais

53002
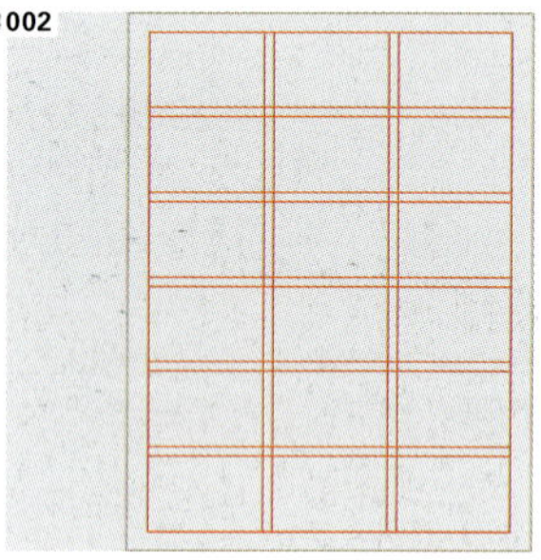
3 x 6: Margens iguais

53003
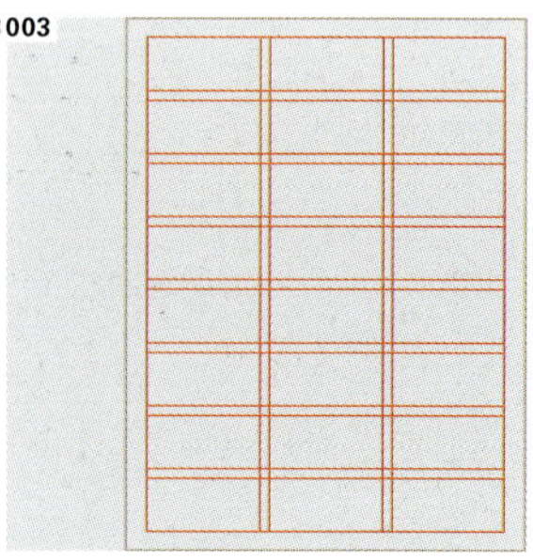
3 x 8: Margens iguais

53004
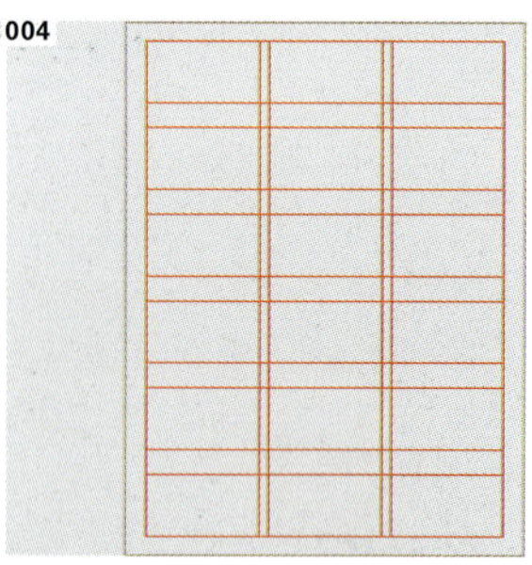
3 x 6: Margens iguais: Separadores de linhas largos

53005
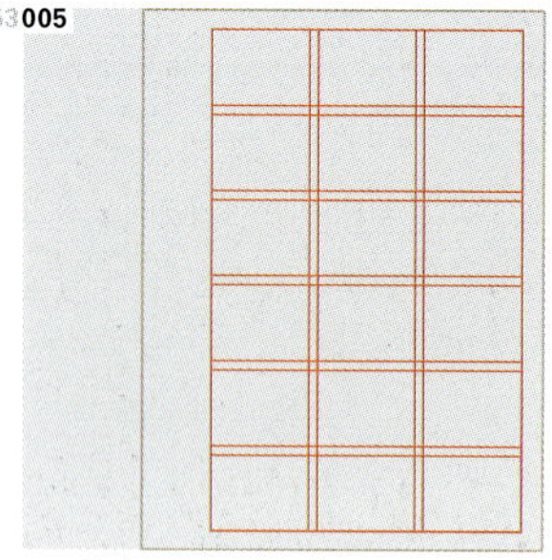
3 x 6: Deslocamento assimétrico

53006
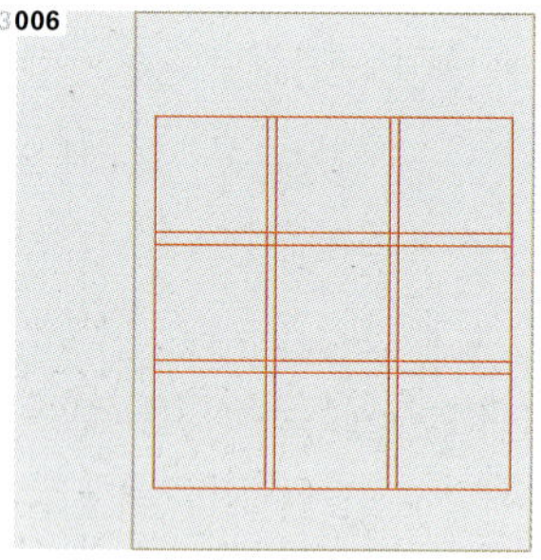
3 x 3: Entremeio inferior: Simétrico

53007
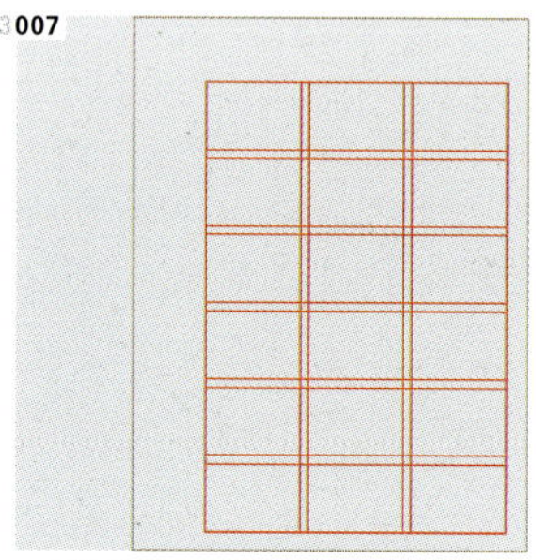
3 x 6: Deslocamento inferior: Assimétrico

53008
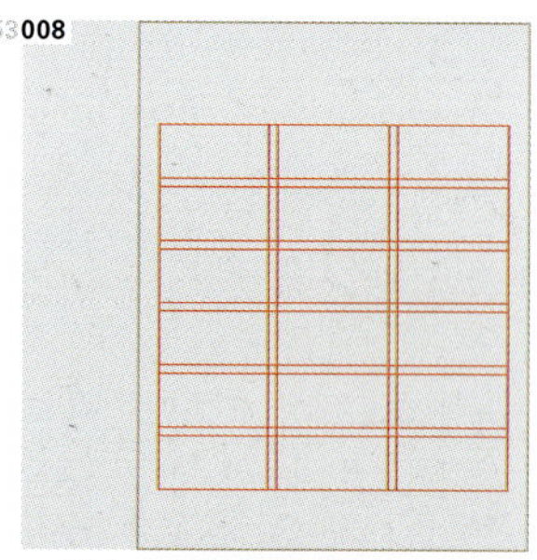
3 x 6: Entremeio inferior: Simétrico

53009
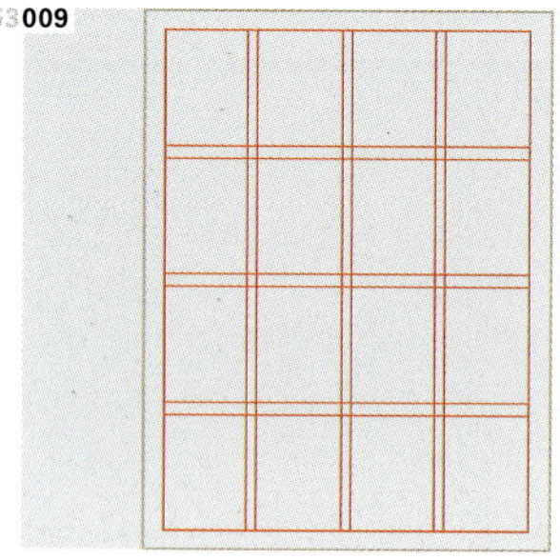
4 x 4: Margens iguais

53010
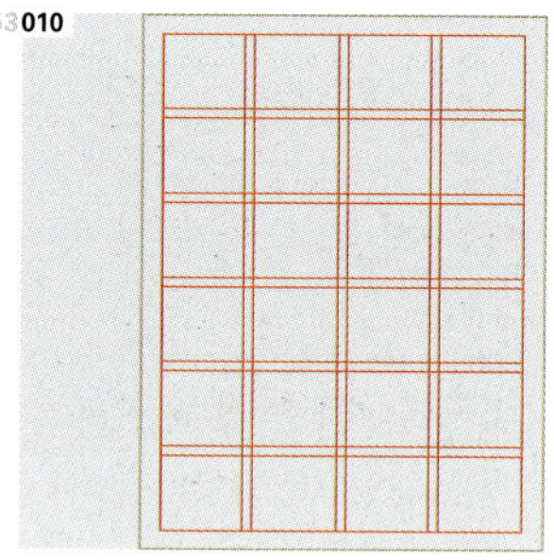
4 x 6: Margens iguais

53011
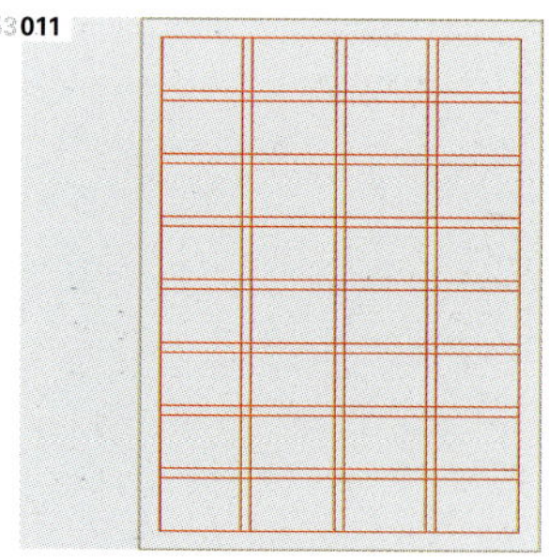
4 x 8: Margens iguais

53012
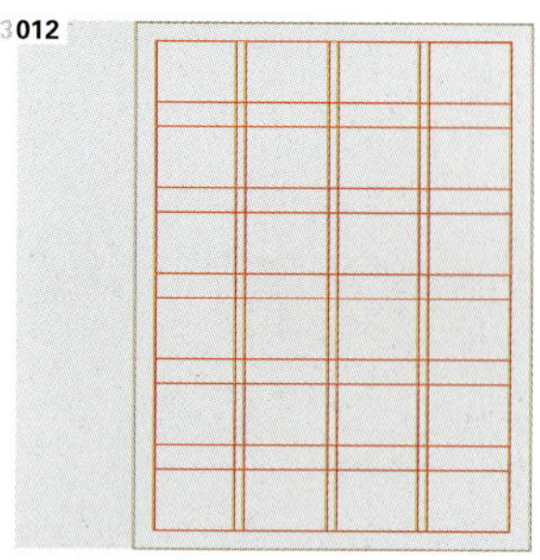
4 x 6: Margens iguais: Separadores de linhas largos

53013
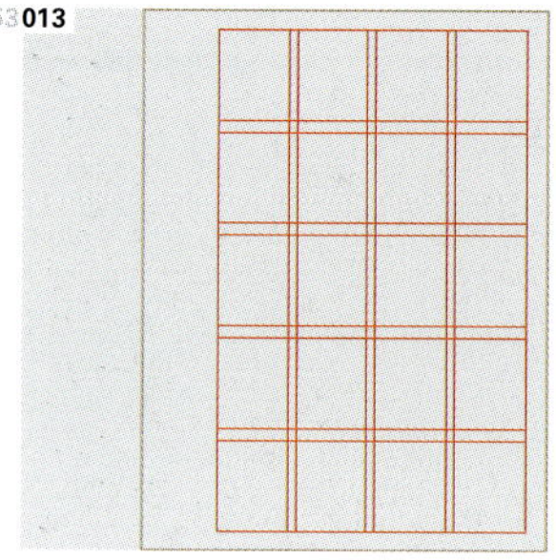
4 x 5: Deslocamento assimétrico

53014
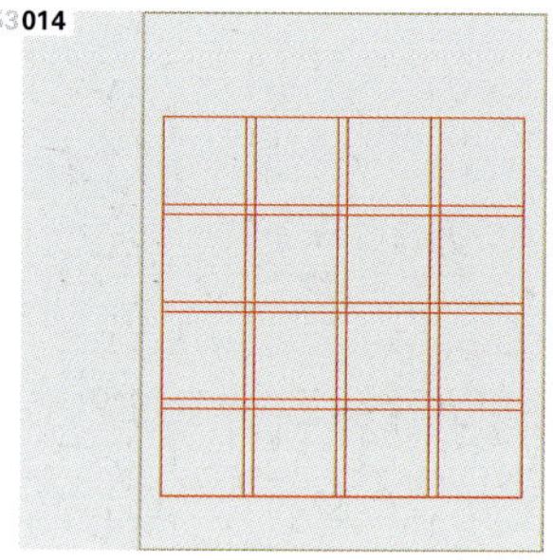
4 x 4: Entremeio inferior: Simétrico

53015
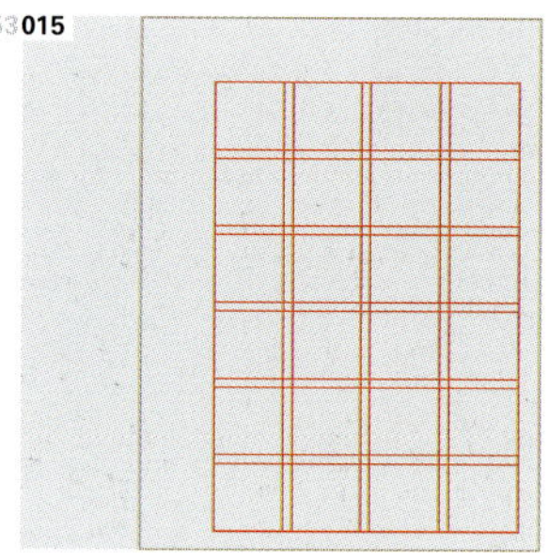
4 x 6: Entremeio inferior: Assimétrico

53016
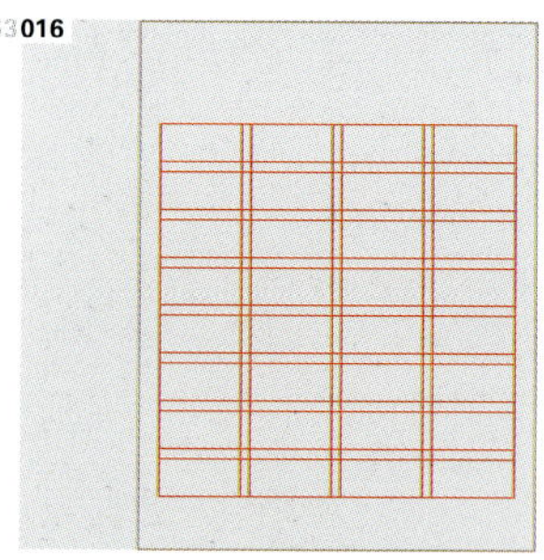
4 x 8: Entremeio inferior: Simétrico

Em comparação com as grelhas de colunas regulares, as grelhas modulares também fornecem um conjunto de linhas consistentes para maior precisão. Estruturas com duas, três, quatro e cinco colunas mostram variação no número de linhas, forma do módulo e mudanças na margem, aumentando a complexidade da esquerda para a direita. Ainda que as necessidades da maioria dos projetos possam ser satisfeitas com os números de colunas apresentados aqui, não hesite em duplicar o número de colunas (por exemplo, de três para seis), caso o projeto demande.

53017

5 x 4: Margens iguais

53018

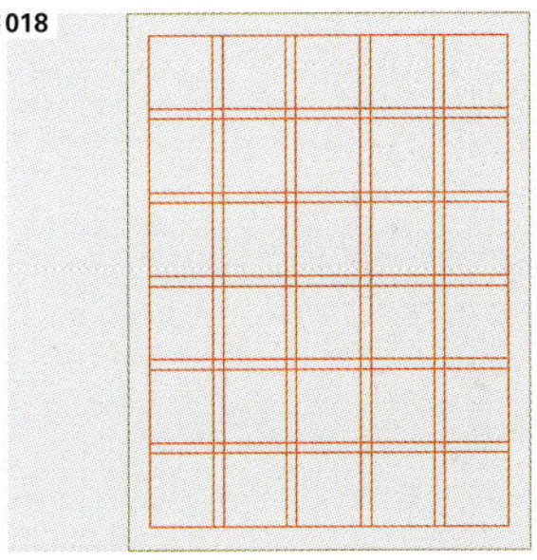

5 x 6: Margens iguais

53019

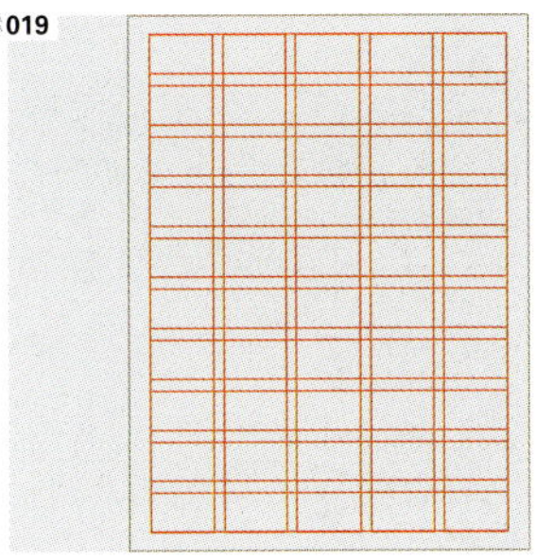

5 x 10: Margens iguais

53020

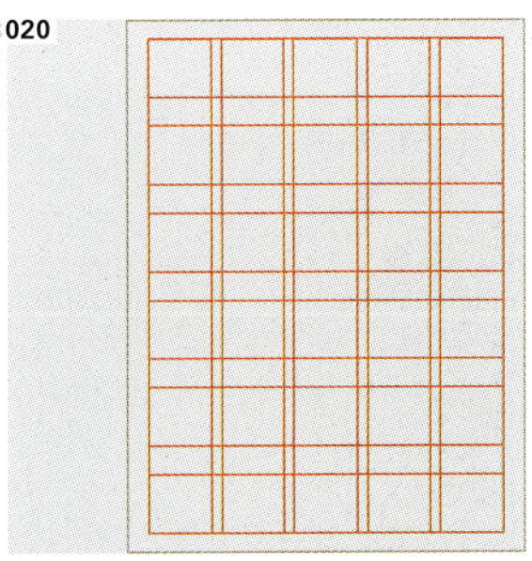

5 x 6: Margens iguais: Separadores de linhas largos

53021

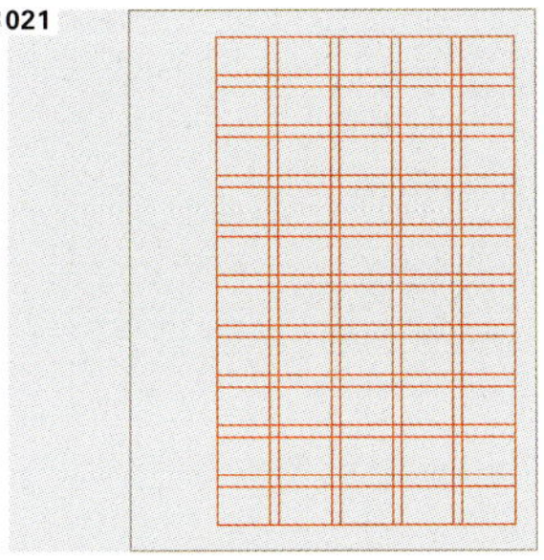

5 x 10: Deslocamento assimétrico

53022

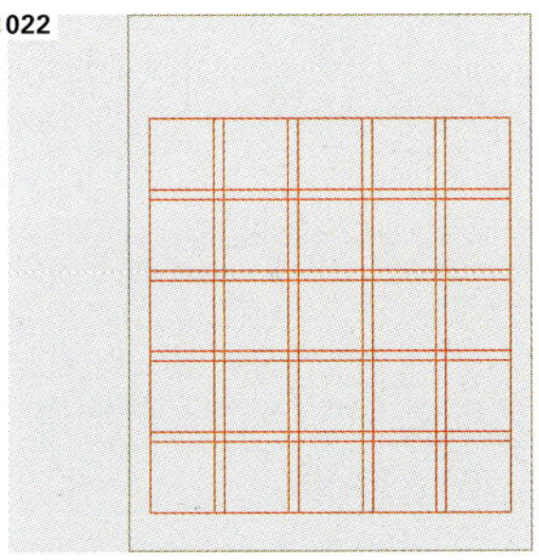

5 x 5: Entremeio inferior: Simétrico

53023

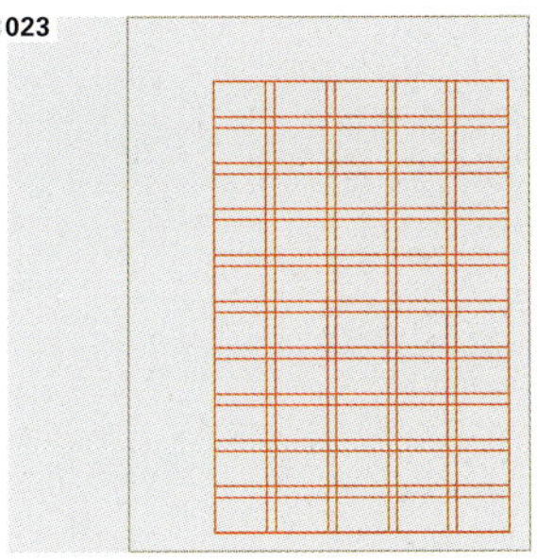

5 x 10: Deslocamento inferior: Assimétrico

53024

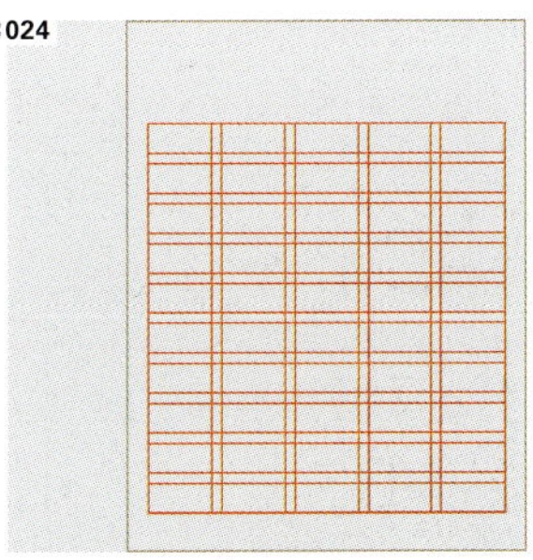

5 x 10: Entremeio inferior: Simétrico

53025

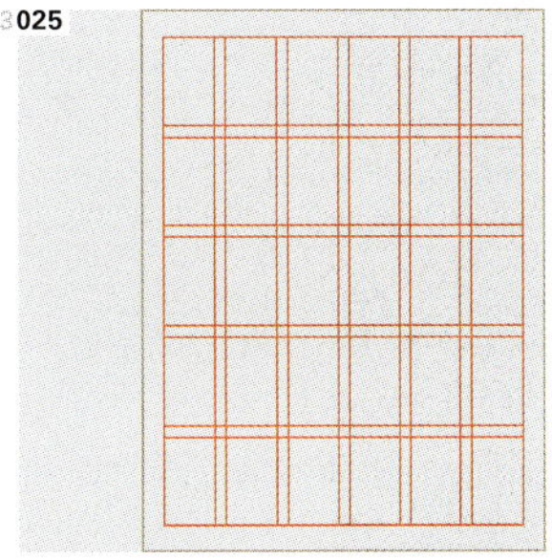

6 x 5: Margens iguais

53026

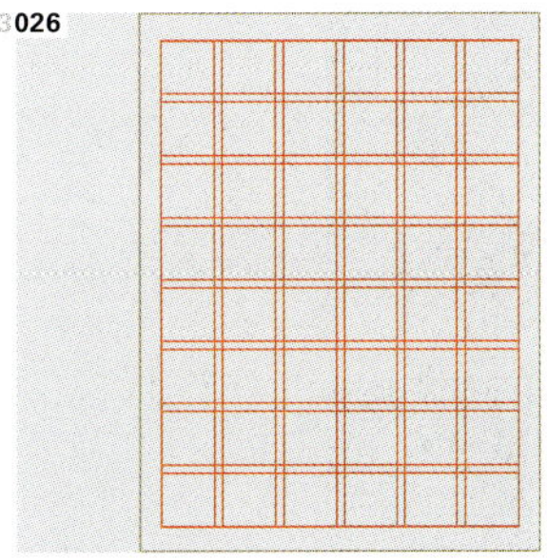

6 x 8: Margens iguais

53027

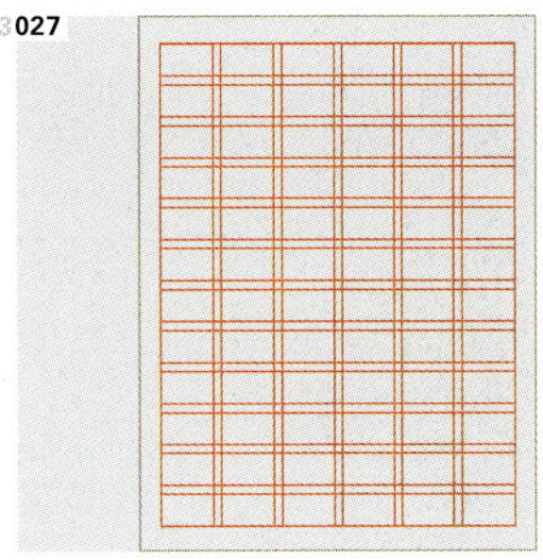

6 x 12: Margens iguais

53028

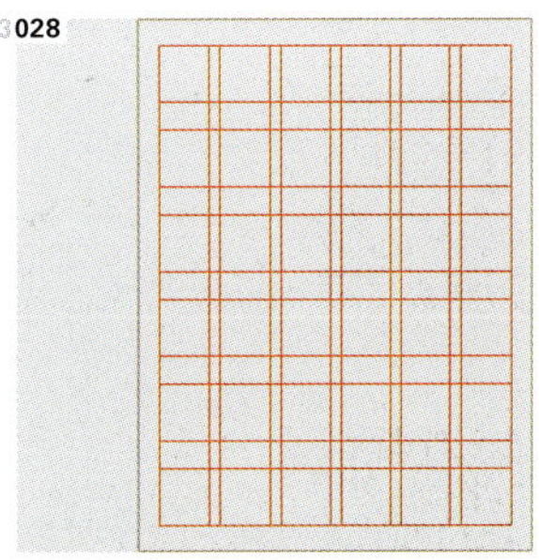

6 x 6: Margens iguais: Separadores largos de linhas

53029

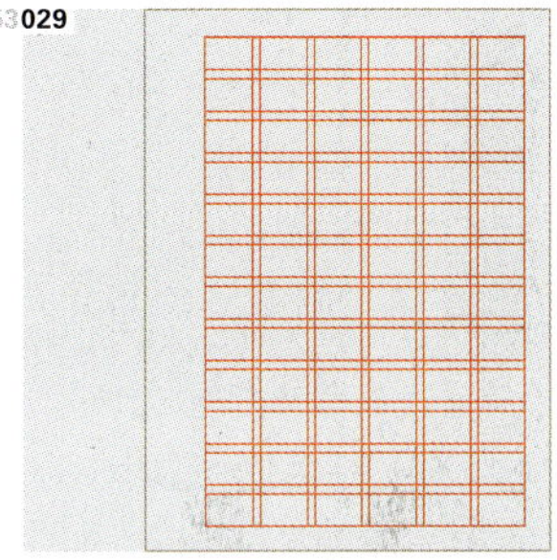

6 x 12: Deslocamento assimétrico

53030

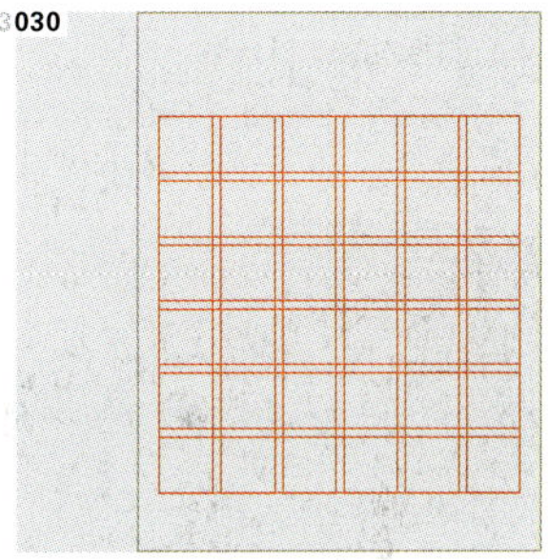

6 x 6: Entremeio inferior: Simétrico

53031

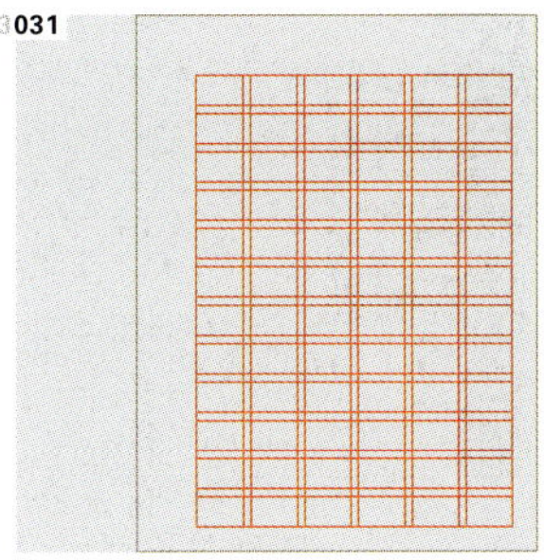

6 x 12: Deslocamento inferior: Assimétrico

53032

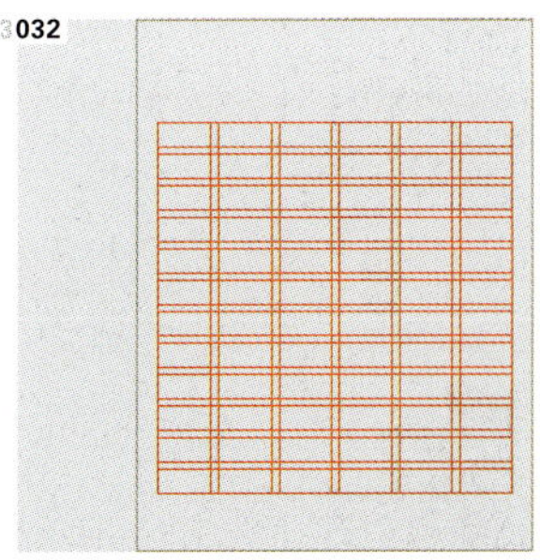

6 x 12: Entremeio inferior: Simétrico

54

ESTRUTURA EDITORIAL *Localização do Número de Página/Indicador de Capítulo*

54 **001**

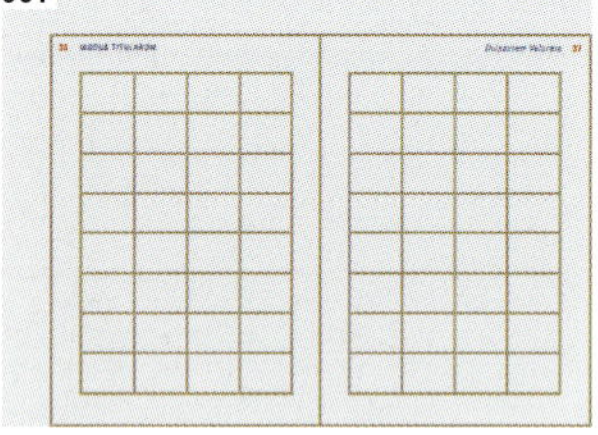

Espelhado: Externo: Número pendente

54 **002**

Espelhado: Externo/ Interno: Às margens

54 **003**

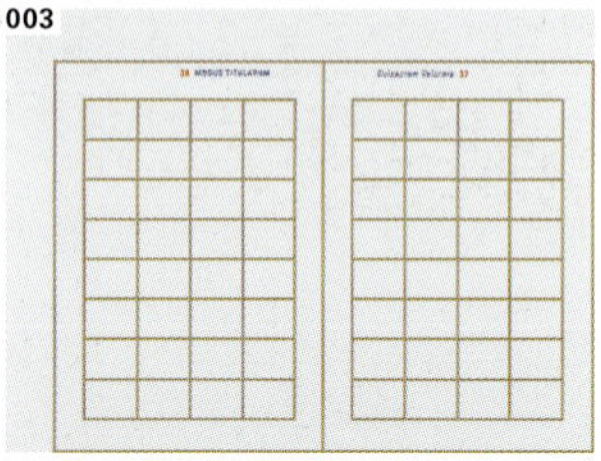

Espelhado: Interno: Número/indicador reverso

54 **004**

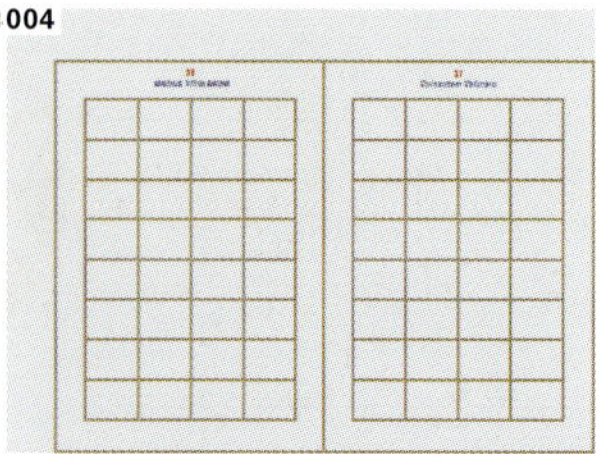

Espelhado: Empilhado: Centralizado na página

54 **005**

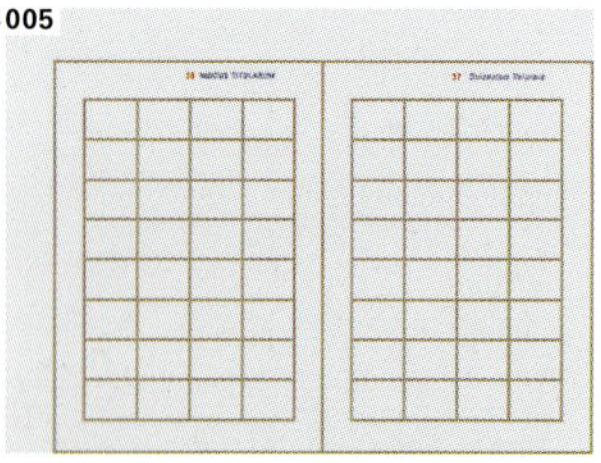

Assimétrico: Deslocado à esquerda distante do centro da página

54 **006**

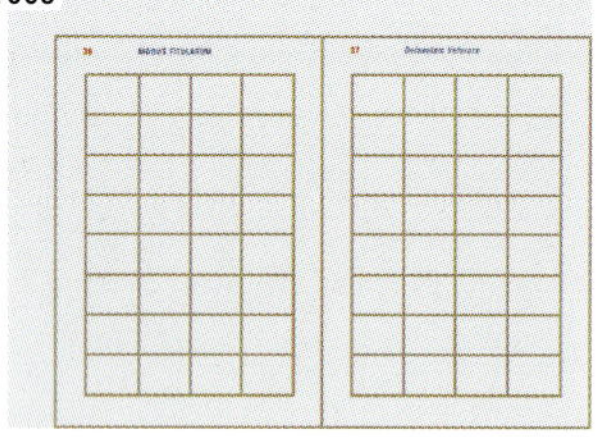

Assimétrico: Deslocado à esquerda da margem: Separação de coluna

54 **007**

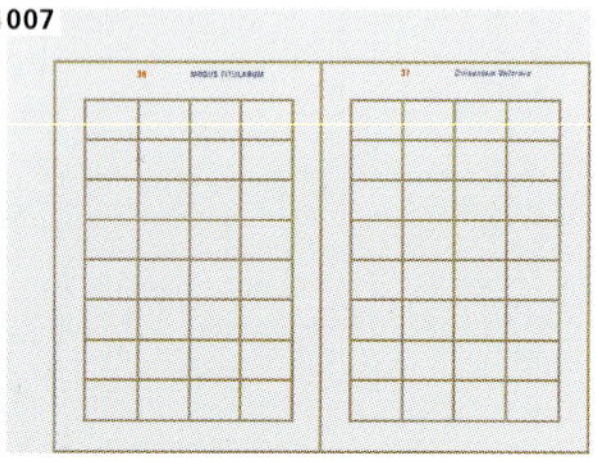

Assimétrico: Deslocado à esquerda: Coluna 2: Separação de coluna

54 **008**

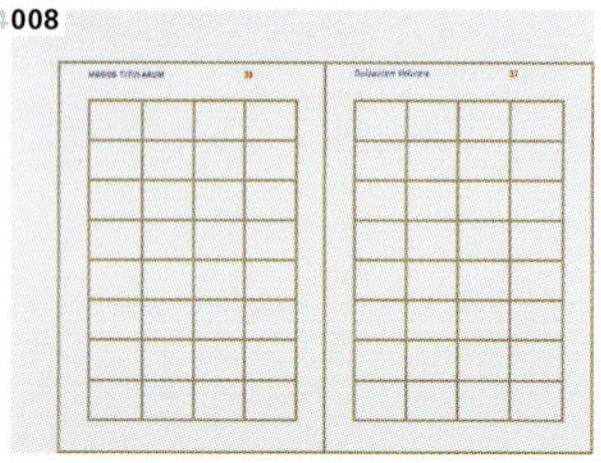

Assimétrico: Indicador no início: Alinhamento de margem/coluna

54 **009**

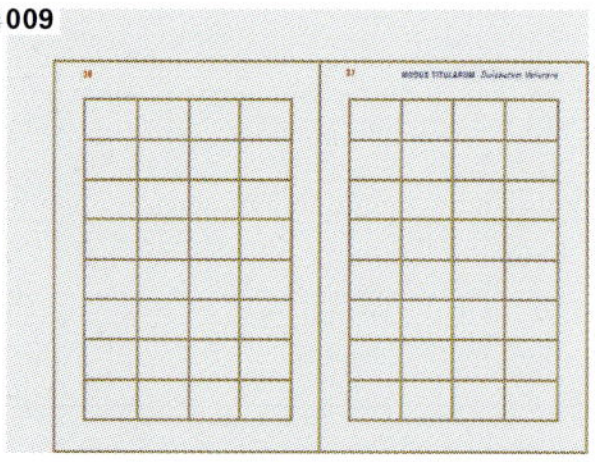

Assimétrico: Números separados/indicadores agrupados: Alinhamentos de coluna

54 **010**

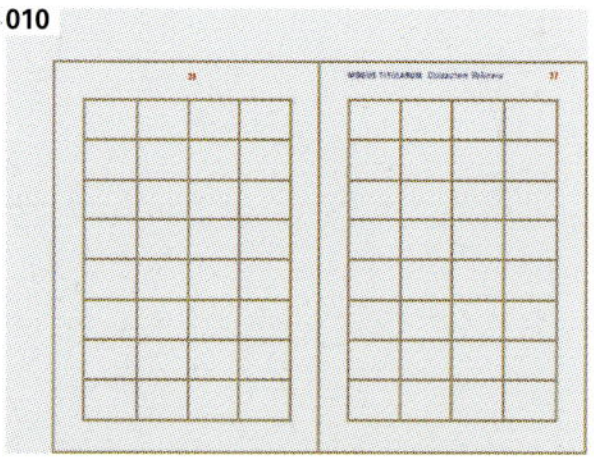

Assimétrico: Números separados: Indicadores agrupados: Alinhamentos de coluna

54 **011**

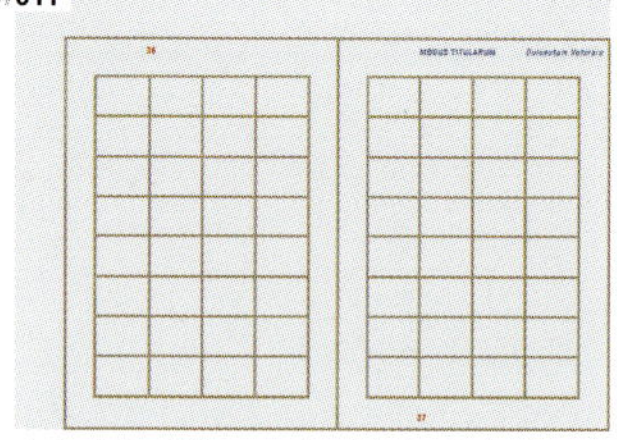

Assimétrico: Números acima/abaixo: Indicadores agrupados: Alinhamentos em coluna

54 **012**

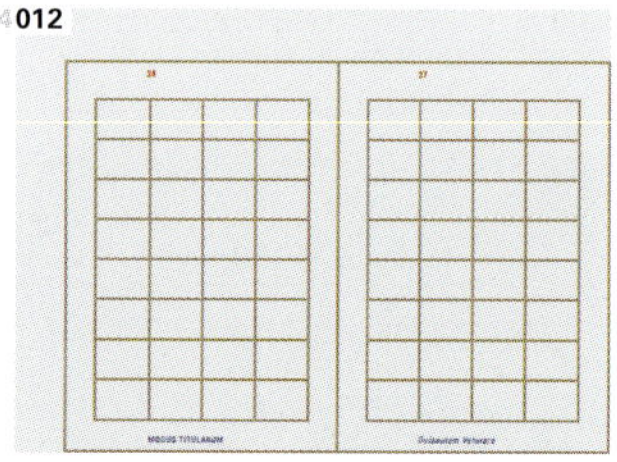

Assimétrico: Números topo/Indicadores abaixo: Deslocado à esquerda, mesma coluna

54 **013**

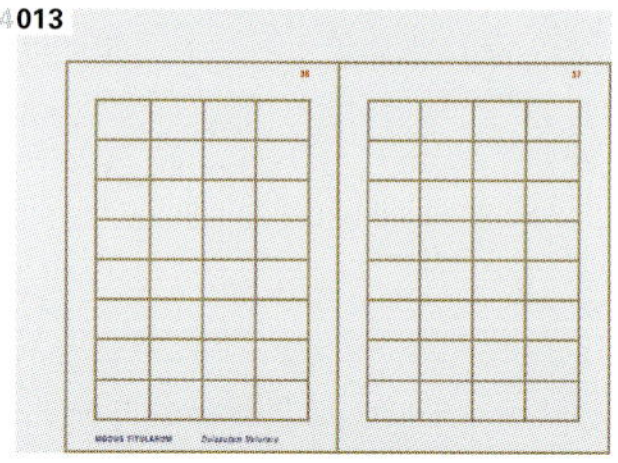

Assimétrico: Números topo/indicadores abaixo: Alinhamento em colunas opostas

54 **014**

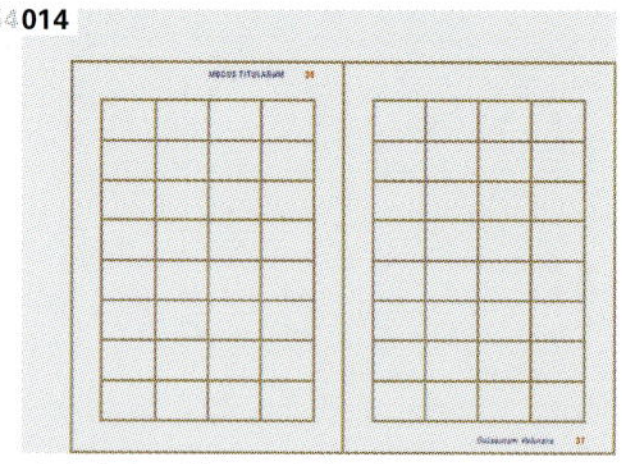

Assimétrico: Números /indicadores em pares: Acima/abaixo

54 **015**

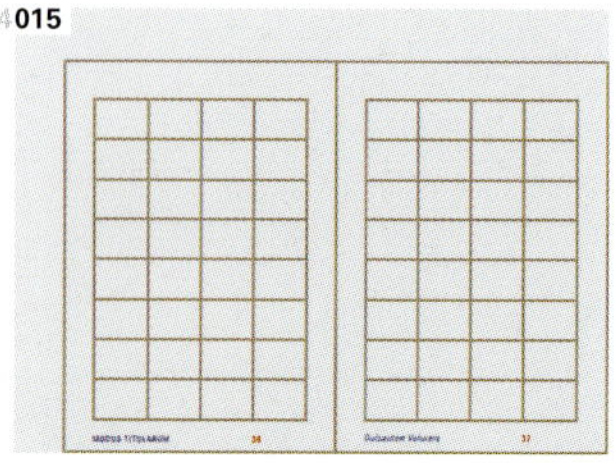

Assimétrico: Marcadores no início: Alinhamento Margem/coluna: Abaixo

54 **016**

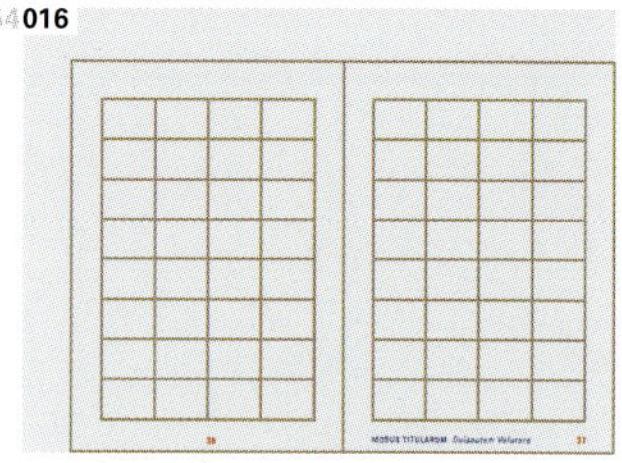

Assimétrico: Números separados: Indicadores agrupados: Alinhamentos de coluna: Abaixo

54 **017**

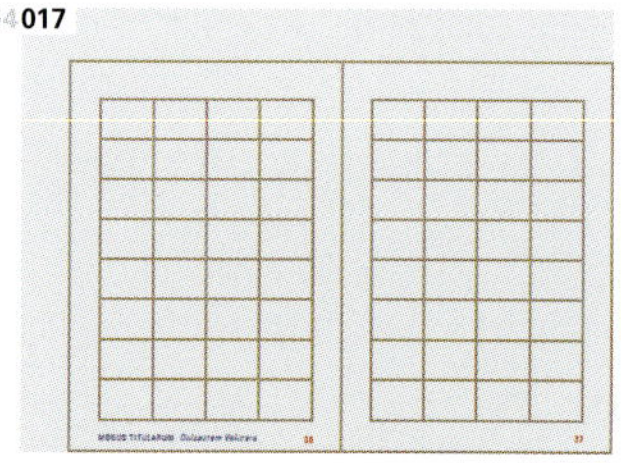

Assimétrico: Números separados/Indicadores agrupados: Alinhamentos de coluna: Abaixo

54 **018**

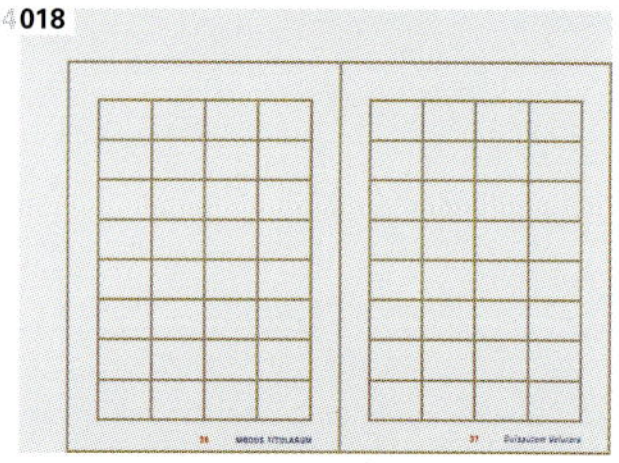

Assimétrico: Abaixo: Números centralizados: Indicadores à direita da margem

54 **019**

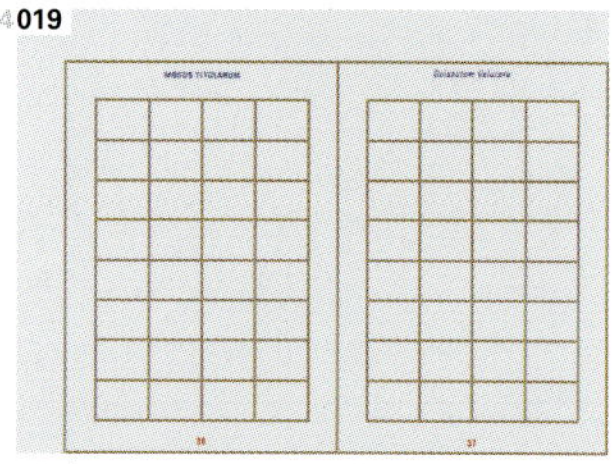

Simétrico: Centralizado na página: Indicadores: Acima/números abaixo

54 **020**

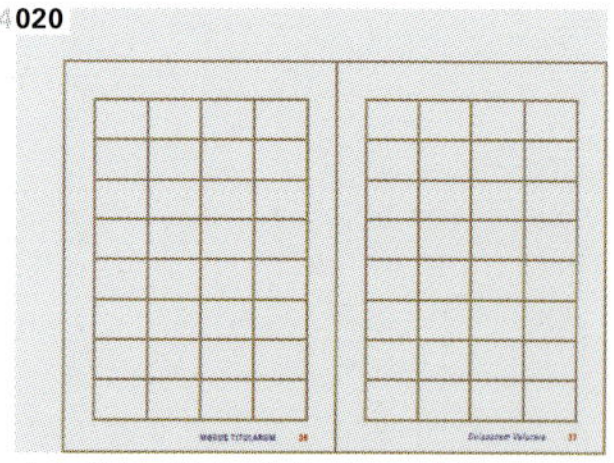

Assimétrico: Abaixo: Indicadores no início, deslocados da esquerda ao centro da página: Números à direita

Junto com a forma real e estilo destes elementos editoriais – o número de página e a indicação de navegação que o acompanha (ver categoria de ingrediente 43, p. 128) – há uma miríade de possibilidades para seu posicionamento numa página ou numa folha. Embora o número de página e a indicação de item apareçam próximos, essa abordagem é apenas uma de muitas. Aqui é apresentada apenas uma pequena amostra das maneiras de arranjo – todas em relação a uma grelha convencional modular 4 x 8.

54 021

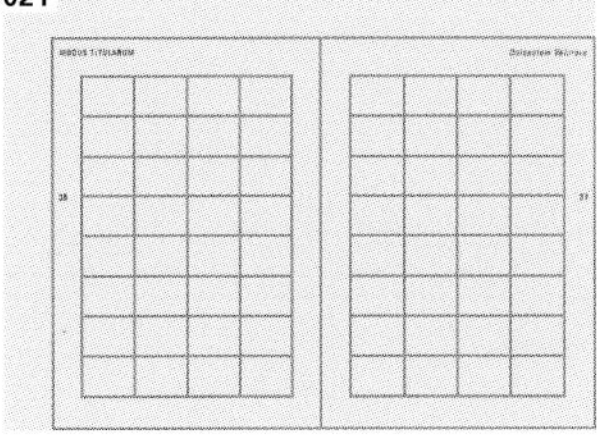

Espelhado: Indicadores pendentes: Números fora das margens exteriores: Ponto médio

54 022

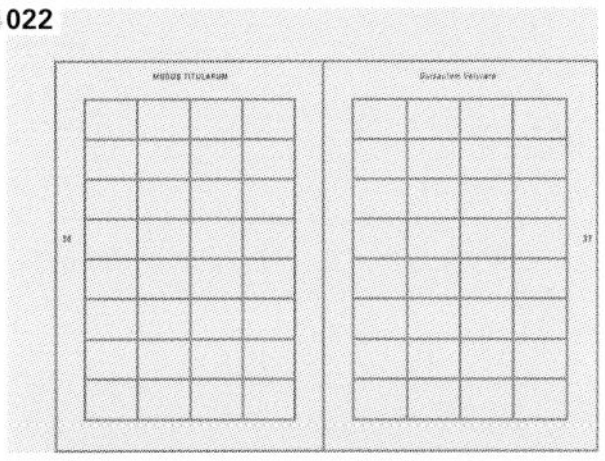

Espelhado: Indicadores centralizados: Números fora das margens exteriores: Ponto médio

54 023

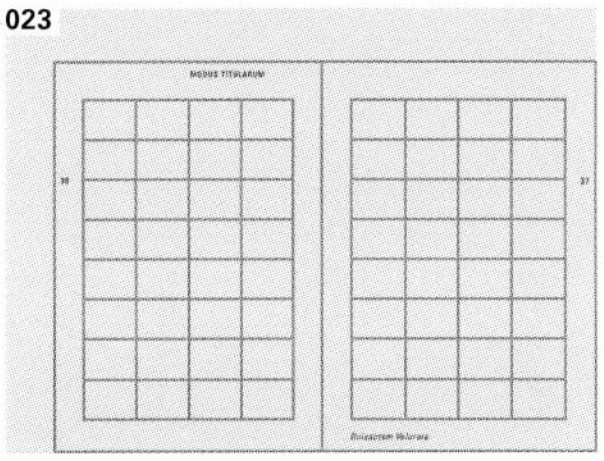

Assimétrico: Indicadores acima/abaixo: Números externos

54 024

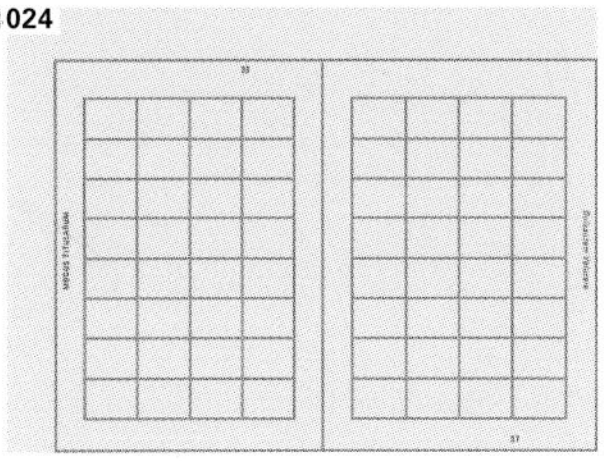

Assimétrico: Números topo/abaixo, alinhados às colunas: Indicadores nas margens

54 025

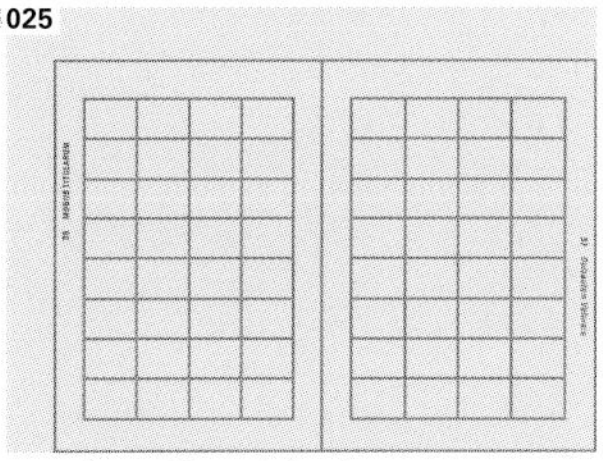

Assimétrico: Número/Indicador em pares: Rotação oposta distante do ponto médio

54 026

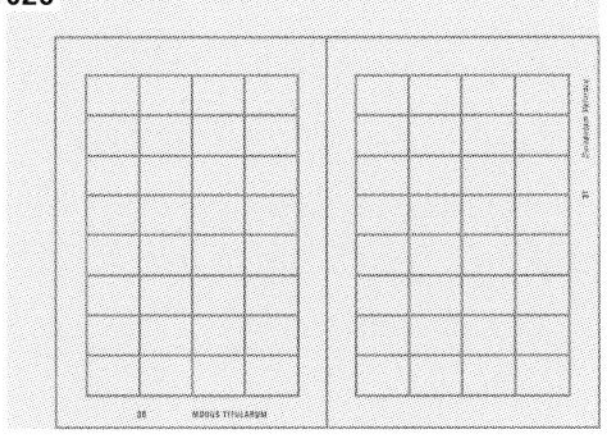

Assimétrico: Pares de número/marcador: Orientação oposta: Alinhamento das colunas

54 027

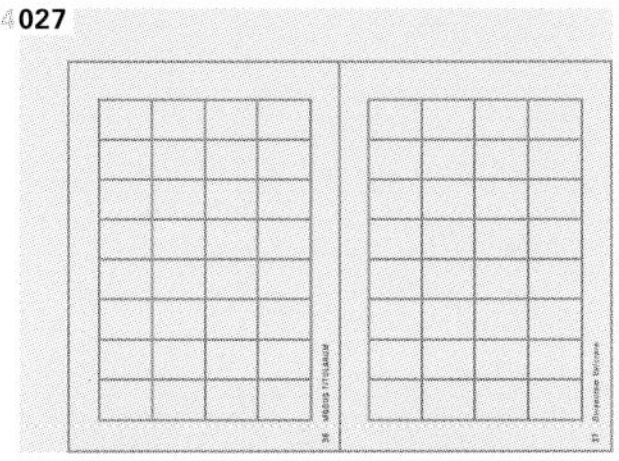

Assimétrico: Pares de número/marcador: Rotação vertical: Posições das margens e separador

54 028

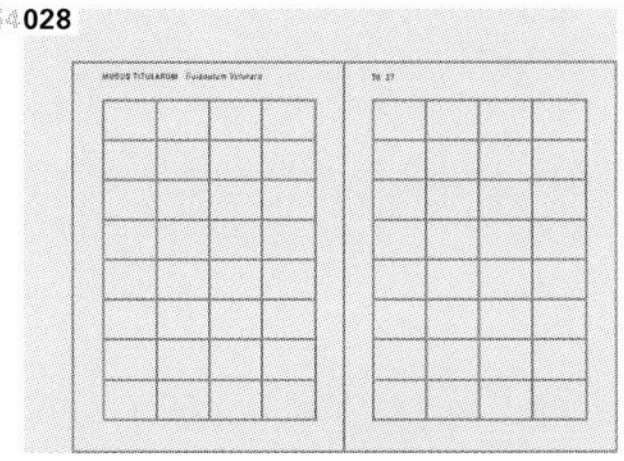

Assimétrico: Separadores em pares, Início: Números em pares: Deslocado à esquerda para a margem

54 029

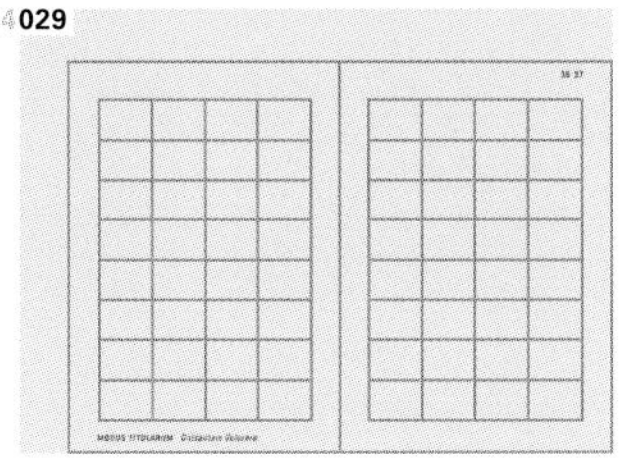

Assimétrico: Separadores em pares: Números em pares: Acima/Abaixo: Deslocado para a margem

54 030

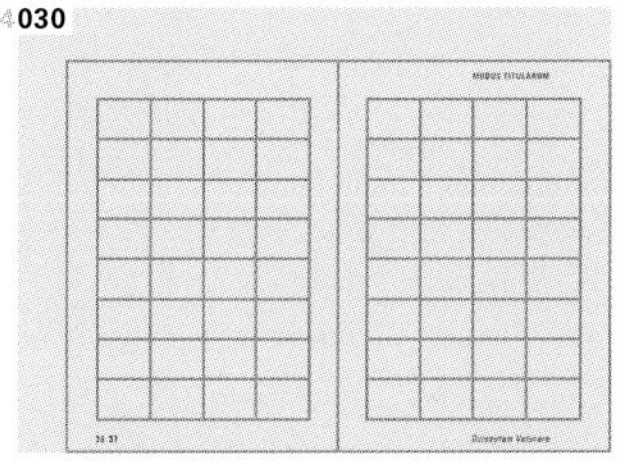

Assimétrico: Números em pares, abaixo e esquerda: Indicadores acima e abaixo, deslocados à esquerda do centro

54 031

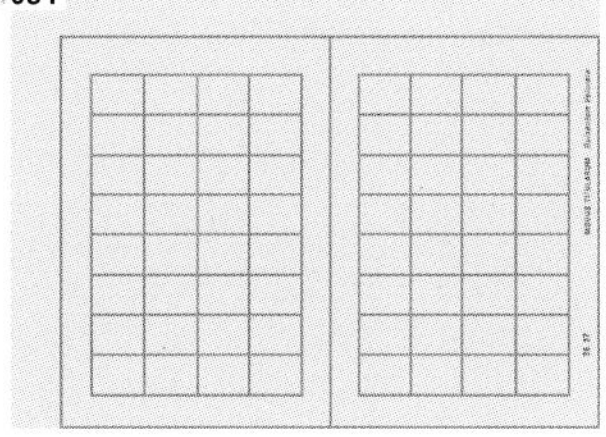

Assimétrico: Indicadores em pares: Números em pares: Girados na margem direita externa

54 032

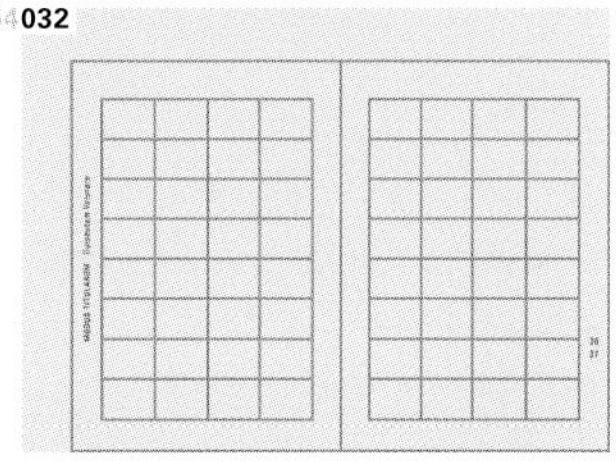

Assimétrico: Indicadores em pares: Números em pares: Margens opostas

54 033

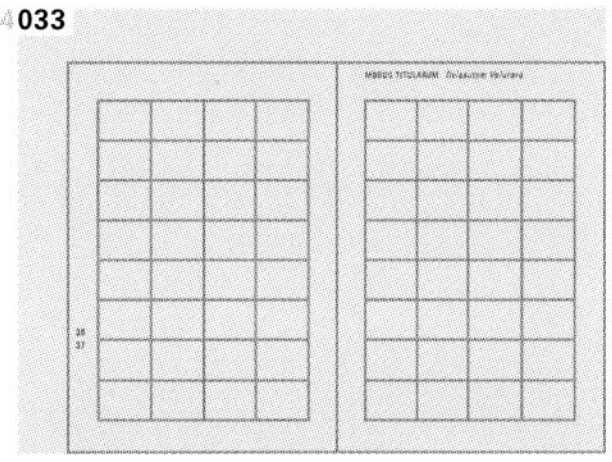

Assimétrico: Números em pares: Indicadores em pares: Orientação oposta

54 034

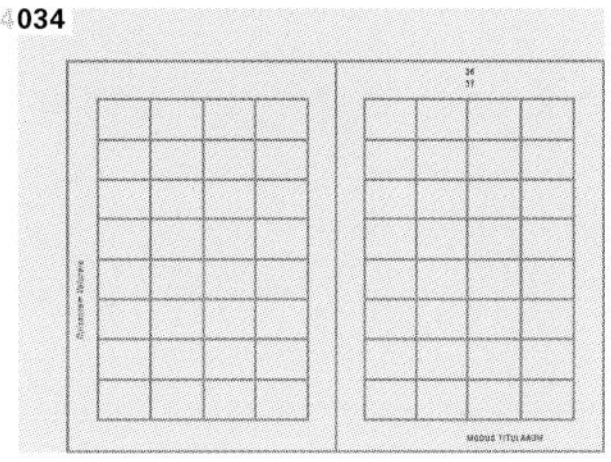

Assimétrico: Indicadores com orientação oposta, alinhados à grelha: Números em pares empilhados

54 035

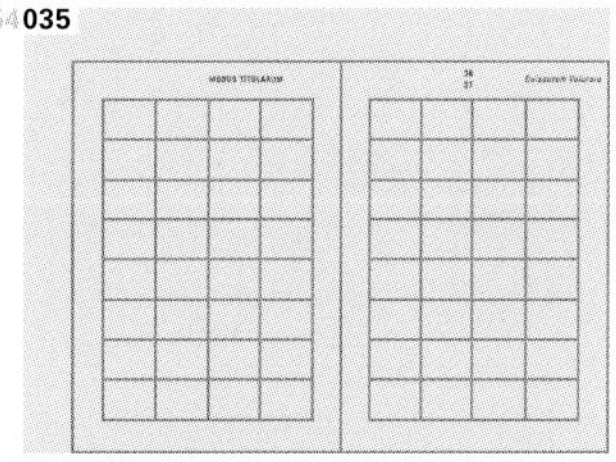

Assimétrico: Indicadores com diferentes alinhamentos de coluna: Números em pares, empilhados

54 036

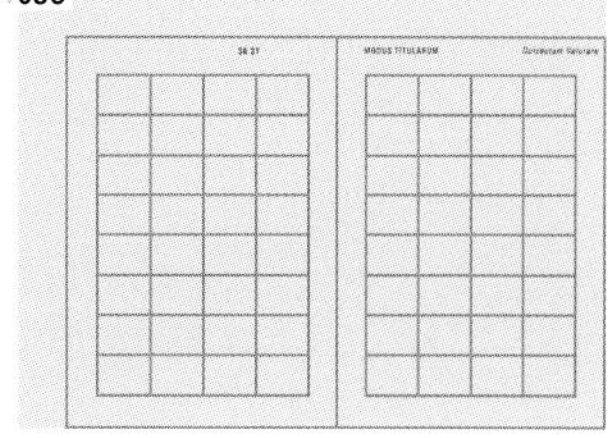

Assimétrico: Números em pares: Indicadores à esquerda para colunas diferentes

54 037

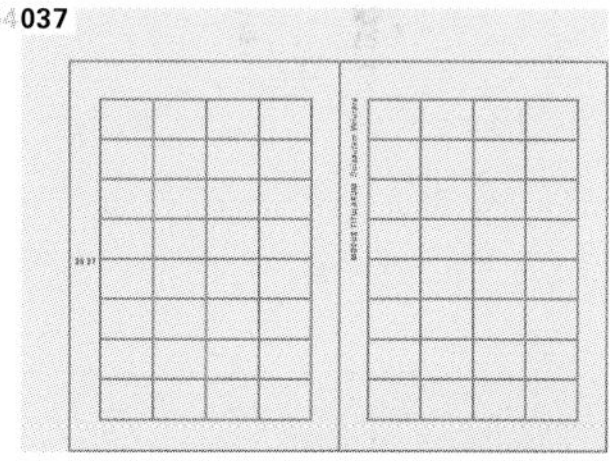

Assimétrico: Números em pares: Indicadores em pares: Orientação oposta: Alinhado ortogonalmente

54 038

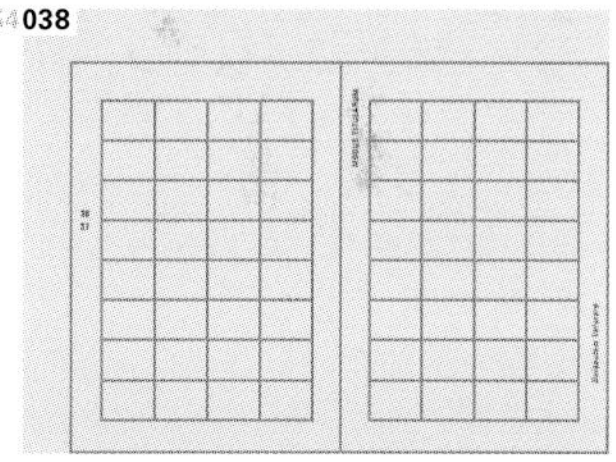

Assimétrico: Números em pares: Indicadores no separador e margem: Alinhamentos escalonados

54 039

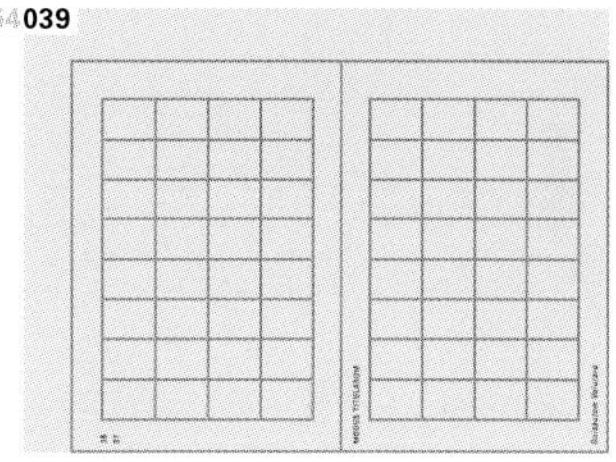

Assimétrico: Números em pares, deslocados para a margem: Indicadores girados: Separador e margem

54 040

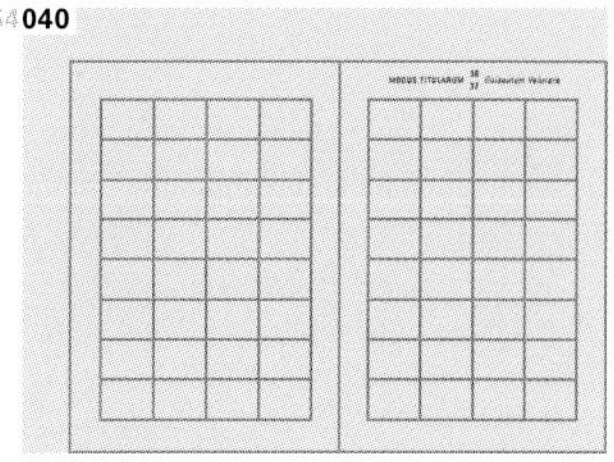

Assimétrico: Números empilhados: Indicadores centrados à esquerda/direita além dos números

RECORTE DE IMAGEM *Cenas e Objetos*

55

55001

Razão de aspecto: Slide de 35mm: Longa distância
Horizonte elevado: Enfatiza o canto diagonal para o terço superior

55002

Razão de aspecto: Slide de 35mm: Meia distância
Horizonte elevado: Enfatiza a perspectiva e formas

55003

Razão de aspecto: Slide de 35mm: curta distância
Horizonte baixo: Enfatiza a horizontalidade e o detalhe do objeto

55004

Razão de aspecto: Letterbox: Longa distância
Horizonte elevado: Enfatiza o plano frontal e diagonais

55005

Razão de aspecto: Letterbox: Meia distância
Horizonte baixo: Enfatiza horizontalidade, comparação de formas

55006

Razão de aspecto: Letterbox: Aproximado
Horizonte elevado: Enfatiza estrutura ortogonal e detalhe do objeto

55007

3/4 vertical: Longa distância
Horizonte elevado: Enfatiza a perspectiva

55008

Vertical fechada: Longa distância
Horizonte baixo: Enfatiza espaço negativo

55009

3/4 vertical: Meia distância
Horizonte elevado: Enfatiza diagonais

55010

Vertical fechada: Meia distância
Horizonte elevado: Enfatiza terços, detalhes do objeto centralizados

55011

3/4 vertical: Aproximado
Horizonte a meio-plano: Enfatiza metades e diagonais

55012

Vertical fechada: Aproximado
Horizonte a meio plano: Enfatiza verticais

55013

Quadrado: Longa distância
Horizonte a meio-plano: Enfatiza os detalhes do objeto centralizado, senso de distância

55014

Quadrado: Longa distância
Horizonte elevado: Enfatiza perspectiva e simetria

55015

Quadrado meia distância
Horizonte elevado: Enfatiza triangularidade

55016

Quadrado: meia distância
Horizonte baixo: Terços: Assimetria enfatiza escala e diagonais

55017

Quadrado: Aproximado
Horizonte elevado: Enfatiza quadrado, triangularização e plano frontal

55018

Quadrado: Aproximado
Horizonte elevado: Enfatiza diagonais e assimetria

Recortar imagens fotográficas pode resultar em layouts de grande intensidade na composição, ou no oposto – configuração desinteressante, fraca, de pouca vitalidade. As estratégias de recorte nesta seção exploram o dimensionamento e as oportunidades de posicionamento para cenas de quadro cheio e silhuetas em formatos quadrados, verticais e horizontais de proporções variadas. Ajuste as dimensões para casar a proporção de seu formato em uma página ou folha dupla ou para corresponder às proporções estabelecidas por uma grelha. Teste essas opções para direcionar a atenção ao atributo mais interessante do objeto, ressaltar qualidades formais ou conferir autenticidade ao layout.

55019

Razão de aspecto: Slide de 35mm: Longa distância: Objeto assimétrico deslocado do eixo central: Enfatiza o espaço negativo

55020

Razão de aspecto: Slide de 35mm: Meia distância próxima: Objeto posicionado assimetricamente: Contornos do objeto enfatizam geometria ortogonal

55021

Razão de aspecto: Slide de 35mm: Extremamente aproximado: Objeto posicionado para enfatizar a linha média do formato e formas negativas irregulares

55022

Razão de aspecto: Letterbox: Longa distância: Objeto posicionado abaixo: Enfatiza o espaço vazio e eixo central do formato

55023

Razão de aspecto: Letterbox: Meia distância próxima: Eixo vertical principal do objeto posicionado ao centro do formato: Enfatiza o ritmo vertical

55024

Razão de aspecto: Letterbox: Extremamente aproximado: Objeto posicionado assimetricamente: Enfatiza detalhe/identidade do objeto e formas irregulares do espaço vazio

55025

3/4 vertical: Longa distância: Objeto posicionado assimetricamente/abaixo: Enfatiza superfície e quadrado

55026

Vertical fechada: Longa distância: Enfatiza diagonal

55027

3/4 vertical: Meia distância próxima: Objeto posicionado simetricamente: Enfatiza ângulo/curva e foco no detalhe

55028

Vertical fechada: Meia distância próxima: Objeto posicionado no alto: Enfatiza superfície

55029

3/4 vertical: Extremamente aproximado: Enfatiza diagonal/curva, diferença de tamanho e detalhe do objeto

55030

Vertical fechada: Extremamente aproximado: Enfatiza contornos

55031

Quadrado: Longa distância: Objeto posicionado simetricamente: Enfatiza solidez

55032

Quadrado: Longa distância: Objeto posicionado assimetricamente/abaixo: Enfatiza peso e contorno

55033

Quadrado: Meia distância próxima: Enfatiza contornos, diferenciação de forma

55034

Quadrado: Meia distância próxima: Enfatiza triangulação

55035

Quadrado: Extremamente aproximado: Enfatiza a oposição entre cantos e contornos

55036

Quadrado: Extremamente aproximado: Enfatiza massa/linha e detalhe do objeto

RECORTE DE IMAGEM *Figuras e Faces*

56

56001

Razão de aspecto: Slide 35mm: Longa distância: Eixo principal da figura posicionado no eixo central do formato: Enfatiza o lugar do fotografado no ambiente e a estrutura de ângulos

56002

Razão de aspecto: Slide 35mm: Meia distância: Figura posicionada simetricamente: Enfatiza a estrutura de ângulos e massas pontuais

56003

Razão de aspecto: Slide 35mm: Aproximado: Figura posicionada simetricamente: Enfatiza a face

56004

Razão de aspecto: Letterbox: Longa distância: Formato de meias figuras: Enfatiza o espaço vazio e horizontalidade

56005

Razão de aspecto: Letterbox: Meia distância: Figura posicionada simetricamente: Enfatiza a face

56006

Razão de aspecto: Letterbox: Aproximado: Figura posicionada assimetricamente: Enfatiza confronto e detalhes do fotografado

56007

3/4 vertical: Longa distância: Enfatiza verticalidade e estrutura de ângulos

56008

Vertical fechado: Longa distância: Rotação deslocada da figura enfatiza diagonais

56009

3/4 Vertical: Meia distância: Figura posicionada assimetricamente: Enfatiza diagonais e massas pontuais

56010

Vertical fechada: Meia distância: Figura posicionada simetricamente

56011

3/4 vertical: Aproximada: Figura posicionada assimetricamente: Enfatiza diagonais e a face

56012

Vertical fechada: Aproximada: Enfatiza a face

56013

Quadrado: Longa distância: Enfatiza formas negativas e diagonais

56014

Quadrado: Longa distância: Enfatiza verticalidade

56015

Quadrado: Meia distância: Posição assimétrica: Enfatiza a tensão de espaço e contorno

56016

Quadrado: Meia distância: Rotação enfatiza diagonais

56017

Quadrado: Aproximado: Enfatiza face e contornos

56018

Quadrado: Aproximado: Enfatiza contornos e diagonais

Imagens de pessoas – sejam retratos ou fotos de grupos – não precisam ser recortadas estaticamente, com o sujeito apresentado bem no centro. Embora a composição específica de tal imagem possa sugerir imediatamente um corte particular dinâmico, imagens de pessoas são compostas de maneira bastante neutra – e os designers muitas vezes têm receio de cortar faces e corpos. Sempre considere uma composição de retrato com o mesmo rigor e requisitos de dinamismo como em qualquer outro tipo de imagem. Aqui há opções que incrementarão não somente um layout, mas a vivacidade e a personalidade do fotografado

56019

Razão de aspecto: Slide de 35mm: Meia distância: Fotografado posicionado simetricamente: Enfatiza a geometria global da composição

56020

Razão de aspecto: Slide de 35mm: Curta distância: Fotografado posicionado simetricamente: Enfatiza face e massas curvilíneas contra espaços vazios

56021

Razão de aspecto: Slide de 35mm: Curta distância: Fotografado posicionado assimetricamente com o ponto focal estabelecendo o centro do formato: Enfatiza a expressão, valores claros e escuros

56022

Razão de aspecto Letterbox: Meia distância: Fotografado posicionado assimetricamente com o eixo principal vertical alinhado ao centro do formato: Enfatiza a horizontalidade e a progressão claro/escuro

56023

Razão de aspecto Letterbox: Curta distância: Fotografado posicionado assimetricamente: Enfatiza a progressão claro/escuro e diferenciação de formas

56024

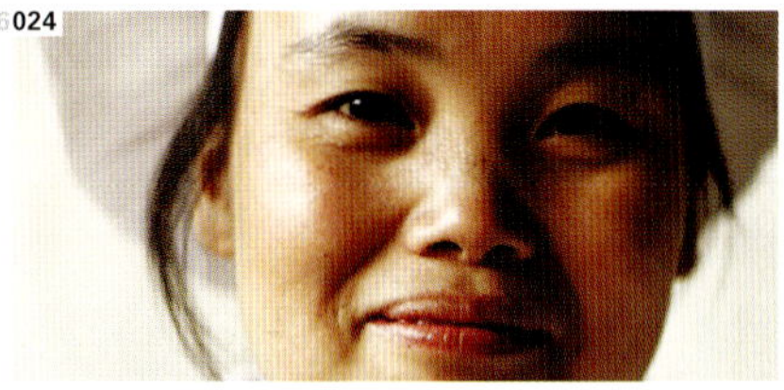

Razão de aspecto Letterbox: Curta distância: Assimetria leve enfatiza expressão e interação de formas curvilíneas

56025

3/4 vertical: Meia distância: Sujeito centralizado: Enfatiza triangularização

56026

Vertical fechada: Meia distância: Posicionamento baixo enfatiza massas pontuais e quebras espaciais verticais

56027

3/4 vertical: Aproximado: Posição elevada enfatiza quebras verticais, diagonais e assimetrias de sombras

56028

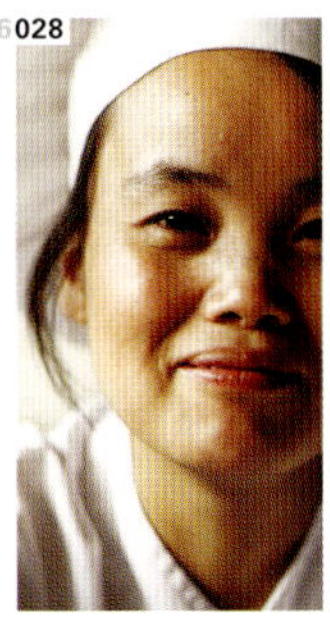

Vertical fechada: Aproximado: Enfatiza detalhes e verticalidade

56029

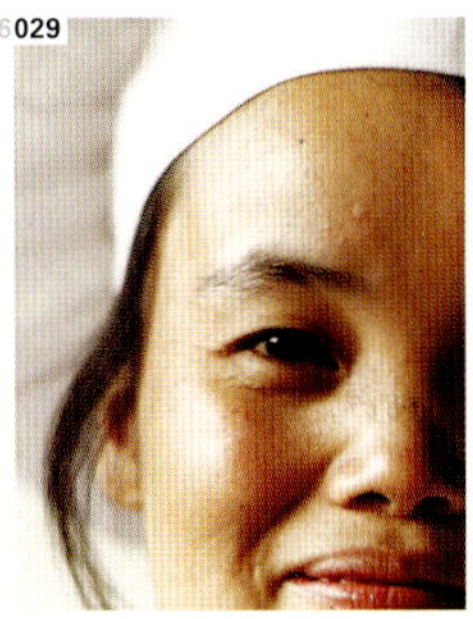

3/4 vertical: Extremamente aproximado: Posição baixa enfatiza assimetria, ritmo das curvas e sombras

56030

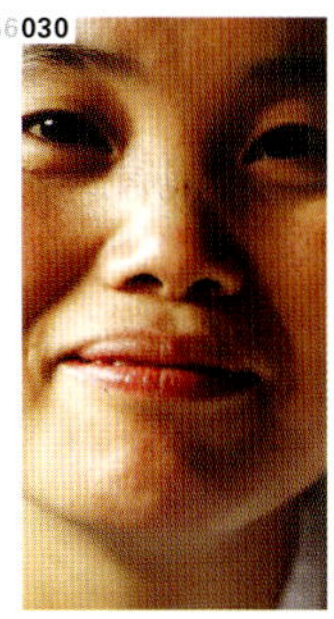

Vertical fechada: Extremamente aproximado: Enfatiza expressão

56031

Quadrado: Meia distância: Posição assimétrica enfatiza diagonais e plano frontal

56032

Quadrado: Meia distância: Posição baixa e assimétrica enfatiza o espaço vazio

56033

Quadrado: Aproximado: Rotação enfatiza quadrantes do formato e estrutura diagonal

56034

Quadrado: Aproximado: Posição assimétrica enfatiza detalhe e progressão claro/escuro

56035

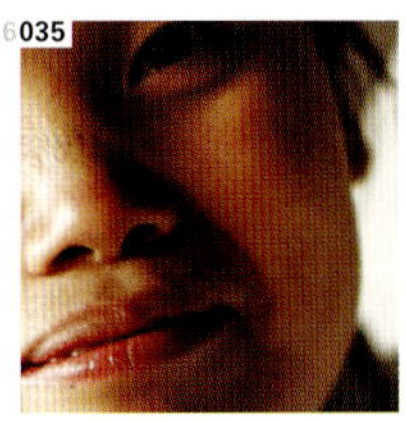

Quadrado: Extremamente aproximado: rotação enfatiza formas curvas, luz/sombra e detalhes

56036

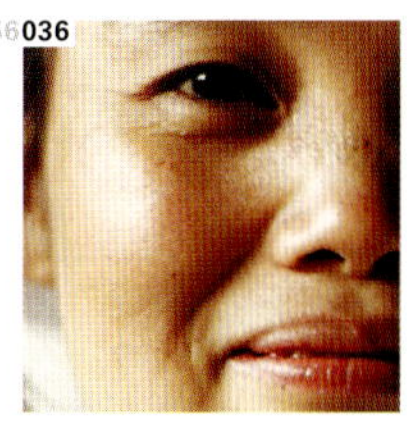

Quadrado: Extremamente aproximado: Posição enfatiza detalhes expressões e diagonais

LAYOUT DE IMAGENS *Estratégias de Composição*

57

57001

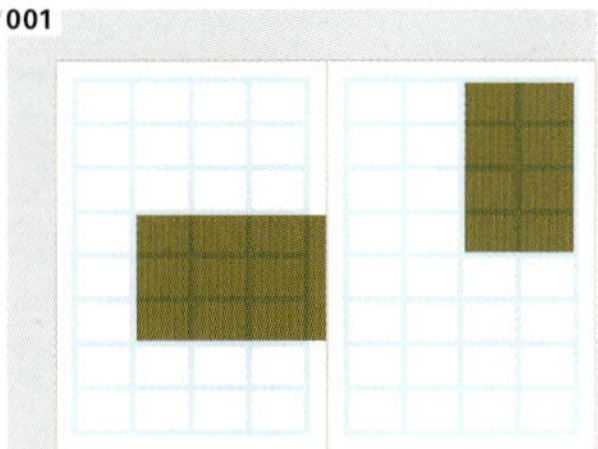

Proporção similar/Orientação oposta

57002

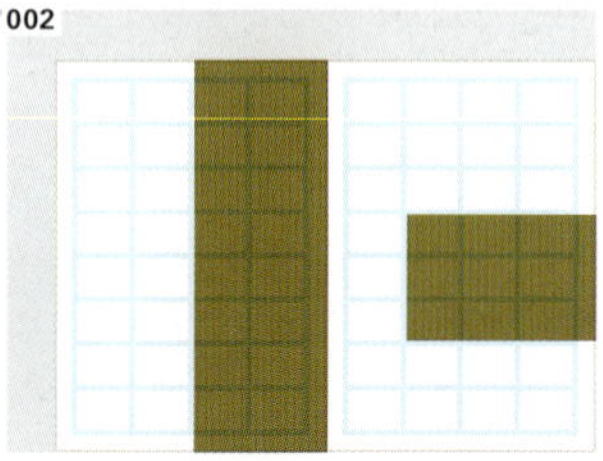

Extremos de tamanho e proporção

57003

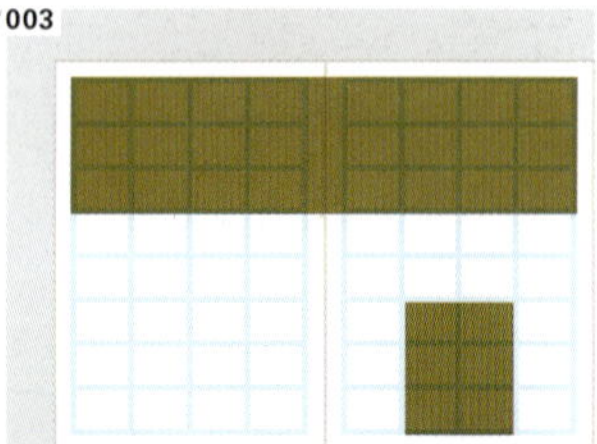

Extremos de tamanho e proporção: Inseridos na margem

57004

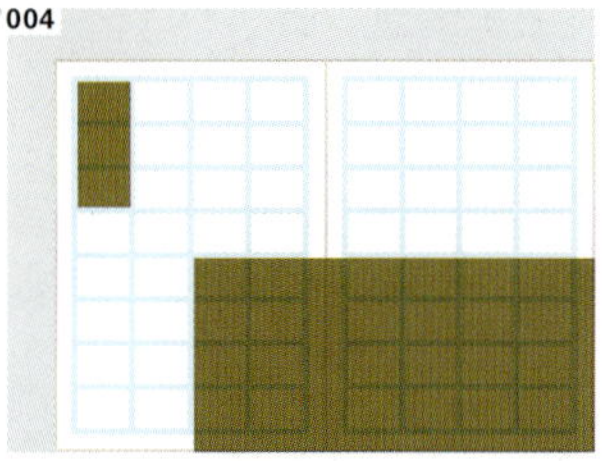

Extremos de tamanho e proporção: Inseridos na margem versus vazado assimétrico

57005

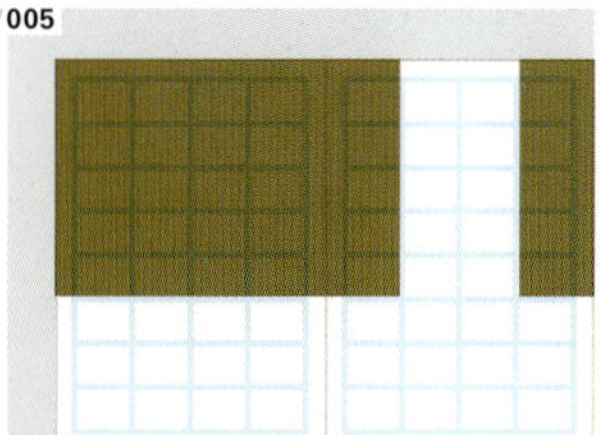

Extremos de proporção: Mesmas alturas e alinhamentos: 3/4 vazados

57006

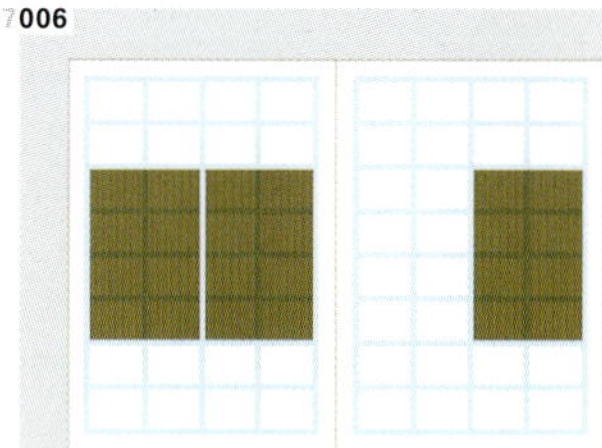

Mesma proporção e tamanho: Intervalos diferentes: Alinhamento horizontal

57007

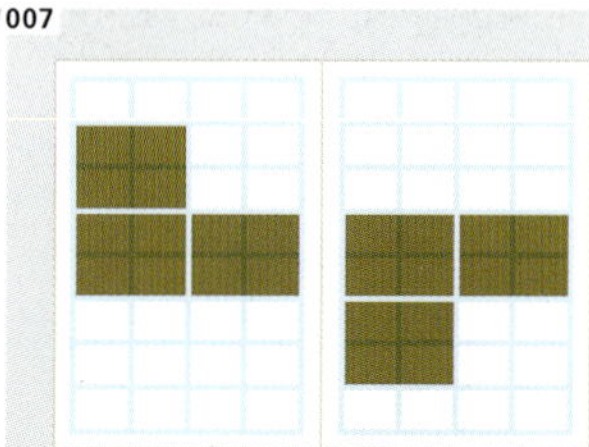

Mesma proporção: Configuração modular

57008

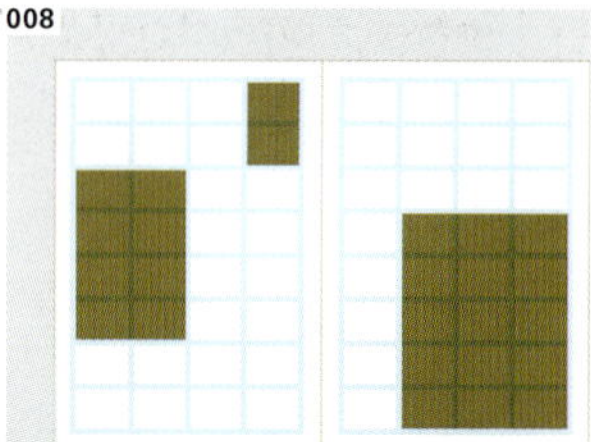

Proporção semelhante: Tamanhos variados: Posição escalonada

57009

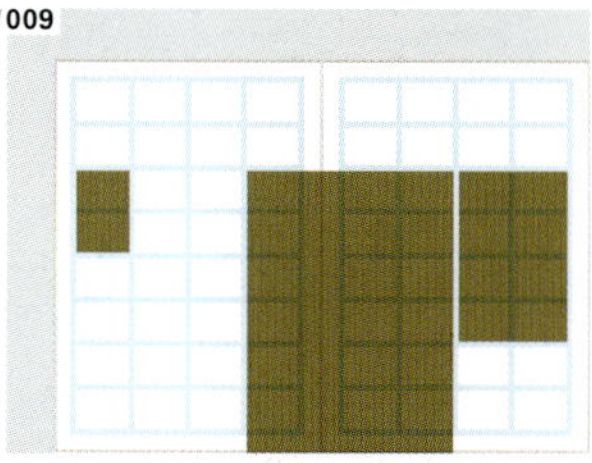

Proporção semelhante: Tamanhos variados: Intervalos diferentes: Alinhamento pendente

57010

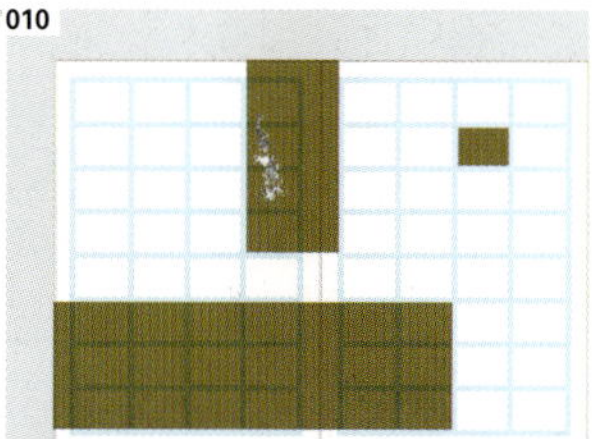

Extremos de proporções e tamanho: Inserido versus vazado assimétrico

57011

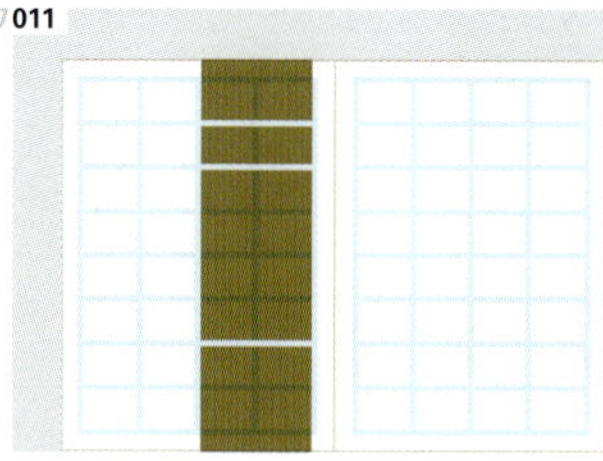

Mesma largura de módulo: Profundidades de módulos diferentes: Alinhamento vertical (ou horizontal)

57012

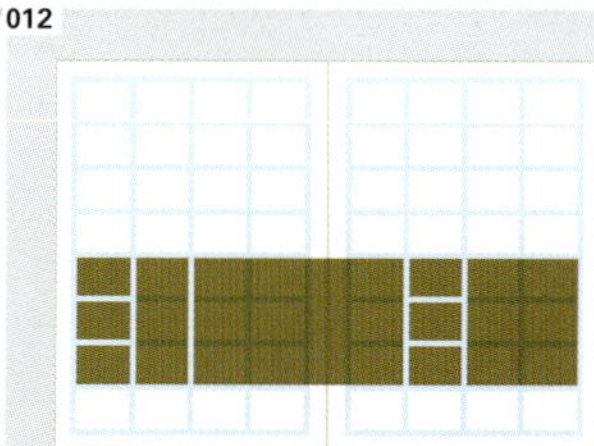

Proporções mistas de módulo: Mesma profundidade de módulo: Alinhamento vertical (ou horizontal)

57013

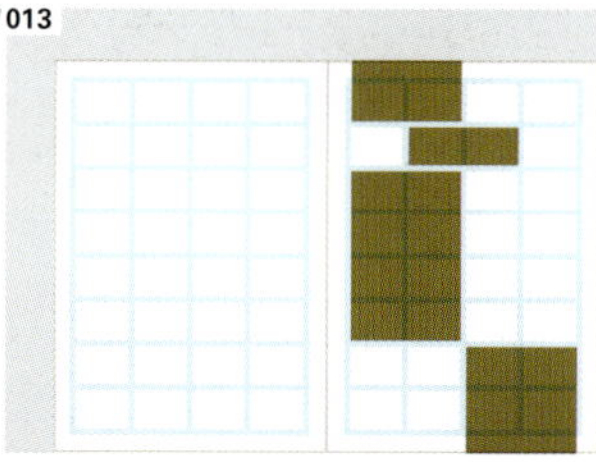

Mesmas larguras de módulo: Alinhamentos escalonados

57014

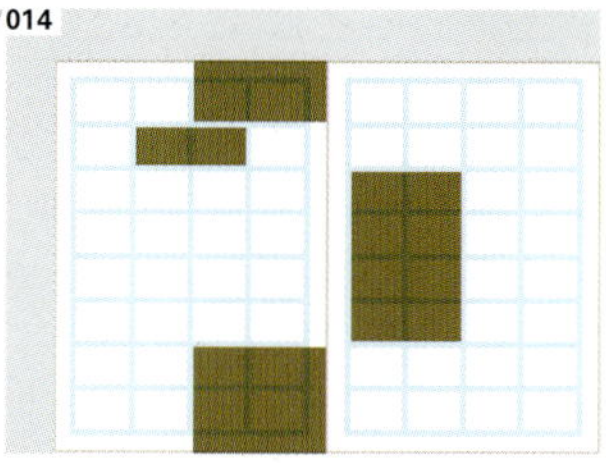

Mesmas larguras de módulos: Alinhamentos escalonados: Configuração com cruzamento dos espaçadores

57015

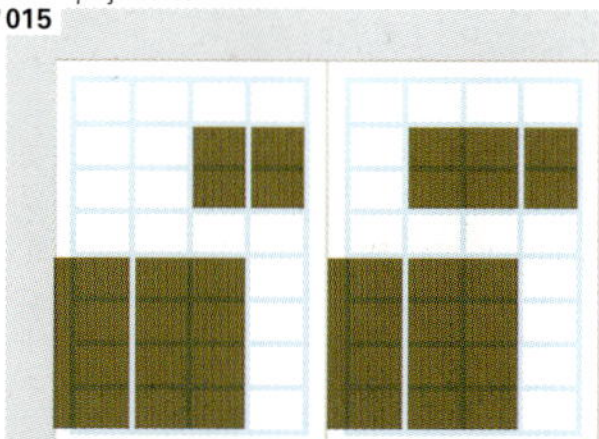

Proporções similares: Tamanhos opostos: Alinhamentos escalonados

57016

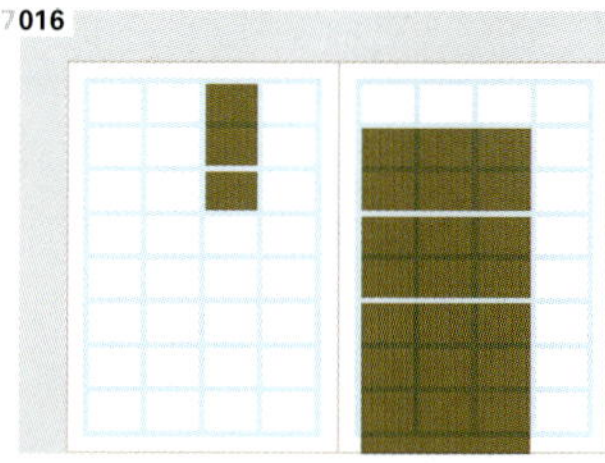

Pilhas com razão de aspecto semelhante: Tamanhos opostos: Posições opostas

57017

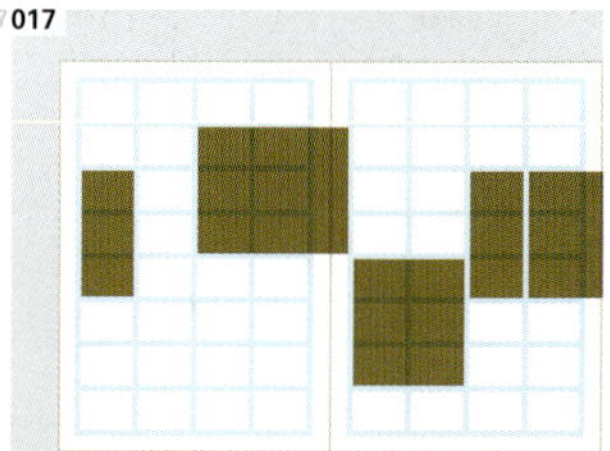

Mesma profundidade de módulo: Larguras de módulos diferentes: Alinhamentos escalonados

57018

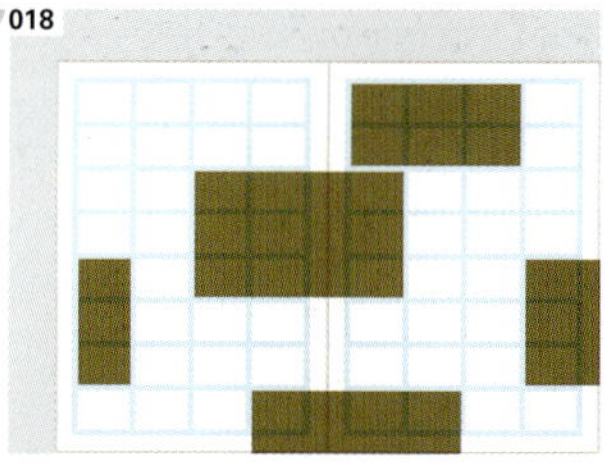

Proporções e tamanhos diferentes: Alinhamentos escalonados: Inseridos na margem versus vazado assimétrico

57019

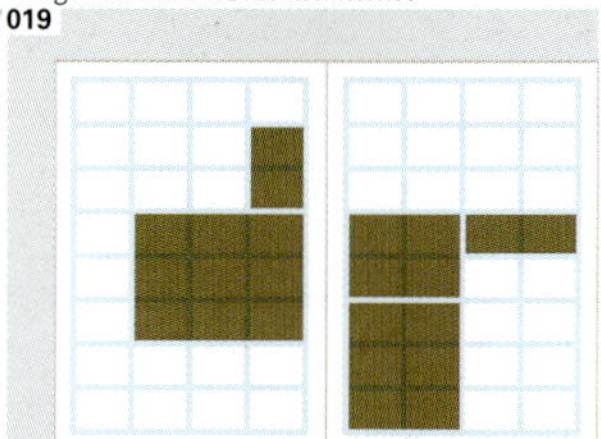

Proporções e tamanhos diferentes: Configuração em eixo: Extremos de profundidade versus largura

57020

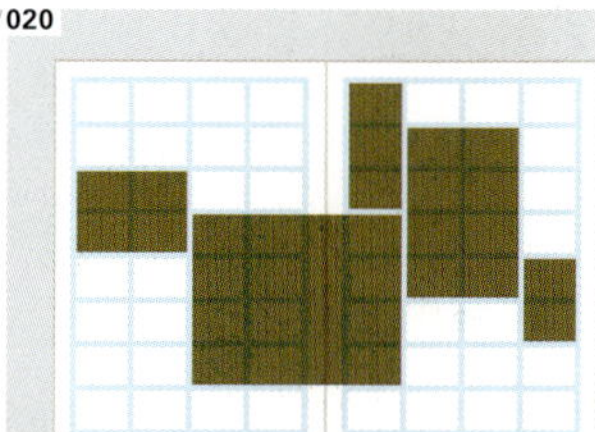

Proporções e tamanhos diferentes: Alinhamentos escalonados: Alternando posição alta/baixa

Estes ingredientes oferecem uma vasta gama de possibilidades para arrumar imagens com formato de quadrado ou retângulo em layouts. Com uma grelha comumente usada mostrada para referência, as estratégias aqui fornecidas vão da simples à complexa e da estritamente baseada em grelha àquelas que ignoram a grelha em favor de um arranjo mais espontâneo. Use-as como estão, ou combine abordagens de um ou mais exemplos para produzir composições pictóricas dinâmicas em qualquer meio.

57 021

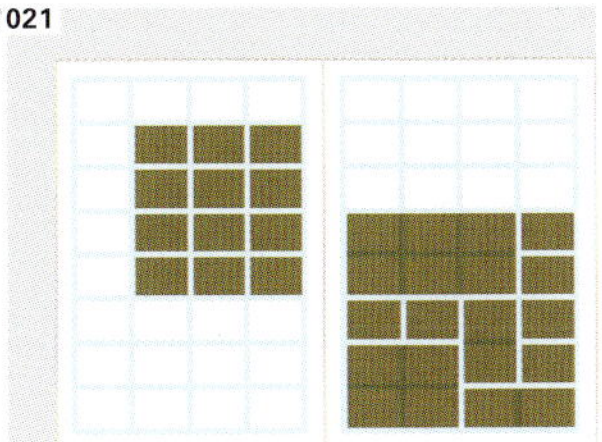

Formações aglomeradas de grelha modular: Mesma proporção de módulo versus proporções mistas

57 022

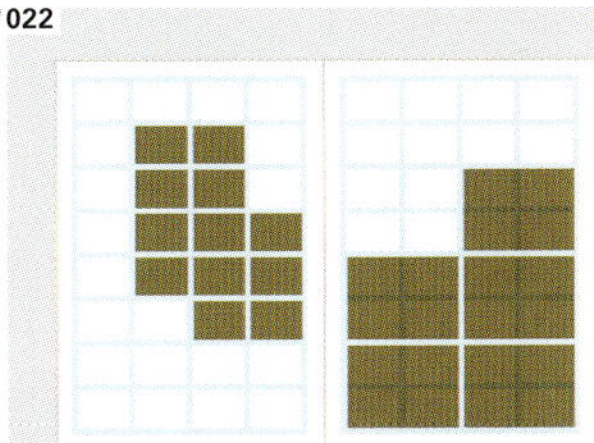

Formações modulares em degrau: Tamanhos opostos

57 023

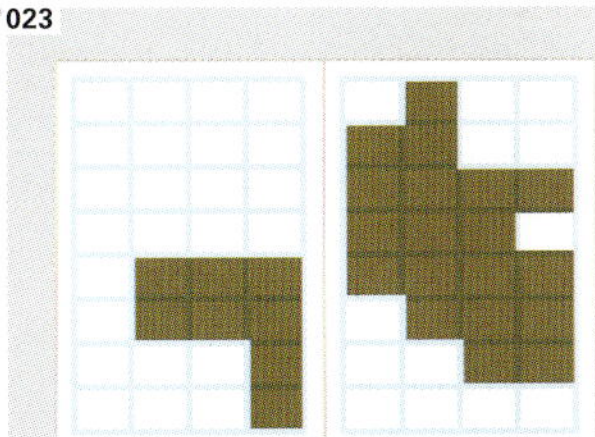

Zonas modulares unidas: Formação em degrau: Simples versus complexo

57 024

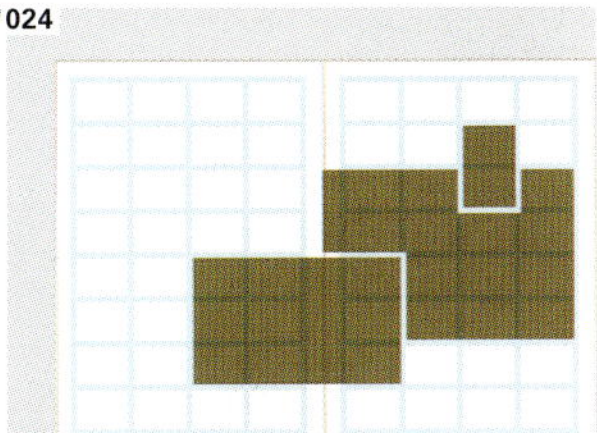

Sobreposições/inserções implícitas: Espaço de separação

57 025

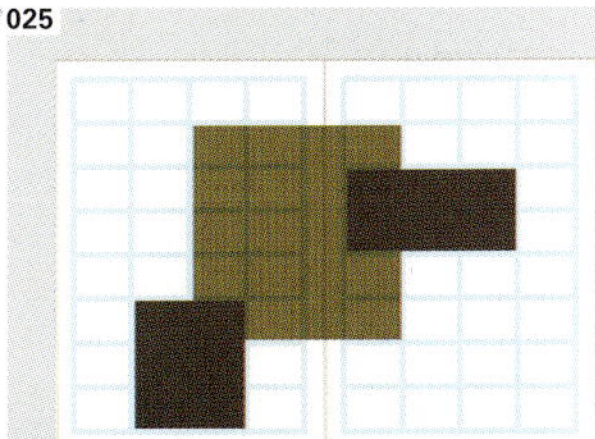

Sobreposições literais/inserções: Sem espaço de separação

57 026

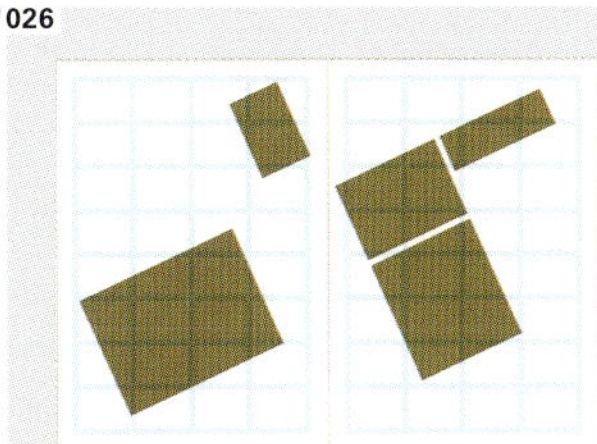

Configuração ortogonal: Girada em relação à grelha

57 027

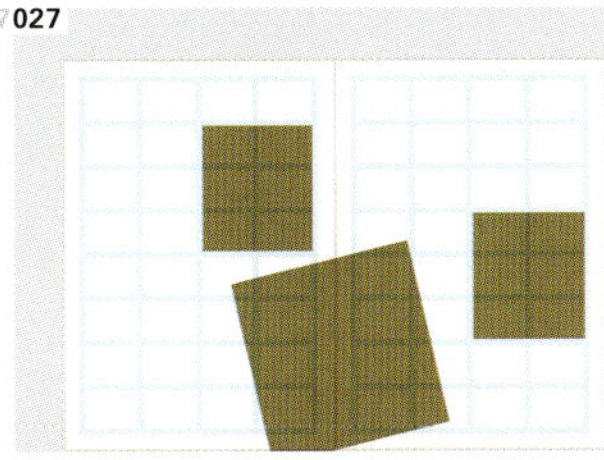

Posicionamento em grelha versus posicionamento espontâneo

57 028

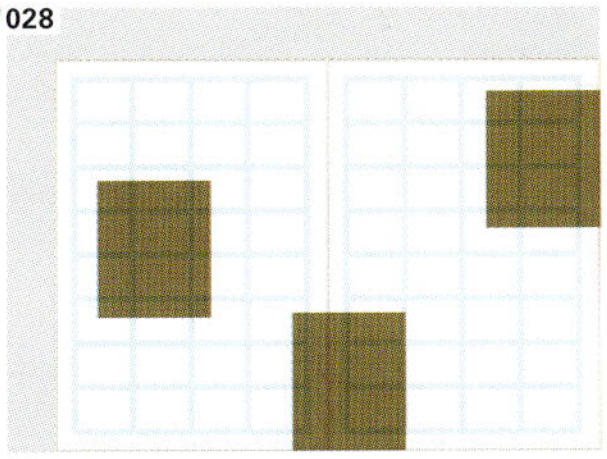

Proporções ortogonais: Posicionamento espontâneo: Mesma proporção e tamanho

57 029

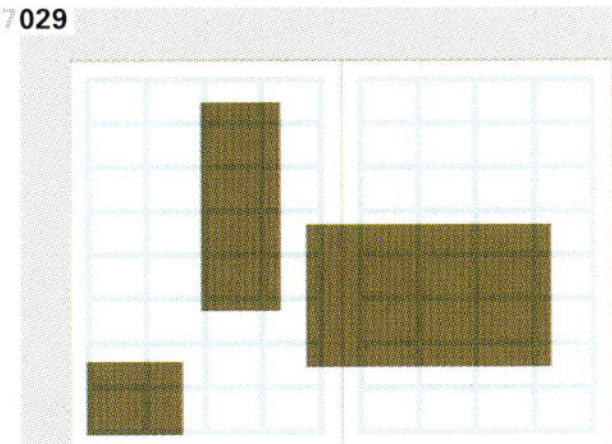

Proporções ortogonais: Posicionamento espontâneo: Proporções e tamanhos diferentes

57 030

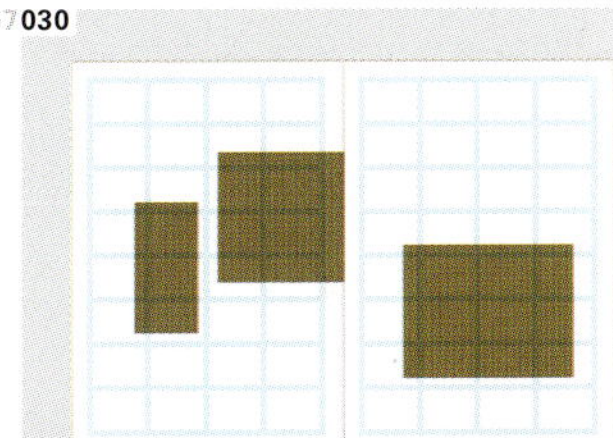

Proporções ortogonais: Posicionamento espontâneo: Variação de profundidade em resposta ao horizonte do formato

57 031

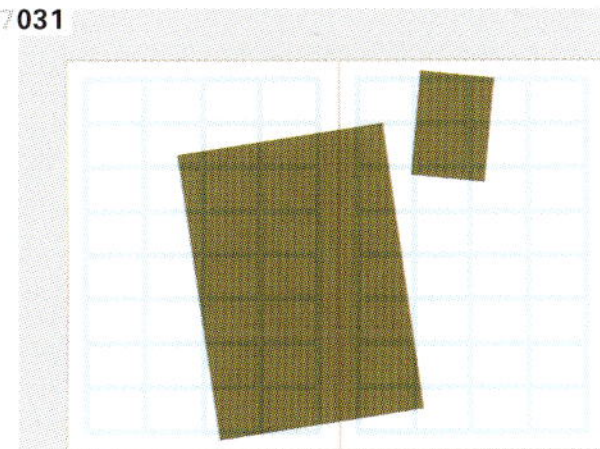

Extremos de tamanho e proporção: Posicionamento espontâneo: Rotação oposta

57 032

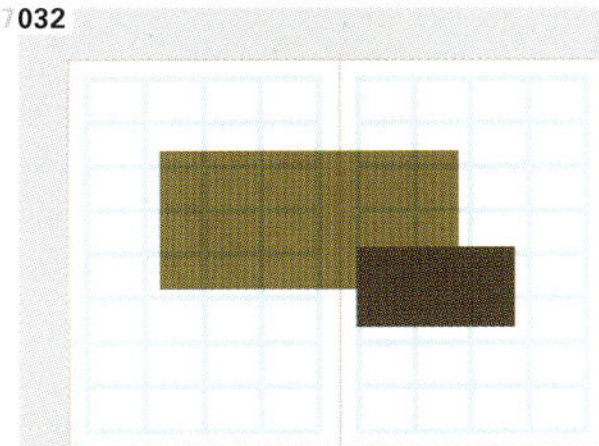

Proporção similar/Tamanho diferente: Sobreposição e deslocamento: Vazamento assimétrico

57 033

Mesma (ou diferente) proporção: Configuração em leque

57 034

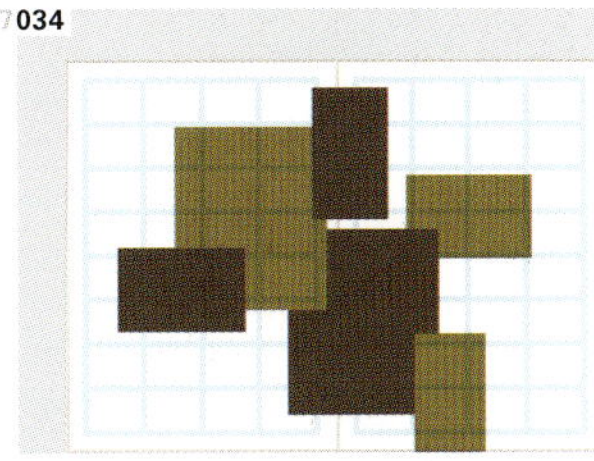

Proporções diferentes: Tamanho próximo: Posicionamento espontâneo: Formação em colagem

57 035

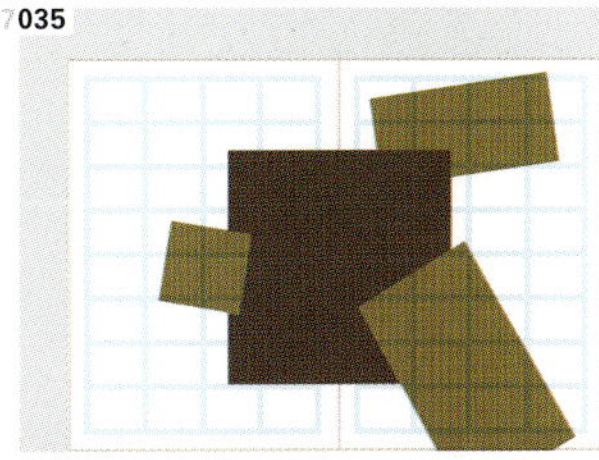

Extremos de tamanho e proporção: Orientação ortogonal versus rotação: Sobreposição

57 036

Extremos de tamanho e proporção: Orientação ortogonal versus rotação: Sobreposições e inserido

57 037

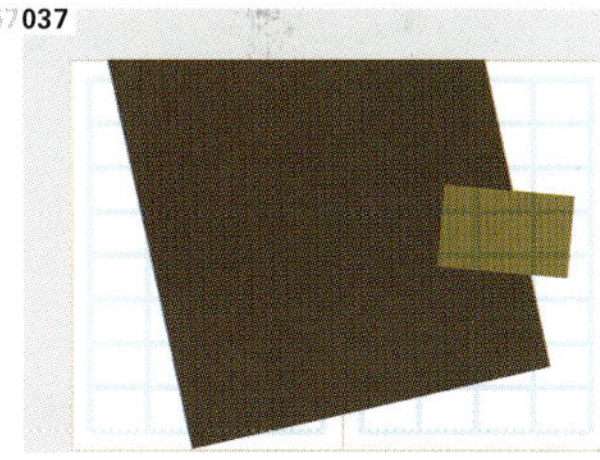

Extremos de tamanho e proporção: Rotação oposta: Sobreposição: Vazamento assimétrico

57 038

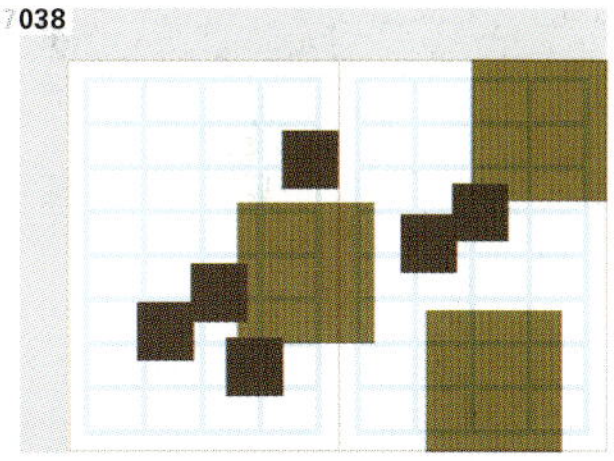

Formações aglomeradas: Mesma proporção: Tamanho diferente: Inserções versus sobreposições e vazados

57 039

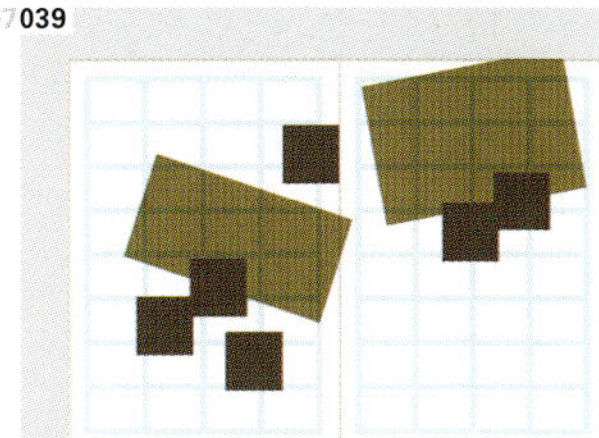

Formações em aglomerado: Proporções e escalas diferentes: Inserções versus sobreposições e vazado

57 040

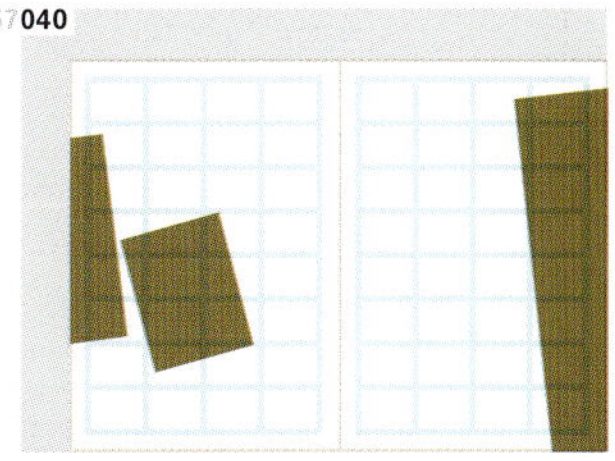

Posicionamento espontâneo: Rotação: Inserções versus vazamento exterior

annual report spread
to prepare: flow text into columns
and style heads and subheads. lead the
to enhance legibility
8x12 modular grid
(0.5" margin all around
except head {1.25"}
headline type: Univers 67
subheading: Univers 57
Garamond 3 Oldstyle
bold caps

RECEITAS DE *Projetos*

Um Menu Completo de Preparos Gráficos para as Necessidades Diárias de um Designer Atarefado

1

APERITIVOS E COMIDAS PARA VIAGEM

Aplicações simples de design tais como capas, anúncios e home pages – geralmente o primeiro sabor da comunicação visual que os observadores irão provar – necessitam do impacto vindo de imagens, cores e letras fortes, organizados em uma composição simples e dinâmica. Apresentadas como um prelúdio para o componente mais substancioso ou como petiscos visuais efêmeros, elas fazem com que a audiência seja conquistada num olhar com a expectativa do que está por vir.

Projetos neste Capítulo

DESIGN DE CAPA
CARDÁPIO DE RESTAURANTE

EMBALAGEM DE PRODUTOS INDIVIDUAIS
FARMACÊUTICOS

WEBSITE SIMPLES
HOME PAGE

PROPAGANDA BASEADA EM IMAGEM
FORMATO DE PÁGINA ÚNICA

DESIGN DE CAPA

CARDÁPIO DE RESTAURANTE
Restaurante Japonês

Cardápio de Mensagens

Trasnmitir uma ideia da culinária do restaurante por meio da apresentação de ingredientes típicos e métodos de preparo.

Comunicar o contexto cultural da cozinha – geografia, herança estética e história política do Japão.

Apoiar visualmente conceitos relacionados ao nome do restaurante que se referem à arte decorativa do origami.

Tradução de Elementos do Texto

Nome do Restaurante
The Origami House: Hibachi and Sushi Bar

Endereço
304 South Franklin Street

Informação de Apoio
Cardápio do Jantar
Segunda à Sábado, 18:00–23:00

PICTO
01001 *40*
01068 *41*
04013 *46*
04017 *47*
06005 *50*
14007 *66*

CROMA
20017 *80*
25021 *91*

LETRA
37034 *117*
38029 *119*

ESPACIAL
49010 *142*
50004 *144*

PERFIS DE SABOR *Ousado • Simples • Alegre • Simbólico • Direto • Contraste formal • Integrado • Eficiente*

PICTO
01058 *41*
01068 *41*
02020 *42*
03008 *44*
04020 *47*
05010 *48*
09018 *57*
10018 *58*

CROMA
20032 *80*
25021 *91*

LETRA
37001 *116*
38023 *118*

ESPACIAL
49007 *142*
50038 *145*

PERFIS DE SABOR *Ambiental • Geometria sutil • Fluido • Superfície ativa • Referências culturais e arquitetônicas • Gestual • Espontâneo*

PICTO
01016 *40*
01028 *40*
01068 *41*
09009 *56*
10031 *58*
17025 *72*

CROMA
25012 *90*

LETRA
33007 *108*
37030 *117*
38009 *118*

ESPACIAL
49061 *143*

PERFIS DE SABOR *Geométrico • Feito à mão • Orgânico • Simbólico • Rítmico • Detalhado • Ênfase no país • Letra e imagem integradas*

PICTO
04001 *46*
06005 *50*
13001 *64*

CROMA
19013 *78*
19019 *78*

LETRA
37006 *116*
38007 *118*

ESPACIAL
49032 *142*

PERFIS DE SABOR *Pintura concreta • Plano versus dimensional • Ornamental • Detalhado • Elegante • Ênfase na comida*

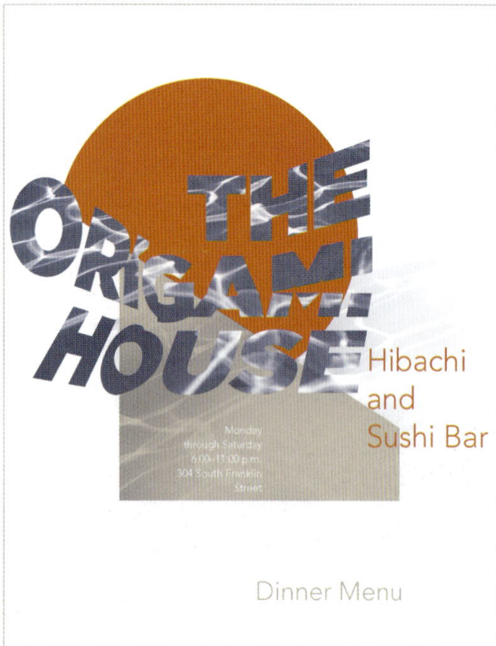

PICTO
01064 41
01068 41
04017 47
10018 58

CROMA
21019 82

LETRA
33001 108
33007 108
37030 117
38024 118

ESPACIAL
49050 143
50005 144

PERFIS DE SABOR *Geométrico • Movimento • Espaço ambíguo • Divertido • Letras como imagem • Dinâmico • Limpo*

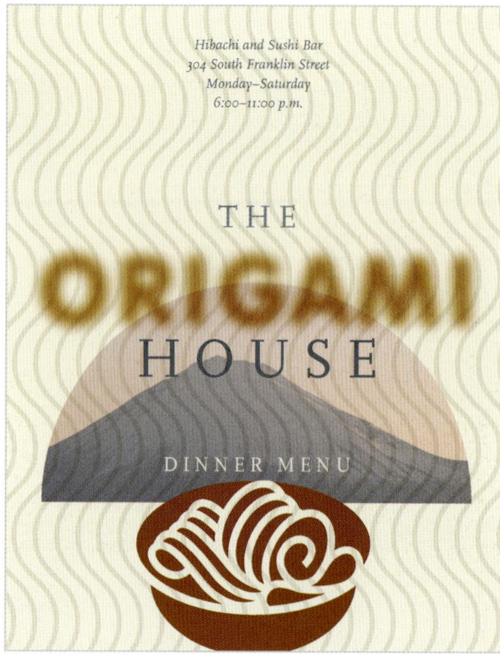

PICTO
01003 40
02053 42
04002 46
06023 51
15067 69

CROMA
29002 98

LETRA
33031 109
37013 116
38002 118

ESPACIAL
49025 142

PERFIS DE SABOR *Tensão • Movimento • Direto • Icônico • Imponente • Cor histórica • Contraste rígido/macio*

PICTO
01068 41
09015 56
15016 68

CROMA
19028 78
29023 99

LETRA
37018 116
38040 119

ESPACIAL
49009 142
50044 145

PERFIS DE SABOR *Alusivo • Orgânico • Feito à mão • Caligráfico • Fluido • Gestual • Elegante • Sugere papel, água, terra*

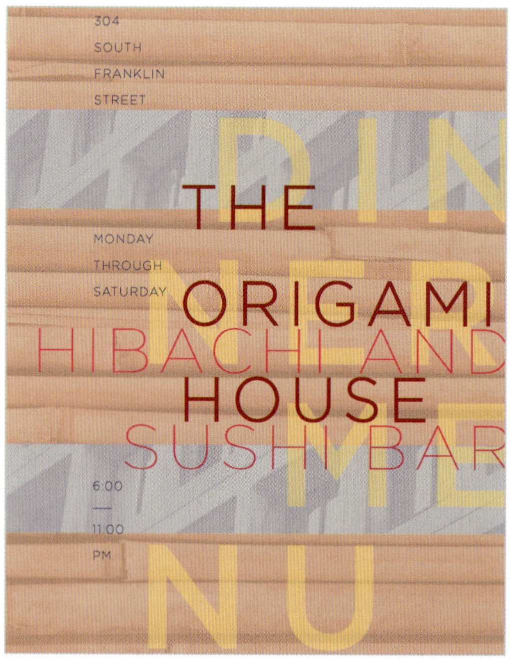

PICTO
04012 46
04018 47
06026 51

CROMA
19018 78
24010 88

LETRA
37030 117
38013 118

ESPACIAL
49071 143

PERFIS DE SABOR *Arquitetônico • Dimensional • Geométrico • Rítmico • Intrincado • Forte • Em camadas • Formas interativas*

A delicada ilustração de cisnes – cujos pescoços delgados criam uma forma simbólica de coração –, feita em aquarela e lápis, reforça o tratamento ornamentado e romântico do título e do texto manuscrito.

THOMAS CSANO
MONTREAL, QUEBEC | CANADÁ

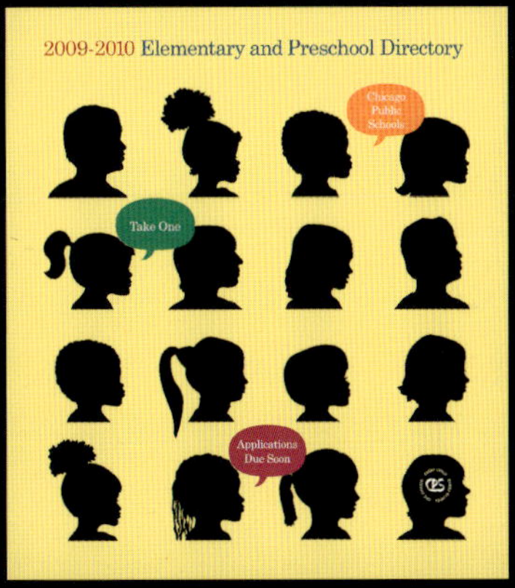

Silhuetas em preto são dispostas numa grelha de quatro unidades nesta capa de anuário de uma escola. A regularidade da estrutura é aliviada pelos contornos únicos dos perfis, disposição assimétrica das chamadas coloridas e textura visual dinâmica das letras.

KYM ABRAMS DESIGN CHICAGO, IL | EUA

A capa deste livro para uma reserva natural evoca a ecologia exuberante do local, com uma colagem luminosa em camadas das plantas vividamente coloridas e animais em transparência. O título aninha-se entre as folhas.

PAONE DESIGN ASSOCIATES
FILADÉLFIA, PA | EUA

A capa deste relatório anual (ver folhas na p. 193) dirige a atenção para uma importante cifra configurada assimetricamente e que atua como janela para a imagem de um céu. Uma textura que compõe as letras grandes, bem como os elementos em cruz e o texto pequeno, contrapõem o campo em cor neutra e as quebras espaciais ousadas.

CREUNA OSLO | NORRUEGA

A "discórdia" mencionada no título desta capa de CD é evocada no desalinhamento das metades superior e inferior da textura em linha diagonal. Os tipos maiúsculos, leves, restabelecem a linearidade do padrão.

THINK STUDIO NOVA YORK, NY | EUA

A capa de um folheto para uma firma de serviços financeiros usa uma metáfora visual sutil para apoiar o conceito do título, enquanto uma paleta rica de cores análogas e complementares realça o foco do conceito no único.

IDEAS ON PURPOSE NOVA YORK, NY | EUA

Os designers destas capas de livro de poesia exploram a qualidade alusiva da forma, aplicando um tratamento de título reservado sobre padrões ornamentais, sensuais. Os motivos decorativos em forma de redemoinho conferem qualidade literal e contemplativa ao trabalho, bem como evocam os aspectos fluidos e metafóricos da escrita poética. Paletas limitadas e austeras conferem calor e contemporaneidade.

PEOPLE DESIGN
GRAND RAPIDS, MI | EUA

As capas de livros desta série são unificadas pela família de letra usada e pelas silhuetas em forte contraste obtidas de fotografias tratadas – bem como por meio do tipo de papel, texturizado, simples, usado na capa.

THOMAS CSANO
MONTREAL, QUEBEC | CANADÁ

Para a capa deste relatório anual, representações gráficas de interfaces de navegador de internet se sobrepõem à fotografia em branco e preto lavada com cor (algumas partes são texturizadas em pontos grosseiros na tela).

CREUNA OSLO | NORUEGA

EMBALAGEM DE PRODUTOS INDIVIDUAIS

FARMACÊUTICOS

Remédio para resfriado vendido sem receita

Menu de Mensagens

Comunicar o conceito do produto: um remédio em duas doses que proporciona alívio e energia durante o dia e o sono reconfortante à noite – efeitos sugeridos pelo nome de marca do produto, uma combinação das palavras *relax* (relaxe) e *maximize* (maximizar).

Transmitir ideias de descanso, energia e saúde.

Sugerir a eficácia do produto.

Tradução de Elementos do Texto

Nome do Produto

Relaximize Dia e Noite
Remédio 24 horas para resfriado multissintoma

Slogan

Sem sono durante o dia, ajuda você a dormir durante a noite

PICTO
14018 66
CROMA
19001 78
19016 78
LETRA
37031 117
38025 119
38043 119
ESPACIAL
49027 142

PERFIS DE SABOR *Complementar • Direto • Abstrato • Rítmico • Ordenado • Energético • Simples*

PICTO
01028 40
01055 41
14018 66
CROMA
19037 79
23028 87
LETRA
36028 115
38013 118
45014 132
ESPACIAL
49025 142
50013 144

PERFIS DE SABOR *Movimento diagonal • Transição • Direto • Resistência • Confiabilidade • Espaço ambíguo • Metafórico*

PICTO
01014 40
02089 43
15013 68
15043 68
CROMA
19016 78
19025 78
LETRA
36027 115
38042 119
ESPACIAL
49007 142
49018 142
50028 144

PERFIS DE SABOR *Transição • Integrado • Complementar • Frio e quente • Geometria radial • Tempo • Rítmico*

PICTO
01028 40
01035 40
02084 43
04019 47
05017 49
CROMA
21045 83
LETRA
37029 117
38043 119
ESPACIAL
49009 142

PERFIS DE SABOR *Alusivo • Referência pictórica • Linear • Eficiente • Direto*

PICTO
01021 40
01028 40
02113 43
CROMA
19049 79
20038 81
20066 81
LETRA
37043 117
38002 118
ESPACIAL
49049 143

PERFIS DE SABOR *Justaposição de imagens abstratas e icônicas • Trabalho • Relaxamento • Contraste em energia • Forte*

PICTO
01001 40
04020 47
12069 63
CROMA
21033 83
25005 90
LETRA
34025 111
37043 117
38037 119
38039 119
ESPACIAL
49008 142

PERFIS DE SABOR *Divertido • Jovem • Acessível • Montagem • Vibrante • Contemporâneo • Equivalência pílula/aço*

PICTO
01057 41
08005 54
CROMA
25010 90
LETRA
37029 117
38048 119
ESPACIAL
49003 142

PERFIS DE SABOR *Estilizado • Sistemático • Ousado • Abstrato • Efervescente • Energético*

PICTO
01020 40
01021 40
04003 46
06005 50
06021 51
CROMA
19038 79
25001 90
LETRA
34009 110
37027 117
38025 119
ESPACIAL
49056 143
50007 144

PERFIS DE SABOR *Justaposição de realismo e estilização • Narrativo • Onírico • Conforto • Energia • Contraste suave/rígido*

PICTO
04001 46
CROMA
21003 82
LETRA
37029 117
38038 119
ESPACIAL
49008 142

PERFIS DE SABOR *Pictórico • Primário • Vívido • Narrativo • Cotidiano • Pessoal*

Letras serifadas neoclássicas, com seu contraste pronunciado no traço, reafirmam visualmente os finos e espessos da ilustração icônica, e também conferem um sentido de luxo. As imagens florais onduladas posicionam o produto como refrescante e natural, enquanto seus aspectos de composição sugerem uma nuvem de fumaça.

BRUKETA & ZINIC ZAGREB | CROÁ-

Nesta capa de CD com a compilação da obra de um compositor, a tipografia clássica de um álbum de jazz é apoiada por uma fotografia tonalizada; linhas e pontos conectam visualmente os detalhes na imagem.

COMPASS 360 DESIGN
TORONTO, ON | CANADÁ

Um rótulo econômico e simples que transforma um mero petisco numa experiência convidativa por meio de cores ousadas e solares, uma letra serifada amigável (quase de livro escolar) e um detalhe pictórico sutil.

RED CANOE
DEER LODGE, TN | EUA

A proporção empertigada e alta desta embalagem de suco confere um contraste linear e tenso à coleção de formas fotográficas pontuais. As imagens são luxuriantes e concretas, mas organizadas para formar uma paisagem realçada pelos elementos ilustrativos que transformam a cena numa experiência surreal e atraente.

BRUKETA & ZINIC
ZAGREB | CROÁCIA

A relação radical de complementaridade entre vermelho-laranja e azul-violeta, enriquecida com preto e um azul esverdeado intenso, atua como um fundo convincente para a forma angular contrastante e as imagens florais estilizadas de apoio arrumadas numa composição livre, similar à colagem. As formas, cores e figuras florais abstratas aludem à experiência dinâmica de contar

Uma paleta sutil de tons azuis – um

WEBSITE SIMPLES

HOME PAGE
Consultores de Serviços Financeiros

Menu de Mensagens

Comunicar o serviço primário do cliente, consultoria em investimentos e finanças.

Posicionar o cliente como um apoio para o planejamento do estilo de vida de seus próprios clientes.

Transmitir a competência do cliente no seu campo de especialidade.

Diferenciar o cliente por meio de linguagem visual que sugira sua capacidade de planejamento.

Tradução de Elementos do Texto

Nome do Cliente
Fiske Market Consultoria

Manchete Promocional
Investindo a partir de sua perspectiva.
Como você se vê nos próximos vinte anos? Nós vemos também.

Elementos de navegação
Perfil da Companhia/Serviços do Investidor/Portfólio de Fundos/Área do Cliente

PICTO
01059 41
04001 46
04016 46

CROMA
19051 79
26001 92

LETRA
36025 115
38005 118
46022 134

ESPACIAL
49007 142
52017 149
56004 156

PERFIS DE SABOR *Forte • Financeiro • Confiável • Competente • Focado • Narrativo • Planejamento versus Objetivo • Vibrante*

PICTO
01068 41
04002 46
04005 46
05018 49
14022 66

CROMA
19051 79
26001 92

LETRA
37025 117
38018 118
46044 135

ESPACIAL
53022 151
56006 156

PERFIS DE SABOR *Ordenado • Matemático • Racional • Linear • Dimensional • Fluido • Responsivo • Sério • Confiável*

PICTO
04012 46
05004 48

CROMA
19057 79
26001 92

LETRA
37001 116
38036 119
46045 135

ESPACIAL
52018 149

PERFIS DE SABOR *Distinto • Neutro • Clássico • Estruturado • Competente • Livresco • Texturizado • Reservado • Sofisticado*

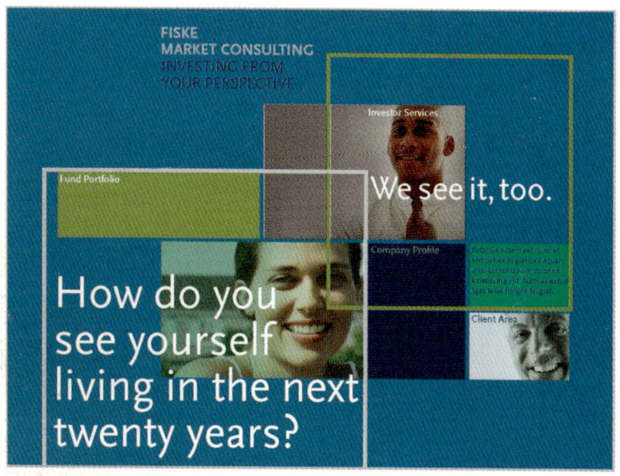

PICTO
01052 41
04008 46
04017 47

CROMA
21028 83
26002 92

LETRA
37025 117
38006 118
46049 135

ESPACIAL
53022 151
56006 156
56023 157

PERFIS DE SABOR *Simples • Organizado • Direto • Mosaico • Parte ao todo • Abrangente • Progressista • Integrado*

PICTO
04001 46
06005 50
06019 51
06031 51

CROMA
29017 99

LETRA
37040 117
38027 119
46047 135

ESPACIAL
52023 149

PERFIS DE SABOR *Personalizado • Focado no Cliente • Direto • Honesto • Confiável • Limpo • Metafórico*

PICTO
01054 41
01068 41
04001 46
06005 50
06009 50
06031 51
10001 58

CROMA
19018 78
26002 92

LETRA
33031 109
37025 117
38025 119
46023 134

ESPACIAL
49056 143

PERFIS DE SABOR *Simbólico • Intangível • Inspirador • Concreto • Acessível • Da juventude à aposentadoria • Integrado*

Um website promocional organiza numa área deslizável, em formato letterbox, imagens recortadas de maneira próxima e texto. O conteúdo é agrupado de acordo com cabeçalhos conceituais listados na navegação mínima acima da faixa.

PEOPLE DESIGN GRAND RAPIDS, MI | EUA

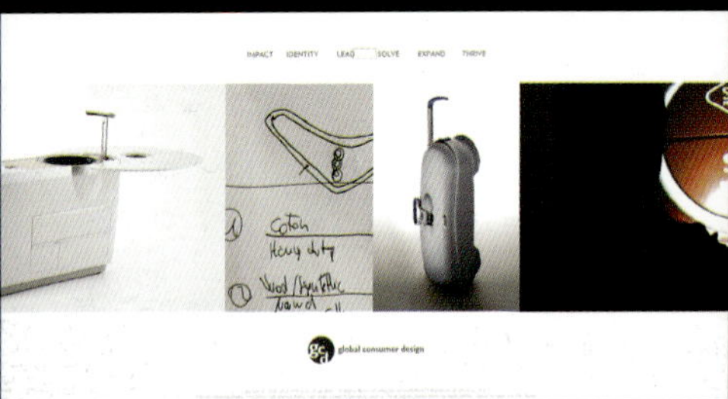

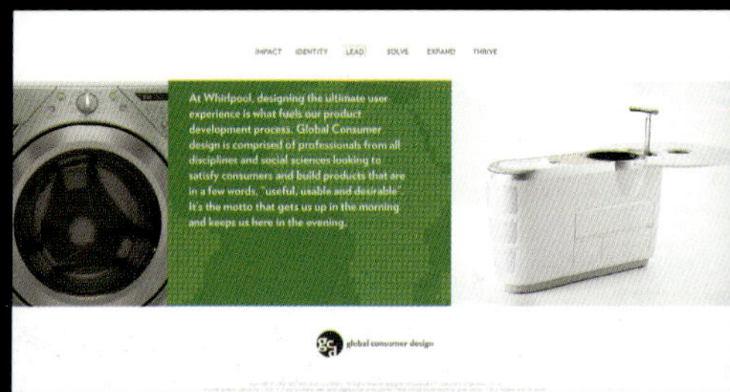

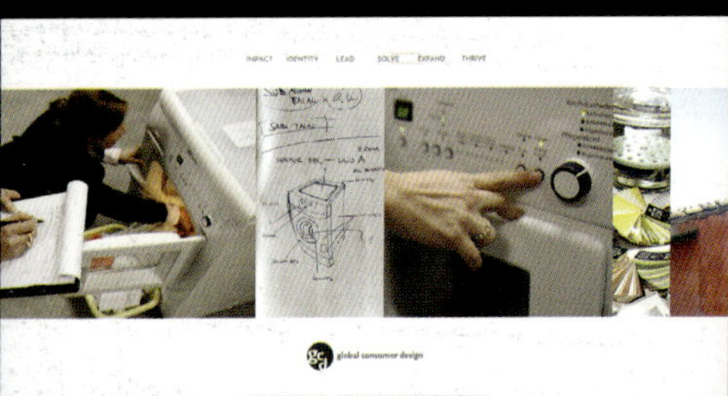

Este site elegante agrupa uma grelha de navegação com imagens pequenas e conteúdo em texto numa área em primeiro plano, apoiada por campos de cor esmaecidos e padrões sutis.

FORM LONDRES | REINO UNIDO

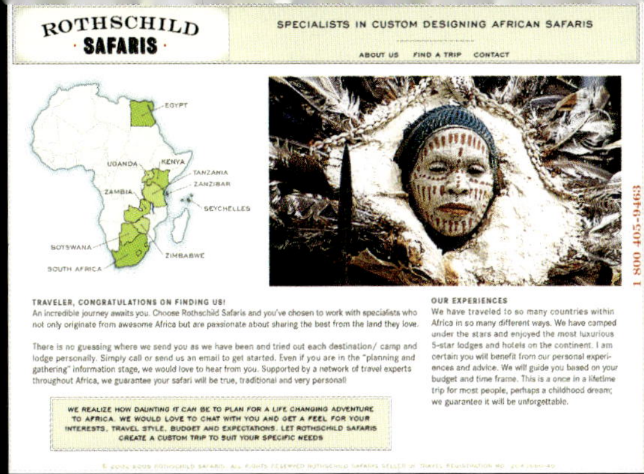

O texto informativo relativamente longo é organizado de maneira limpa numa grelha hierárquica que prevê espaços diferentes para marcas, navegação e imagens. O processo de reverter a proporção das quebras geométricas de páginas entre zonas adiciona movimento. Uma seleção de góticas sem serifa e serifadas maiúsculas ornamentais evoca o período colonial, assim como o mapa ilustrado atualizado faz.

THINK STUDIO
NOVA YORK, NY | EUA

O portfólio deste website de estúdio de design é acessado por meio de uma grelha de padrões geométricos intrincados, cada um revelando o retrato de um estudo de caso específico. A navegação remanescente é agrupada à esquerda da grelha de texto principal.

BASE ART CO.
COLUMBUS, OH | EUA

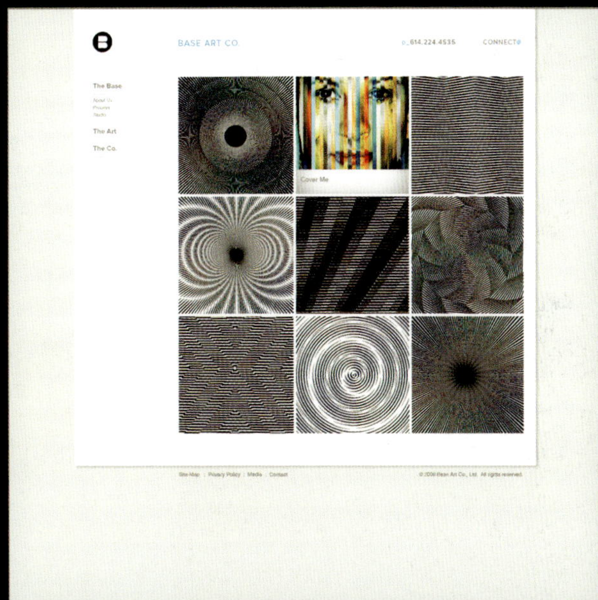

Este website de um fabricante de botas para caminhada organiza as imagens e a navegação numa colagem no estilo de um álbum de recortes. Tons de terra e um pano de fundo semelhante a um tronco de árvore reforçam a mensagem rústica.

999 DESIGN
LONDRES | REINO UNIDO

PICTO
04031 47
04032 47
06022 51
08022 55
16025 70

CROMA
29023 99

LETRA
34038 111
37025 117
38047 119
41017 125
46031 135
46036 135

ESPACIAL
49037 143
56008 156
56010 156
56030 157

PERFIS DE SABOR *Eclético • Geométrico • Narrativas mistas • De apresentação • Dimensional • Em construção • Fluido*

PICTO
01029 40
04018 47
06005 50
10032 58
17042 73

CROMA
25001 90
26002 92

LETRA
37017 116
38040 119
39031 121
46006 134

ESPACIAL
50017 144
52030 149

PERFIS DE SABOR *Temático • Romântico • Livro de histórias • Dimensional • Interativo • Detalhado • Sonho versus Real • Metafórico*

PICTO
01028 40
02010 42
13042 65
18012 74

CROMA
29017 99

LETRA
37042 117
38048 119
46002 134

ESPACIAL
49007 142
53014 150

PERFIS DE SABOR *Eclético • Narrativo • Simbólico • Delicado • Nostálgico • Confortável • Reservado*

PICTO
04022 47
12064 63

CROMA
29023 99

LETRA
37045 117
38038 119
46047 135
48069 138
48101 138
48118 138
48122 138

ESPACIAL
53031 151

PERFIS DE SABOR *Contemporâneo • Limpo • Profissional • Ornamentação Sutil • Organizado • Referência ambiental*

PICTO
01068 41
02018 42
02104 43
06005 50
07032 53
17026 72

CROMA
29030 99

LETRA
33016 108
37044 117
38044 119
38047 119
46004 134

ESPACIAL
49004 142
49049 143

PERFIS DE SABOR *Ilustrativo • Narrativo • Gestual • Pessoal • Dimensional • Espontâneo • Divertido*

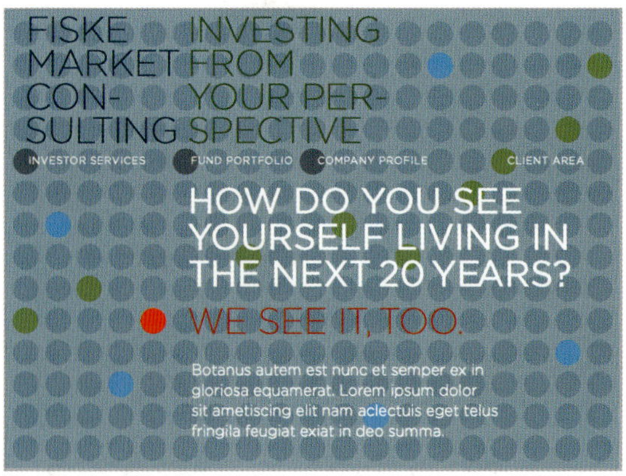

PICTO
01057 41

CROMA
21003 82
24022 89

LETRA
37030 117
38018 118
38043 119
46044 135

ESPACIAL
53027 151

PERFIS DE SABOR *Eficiente • Informativo • Rigoroso • Sofisticado • Neutro • Geométrico • Sistemático • Ousado • Tecnológico*

Uma colagem livre com elementos fotográficos permite que os usuários naveguem através do conteúdo deste website promocional.

MAURICE REDMOND/FEUER
MUNIQUE | ALEMANHA

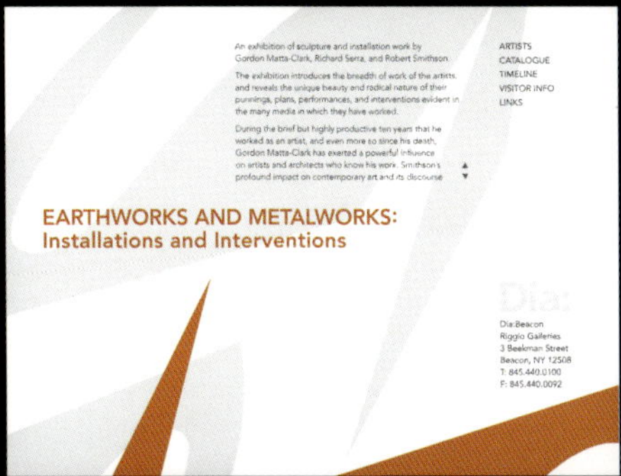

Este modelo de website articula texto e imagens inseridas, junto com uma linha do tempo interativa, numa grelha hierárquica com três colunas. Formas abstratas derivadas da arte apresentada ativam o austero espaço em branco do fundo, e sua cor é usada para realçar os elos de navegação.

FRANCESCA SCIANDRA
NOVA YORK, NY | EUA

Neste website para um fabricante de roupas, as imagens, o texto e a navegação, organizados numa grelha hierárquica de colunas, são apoiados por um fundo de tela com tecido sensualmente iluminado. A navegação é composta de forma clássica em fotos de etiquetas de roupa.

2FRESH ISTAMBUL | TURQUIA, LONDRES | REINO UNIDO

PROPAGANDA BASEADA EM IMAGEM

FORMATO DE PÁGINA ÚNICA

Produtos de Estilo de Vida

Menu de Mensagens

Identificar a maraca e o propósito do produto.

Estabelecer a compreensão das qualidades botânicas e orgânicas do produto.

Evocar a efetividade do produto como resultado de técnicas científicas avançadas de fabricação.

Transmitir um sentido de higiene, saúde e energia.

Comunicar o potencial do produto de melhorar a saúde a longo prazo.

Tradução de Elementos do Texto

Cliente

Nutria Bath and Body System

Cabeçalho e Quadro

Reviva e conquiste! Não limpa, apenas, mas catalisa – com a ciência da botânica orgânica.

Slogan

A ciência faz a diferença.

O corpo do texto é representado por texto fictício neste projeto.

PICTO
02025 *42*
04001 *46*
06024 *51*
10011 *58*
CROMA
19029 *78*
25010 *90*
LETRA
36028 *115*
38031 *119*
ESPACIAL
49008 *142*
50003 *144*
56036 *157*

PERFIS DE SABOR *Icônico • Botânico • Científico • Oficial • Natural • Limpo • Direto • Refrescante*

PICTO
01028 *40*
02005 *42*
09030 *57*
CROMA
25010 *90*
LETRA
34024 *110*
36028 *115*
37025 *117*
ESPACIAL
49040 *143*

PERFIS DE SABOR *Revigorante • Limpo • Metafórico • Elementar • Imaginativo • Orgânico • Sensual*

PICTO
01028 *40*
01067 *41*
04001 *46*
06023 *51*
08020 *55*
10022 *58*
CROMA
19029 *78*
25007 *90*
LETRA
36029 *115*
37025 *117*
38007 *118*
38038 *119*
39011 *120*
ESPACIAL
49010 *142*
50040 *145*

PERFIS DE SABOR *Científico • Fonte versus Uso • Botânico • Molecular • Analítico • De primeira linha • Personalizado*

PICTO
01025 *40*
01028 *40*
02033 *42*
06005 *50*
11042 *61*
CROMA
20039 *81*
26008 *92*
LETRA
34048 *111*
36030 *115*
38008 *118*
ESPACIAL
49005 *142*
50003 *144*
50045 *145*

PERFIS DE SABOR *Capacitado • Limpo • Ambicioso • Científico • Botânico • Clássico • Forte • Simples • Consciente da saúde*

PICTO
04001 *46*
06005 *50*
13004 *64*
17009 *72*

CROMA
28001 *96*
29006 *98*

LETRA
37047 *117*
38035 *119*
38040 *119*
40017 *123*
40030 *123*

ESPACIAL
49002 *142*
49011 *142*

PERFIS DE SABOR *Editorial • Clássico • Vitoriano • Sensual • Experimental • Detalhado • Sugere indulgência*

PICTO
01013 *40*
01018 *40*
02084 *43*
07022 *53*
18008 *74*
18013 *74*

CROMA
19002 *78*
25016 *90*
28002 *96*

LETRA
37025 *117*
38029 *119*
38031 *119*
45025 *133*

ESPACIAL
50056 *145*

PERFIS DE SABOR *Alegre • Ilustrativo • Dimensional • Ativo • Saudável • Cotidiano • Estilo de vida jovial • Vibrante*

PICTO
01068 *41*
07002 *52*
17046 *73*

CROMA
19014 *78*
28002 *96*

LETRA
37002 *116*
38007 *118*
44016 *130*

ESPACIAL
49012 *142*
50044 *145*

PERFIS DE SABOR *Ênfase na saúde feminina • Energético • Ilustrativo • Alusão à botânica • Pessoal • Artesanal*

PICTO
01018 *40*
01028 *40*
01057 *41*
04001 *46*
06005 *50*
06021 *51*
13048 *65*
14019 *66*

CROMA
21021 *82*
21043 *83*

LETRA
37030 *117*
38041 *119*
44019 *130*
45024 *133*

ESPACIAL
49009 *142*
50043 *145*

PERFIS DE SABOR *Sutil • Gradual • Realce • Molecular • Ciência moderna versus Experiência romântica • Efetivo • Beleza*

O designer caracteriza a abordagem familiar de um trabalho icônico harmonioso com um estilo de ilustração simplificado e charmoso e elementos de texto estilizado. Uma paleta rica de cores análogas sugere a ambientação rural da narrativa.

999 DESIGN LONDRES | REINO UNIDO

Este cartaz de uma aula do inovador da tipografia, Philippe Apeloig, mistura ícones desenhados à mão com tratamentos abstratos e dimensionais de tipos característicos de sua obra. Um layout intrincado faz alusão à precisão e ao trabalho do designer.

DURRE DESIGN RANCHO PALOS VERDE, CA | EUA

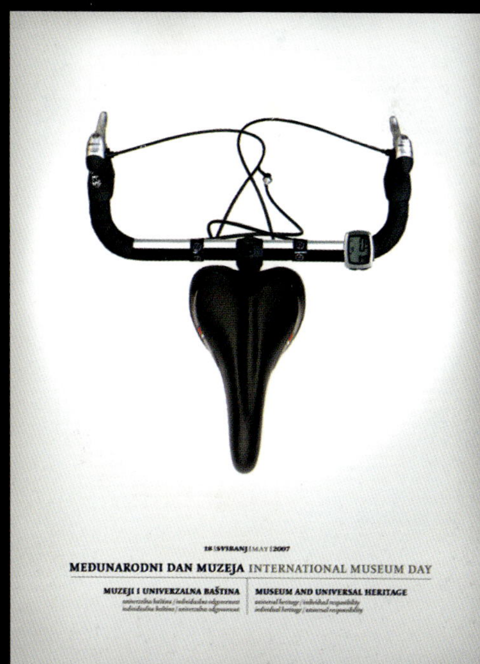

Este cartaz de anúncio promove a atemporalidade da arte por meio de uma imagem que evoca mensagens icônicas das pinturas das cavernas enquanto reproduz uma escultura moderna de Pablo Picasso. O controle cuidadoso do contraste visual entre os elementos introduz ritmo e tensão que realçam a composição simétrica.

BRUKETA & ZINIC ZAGREB | CROÁCIA

Uma espiral revolta de tecido multicolorido guia o olhar para o seu ponto focal assimetricamente localizado – um bloco de informação composto totalmente em maiúsculas e organizado por elementos de linha.

TACTICAL MAGIC
MEMPHIS, TN | EUA

Cores complementares apoiam a representação icônica e ousada deste cartaz. Atenção cuidadosa aos detalhes como os que podem ser vistos no contorno tracejado do elemento de texto, bem como no posicionamento dos elementos mais escuros, adiciona contraste e desloca a apresentação

A grelha usada para organizar as imagens do produto nas páginas de um catálogo de joalheria (ver p. 193) aparece no arranjo inteligente das caixas na capa do catálogo.

SUNG SOO SONG

NOVA YORK, NY | EUA

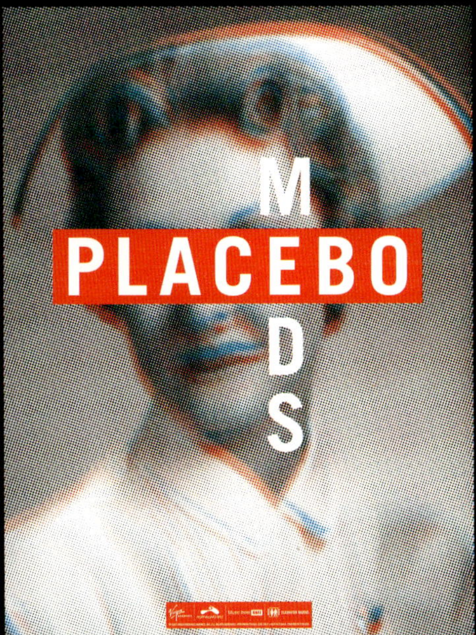

A sobreimpressão da mesma figura em pontos grosseiros nas cores complementares vermelho e verde – usualmente associadas com imagens 3D – evoca um estado mental desorientado que necessita de medicação conceitual.

STEREOTYPE DESIGN

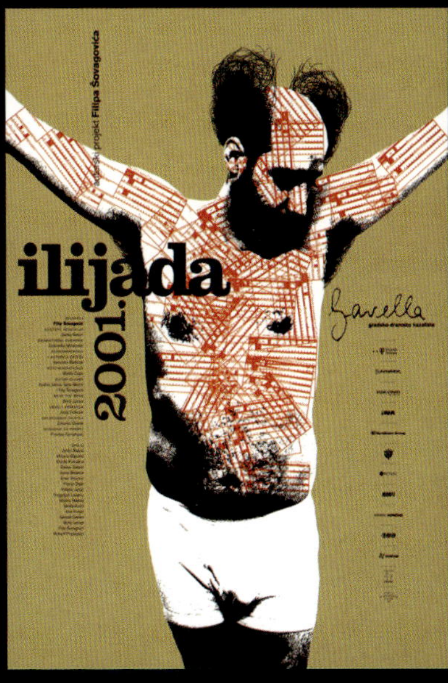

2 PRIMEIROS PRATOS

Estas são transições saborosas entre a mensagem introdutória dos petiscos visuais e o prato principal do cardápio, ou projetos mais complexos de natureza seriada ou sequencial. As letras desempenham um papel mais relevante no sabor destas composições – em mostradores de loja, páginas editoriais e campanhas publicitárias –, mas as imagens permanecem um componente forte no perfil de sabor.

Projetos neste Capítulo

PÁGINAS EDITORIAIS SIMPLES
NEWSLETTER/PÁGINA DE REVISTA

MOSTRUÁRIO DE LOJA DE VAREJO
PROMOÇÃO NA VITRINE

PÔSTER DE CAMPANHA PUBLICITÁRIA
QUIOSQUE OU FORMATO DE PÁGINA ÚNICA

PÁGINAS EDITORIAIS SIMPLES

NEWSLETTER/PÁGINA DE REVISTA

Organização sem Fins Lucrativos

Menu de Mensagens

Comunicar o assunto financeiro do artigo apresentado.

Organizar o conteúdo editorial com imagens e o índice da newsletter.

Remeter às principais atividades do cliente: construir habitação de baixo custo, reformar propriedades abandonadas e desenvolver áreas verdes e jardins.

Indicar a periodicidade da publicação.

Tradução de Elementos do Texto

Manchete do Artigo

Bem-vindo à selva: Desbravando o mercado de capital de risco sem fins lucrativos.

Corpo do Artigo

Na economia volátil de hoje, muitas firmas de capital de risco estão retardando o investimento até que tenham uma perspectiva de bons lucros – em geral, para prevenir atitudes prematuras que poderiam confirmar essa suspeita.

Chamada do Artigo

"Nós temos de parecer racionais, mas parte da equação é a paixão."
Walter Rosegarten, Investidor de risco

Título Mestre da Newsletter

Urban Hope Quarterly/Outubro 2012 /Volume 5, Número 02

O corpo do texto é representado por texto fictício neste projeto.

PERFIS DE SABOR
Geométrico • Ordenado • Simples • Limpo • Acadêmico • Formal • Rigoroso • Ecológico • Urbano • Jornalístico

PICTO
04017 47
04019 47
04029 47
06005 50

CROMA
20047 81
20064 81

LETRA
37048 117
38017 118
40002 122
41001 124
42012 126
44017 130
46011 134

ESPACIAL
49046 143
49048 143
51017 147
57002 158

PERFIS DE SABOR
Complexo • Acessível • Em camadas • Referência gráfica • Icônico • Em construção • Organizado • Ênfase financeira • Sofisticado • Formal

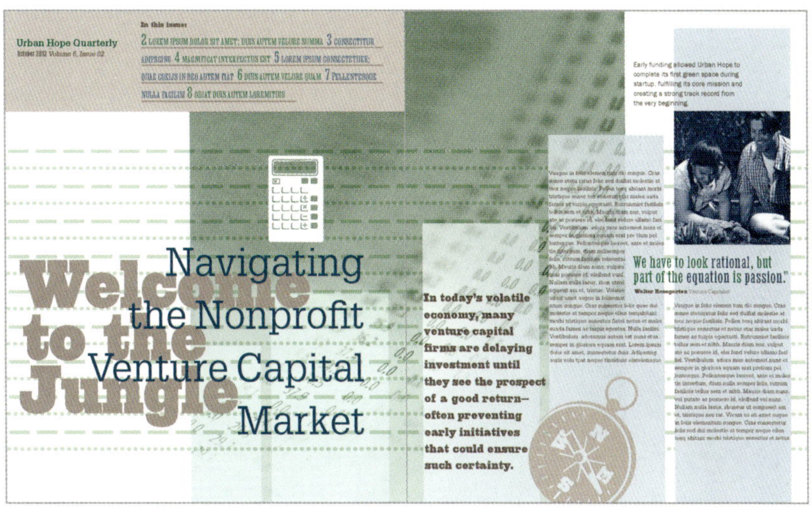

PICTO
02090 43
02104 43
04017 47
04030 47
18049 75

CROMA
21046 83

LETRA
37038 117
38034 119
41027 125
42008 126
44017 130
46010 134

ESPACIAL
52011 148
57004 158

PERFIS DE SABOR
Cor dinâmica • Dimensional • Físico • Detalhamento do ícone • Organizado • Industrial • Jornalístico • Sutilmente divertido

PICTO
02030 42
04012 46
04032 47

CROMA
21022 82
21023 82

LETRA
37048 117
38025 119
39026 121
40002 122
40020 123
40029 123
41005 124
42019 127
46045 135

ESPACIAL
53017 151
57003 158

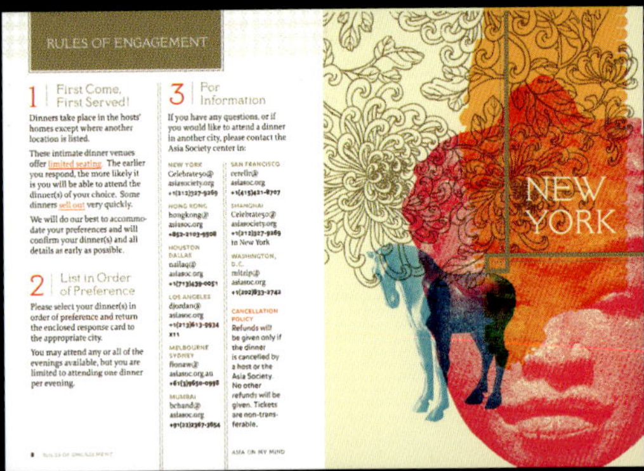

Estas páginas do convite de um evento mostram uma combinação intensa de elementos ilustrativos – fotos colorizadas, padrões ilustrativos e tratamento das bordas – apoiados pela tipografia detalhada, que usa linhas, padrões, numerais iniciais e texto colorido.

IDEAS ON PURPOSE
NOVA YORK, NY | EUA

O uso de um ícone estilizado, comum, da forma feminina como imagem deste catálogo – presente na capa, como parte de uma ilustração fotográfica e como base para gráficos – sublinha a informação estatística e reforça a projeção da identidade da trabalhadora.

KYM ABRAMS DESIGN
CHICAGO, IL | EUA

Uma mistura excitante de elementos ilustrativos tais como silhuetas vetorizadas, rabiscos, setas, ícones e grelhas, combinados com uma letra sem serifa neutra para criar uma publicação atrativa aos estudantes.

FORM LONDRES | REINO UNIDO

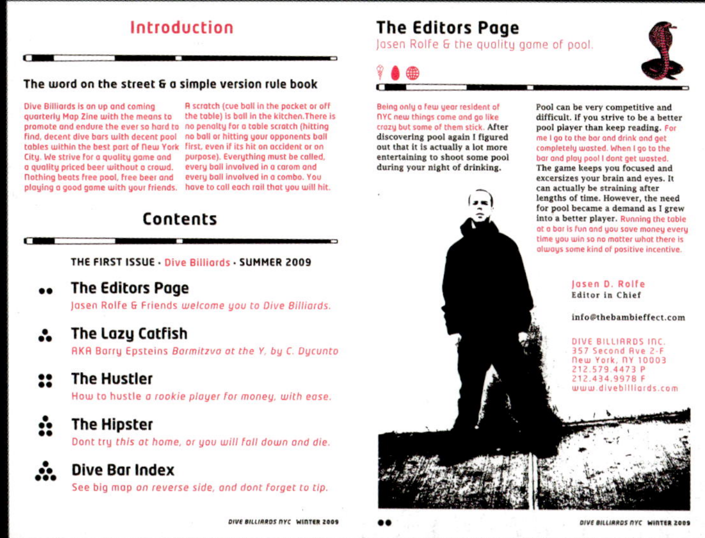

O boletim trimestral mistura uma variedade de estilos de ilustração – fotografia de alto contraste, objetos vetorizados e gravura – com uma letra sem serifa contemporânea, layout vitoriano e detalhamento do texto para evocar o caráter moderno, ainda que atemporal, do entusiasta dos salões de bilhar.

JASEN D. ROLFE LEXINGTON, MA | EUA

Divisões espaciais claramente definidas na largura desta página de revista estabelecem uma geometria de composição forte que os vários elementos complementam e contrastam de forma alternada. O limite entre imagem e espaço vazio é cruzado pelo subtítulo, mas repetido pelo bloco de texto. As qualidades arquitetônicas do layout são contrastadas pelo aspecto arredondado da forma do título, ainda que o arco da árvore seja repetido no “e” minúsculo acentuado. Diagonais, pesos diferentes de linha e dimensões na imagem são reafirmados pelos tamanhos, pesos e posicionamento dos elementos tipográficos.

JOSEPH CASERTO
ART DIRECTION AND DESIGN

PERFIS DE SABOR
Metafórico • Ilustrativo • Convidativo • Diverso • Pessoal • Narrativo • Hierárquico • Navegável

PICTO
04001 46
04019 47
06022 51
07009 52
07015 52

CROMA
20003 80
20025 80
20035 80

LETRA
37048 117
38038 119
38043 119
40009 122
41029 125
42024 127
44017 130
44019 130
46026 135

ESPACIAL
49008 142
53026 151

PERFIS DE SABOR
Modular • Precisamente Organizado • Profundidade Dramática • Texturizado • Arenoso • Comercial • Urbano • Interativo • Confrontativo

PICTO
04026 47
05022 49
17069 73

CROMA
19026 78
25002 90

LETRA
33021 108
34028 111
37025 117
38007 118
38017 118
40005 122
41009 124
42004 126
44012 130
46012 134

ESPACIAL
49052 143
53026 151
55007 154
56021 157

PERFIS DE SABOR
Geométrico • Hierárquico • Jornalístico • Ecológico • Urbano • Arquitetônico • Comercial

PICTO
04001 46
04009 46
04032 47
06005 50

CROMA
21039 83
25002 90

LETRA
37038 117
38017 118
38038 119
40009 122
41009 124
44002 130
44026 131
46013 134

ESPACIAL
52022 149
56003 156
56027 157
57006 158

Formas geométricas básicas enquadram colunas de textos, integrando-as aos espaços da composição de fotografias em cores cortadas radicalmente. Chamadas tipográficas são tratadas com um padrão linear.

CREUNA OSLO | NORUEGA

Para um catálogo de produto, joias são apresentadas em vários layouts numa estrutura em grelha consistente, com cores de página correspondentes ao metal usado na peça.

SUNG SOO SONG

NOVA YORK, NY | EUA

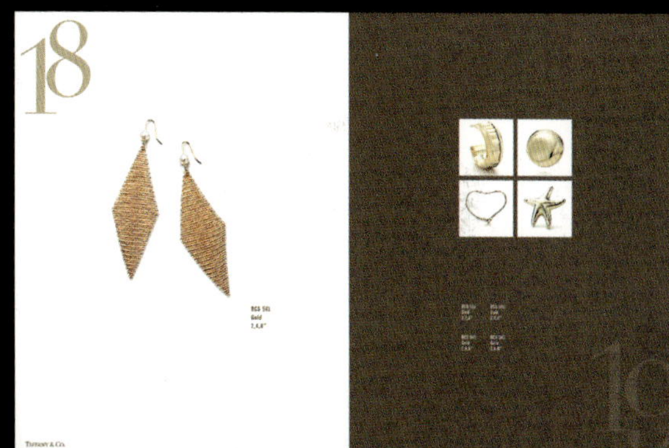

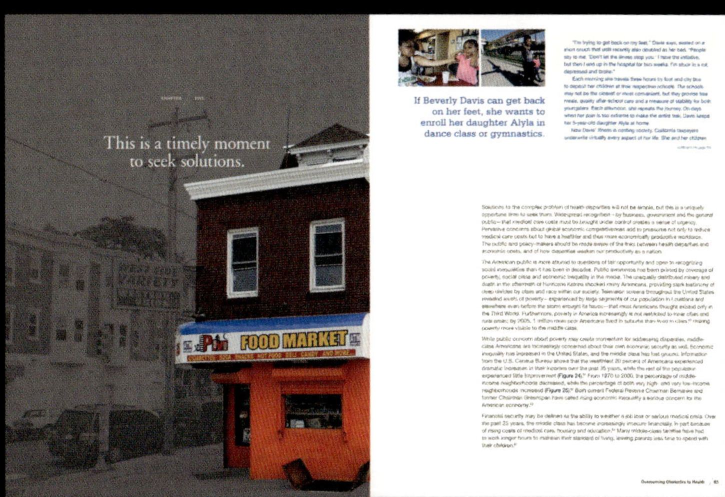

Este layout liso para um relatório sobre pobreza urbana justapõe tipografia majestosa, quase livresca – numa mistura tranquila de serifadas e não serifadas – com imagens tonalizadas seletivamente nas quais os pontos focais são delineados em cor vívida.

IDEAS ON PURPOSE

NOVA YORK, NY | EUA

Formas geométricas abstraídas de mobiliário, diagramas de ciência e arquitetura compõem as aberturas de página deste catálogo de móveis. Opondo-se à frieza da linearidade está o fato de que esses elementos foram desenhados à mão. Cores sobreimpressas em paletas complementares enriquecem a experiência cromática. A tipografia alterna entre sem serifas com arestas agudas e elegante texto serifado.

PEOPLE DESIGN GRAND RAPIDS, MI | EUA

Este relatório anual é formatado de maneira não convencional de livreto sanfonado. Um lado apresenta mensagens no nível superior – uma visão geral do desempenho do negócio integrada com pedaços de fotografias tratadas com textura –, enquanto outras partes mostram imagens cheias totalmente saturadas, com destaques tipográficos grandes. As tabelas financeiras são encartadas como num livreto, continuando os elementos lineares estabelecidos em outras páginas.

ANN IM SUNWOO
NOVA YORK, NY | EUA

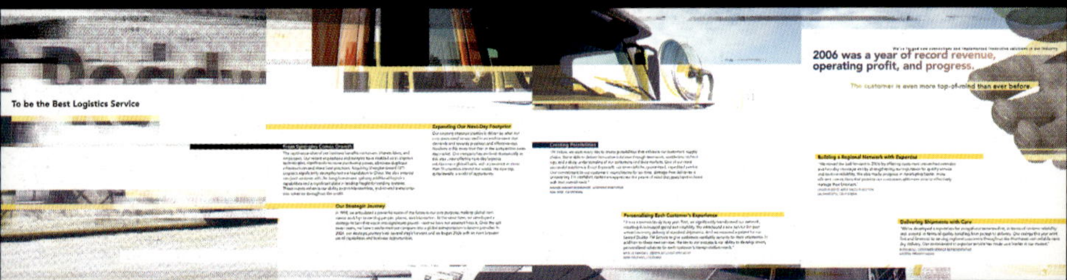

Páginas duplas da revista Beacon exibem uma unidade visual global conferida pela grelha fechada de oito colunas e uma única família de letras – neste caso, uma sem serifa levemente condensada, com terminações arredondadas, que tanto é forte quanto amigável.

CREUNA OSLO | NORUEGA

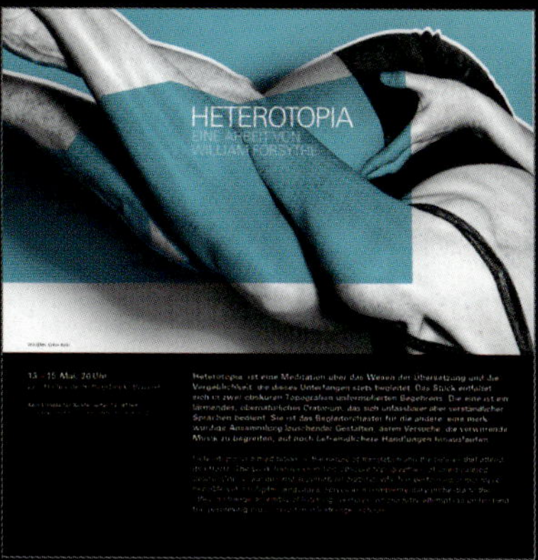

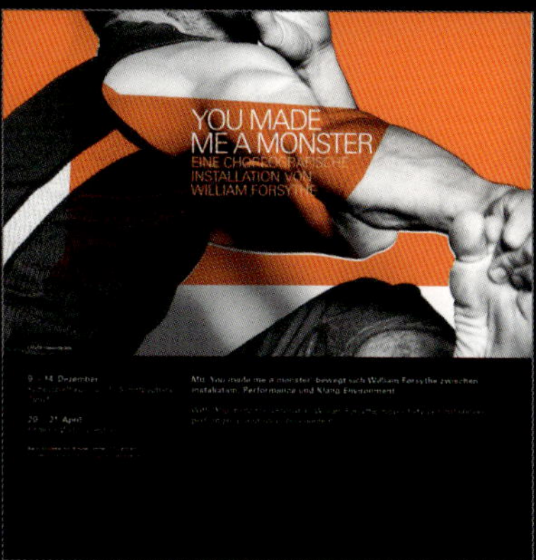

Este catálogo de temporada para uma companhia de dança apresenta fotografias em branco e preto dos dançarinos cortadas bem de perto, sobrepostas

MOSTRUÁRIO DE LOJA DE VAREJO

PROMOÇÃO NA VITRINE

Decoração e Utilidades Domésticas

Menu de Mensagem

Estabelecer a natureza do negócio do cliente: varejo de mobiliário para o lar.

Comunicar a variedade de estilos de produtos ofertada.

Focar a comunicação em designers de interiores e consumidores com padrão de consumo ascendente e senso de estilo.

Mostrar as qualidades estéticas e de produção dos móveis.

Anunciar rapidamente a promoção.

Aludir à estação da promoção.

Tradução de Elementos do Texto

Logotipo do Cliente
The Home Store

Manchete da Promoção

Serviço de quarto essencial: Do extravagante e fino ao moderno e mínimo

Caixa de Texto
As coleções de primavera estão aqui

Anúncio da promoção de venda
Por tempo limitado: 30% de desconto em todas as peças de iluminação

Elementos listadoss
Cadeiras / Sofás / Móveis secionais / Armários credenza / Otomanas / Divãs / Mesas de canto / Estantes / Bancos / Miniestantes / Luminárias / Luninárias de parede

PERFIS DE SABOR
Dimensional • Cinético • Contemporâneo • Concreto • Rico • Estiloso • Eclético • Em camadas • Construído • Geométrico • Detalhado

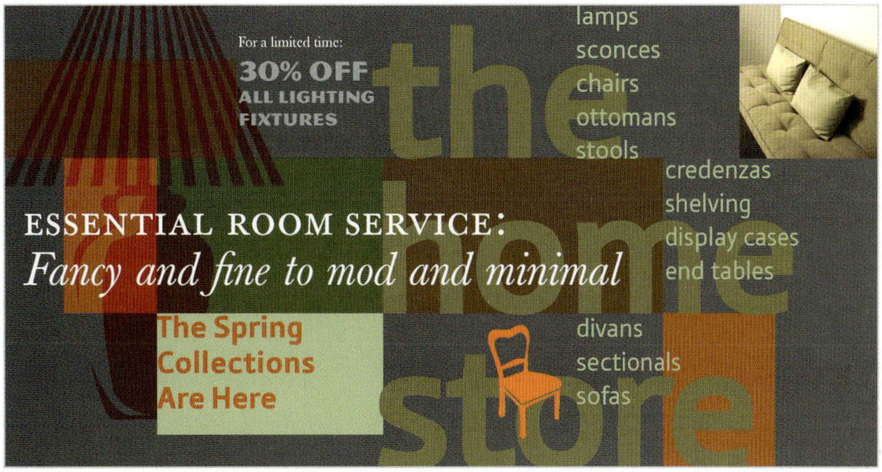

PICTO
02059 42
02064 42
04001 46

CROMA
28006 96

LETRA
37003 116
37031 117
38038 119
38043 119
46041 135

ESPACIAL
49037 143

PERFIS DE SABOR
Eclético • Espaço ambíguo • Sazonal • Arejado • Divertido • Decorativo • Vibrante • Contemporâneo • Pop

PICTO
01016 40
01020 40
04009 46
04029 47
06005 50
10032 58
12026 62
13013 64
14004 66

CROMA
25029 91
28005 96

LETRA
33025 109
33030 109
37029 117
38027 119
46048 135

ESPACIAL
49010 142
49040 143
49055 143

PERFIS DE SABOR
Padrão contra o sólido • Linear • Geométrico • Urbano • Peculiar • Estilo de vida • Objetos e espaços • Dimensional • Personalizável

PICTO
01019 40
01056 41
04011 46
04024 47
04030 47
06005 50
10022 58
13051 65
13052 65
13064 65
14011 66
14031 66
16126 71

CROMA
25002 90

LETRA
36047 115
37030 117
38038 119
46022 134

ESPACIAL
52013 148

PERFIS DE SABOR
Geométrico • Estruturado • Arquitetônico • Sensual • Eclético • Ousado • Moderno • Cinético • Decorativo

PICTO
08022 55
13042 65
13064 65
13067 65
CROMA
25017 91
29023 99
LETRA
33009 108
37028 117
38042 119
38048 119
ESPACIAL
49019 142
49035 142

PERFIS DE SABOR
Ilustrativo • Luminoso • Liso • Majestoso • Formal • Diagramático • Composto • Contraste de atividade • Contemporâneo

PICTO
07012 52
08029 55
CROMA
25001 90
25004 90
LETRA
33022 108
36047 115
38001 118
41009 124
46007 134
ESPACIAL
49011 142

PERFIS DE SABOR
Continuidade • Integrado • Fluxo • Modular • Progressão espacial • Estilo de vida • Narrativo • Sazonal • Em camadas • Rítmico

PICTO
04032 47
CROMA
22013 84
23027 87
LETRA
37030 117
38018 118
38042 119
41009 124
44017 130
ESPACIAL
52011 148
56011 156
56028 157
57006 158

O poder gráfico das formas físicas e dos materiais – pedra, vidro, metal, papel texturizado – torna-se evidente no espaço ousado criado para este restaurante. Uma paleta de cores neutras é pontuada pela parede em laranja vivo, enquanto a linearidade do padrão da parede e da área de assentos ganha um contraste pop a partir dos pontos brilhantes, gigantes: luminárias pendentes e espelhos montados em grelha.

KUHLMANN LEAVITT DESIGN

SAINT LOUIS, MO | EUA

Neste projeto de exposição, o arranjo em camadas de elementos físicos, fotográficos e de textura cria composições dimensionais. Considerando ângulos múltiplos de observação, os efeitos de luz e transparência e as relações de cor entre materiais fabricados e o conteúdo mostrado permitem uma experiência de design semelhante àquela do mostruário da loja ou mesmo de uma aplicação impressa.

ATELIER BRÜCKNER

STUTTGART | ALEMANHA

Barreiras de construção decoradas com a marca, projetadas ao redor de várias letras "C" texturizadas, proporcionam alívio visual em meio à reforma da fachada da loja e criam uma expectativa quanto ao futuro potencial da vitrine de rua.

ADAMSMORIOKA

BEVERLY HILLS, CA | EUA

PÔSTER DE CAMPANHA PUBLICITÁRIA

QUIOSQUE OU FORMATO DE PÁGINA ÚNICA

Fragrância Masculina

Menu de Mensagens

Apresentar e marcar visualmente uma fragrância italiana de alto nível.

Transmitir o foco masculino do produto.

Expressar noções de mistério e surrealismo: evocar a sensualidade da fragrância criando uma experiência sensorial.

Criar narrativas provocadoras, sugerindo a natureza de tabu da sexualidade diversa entre homens.

Igualar a fragrância ao estilo de vida desejado, com aventuras, intrigas, poder e prazer.

Tradução de Elementos do Texto

Cabeçalhos da Propaganda

É preciso um para conhecer um. (1)
Talvez sim, talvez não. (2)
Uma porta se fecha, outra se abre. (3)

Marca do Produto e Frase de Posicionamento

Mistério: em cada homem há um pequeno mistério

Slogan

A nova fragrância para homens que sabem mais

O corpo do texto é representado por texto fictício neste projeto.

PERFIS DE SABOR
Esfumaçado • Fluido • Lânguido • Elegante • Sensual • Intenso • Consciente do corpo • Forte • Nebuloso

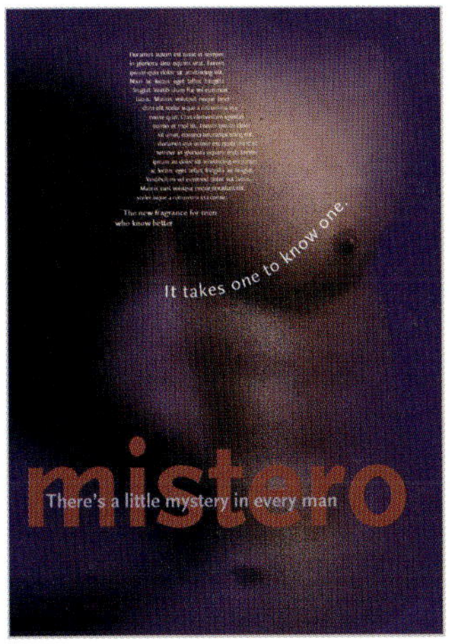

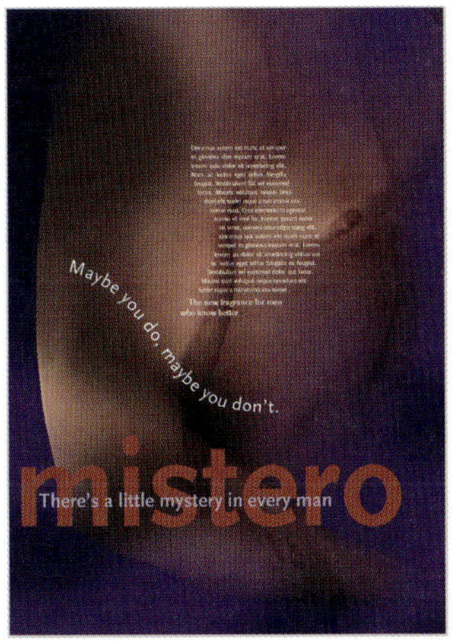

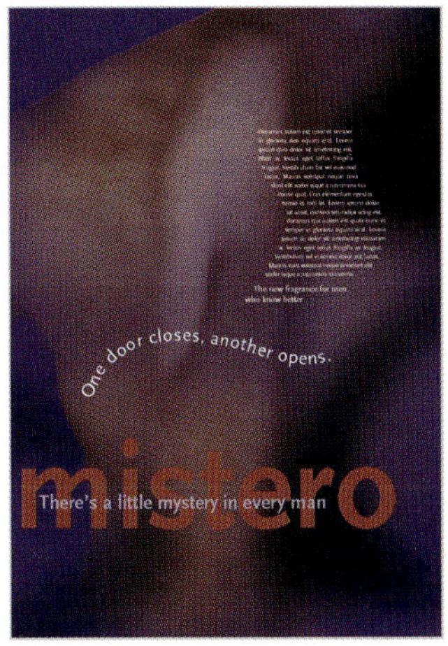

PICTO
04007 *46*
09014 *56*
11040 *61*

CROMA
25013 *90*
25014 *90*

LETRA
37025 *117*
38031 *119*
45005 *132*
45032 *133*

ESPACIAL
49001 *142*
50044 *144*
50045 *145*

PERFIS DE SABOR
Ilustrativo • Agudo • Narrativo • Obscuro e revelador • Intriga • Poder • Contraintuitivo

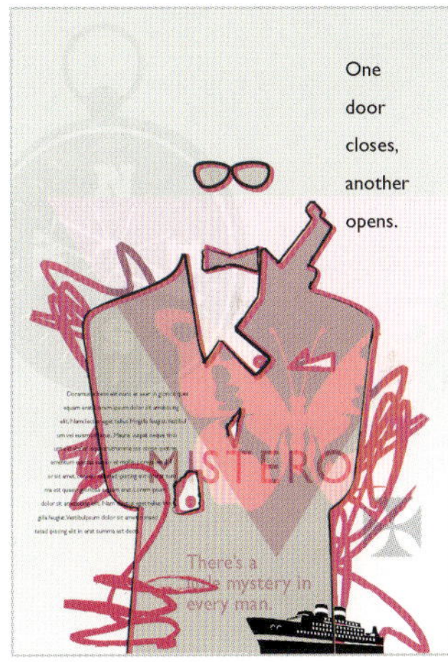

PICTO
01007 *40*
02014 *42*
02024 *42*
02027 *42*
02060 *42*
02090 *43*
02122 *43*
02125 *43*
07025 *53*
18010 *74*
18013 *74*
18039 *75*

CROMA
20013 *80*
23015 *86*

LETRA
37026 *117*
38008 *118*
38038 *119*
45014 *132*

ESPACIAL
49008 *142*
50015 *144*

PERFIS DE SABOR
Sensual • Táctil • Espaço ambíguo • Fluido • Elegante • Poderoso • Oculto • Vida Interior e exterior • Emocional

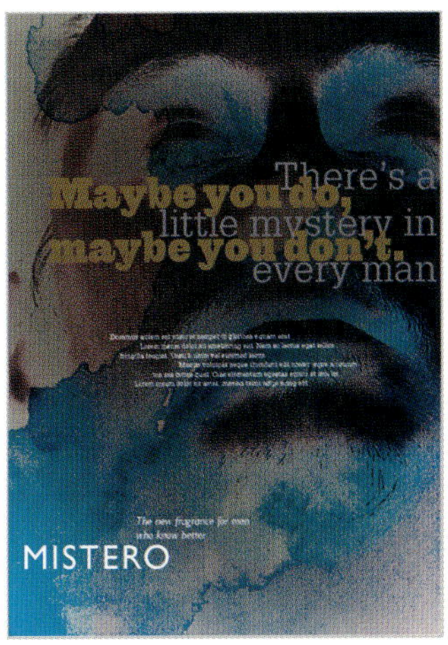

PICTO
04007 *46*
05026 *49*
06031 *51*
09030 *57*

CROMA
28010 *96*
28023 *97*

LETRA
37039 *117*
38023 *118*
45024 *133*

ESPACIAL
49007 *142*
50044 *145*
56030 *157*

sobreimpressões das cores de processo diferencia cada cartaz.
SHINNOSKE, INC. OSAKA | JAPÃO

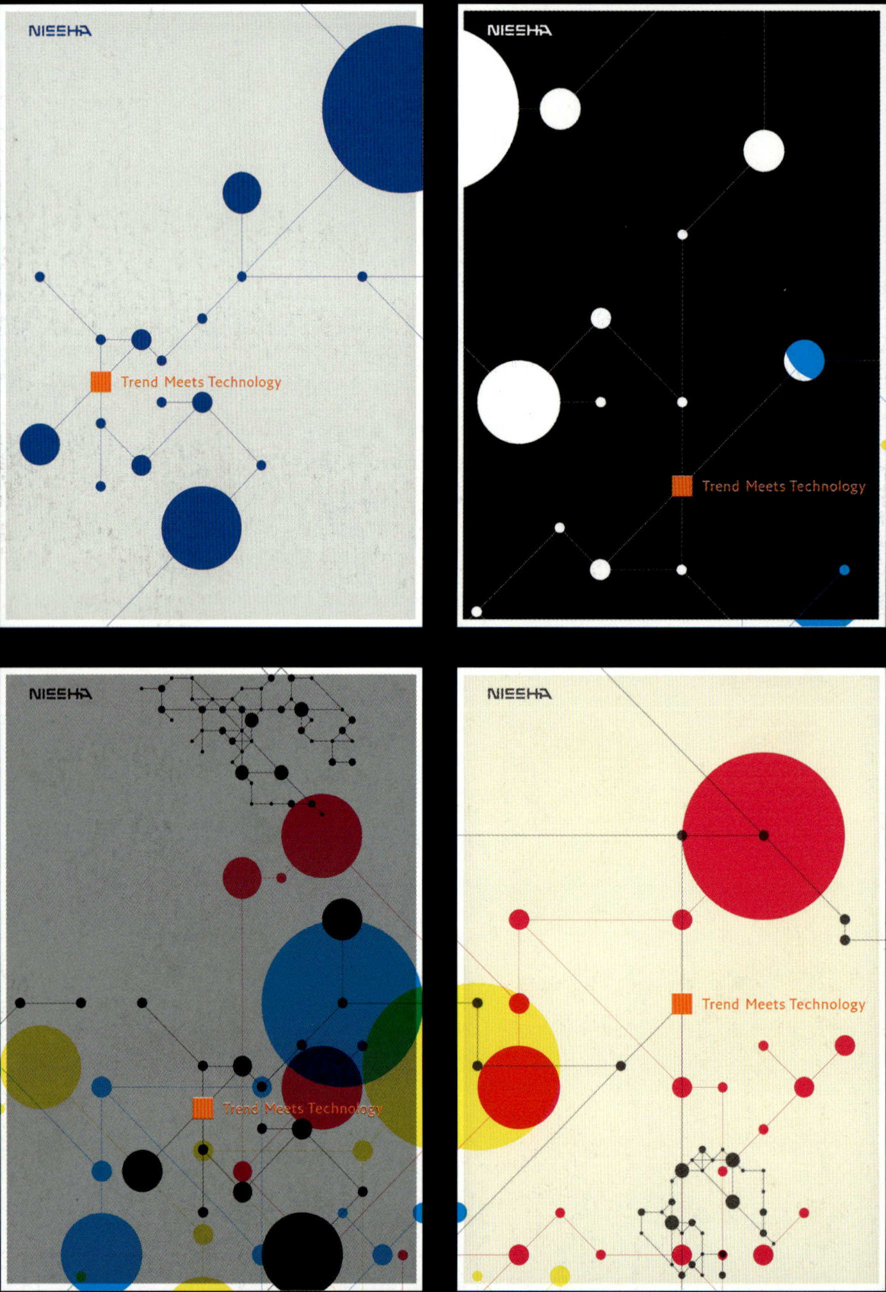

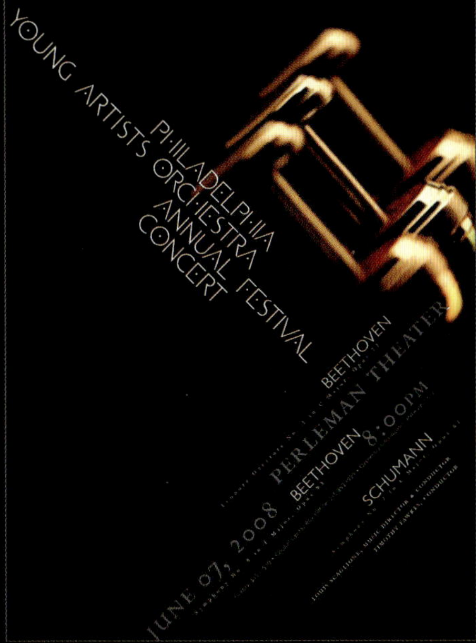

Cada cartaz indica o tipo de configuração no elemento fotográfico, aqui reduzido a geometria quase pura e ricamente iluminado. Uma mistura rica de serifadas e não serifadas alterna pesos, maiúsculas e minúsculas e espaçamento.

PAONE DESIGN ASSOCIATES

FILADÉLFIA, PA | EUA

Esta campanha publicitária de mobiliário infantil cria ambientes surreais e compostos dinamicamente com a codificação por cor; cada cartaz mistura valores análogos e temperaturas de uma cor predominante, acentuada por pequenas quantidades de complementares.

PEOPLE DESIGN

GRAND RAPIDS, MI | EUA

PERFIS DE SABOR
Icônico • Simbólico • Industrial • Urbano • Ousado • Eletrônico • Ambiente de cultura Pop • Na moda • Dominante • Confrontador

PICTO
02082 43
02084 43
02087 43
03019 45
08005 54
18031 75
18036 75
18037 75

CROMA
20006 80
21021 82

LETRA
36044 115
37029 117
38006 118
38007 118
44026 131

ESPACIAL
49008 142
49010 142

PERFIS DE SABOR
Ilustrativo • Cinético • Sexualidade masculina ambígua • Simbólico • Colagem • Retrô • Multicamada

PICTO
05002 48
05012 48
17025 72

CROMA
25008 90
28014 96

LETRA
37034 117
38016 118
45016 132

ESPACIAL
49033 142

PERFIS DE SABOR
Alusões entre animais e a natureza • Sugere o irracional • Íntimo • Olhar Sedutor • Confronto

PICTO
04001 46
04023 47
06026 51
10006 58
10041 59
10043 59

CROMA
20018 80
25002 90

LETRA
34036 111
37009 116

ESPACIAL
49015 142
56024 157

para o sentido de imperfeição, os títulos são escritos com canetinha. Uma textura em toda a página suaviza a geometria da composição.

MAURICE REDMOND/FEUER
MUNIQUE | ALEMANHA

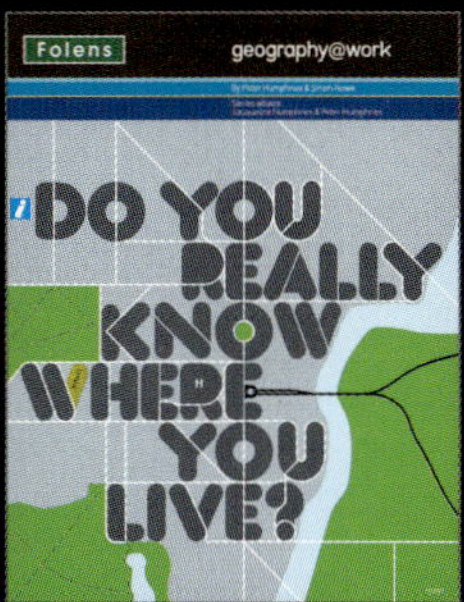

De modo bastante parecido com uma campanha publicitária, esta série de capas de livros didáticos usa tratamento gráfico do título para propor questões provocativas relacionadas a assuntos sociais. A linguagem gráfica unificada por ilustrações vetorizadas e uma fonte pseudo-estêncil suave, ainda que industrial, é apoiada por uma paleta limitada baseada em mapas.

FORM LONDRES | INGLATERRA

Uma fotografia em pôster, em alto contraste, apoiada pela textura dinâmica da mancha de tinta feita à mão, funciona em sequência com o texto neutro em maiúsculas que também foi texturizado. As cores complementares variam em saturação e valor para aumentar a dimensionalidade do cartaz.

MAURICE REDMOND/FEUER

MUNIQUE | ALEMANHA

Uma série de folhetos promocionais mistura ilustrações texturizadas, semelhantes a objetos entalhados em madeira, em combinações variadas com uma textura abstrata de apoio. Um esquema de cores análogas em cada folheto é acentuado pelo tom complementar.

THOMAS CSANO

MONTREAL, QUEBEC | CANADÁ

O charmoso tratamento de letra feito à mão e as ilustrações cortadas de modo primitivo e peculiar dão uma qualidade convidativa e amigável a estes cartazes para um festival de cultura. O designer reorganiza elementos semelhantes para unificar a série, enquanto mantém o interesse do público.

3

PRATOS PRINCIPAIS E ENTRADAS

Aqui estão ilustradas abordagens para a carne com batatas da comunicação visual – caçarolas de organização da informação tais como o texto editorial e publicação na web e sistemas visuais de marcas para embalagem de produtos com múltiplos componentes. A audiência já está com água na boca e pronta para começar o prato principal. Imagens ricas e estrutura tipográfica extensa são desenvolvidas em layouts presos a estruturas que satisfarão até mesmo o observador mais faminto.

Projetos neste Capítulo

SISTEMA DE EMBALAGEM
DOCES FINOS

WEBSITE COMPLEXO
CATÁLOGO DE E-COMMERCE

PROJETO DE LIVRO
LIVRO ESPECIALIZADO

SISTEMA DE EMBALAGEM

DOCES FINOS

Chocolates Aromatizados Artesanalmente

Menu de Mensagens

Comunicar as características únicas do produto: chocolates ricamente confeccionados, aromatizados de maneira incomum.

Evocar a história e a sensualidade do chocolate.

Diferenciar e expressar os perfis individuais de sabor de cada tipo de produto.

Apoiar visualmente o conceito narrativo e mitológico da marca.

Aludir ao contexto geográfico de cada tipo de produto.

Tradução de Elementos do Texto

Nome da marca, Posicionamento e Slogan

Celestia
Chocolates artesanais exoticamente temperados
Celestialmente diferentes

Nome dos Produtos e Descrições

Vishnu (1)
Chocolate ao leite com Garam masala e pedaços de pralina de leite de cabra

Quetzalcoatl (2)
Chocolate branco com jalapeño e passas douradas cobertas com cúrcuma

Artemis (3)
Chocolate meio amargo com alecrim, amêndoas e fatias de maçã cozidas no vapor

PERFIS DE SABOR *Sensual • Exótico • Ornamental • Detalhado • Finamente fabricado • Vitoriano • Doce • Suntuoso • Narrativo*

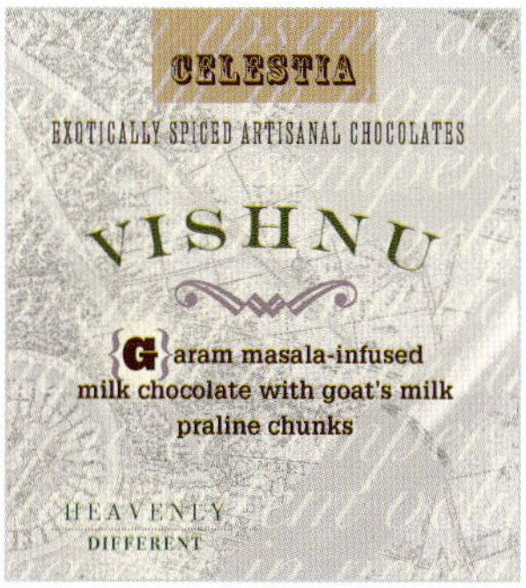

PICTO
04012 46
04029 47
05021 49
09014 56
17052 73

CROMA
25012 90
29006 98

LETRA
35021 112
35022 112
37023 116
38001 118
38030 119
39008 120
48259 139
48280 139
48303 139

ESPACIAL
49010 142

PERFIS DE SABOR *Sensual • Orgânico • Tátil • Lânguido • Onírico • Indócil • Peculiar • Estilizado*

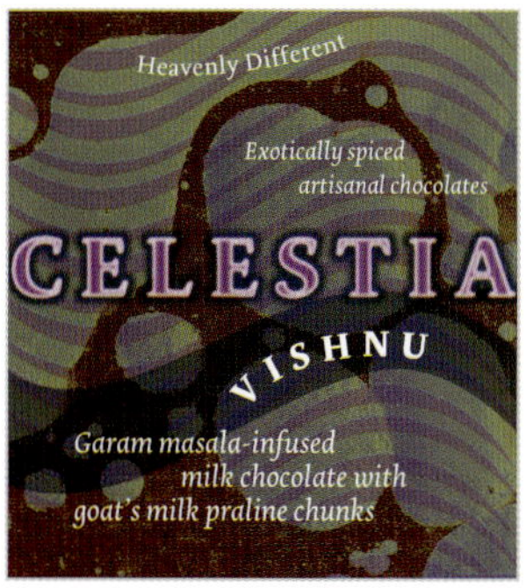

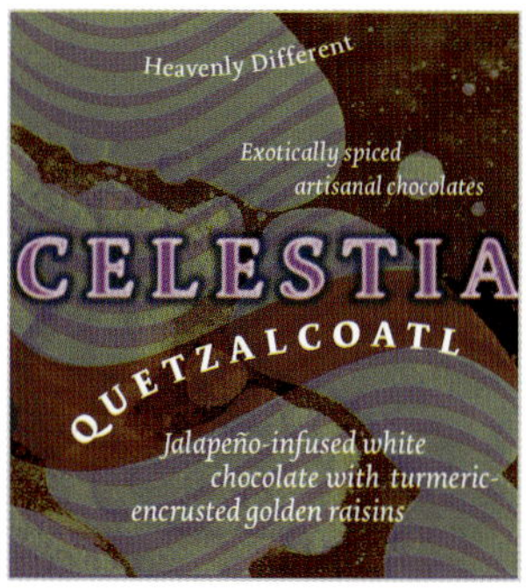

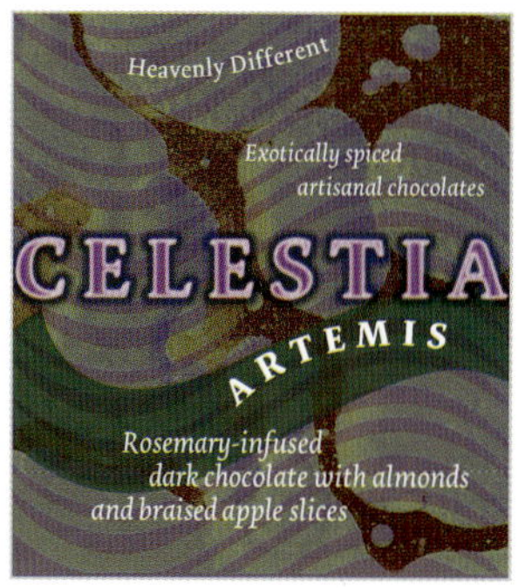

PICTO
04032 47
10010 58
15078 69

CROMA
22042 85
25012 90

LETRA
33043 109
37001 116
45024 133
45032 133

ESPACIAL
49007 142
50044 145

PERFIS DE SABOR *Contexto cultural • Contemporâneo • Limpo • Luxuoso • Narrativo • Concreto • Pintura • Plano versus Dimensional*

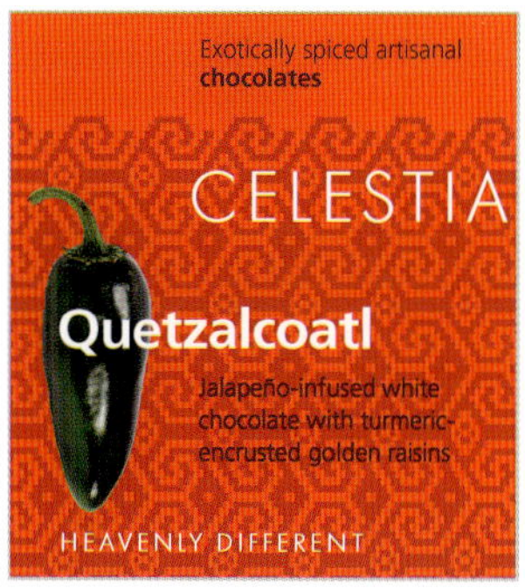

PICTO
04001 46
06005 50
13015 64
13064 65
13068 65

CROMA
32003 104

LETRA
37031 117

ESPACIAL
49008 142
49011 142

PERFIS DE SABOR *Mítico • Escultural • Narrativo • Referências à estética cultural • Simbólico • Majestoso • Mágico • Intenso*

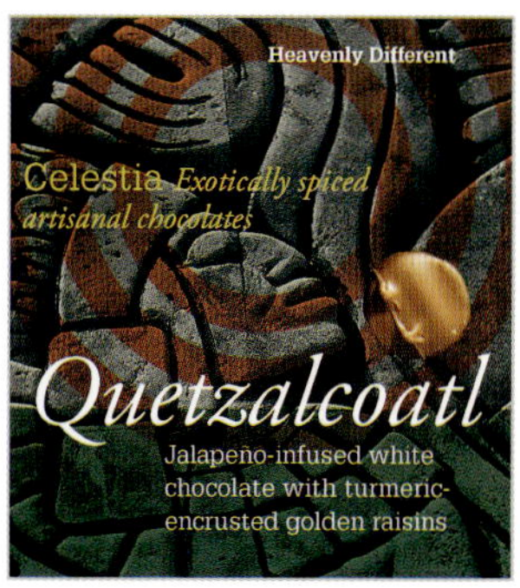

PICTO
01041 41
01049 41
01060 41
04029 47
06005 50

CROMA
25017 91
25019 91
25024 91

LETRA
37021 116

ESPACIAL
49008 142

PERFIS DE SABOR
Abstrato • Cor Inesperada • Recortado • Inovador • Experimental • Em voga • Não convencional • Sofisticado • Ousado • Excitante • Sistemático

PICTO
02027 *42*
02030 *42*
02031 *42*
CROMA
19039 *79*
31010 *102*
LETRA
35046 *113*
37010 *116*
45020 *133*
ESPACIAL
49008 *142*
50008 *144*

PERFIS DE SABOR
Delicado • Ilustrativo • Estilo clássico • Velho mundo • Decorativo • Sofisticado • Culto • Reservado • Terreno • Artesanal • Simbólico

PICTO
07009 *52*
17009 *72*
CROMA
30014 *100*
LETRA
37010 *116*
38006 *118*
48303 *139*
ESPACIAL
49026 *142*
49027 *142*

PERFIS DE SABOR OPULENTO
Clássico • Formal • Quebradiço • Precisão • Luxuoso • Exclusividade • Cor Inesperada • Contexto Ambiental • Sinais de inovação • Artístico

PICTO
04019 *47*
12003 *62*
12039 *63*
12044 *63*
17013 *72*
CROMA
19039 *79*
19050 *79*
19053 *79*
LETRA
37020 *116*
38043 *119*
ESPACIAL
49026 *142*

PERFIS DE SABOR
Em camadas • Contemporâneo • Energético • Vibrante • Sensual • Abstrato • Ritmo fluido • Formal

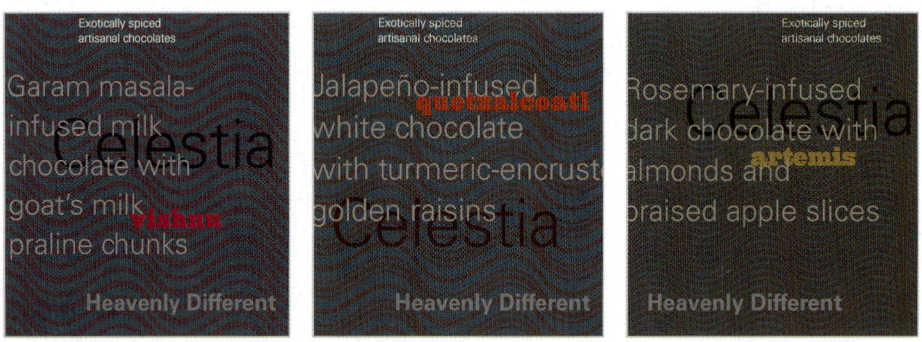

PICTO
15070 *69*
15077 *69*
15085 *69*
CROMA
19039 *79*
32011 *104*
LETRA
37035 *117*
ESPACIAL
49009 *142*

Uma série de sacolas promocionais para um festival de contos de fadas sustenta, com um arco-íris de cores vivas, um conjunto de ilustrações de criaturas em branco e preto. Uma serifa contemporânea, usada no texto, cria uma relação visual entre os traços finos e espessos dos desenhos.
STUDIO CUCULIC ZAGREB | CROÁCIA

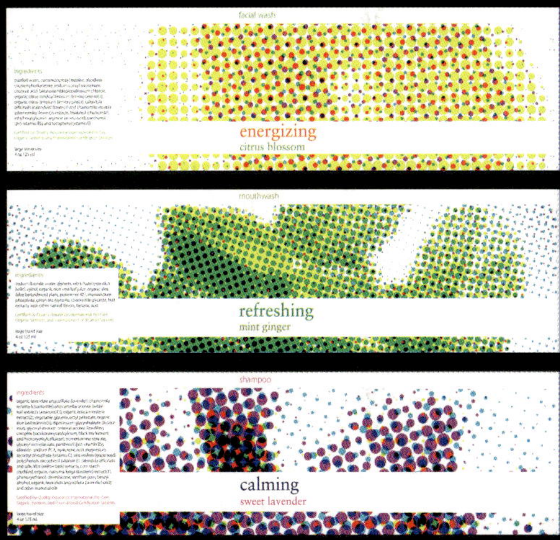

Tons elétricos e ilustrações de insetos estilizadas transmitem a potência destes repelentes em aerossol. Consistência entre tratamentos de ilustração, estilo de letras e configuração, posicionamento do assunto principal relativo ao título e áreas de fundo, além de tons de identidade secundários, proporcionam reconhecimento imediato da família de produtos.
BRUKETA & ZINIC
ZAGREB | CROÁCIA

Rótulos com fotografias em pontilhado abstrato trazem energia e contemporaneidade a este sistema de embalagens para uma linha de produtos de banho. A escolha de serifas clássicas confere detalhes e organicidade ao que seria uma apresentação seca.
FRANCESCA SCIANDRA
NOVA YORK, NY | EUA

Para esta linha de cosméticos sofisticados, o designer evoca a energia e a arquitetura do ambiente urbano por meio de padrões geométricos variados. Uma paleta de dois níveis marca a linha geral e os códigos de cores para produtos de uso diurno ou noturno. Um contraste adicional é fornecido pela mistura de letras: uma sem serifa delgada com uma serifada encorpada.

STIM VISUAL COMMUNICATION
BROOKLYN, NY | EUA

O imediatismo e a variabilidade do ato de contar histórias estão presentes neste sistema vibrante de embalagens para um conjunto de CDs de uma organização de contadores de história. Uma família de tons primários vívidos sustenta as embalagens; cada layout de capa combina alguns elementos que mudam de CD para CD, mas o tratamento visual permanece consistente. Atributos formais do interior das imagens informam a seleção do estilo de letras e ajudam a unificar a linguagem visual.

MARY DOMOWICZ
NOVA YORK, NY | EUA

Sacolas de compra para uma loja de especialidades da culinária croata mostram ilustrações feitas à mão que evocam a rica herança de design têxtil.

STUDIO CUCULIC ZAGREB | CROÁCIA

Uma composição artística dos continentes na capa deste CD, "Beats on Canvas", une metaforicamente arte e percussão. Dentro do estojo, uma grelha de pontos de tinta, uma inscrição no verso de uma tela e uma série de pincéis de pintura (arrumados para lembrar pingos longos de tinta) continuam a metáfora. A própria superfície do CD sugere a ideia de pintura por números.

THOMAS CSANO MONTREAL, QUEBEC | CANADÁ

Figuras coloridas formadas tipograficamente sugerem a matéria-prima de cada vinho, descrevendo os produtos e como desfrutá-los.

BRUKETA & ZINIC ZAGREB | CROÁCIA

WEBSITE COMPLEXO

CATÁLOGO DE E-COMMERCE

Roupas Ecologicamente Consciente e Moda Doméstica

Menu de Mensagens

Comunicar os produtos oferecidos no site: roupas orgânicas – produzidas com métodos ecossustentáveis – que não deixam o estilo de lado.

Evocar um sentido de luxo e transmitir a materialidade e as características artesanais dos produtos.

Transmitir a sazonalidade da coleção atual.

Tornar o catálogo funcional quanto à busca de produtos e à visualização dos itens escolhidos com maiores detalhes.

Tradução de Elemento do Texto

Nome do Cliente/Website

Sew Ready: Fornecedores responsáveis

Linha de Posicionamento

Roupa orgânica para quem se preocupa com o estilo

Foco da Busca do Usuário

Coleção outono 2010/Feminino/Vestidos de noite/Seda

Elementos de Navegação

Coleções: Masculina/Feminina/Infantil
Acessórios
Moda doméstica
Sobre moda sustentável
Perfil da companhia
Carrinho de compras/finalizar a compra

O corpo do texto é representado por texto fictício neste projeto.

PICTO
01004 40
01016 40
01067 41
04001 46
04008 46
CROMA
24009 88
LETRA
37013 116
38025 119
42011 126
46021 134
46050 135
ESPACIAL
52017 149

PERFIS DE SABORES *Simples • Direto • Navegação por colagem • Intuitivo • Pessoal • Contemporâneo • Amigável • Fresco • Leve*

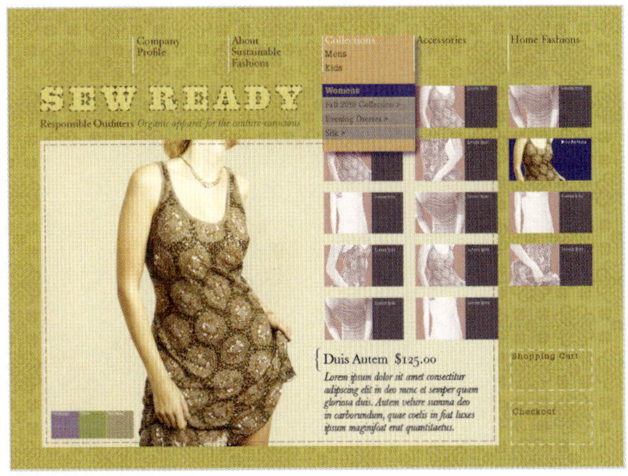

PICTO
04001 46
04017 47
13028 64
17031 72
CROMA
24014 88
28032 97
LETRA
33022 108
37019 116
46013 134
46043 135
46044 135
ESPACIAL
53032 151

PERFIS DE SABORES *Modular • Organizado • Navegação Numa grelha de ícones • Em camadas • Alusão ao bordado • Benfeito • Detalhado • Sofisticado*

PICTO
01006 40
01069 41
04001 46
04029 47
10061 59
CROMA
24018 89
25002 90
LETRA
33025 109
37030 117
42029 127
45014 132
46039 135
ESPACIAL
50009 144

PERFIS DE SABORES *Geométrico • Navegação por colagem • Progressão de tamanho cinética • Feitio • Referência ao tecido • Chique • Urbano • Exclusivo*

PICTO
04001 46
12004 62
17037 73
17061 73
17069 73
CROMA
19063 79
21045 83
LETRA
36044 115
37028 117
38026 119
42003 126
46008 134
46036 135
ESPACIAL
49010 142
51017 147

PERFIS DE SABORES *Texturizado • Navegação Por Virada de páginas • Diversidade • Aparência de livro/Alusão editorial • Tátil • Eclético • Pop • Glamouroso*

PICTO
04001 46
06005 50
14010 66
14115 67
15114 69
17031 72
17032 72
CROMA
28032 97
LETRA
33022 108
37030 117
46044 135
46045 135
ESPACIAL
52031 149

PERFIS DE SABORES *Simples • Geométrico • Navegação por tira móvel • Referência ao tecido • Arestas de tecido • Padronagem*

PICTO
04001 46
CROMA
22032 85
LETRA
37013 116
42009 126
46041 135
ESPACIAL
49033 142
51017 147

PERFIS DE SABORES *Neutro • Mínimo • Limpo • Chique • Navegação por imagens grandes • Informativo • Direto • Reservado*

Neste website, planos de texto, imagem e padrões móveis revelam complexidades maiores de conteúdo de uma tela a outra. A cor profunda e saturada e a letra sem serifa contribuem para reforçar o sentido de competência do cliente.

STIM VISUAL COMMUNICATION
BROOKLYN, NOVA YORK, NY | EUA

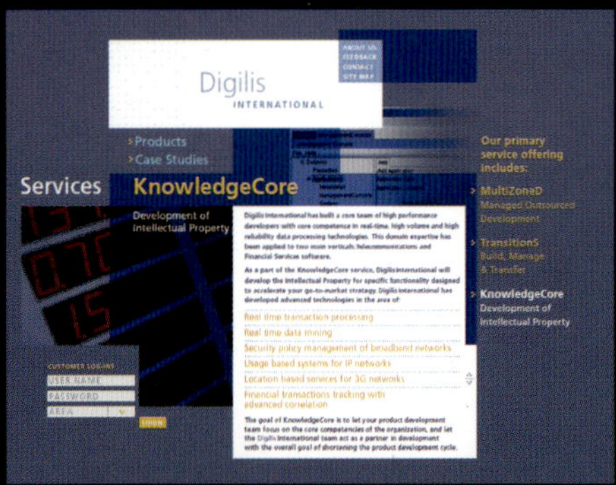

Animações ilustrativas baseadas em vetores no cabeçalho são combinadas a ícones e detalhes geométricos para criar o site moderno de um clube de recreação.

2FRESH ISTAMBUL | TURQUIA,
LONDRES | REINO UNIDO

PICTO
04001 46
06005 50

CROMA
20007 80
25031 91

LETRA
37001 116
42001 126
42009 126
46043 135

ESPACIAL
52019 149

PERFIS DE SABORES *Colagem • Navegação por botões/texto • Contexto do assunto • Intenso • Cor sazonal • Dimensional • Similaridade imagem/forma de navegação*

PICTO
02032 42
04001 46
04015 46
04030 47
05024 49
06005 50
09003 56

CROMA
25012 90
28032 97

LETRA
33047 109
37039 117
38042 119
42019 127
46017 134

ESPACIAL
53030 151

PERFIS DE SABORES *Modular • Escalonado • Navegação por ícones grandes • Ecológico • Intenso • Interação com a natureza • Colagem • Ilustrativo • Texturizado*

PICTO
01014 40
02032 42
03016 44
04001 46
04011 46
05022 49
06005 50
07031 53

CROMA
25009 90
25031 91

LETRA
33039 109
37013 116
42009 126
42027 127

ESPACIAL
53032 151

PERFIS DE SABORES *Ousado • Ordenado • Pop • Glamour kitsch • Rua • Fresco • Energia vivaz • Navegação por ícones grandes • Detalhamento ilustrativo*

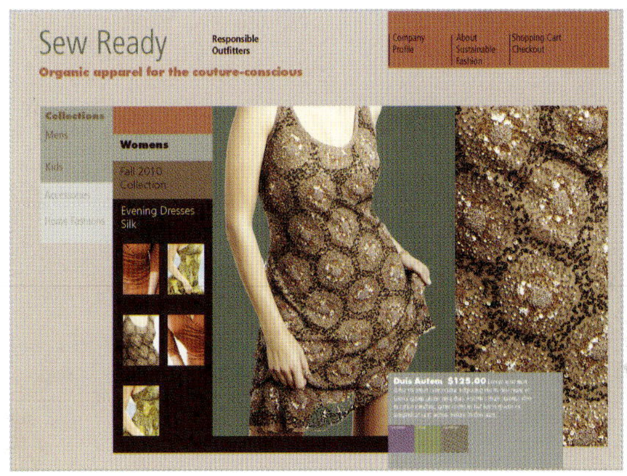

PICTO
04001 46
06005 50

CROMA
20047 81
20070 81

LETRA
37031 117
38042 119
46018 134
46044 135

ESPACIAL
53032 151

PERFIS DE SABORES *Modular • Navegação por uma grelha de imagens pequenas • Ordenado • Neutro • Arquitetônico • Construído • Utilitário • Quente • Responsável*

PICTO
01045 41
02075 43
04001 46
06008 50
09031 57
18014 74

CROMA
20034 80
23023 87

LETRA
33009 108
37048 117
41018 125
46050 135

ESPACIAL
52017 149

PERFIS DE SABORES *Navegação por colagem • Intuitivo • Alusões a costura e tecidos • Texturizado • Popular • Responsável • Concreto versus Abstrato*

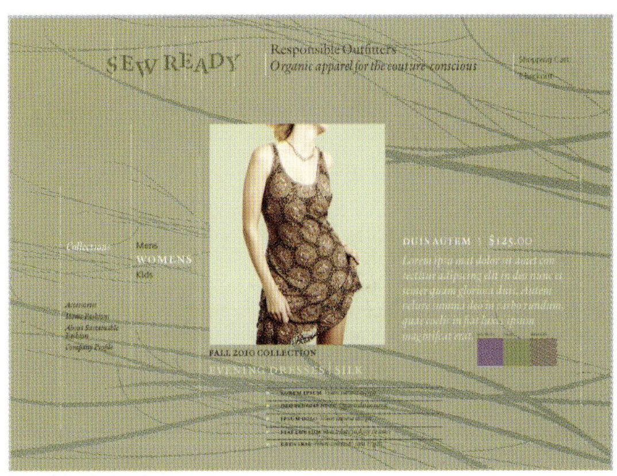

PICTO
01023 40
04001 46
06005 50
09011 56

CROMA
23016 86

LETRA
33032 109
37048 117
42004 126
46017 134

ESPACIAL
52013 148

PERFIS DE SABORES *Suave • Navegação por texto/Lista • Rítmico • Ecológico • Reservado • Formal • Sofisticado • Dimensional • Alusão ao clima*

PROJETO DE LIVRO

LIVRO ESPECIALIZADO
Assunto Cultural/Histórico

Menu de Mensagens

Criar um layout editorial complexo para um livro de mesa intitulado "O jardim das delícias escuras: Confrontando paixão e moralidade na lenda do vampiro".

Evocar visualmente aspectos lendários do vampiro: estado de imortalidade, dormindo na terra, mudança de forma, beber sangue, movimento sobre-humano, levantando durante a noite, morte e decadência, mistério, o etéreo, sensualidade animal, prazer mundano, experiência sensorial aumentada, dentes e unhas afiados, palidez, alienação, excomunhão religiosa.

Sugerir o contexto espiritual do vampiro no que diz respeito a religião e noções de bem e mal.

Transmitir sentimentos de sensualidade, prazer, mistério, escuridão, ansiedade, horror, desejo, sacrifício e poder.

Tradução de Elementos do Texto

Títulos

Capítulo 4
O espiritual e o secular: abraçando a vida após a morte na Terra

Paragráfo Introdutório

Reconhecendo a luta vitoriana entre o desejo por uma redenção espiritual e um zelo recém-descoberto pela gratificação física, a figura do vampiro deleita-se com a sugestão de que a vida eterna e a sensualidade mundana não se excluem mutuamente.

Chamada

Eternidade no Paraíso ou vida sem fim?
Comparando iconografia simbólica

PERFIS DE SABOR
Clássico • Renascença • Histórico • Amadurecido • Sinistro • Formal • Manuscrito • Artefato • Tesouro • Sensual • Metafórico

PICTO
04001 46
04027 47
05007 48
07009 52
17033 72
17051 73
17052 73
CROMA
29004 98
LETRA
37018 116
39031 121
40020 123
40029 123
41017 125
42013 126
43015 128
44028 131
48217 139
ESPACIAL
51005 146
54004 152
55008 154
56006 156
57002 158

PERFIS DE SABOR
Contemporâneo • Icônico • Referências medievais • Intenso • Cor de joias • Ilustrativo • Dimensional • Ênfase no simbolismo

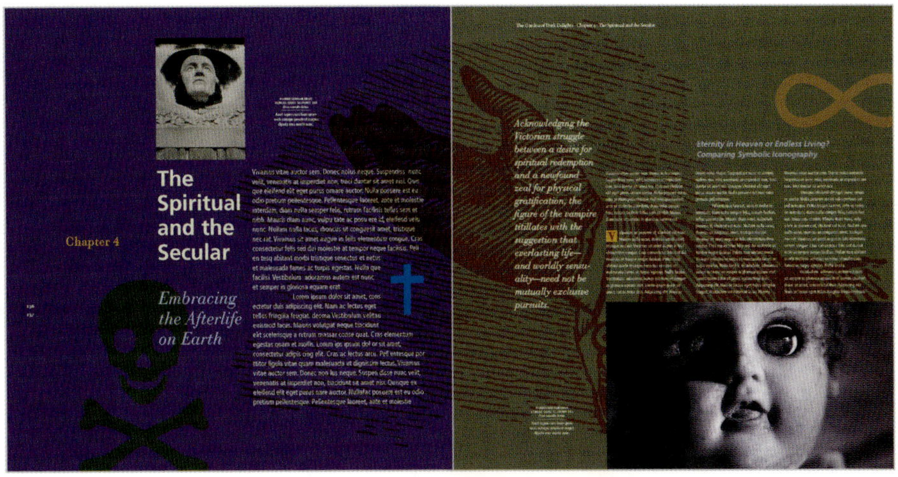

PICTO
04009 46
04023 47
07009 52
18002 74
18012 74
18034 75
CROMA
21007 82
29003 98
LETRA
37043 117
38043 119
39026 121
40007 122
40029 123
41001 124
42013 126
43108 129
43155 129
44012 130
44026 131
ESPACIAL
53015 150
54033 153
56021 157
57004 158

PERFIS DE SABOR
Atemporal • Elegante • Etéreo • Narrativo • Leve • Decorativo • Elusivo • Relativamente neutro • Espiritual • Contemplativo

PICTO
04002 46
04017 47
06005 50
06009 50
06023 51
07010 52
CROMA
25014 90
25015 90
LETRA
37009 116
37013 116
40014 122
40021 123
41008 124
42009 126
43049 128
44017 130
44036 131
48306 139
ESPACIAL
51015 146
54015 152
57027 159

PERFIS DE SABOR
Mundano • Escuro • Contemporâneo • Intenso • Ilustrativo • Sobrenatural • Teatral • Ênfase na lenda • Eduardiano • Histórico • Presencial • Aterrador

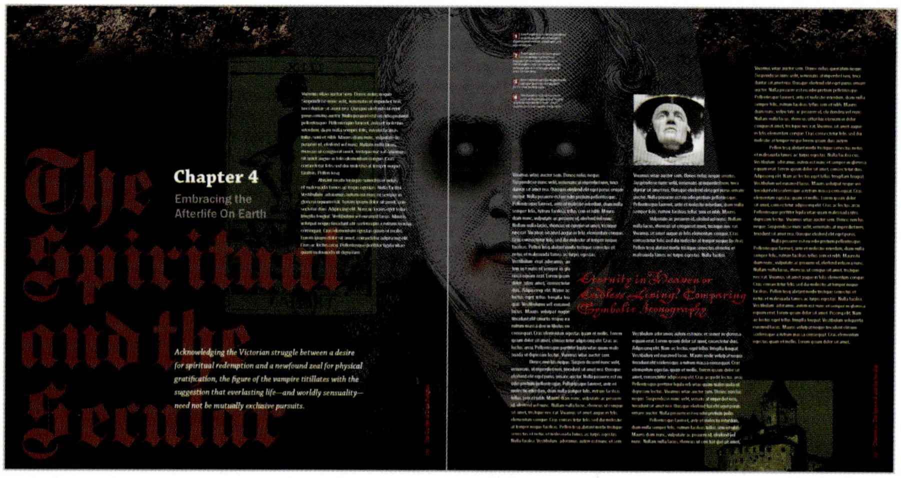

PICTO
04009 *46*
04016 *46*
07009 *52*
17061 *73*
17068 *73*

CROMA
20006 *80*
25012 *90*
25014 *90*

LETRA
35014 *112*
35015 *112*
37035 *117*
40002 *122*
41031 *125*
42021 *127*
43091 *128*
44013 *130*
44047 *131*

ESPACIAL
52014 *148*
54027 *153*
57028 *159*
57037 *159*

PERFIS DE SABOR
Geométrico • Ordenado • Contemporâneo • Proporção dinâmica de imagem • Ousado • Limpo • Neutro • Direto • Informativo

PICTO
01068 *41*
04001 *46*
04009 *46*
04026 *47*
17069 *73*

CROMA
21003 *82*
22014 *84*

LETRA
37028 *117*
40011 *122*
41009 *124*
42022 *127*
43124 *129*
43159 *129*
44019 *130*

ESPACIAL
53027 *151*
54034 *153*

PERFIS DE SABOR
Acadêmico • Jornalístico • Leve • Aberto • Histórico • Neutro • Levemente embelezado • Contemporâneo • Calmo • Ênfase tipográfica • Imagens minimizadas • Cor restrita • Estrutural

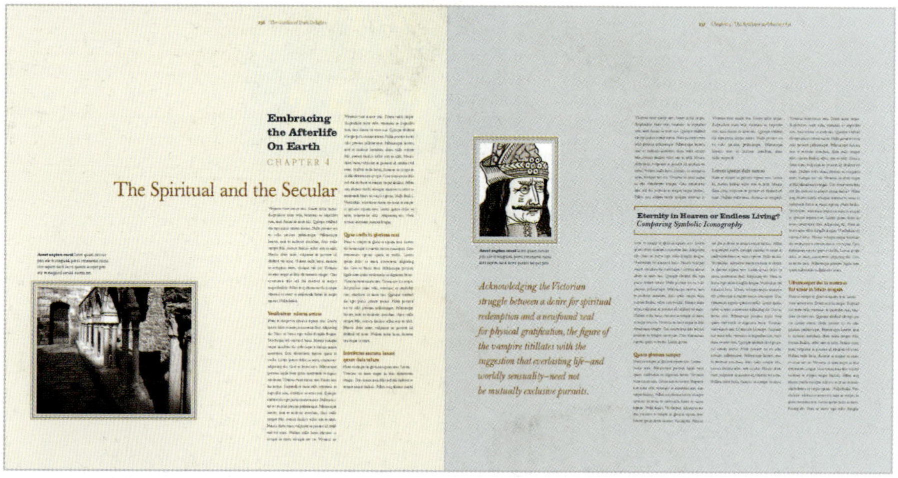

PICTO
04009 *46*
07010 *52*
17009 *72*

CROMA
29002 *98*

LETRA
37019 *116*
40017 *123*
41007 *124*
42002 *126*
43020 *128*
44011 *130*

ESPACIAL
51027 *147*
54005 *152*
57001 *158*

Uma grelha de seis colunas, usada num formato espelhado clássico, organiza uma mistura rica de texto e ilustrações para este livro sobre viagens marítimas. Maiúsculas góticas iniciam os parágrafos de texto composto com serifa enquanto cores de páginas alternadas e detalhes texturizados trazem contraste e ritmo à sequência das páginas.

SUTHERN DESIGN
MADISON, NJ | EUA

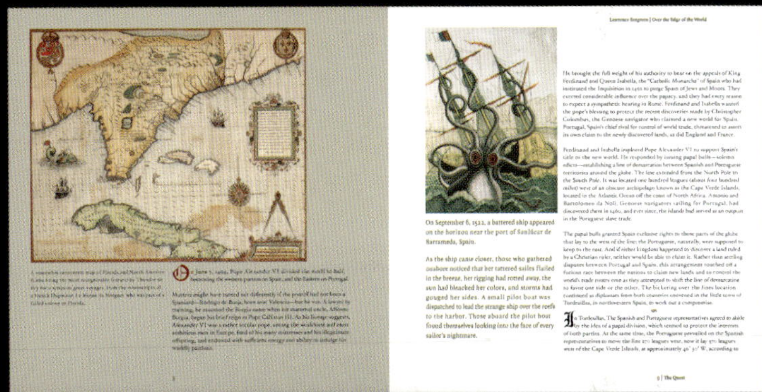

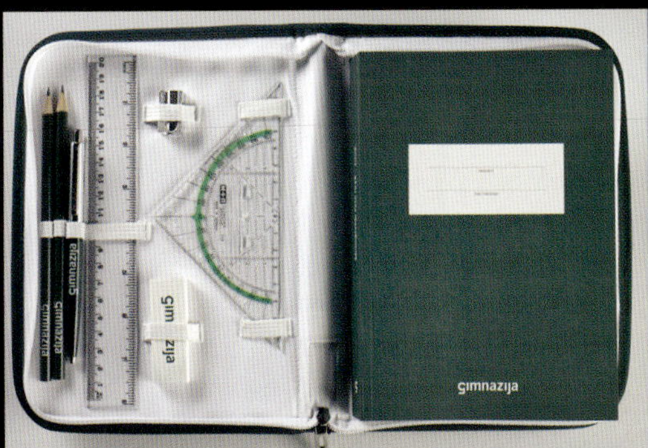

Objetos reais – lápis, transferidor, apontador, borracha e régua – tornam-se imagens de acompanhamento para as fotografias impressas nesta monografia incomum, para uma escola progressista, encapada num estojo de estudante. Imagens em tom duplo, estilo de página limitado e elementos lineares destacam a qualidade acadêmica da peça.

BRUKETA & ZINIC ZAGREB | CROÁCIA

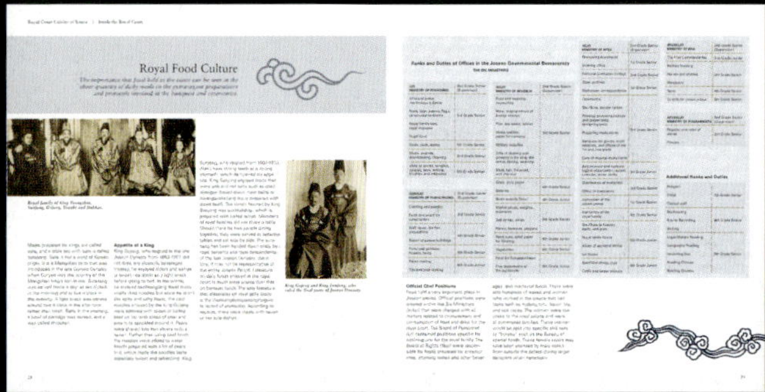

Este guia dos segredos da cidade antiga usa cor intensa, ainda que restrita, padrões delicados e tipografia de texto requintada arranjados em um tamanho diminuto. Uma fotografia leve em tons sépia dá uma ideia do peso histórico da cidade.

RED CANOE DEER LODGE, TN | EUA

A estrutura direta em quatro colunas e a apresentação de imagens fotográficas é avivada por meio de uma mistura de estilos de letras fortemente contrastados, campos de cor ousada, recortes radicais e quebras de página visualmente interessantes. Imagens de silhueta contrastam com aquelas enquadradas, enquanto insertos menores sobrepostos e variações no posicionamento conferem um salto tremendo pela folha. Detalhes informativos compostos em cor trazem a qualidade cromática rica das imagens para os tipos.

BTD:NYC

NOVA YORK, NY | EUA

Nestas páginas duplas de um livro sobre preservação da natureza, a estrutura tipográfica delicada e precisa representa um contraponto analítico e tranquilo à vibração das imagens em cores. As aberturas de capítulos são agraciadas com colagens exuberantes, em camadas, de silhuetas de plantas em transparência, enquanto as páginas interiores mostram fotografias supersaturadas de plantas reais. Faixas coloridas codificam os seções, correspondendo às localizações na reserva.

PAONE DESIGN ASSOCIATES

FILADÉLFIA, PA | EUA

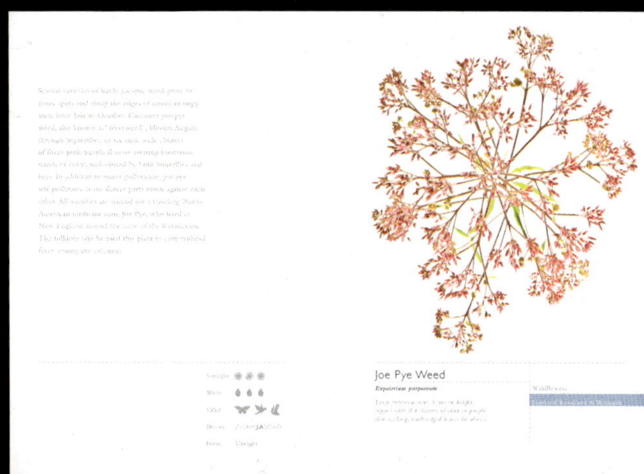

4

BANDEJA DE SOBREMESAS

Soluções puramente tipográficas

Não menos detectáveis que o resto do menu, estes petiscos tipográficos exploram as possibilidades de letras e do texto em si – sejam doces e leves, fortes e simples ou ricos e texturizados. Estes projetos apresentam o potencial fascinante de design dos tipos enquanto imagens visuais em si mesmos: o modo perfeito de finalizar uma degustação de pratos de design.

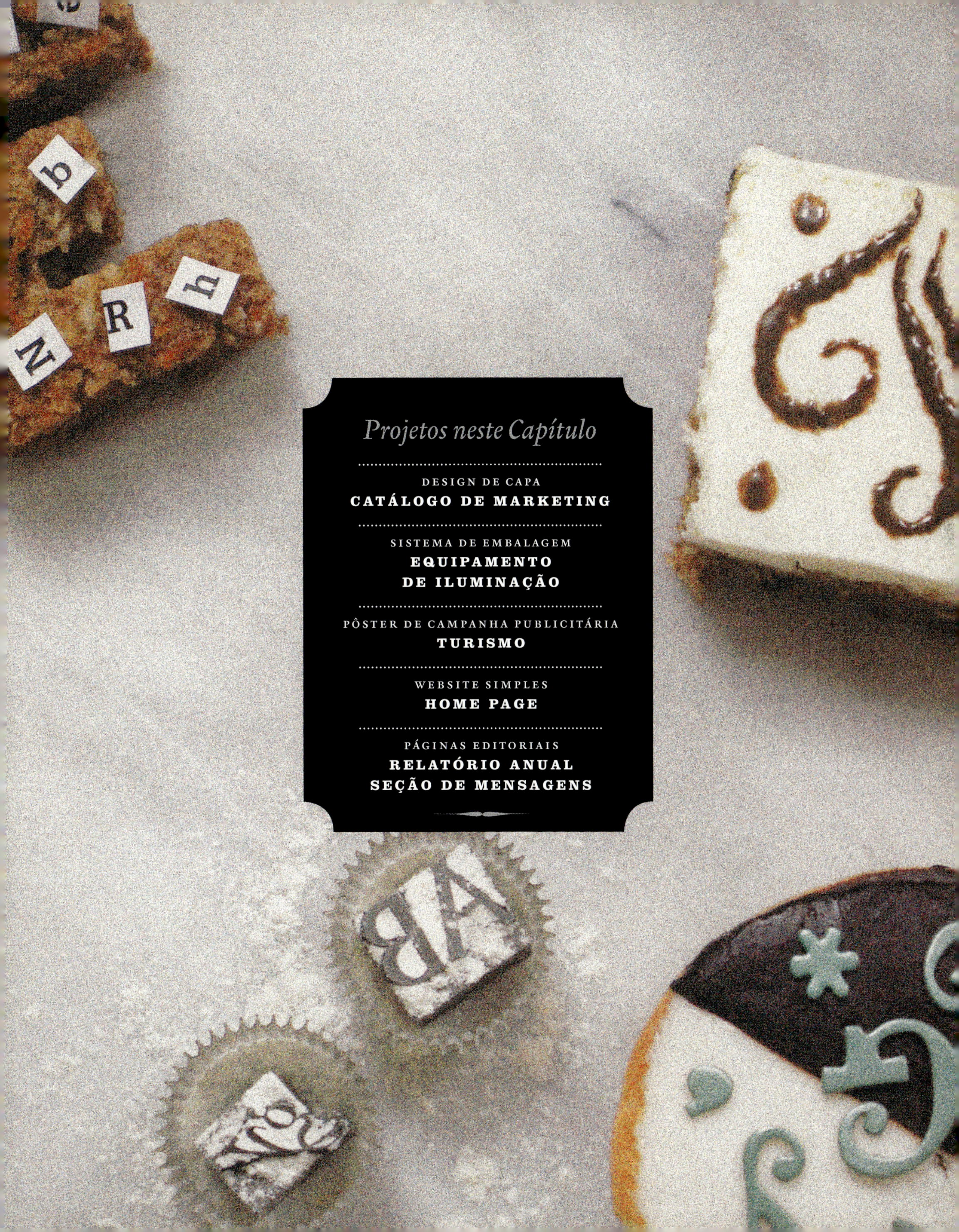

Projetos neste Capítulo

DESIGN DE CAPA
CATÁLOGO DE MARKETING

SISTEMA DE EMBALAGEM
EQUIPAMENTO DE ILUMINAÇÃO

PÔSTER DE CAMPANHA PUBLICITÁRIA
TURISMO

WEBSITE SIMPLES
HOME PAGE

PÁGINAS EDITORIAIS
RELATÓRIO ANUAL SEÇÃO DE MENSAGENS

DESIGN DE CAPA

CATÁLOGO DE MARKETING

Marketing Imobiliário

Menu de Mensagens

Estabelecer uma conexão entre o legado de um edifício histórico, localizado próximo à estação Grand Central em Nova York, e sua reforma atual.

Transmitir a natureza de alto padrão do empreendimento.

Evocar a energia do ambiente urbano e da própria estação ferroviária.

Promover o significado da nova arquitetura.

Convidar prováveis compradores a participar de um estilo de vida de prestígio.

Tradução de Elemento do Texto

Nome do Empreendimento

The Vanderbilt

No complexo da estação Grand Central

Condomínios de luxo

Endereço

120 Park Avenue South

Na rua 41

Slogan

Estilo atemporal no coração da cidade

Esta série de livros financeiros é "embalada" sob um dispositivo visual gigante – o sinal gráfico "&" recortado pelas capas. Contrastando a continuidade do sinal, a cor de cada capa muda, bem como o padrão geométrico, linear, que cria o sinal "&".

FORM LONDRES | REINO UNIDO

Um campo vermelho rico cria um fundo para o tratamento tipográfico tridimensional do título nesta capa de livro.

THINK STUDIO

NOVA YORK, NY | EUA

PICTO
01053 41
17002 72
CROMA
29014 98
LETRA
37009 116
38048 119
ESPACIAL
49004 142
49010 142

PERFIS DE SABOR *Clássico • Exclusivo • Majestoso • Agudo • Histórico • Preciso • Atemporal*

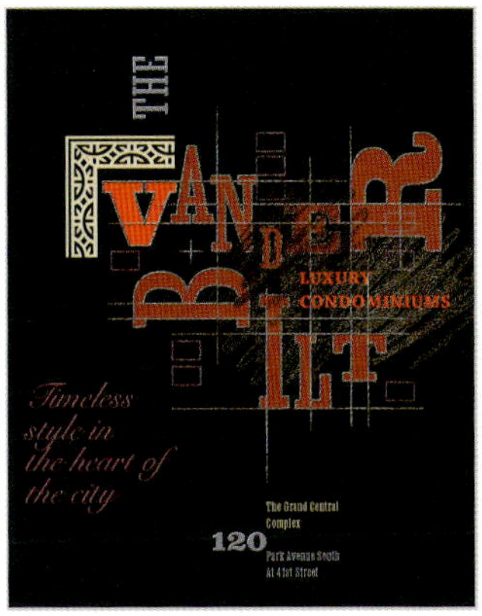

PICTO
17052 73
CROMA
21030 83
25002 90
LETRA
34002 110
37024 116
38046 119
39024 121
ESPACIAL
49002 142
49049 143

PERFIS DE SABOR *Expressivo gestual • Urbano • Detalhe arquitetônico • Histórico • Qualidade estética • Decorativo*

PICTO
02089 43
18025 74
CROMA
26016 92
LETRA
33016 108
37040 117
38038 119
ESPACIAL
49011 142
49019 142

PERFIS DE SABOR *Icônico legado de transporte público • Histórico • Cultura urbana • Detalhado • Metafórico • Espaço ambíguo*

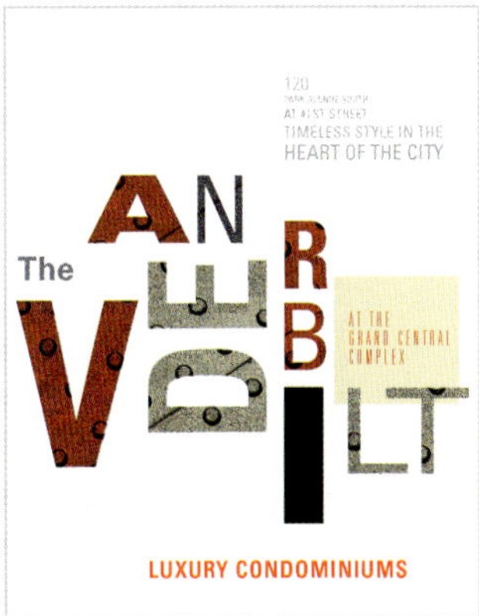

PICTO
12069 63
CROMA
25002 90
LETRA
33007 108
37028 117
38046 119
45007 132
ESPACIAL
49009 142

PERFIS DE SABOR *Ousado • Alusão ao arquitetônico • Geométrico • Progressista • Vibrante • Culto • Integrado*

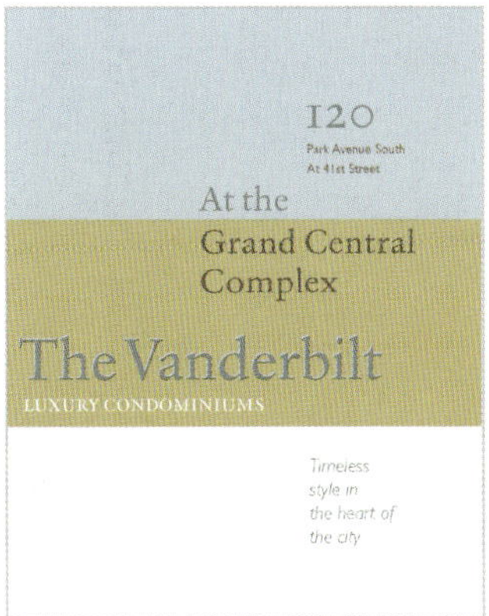

PICTO
NA
CROMA
25015 90
LETRA
37002 108
37026 117
38017 118
38043 119
ESPACIAL
49008 142
49049 143

PERFIS DE SABOR *Empalidecido • Reservado • Elegante • Nostálgico • Geométrico • Histórico • Contemplativo*

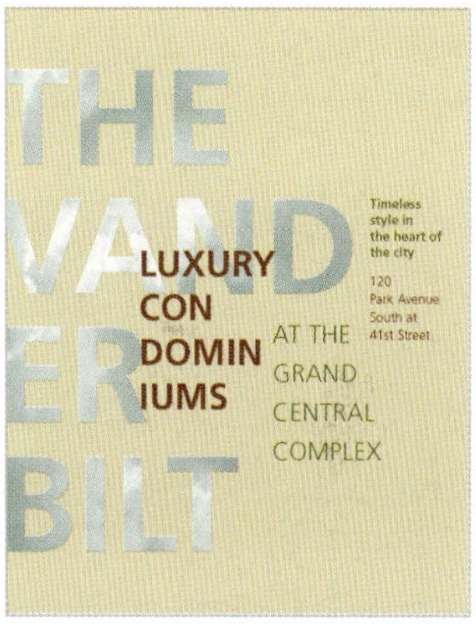

PICTO
10001 58
CROMA
29023 99
LETRA
33007 108
37028 117
38024 118
38043 119
ESPACIAL
49012 142
49033 142

PERFIS DE SABOR *Alusão à paisagem dos prédios • Visionário • Sofisticado • Metáfora pictórica • Arquitetônico • Expansivo • Ambicioso*

PICTO
NA
CROMA
26002 92
LETRA
34035 111
35007 112
37028 117
38032 119
ESPACIAL
49002 142
49011 142

PERFIS DE SABOR *Agressivo desafiador • Majestoso • Clássico • Luxuoso • Confiança • Alusão ao cânion urbano • Privilegiado*

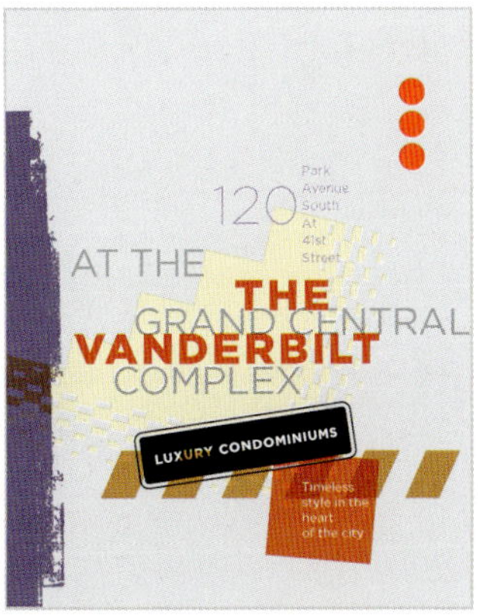

PICTO
01001 40
01015 40
01068 41
17037 73
17069 73
18046 75
CROMA
19017 78
25002 90
LETRA
34034 111
37030 117
38007 118
38023 118
41009 124
ESPACIAL
50021 144

PERFIS DE SABOR *Colagem • Alusões à cidade • Multicamada • Expressivo • Artístico • Espontâneo*

PICTO
01068 41
01069 41
CROMA
19003 78
19067 79
LETRA
37023 116
38041 119
ESPACIAL
49007 142
50004 144

PERFIS DE SABOR *Rítmico em colunas • Estrutural • Grandioso • Eclético • Transporte • Hora do rush • Movimento*

SISTEMA DE EMBALAGEM

EQUIPAMENTO DE ILUMINAÇÃO

Lâmpadas Energeticamente Eficientes

Menu de Mensagens

Identificar claramente o produto e posicionar visualmente a marca como inovadora; enfatizar a nova tecnologia de produção de luz por LEDs.

Expressar as noções de luminosidade, conservação de energia e durabilidade, sugerindo um efeito benéfico de longo prazo ao meio ambiente.

Igualar o produto a um estilo de vida responsável, preocupado com o custo.

Diferenciar a temperatura da cor de cada produto na linha.

Tradução de Elemento do Texto

Nome da Marca e Descrição do Produto

Lumilast LED

Lâmpadas para uso interior (doméstico)

Característicosdo Produto

Equivalente à lâmpada de 60 Watts

Apresenta Chromoplex

Simulação de Temperatura Kelvin

Temperaturas da Lâmpadas

2700 Branco Quente

4100 Branco Frio

5600 Luz do Dia Neutra

Letras serifadas elegantes e grandes contra um fundo branco trazem um apelo refrescante e descomplicado às embalagens destes produtos de banho para uso cotidiano.

KYI SUN LEE NOVA YORK, NY | EUA

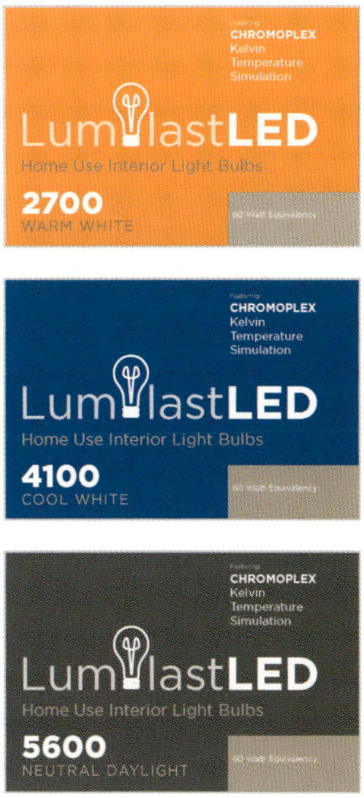

PICTO 18011 74
CROMA 20003 80
20025 80
20033 80
LETRA 33016 108
37030 117
38042 119
ESPACIAL 49011 142

PERFIS DE SABOR *Geométrico • Representação concreta • Agudo • Limpo • Eficiente*

PICTO NA
CROMA 21025 83
21027 83
32029 105
LETRA 33043 109
34004 110
36032 115
ESPACIAL 49019 142

PERFIS DE SABOR *Radiante • Cor ampliada • Hi-Tech • Vibrante • Geométrico*

PICTO 01028 40
CROMA 19051 79
27029 95
LETRA 37009 116
38025 119
ESPACIAL 49020 142

PERFIS DE SABOR *Austero • Econômico • Eficiente • Ordenado • Sistemático • Responsável*

PICTO NA
CROMA 19040 79
21048 83
LETRA 33021 108
34048 111
37028 117
38041 119
ESPACIAL 49056 143

PERFIS DE SABOR *Montagem • Metafórico • Ampliado • Ecológico • Responsável • Longo Prazo • Direto*

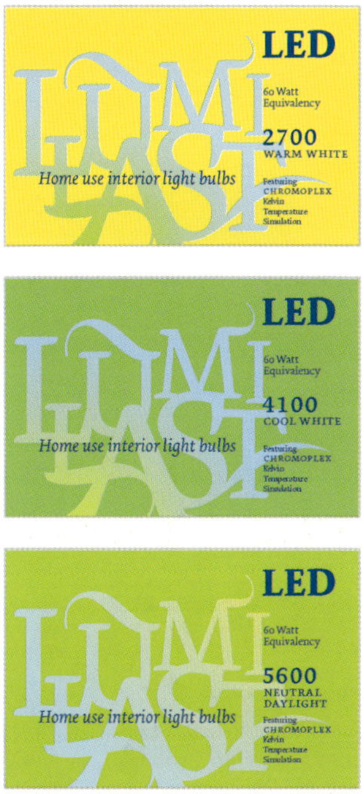

PICTO 01028 40
CROMA 32010 104
LETRA 34024 110
37001 116
38031 119
ESPACIAL 49033 142

PERFIS DE SABOR *Orgânico • Luminoso • Transição • Iluminado • Aumentado • Ecológico • Detalhamento ilustrativo • Humanista*

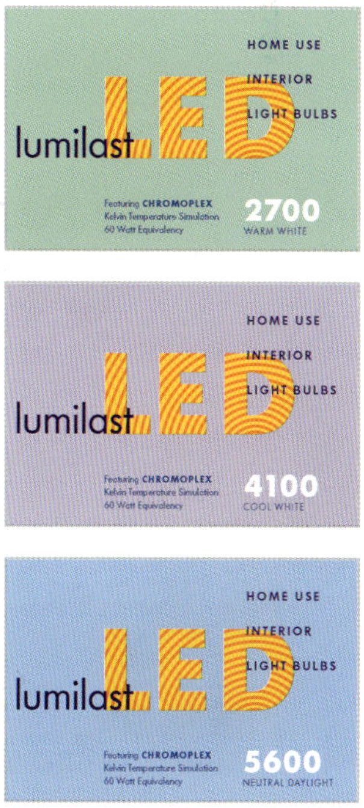

PICTO 01069 41
15006 68
CROMA 19037 79
21027 83
32017 105
LETRA 33010 108
37030 117
ESPACIAL 49072 143

PERFIS DE SABOR *Concreto • Baseado • Radiante • Direto • Utilitário • Ousado • Contemporâneo • Colorido*

PÔSTER DE CAMPANHA PUBLICITÁRIA

TURISMO

Agência Governamental

Menu de Mensagens

Expressar a missão do cliente, uma agência governamental preocupada com a administração dos ambientes naturais.

Evocar a grandeza natural dos locais promovidos; transmitir a experiência única das atrações no inverno.

Incentivar os viajantes a visitar os locais fora da estação.

Tradução de Elemento do Texto

Cabeçalhos dos Cartazes

Os animais não são os únicos em casacos luxuosos nesta temporada.
Parque Nacional Acádia (1)

Deixe a vizinhança e venha ver algo real...
Ice, Ice, baby.
Grand Canyon (2)

É um tapete branco sem celebridades, mas ainda há muito brilho.
Parque nacional Yellowstone (3)

Cliente e Slogan

Serviço Americano de Parques
Veja no inverno

Este folheto de dupla face para um evento de celebridades traz os nomes de muitos famosos escritos em uma letra serifada pesada, colocados sobre um azul vívido. A relação variável de cor do texto maior com o seu fundo, junto com os elementos da caixa transparente e elementos contrastantes em tipo sem serifa, contribui para uma qualidade dimensional em camadas, recortada e ainda assim elegante.

PAARPILOTEN DÜSSELDORF | ALEMANHA

Um estudo em escala de textura, este cartaz de espetáculo apresenta elementos escritos, enormes, verticalmente enfáticos – eles mesmos emendados num ritmo secundário – contra um cabeçalho horizontal, texturizado, em letra romana e escalonado, elementos de texto girados e um delicado padrão linear.

CASSRA STUDIO
TEERÃ | IRÃ

PERFIS DE SABOR
Espaço abstrato • Colorido • Ousado • Em camadas • Alusões à bandeira e ao clima

PICTO
01057 *41*
14007 *66*
14008 *66*

CROMA
21001 *82*
25028 *91*

LETRA
37028 *117*
38023 *118*
38031 *119*

ESPACIAL
49008 *142*

PERFIS DE SABOR
Estética americana dos anos 1930 • Icônico • Simplificado • Transporte • Exploração • Claro • Industrial • Abstrato

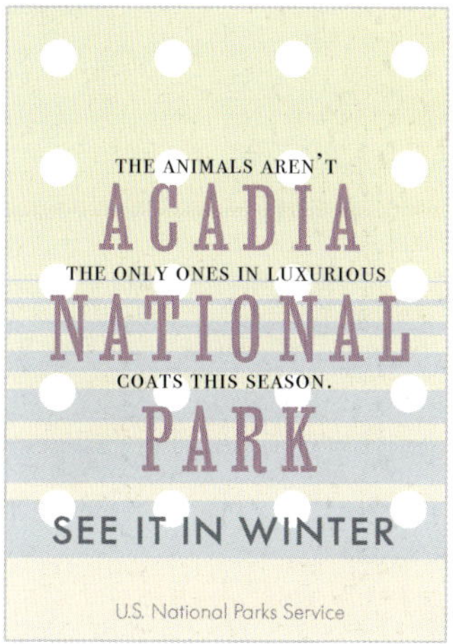

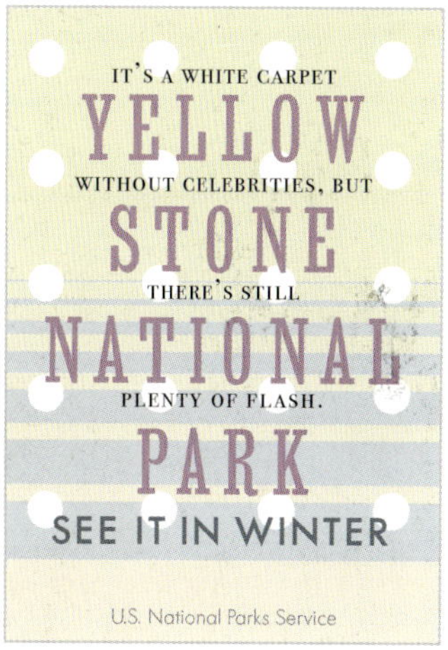

PICTO
01057 *41*
14008 *66*

CROMA
29012 *98*
29015 *98*

LETRA
37023 *116*
37029 *117*
38032 *119*

ESPACIAL
49025 *142*

PERFIS DE SABOR
Sentido de expectativa • Ênfase vertical • Grandiosidade • Focado • Extraordinário – dimensional • Frio

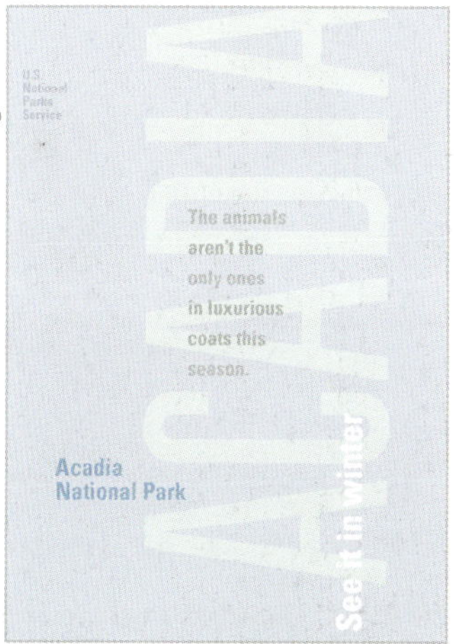

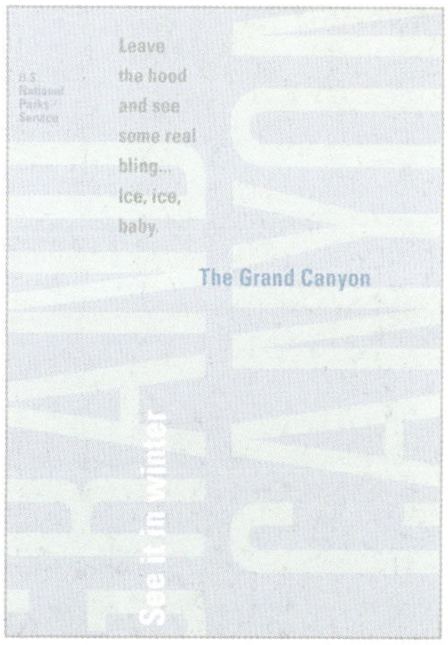

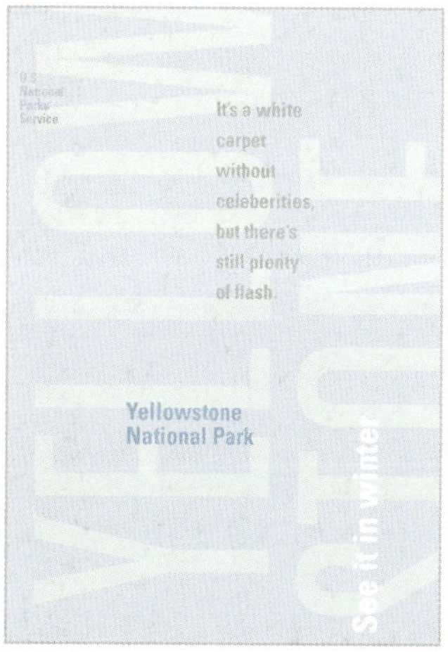

PICTO
NA

CROMA
25028 *91*

LETRA
37028 *117*
38031 *119*
38048 *119*

ESPACIAL
49027 *142*
49029 *142*

PERFIS DE SABOR
Direto • Fresco • Neutro • Ênfase no meio ambiente • Contemporâneo • Expansivo • Suavizado • Elegante

PICTO
04030 *47*
10017 *58*
10020 *58*
10038 *59*

CROMA
23023 *87*
32006 *104*

LETRA
33007 *108*
37046 *117*
38017 *118*
38018 *118*

ESPACIAL
49046 *143*

PERFIS DE SABOR
Geométrico • Icônico • Intocado • Grandioso • Experimental • Escala dinâmica • Cinemático

PICTO
01028 *40*
02009 *42*
02010 *42*
02011 *42*

CROMA
19039 *79*
19049 *79*
25032 *91*

LETRA
33037 *109*
37030 *117*
38043 *119*

ESPACIAL
49035 *142*

PERFIS DE SABOR
Moderno do meio do século • Nostálgico • Atividade familiar – espaço ambíguo • Icônico • Ênfase na viagem de trem • Vernacular • Estilizado

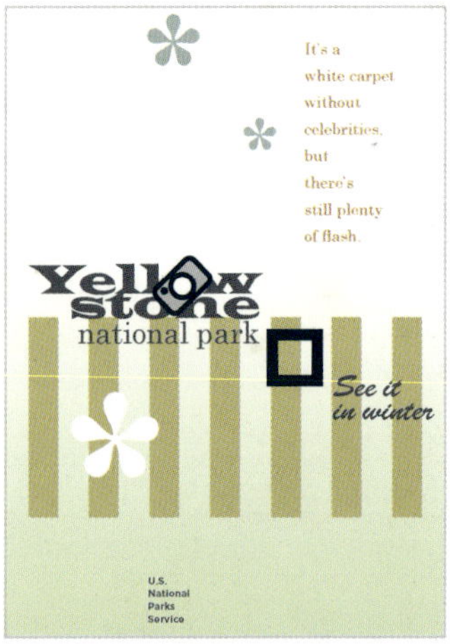

PICTO
01028 *40*
02093 *43*
03031 *45*
14005 *66*

CROMA
26014 *92*
29017 *99*

LETRA
33016 *108*
37047 *117*
38027 *119*

ESPACIAL
49040 *143*

Maiúsculas serifadas em placa estilo Velho Oeste são rearranjadas em configurações divertidas de um pôster ao outro nesta série para a promoção de uma banda. Elementos de texto em branco e preto forte são realçados por um tom vibrante que varia em cada cartaz.

STEREOTYPE DESIGN

NOVA YORK, NY | EUA

WEBSITE SIMPLES

HOME PAGE

Instituição Cultural: Artes Cênicas

Menu de Mensagens

Comunicar o conceito do espetáculo de ópera, evocando sua rica história e seu significado cultural.

Estabelecer a direção artística contemporânea da organização.

Aludir aos grandes temas da ópera e da temporada atual; apresentar o espetáculo atualmente em cartaz.

Transmitir o contexto da organização num ambiente rural.

Tradução de Elemento do Texto

Cliente

The New Country Opera

Título

Amor, morte e tudo que há entre os dois: A temporada de 2010.

Conteúdo Apresentadoi

Em cartaz: "A flauta mágica"
Wolfgang Amadeus Mozart
Uma adaptação surrealista ambientada uma década antes da Primeira Guerra Mundial

Elementos de Navegação

Elementos de navegação
Calendário de espetáculos
Campanha principal
Pessoas e programas
Assinaturas

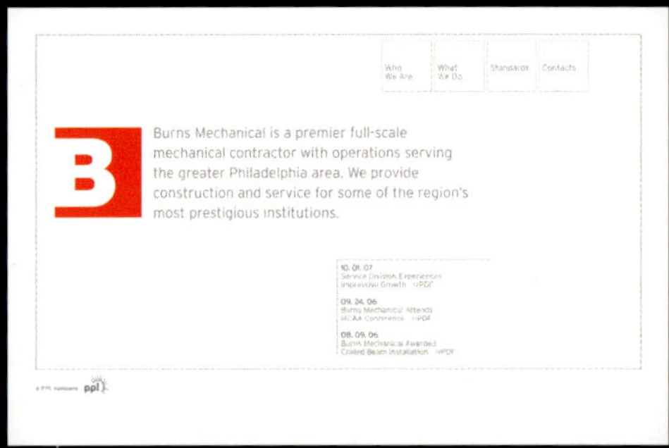

Esta home page usa elementos de grelha modulares, mudanças de tamanho e linhas angulares e agudas para conferir riqueza de detalhes. A mudança de elementos da esquerda para a direita e os intervalos variados de espaço ao redor deles conferem ritmo contra a solidez geométrica da estrutura.

PAONE DESIGN ASSOCIATES
FILADÉLFIA, PA | EUA

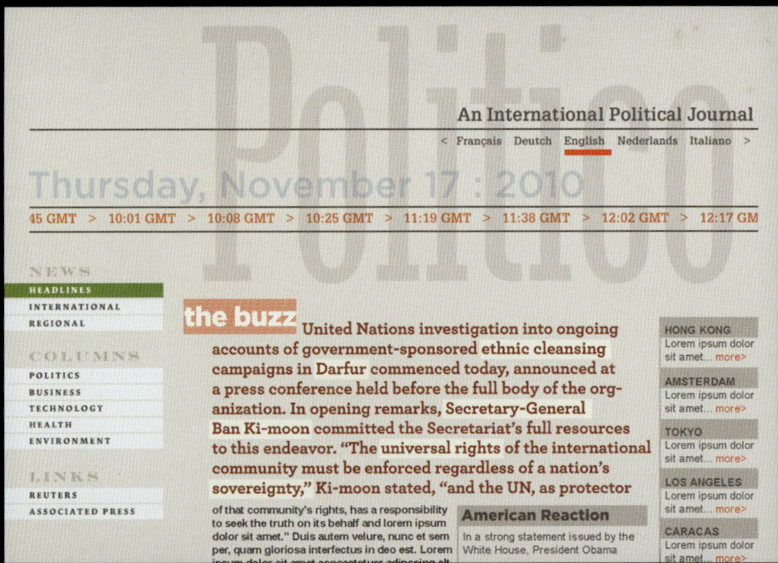

Atualizando e abstraindo linguagem tipográfica comumente associada a jornais impressos, este diário online e blog político captura o espírito do jornalismo arguto e confiável e a nostalgia da inspiração física, traduzindo-os para falar a um público atual, que conhece a tecnologia.

STIM VISUAL COMMUNICATION BROOKLYN, NY | EUA

PICTO
14004 66

CROMA
19023 78
25013 90

LETRA
34001 110
37045 117
46017 134
48001 138
48201 139
48292 139

ESPACIAL
49014 142
50043 145

PERFIS DE SABOR *Romântico • Sensual • Musical • Rigoroso • Ornamental • Espaço ambíguo • Rítmico • Clássico*

PICTO
02019 42
10028 58

CROMA
19070 79
24018 89

LETRA
33007 108
33016 108
36023 114
37001 116
38040 119
46002 134

ESPACIAL
49056 143

PERFIS DE SABOR *Simples • Ambiente rural • Rústico • Orgânico • Cor natural • Atemporal • Detalhes decorativos*

PICTO
01002 40
02037 42
17028 72
17056 73
18013 74
18021 74
18034 75

CROMA
19032 78
19041 79
19049 79

LETRA
33016 108
33037 109
36042 115
37001 116
38025 119
46050 135

ESPACIAL
49068 143

PERFIS DE SABOR *Vernacular • Eclético • Geométrico • Construído • Narrativo • Simbólico • Delicado • Nostálgico • Icônico • Colagem • Simbólico*

PICTO
NA

CROMA
19006 78
29006 98

LETRA
37022 116
38045 119
38046 119
39015 120
46008 134
48193 139
48208 139
48214 139
48265 139
48291 139

ESPACIAL
49046 143

PERFIS DE SABOR *Clássico • Vitoriano • Eclético • Ambiente rural • Nostálgico • Orgânico • Ornamental • Direto*

PICTO
NA

CROMA
24013 88

LETRA
37026 117
38014 118
38018 118
38043 119
46020 134
48018 138
48089 138
48114 138
48181 139

ESPACIAL
49009 142
52018 149

PERFIS DE SABOR *Contemporâneo • Limpo • Profissional • Ornamentação sutil • Organizado • Eficiente • Informativo • Rigoroso • Sofisticado • Neutro • Calmo*

PICTO
01001 40
01025 40
01029 40

CROMA
19038 79
24001 88

LETRA
36042 115
37026 117
38007 118
46040 135

ESPACIAL
49003 142
50043 145

PERFIS DE SABOR *Eclético • Geométrico • De apresentação • Temático • Interativo • Informativo • Sistemático • Fluido*

PÁGINAS EDITORIAIS

RELATÓRIO ANUAL SEÇÃO DE MENSAGENS

Manufatura Industrial Química

Menu de Mensagens

Comunicar os produtos e serviços principais do cliente: desenvolver e distribuir compostos químicos para a manufatura tecnológica e industrial.

Transmitir a ideia geral da química.

Estabelecer a especialidade do cliente e credibilidade no seu ramo.

Visualizar a mensagem primária das páginas de modo acessível e dinâmico.

Estabelecer um sentido de realização e aspirações do cliente.

Tradução de Elementos do Texto

Cliente/Projeto

Grupo Industrial Chemokore Relatório Anual 2010

Título

Mais que um simples crescimento: Uma nova fórmula para eficiência em pesquisa e desenvolvimento

Texto

O ano passado testemunhou a implementação de sistemas revolucionários de centrífugas e de informática que não apenas encurtam o cronograma de desenvolvimento pela metade, mas descortinam novas oportunidades de exploração

Cabeçalho do Diagrama

Mudança no desempenho financeiro relativa ao tempo de desenvolvimento

Apoiados por uma paleta de três cores igualmente chamativas, extremos de proporção espacial e de tamanho entre os elementos são enriquecidos pelo contraste nas letras com e sem serifa, pela lógica estrutural oposta, áreas de simplicidade ousada e uma miríade de elementos de informação refinadamente detalhados.

ADAMSMORIOKA BEVERLY HILLS, CA | EUA

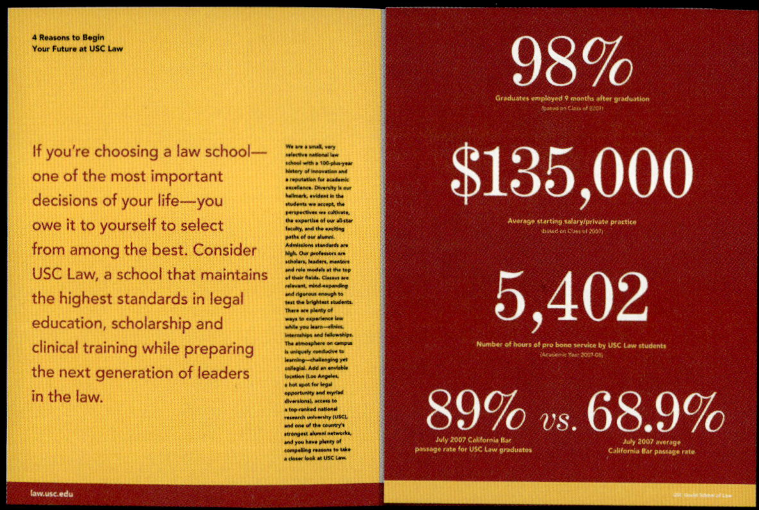

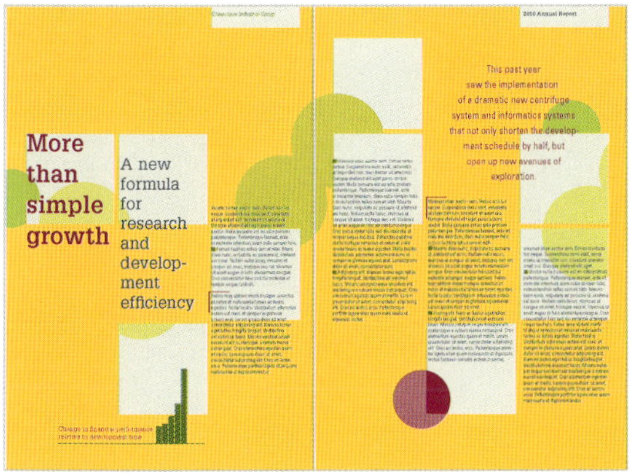

PICTO
01001 40
01004 40
18049 75

CROMA
20037 81
26012 92

LETRA
36030 115
40003 122
40004 122
43055 128
44017 130
44018 130
45002 132

ESPACIAL
53006 150
54005 152

PERFIS DE SABOR *Químico • Ousado • Abstrato • Alusivo • Complexo • Diagramático • Científico • Espaço ambíguo • Cinético*

PICTO
01001 40
01028 40
18050 75

CROMA
20025 80
26011 92

LETRA
34048 111
36030 115
38030 119
40003 122
40009 122
40021 123
43057 128
44013 130
44028 131
48070 138
48146 138

ESPACIAL
51009 146
54002 152

PERFIS DE SABOR *Estrutura editorial clássica • Linear • Integrado • Progressão • Eficiente • Transformação • Molecular • Industrial*

PICTO
01018 40
01028 40

CROMA
19004 78
26013 92

LETRA
33006 108
36032 115
37029 117
38014 118
40023 123
43119 129
43144 129
44021 130
44022 130
47001 136

ESPACIAL
52008 148
54011 152

PERFIS DE SABOR *Sistemático • Vibrante • Energético • Inovador • Dimensional • Sequencial • Quimicamente alterado • Gráfico Girado • Em camadas*

PICTO
01001 40
01067 41

CROMA
20062 81
26012 92

LETRA
34032 111
37028 117
43016 128
43142 129
43153 129
44042 131
44049 131

ESPACIAL
52008 148
54025 153

PERFIS DE SABOR *Simbólico • Abstrato • Movimento de rotação • Líquido • Psicodélico • Químico • Organização complexa • Recortado*

PICTO
01004 40
18048 75

CROMA
19049 79
23027 87

LETRA
37028 117
39011 120
40001 122
43013 128
44015 130
44047 131

ESPACIAL
53026 151
54008 152

PERFIS DE SABOR *Geométrico • Translúcido • Ordenado • Tecnológico • Interação da parte ao todo • Inovador • Limpo • Analítico • Competente*

PICTO
18025 74

CROMA
24012 88

LETRA
37028 117
43042 128
44016 130

ESPACIAL
53029 151
54014 152

PERFIS DE SABOR *Precisão • Analítico • Eficiente • Metafórico • Dinâmico • Gráficos como imagens • Rítmico • Ênfase no horizontal • Dimensional*

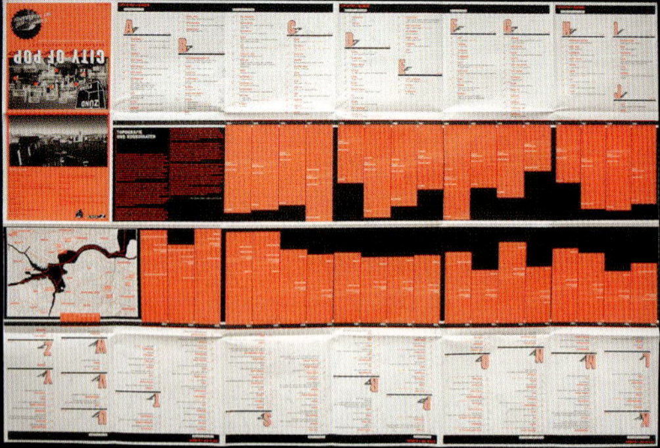

O laranja vívido destaca os painéis pesados de texto informativo neste catálogo/cartaz dobrado que traz a história da Pop Art e locais de interesse numa cidade. A estrutura fechada de colunas ganha movimento por meio de caixas de altura escalonada, enquanto legendas em fontes kitsch conferem textura e um toque divertido.

DESIGNLIGA

MUNIQUE | ALEMANHA

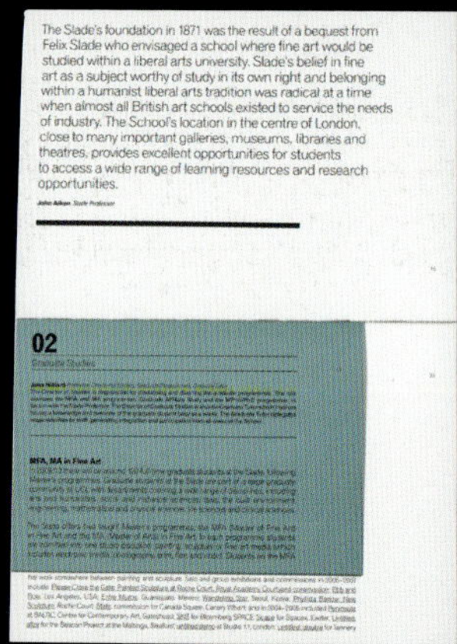

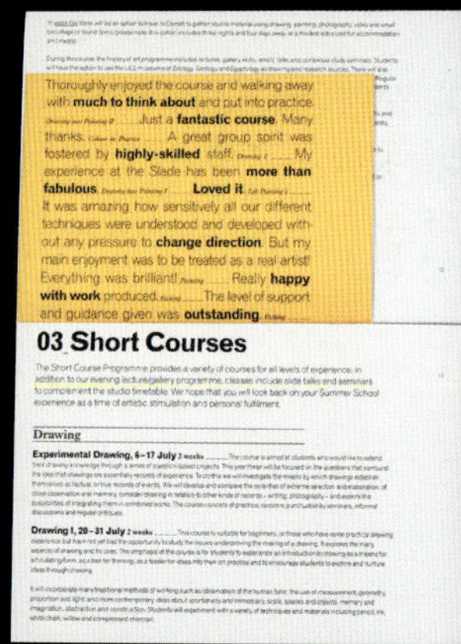

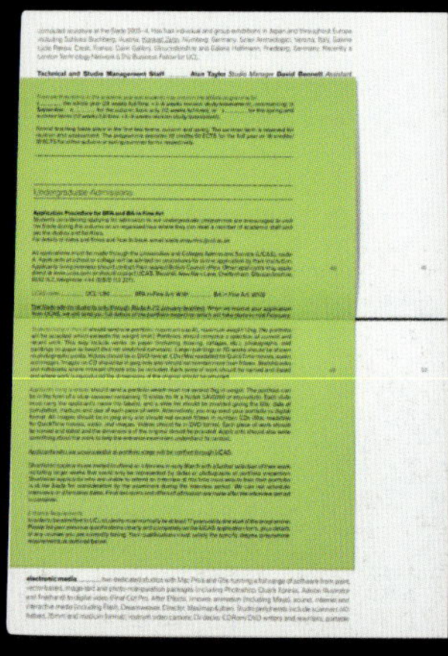

Uma letra pesada, sem serifa, apoiada por cores quase primárias e um padrão de linhas diagonais, cria uma identidade não projetada, nova e ousada para uma escola de artes. O contraste é obtido através de tamanhos extremos, juntamente com espaços de intervalo cuidadosamente proporcionados, tais como margens e separações de parágrafos.

PAARPILOTEN

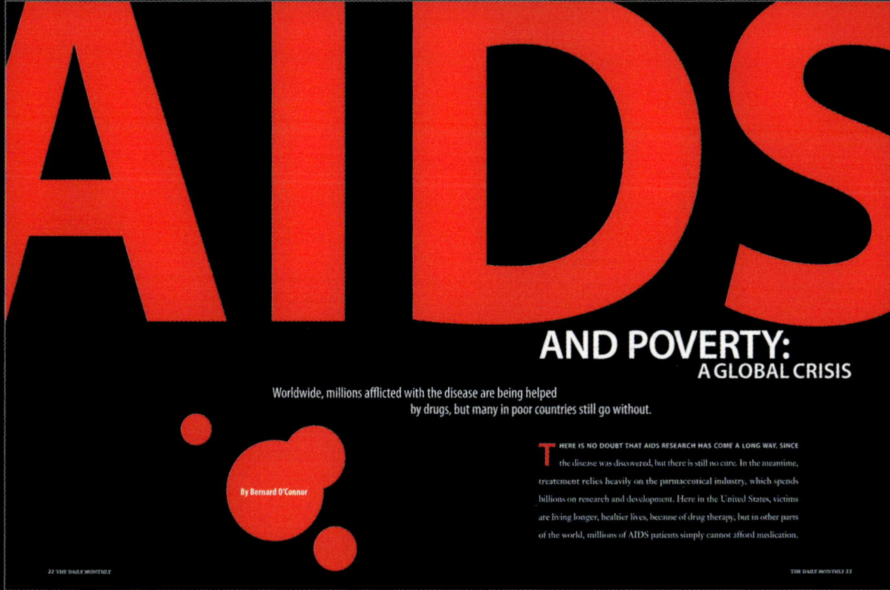

A tipografia não precisa ser estritamente limitada às letras, aos números e à pontuação: os componentes do alfabeto – pontos, linhas e planos – também contam. Nestas páginas editoriais, o ponto desempenha um papel primário não apenas como um contraste visual e estrutural à palavra linear e às formas de texto, mas torna-se uma evocação ao assunto do artigo, sendo lido tanto como sangue ou como moléculas de um vírus. Variação de tamanho e contraste em formas lineares e de bloco na abertura dão lugar a uma configuração mais rígida, ajustada, bem fechada, na mudança de página. Margens grandes dão foco às colunas – bem como um sentimento literário, confiável, antigo – e, em conjunto com chamadas cuidadosamente posicionadas e subtítulos de texto, ajudam a aliviar a textura da área de leitura primária.

JOSEPH CASERTO
ART DIRECTION AND DESIGN
BROOKLYN, NY | EUA

Índice *por Assunto*

Nota: Os números de página em cinza indicam figuras.

Lista de Colaboradores

2 FRESH
Páginas 179, 218
Beybi Giz Plaza · Kat 26
Maslak 34396 Istambul · Turquia
....
1 Liverpool Street
London EC2M 7QD · Reino Unido
www.2fresh.com

999 DESIGN
Páginas 177, 183
91 Great Eastern Street
Londres EC2A 3HZ · Reino Unido
www.999design.com

ADAMSMORIOKA, INC.
Páginas 199, 238
8484 Wilshire Blvd., Suite 600
Beverly Hills, CA 90211 · EUA
www.adamsmorioka.com

ATELIER BRÜCKNER
Página 199
Krefelderstrasse 32
Stuttgart · Alemanha 70376
www.atelier-brueckner.de

BASE ART CO.
Página 177
17 Brickel Street
Columbus, OH 43215 · EUA
www.baseartco.com

BRUKETA & ZINIC
Páginas 172, 173, 183, 213, 215, 223
Zavrtnica 17
Zagreb · Croácia 10000
www.bruketa-zinic.com

BTD:NYC
Página 225
611 Broadway, Room 511
Nova York, NY 10012 · EUA
www.btdnyc.com

JOSEPH CASERTO ART DIRECTION AND DESIGN
Páginas 191, 241
238 7th Avenue, No. 4R
Brooklyn, NY 11215-3435 · EUA
www.josephcaserto.com

CASSRA STUDIO
Página 232
Unit 11, No.5 · 4th Golestan Alley ·
Golestan Street · Marzdaran Blvd.
Tehran · Iran
www.cassraabedini.com

COMPASS 360 DESIGN AND ADVERTISING
Página 172
11 Davies Avenue, Suite 200
Toronto, Ontário · Canadá M4M 249
www.compass360.com

CREUNA
Páginas 168, 169, 193, 195
Karenslyst Allé 9B
0278 Oslo · Noruega
www.creuna.no

THOMAS CSANO
Páginas 167, 169, 206, 215
3655 Boulevard St. Laurent · No. 202
Montreal, Quebec · Canadá H2X 2V6
www.thomascsano.com

DESIGNLIGA
Páginas 20, 240
Erzgiessereistrasse 4
Munique, Bavaria · Alemanha 80335
www.designliga.com

MARY DOMOWICZ
Páginas 173, 214
Nova York, NY · EUA
www.domowicz.com

DURRE DESIGN
Página 183
26440 Birchfield Avenue
Rancho Palos Verde, CA 90275 · EUA
www.durredesign.com

FORM
Páginas 176, 190, 205, 228
47 Tabernacle Street
Londres EC2A 4AA · Reino Unido
www.form.uk.com

GROW CREATIVE
Página 20
107 SE Washington St., Suite 251
Portland, Oregon 97214 · EUA
www.grow-creative.com

IDEAS ON PURPOSE
Páginas 190, 193
307 Seventh Avenue, Suite 701
Nova York, NY 10001 · EUA
www.ideasonpurpose.com

KYM ABRAMS DESIGN
Páginas 167, 190
213 West Institute Place, Suite 608
Chicago, IL 60610 · EUA
www.kad.com

KUHLMANN LEAVITT DESIGN
Página 199
7810 Forsyth Boulevard, 2 West
Saint Louis, Missouri 63105 · EUA
www.kuhlmannleavitt.com

KYI SUN LEE
Página 230
480 Second Avenue, No. 27F
Nova York, NY 10016 · EUA
www.kyisunlee.com

LSD SPACE
Página 184
San Andreas 36, 2° 6
28004 Madrid · Espanha
www.lsdspace.com

PAARPILOTEN
Página 232, 240
Wasserstrasse 2
40213 Düsseldorf · Alemanha
www.paarpiloten.com

PAONE DESIGN ASSOCIATES
Página 16, 167, 203, 225, 236
240 South Twentieth Street
Filadélfia, Pensilvânia 19043 · EUA
www.paonedesign.com

PEOPLE DESIGN
Página 21, 169, 176, 194, 203
648 Monroe Ave. NW,
Suite 212
Grand Rapids,
Michigan 49503 · EUA
www.peopledesign.com

RED CANOE
Página 172, 224
347 Clear Creek Trail
Deer Lodge, TN 37726 · EUA
www.redcanoe.com

MAURICE REDMOND/ FEUER
Páginas 179, 205, 206
Herzogstrasse 32
80803 Munique · Alemanha
www.mauriceredmond.com

JASEN D. ROLFE
Página 191
1 Loring Road
Lexington,
Massachusetts 02421 · USA
www.thebambieffect.com

SAGENVIER DESIGN-KOMMUNIKATION
Página 207
Sägerstrasse 4
6850 Dornbirn · Áustria
www.saegenvier.at

FRANCESCA SCIANDRA
Páginas 179, 213
38 Hope Street
Providence, RI 02903 · EUA
www.fsciandra.com

JULIE SHIM
Página 224
211 West 58th Street · No. 8
Nova York, NY 10019 · EUA

SHINNOSKE, INC.
Páginas 173, 202
2-1-8 Tsuriganecho,
Chuoku,
6th Floor
Osaka 540-0035 · Japão
www.shinn.co.jp

STEIN OVRE
Página 21
Grensefaret 23C
1341 Slependen · Noruega
www.steinovre.com

STEREOTYPE DESIGN
Páginas 185, 235
39 Jane Street, No. 4A
Nova York, NY 10014 · EUA
www.stereotype-design.com

STIM: VISUAL COMMUNICATION
Páginas 31, 215, 218, 236
238 South 3rd Street, No. 4
Brooklyn, NY 11211 · EUA
info@visual-stim.com

STUDIO CUCULIC
Páginas 185, 213, 214
Bukovacka 218 A
Zagreb · Croácia 10000
www.studio-cuculic.hr

SUNG SOO SONG
Páginas 185, 193
820 Avenue A
Bayonne, New Jersey
07002 · EUA
designurban@hotmail.com

SURFACE
Página 195
Peterstrasse 4
60433 Frankfurt·
Alemanha
www.surface.de

SUTHERN DESIGN
Página 223
37 Alexander Avenue
Madison, New Jersey 07940 · EUA
sutherndesign@gmail.com

ANN IM SUNWOO
Página 194
214 East 24th Street, No. 6
Nova York, NY 10010 EUA
swik0929@gmail.com

TACTICAL MAGIC LLC
Página 184
1460 Madison Avenue
Memphis, TN 38104 · EUA
www.tacticalmagic.com

THINK STUDIO, NYC
Páginas 168, 177, 228
16 Beaver Street
Nova York, NY 10004 · EUA
www.thinkstudionyc.com

Agradecimentos

Diz-se que a paciência, seja no processo de design ou na cozinha, é uma virtude. Se isso for verdade, eu tenho de reconhecer esta qualidade em todos os que estiveram ao meu redor durante o processo árduo de desenvolvimento deste livro: primeiro, as equipes editorial e de design da Rockport Publishers (Emily, Betsy, Regina e Winnie); meu companheiro de sofrimento, Sean; e, por fim, meus pais e amigos.

Como sempre, eu tenho uma dívida de gratidão com os designers e estúdios que permitiram que seus trabalhos fossem mostrados como exemplo; eu agradeço mais uma vez por esses profissionais terem dedicado um pouco de tempo, nas suas agendas cheias, para coletar e preparar projetos. Um agradecimento especial vai para Jasen Rolfe e Jess Underwood, que ajudaram com a produção de imagens durante as etapas mais difíceis.

Eu gostaria de dedicar este livro a todos os meus alunos, passados e futuros, bem como a todos os que pretendem ser chefs de design, na esperança de que ele se mostre útil e agradável de ser lido.